陇上学人文存

LONGSHANG XUEREN WENCUN

陇上学人文存

王希隆　卷

王希隆 著　杨代成 编选

甘肃人民出版社

图书在版编目（ＣＩＰ）数据

陇上学人文存. 王希隆卷 / 范鹏，马廷旭总主编 ；王希隆著 ；杨代成编选. -- 兰州 ：甘肃人民出版社，2021.12（2024.1 重印）
ISBN 978-7-226-05760-5

Ⅰ.①陇… Ⅱ.①范… ②马… ③王… ④杨… Ⅲ.①社会科学－文集 Ⅳ.①C53

中国版本图书馆CIP数据核字(2021)第247994号

责任编辑：牟克杰 马元晖
封面设计：王林强

陇上学人文存·王希隆卷
范鹏 马廷旭 总主编
王希隆 著 杨代成 编选
甘肃人民出版社出版发行
（730030 兰州市读者大道 568 号）
德富泰（唐山）印务有限公司印刷
开本 890 毫米 × 1240 毫米 1/32 印张 13.5 插页 7 字数 338 千
2022 年 3 月第 1 版 2024 年 1 月第 2 次印刷
印数：1001～3000
ISBN 978-7-226-05760-5 定价：60.00 元
（图书若有破损、缺页可随时与印厂联系）

《陇上学人文存》第一辑

编辑委员会

《陇上学人文存》第三辑

编辑委员会

《陇上学人文存》 第五辑

编辑委员会

《陇上学人文存》第六辑

《陇上学人文存》 第七辑

总　序

陇者甘肃，历史悠久，文化醇厚。陇上学人，或生于斯长于斯的本地学者，或外来而其学术成就多产于甘肃者。学人是学术活动的主体，就《陇上学人文存》（以下简称《文存》）的选编范围而言，我们这里所说的学术主要指人文社会科学研究。《文存》精选中华人民共和国成立以来，甘肃人文社会科学领域成就卓著的专家学者的代表性著作，每人辑为一卷，或标时代之识，或为学问之精，或开风气之先，或补学科之白，均编者以为足以存当代而传后世之作。《文存》力求以此丛集荟萃的方式，全面立体地展示新中国为甘肃学术文化发展提供的良好环境和陇上学人不负新时代期望而为我国人文社会科学事业做出的新贡献，也力求呈现陇上学人所接续的先秦以来颇具地域特色的学根文脉。

陇原乃中华文明发祥地之一，人文学脉悠远隆盛，纯朴百姓崇文达理，文化氛围日渐浓厚，学术土壤积久而沃，在科学文化特别是人文学术领域的探索可远溯至伏羲时代，大地湾文化遗存、举世无双的甘肃彩陶、陇东早期周文化对农耕文明的贡献、秦先祖扫六合以统一中国，奠定了甘肃在中国文化史上始源性和奠基性的重要地位；汉唐盛世，甘肃作为中西交通的要道，内承中华主体文化熏陶，外接经中亚而来的异域文明，风云际会，相摩相荡，得天独厚而人才辈出，学术思想繁荣发达，为中华文明做出了重要贡献。

近代以来，甘肃相对于逐渐开放的东南沿海而言成为偏远之地，反而少受战乱影响，学术得以继续繁荣。抗日战争期间作为大后方，接纳了不少内地著名学府和学者，使陇上学术空前活跃。新中国成立之后，人文社会科学领域的专家学者更是为国家民族的新生而欢欣鼓舞，全力投入到祖国新的学术事业之中，取得了一大批重要的研究成果，涌现出众多知名专家，在历史、文献、文学、民族、考古、美学、宗教等领域的研究均居全国前列，影响广泛而深远。新中国成立之后，人文社会科学几次对当代学术具有重大影响的争鸣，不仅都有甘肃学者的声音，而且在美学三大学派（客观派、主观派、关系派）、史学"五朵金花"（史学在新中国成立之后重点研究的历史分期、土地制度史、农民战争史等五个方面的重点问题）等领域，陇上学人成为十分引人注目的代表性人物。改革开放以来，甘肃学者更是如鱼得水，继承并发扬了关陇学人既注重学理求索又崇尚经世致用的优良传统，形成了甘肃学者新的风范。宋代西北学者张载有言："为天地立心，为生民立命，为往圣继绝学，为万世开太平"，此乃中华学人贯通古今、一脉相承的文化使命，其本质正是发源于陇原的《易》之生生不已的刚健精神，《文存》乃此一精神在现代陇上得到了大力弘扬与传承的最佳证明。

《文存》启动于中华人民共和国成立六十周年之际，在选择入编对象时，我们首先注重了两个代表性：一是代表性的学者，二是代表性的成果，欲以此构成一部个案式的甘肃当代学术史，亦以此传先贤学术命脉，为后进立治学标杆。此议为我甘肃省社会科学院首倡，随之得到政界主要领导、学界精英与社会各界广泛认同与政府大力支持，此宏愿因此而得以付诸实施。

为保证选编的权威性，编委会专门成立了由十几位省内人文社会科学领域著名学者组成的专家指导委员会，并通过召开专题会议研讨、发放推荐表格和学术机构、个人举荐等多种方式确定入选者。为使读者对作者的学术成就、治学特色和重要贡献有比较准确和全面的了解，在出版社选配业务精良的责任编辑的同时，编委会为每一卷配备了一位学术编辑，负责选编并撰写前言。由于我院已经完成《甘肃省志·社会科学志》（古代至 1990 年卷，1990 至

2000 年卷）的编辑出版工作，为《文存》的选编提供了坚实的基础和基本依据，加之同行专家对这一时期甘肃人文社会科学发展的研究，使《文存》能够比较充分地反映同期内甘肃人文社会科学的基本状况。

我们的愿望是坚持十年，《文存》年出十卷，到 2019 年中华人民共和国成立七十周年之际达至百卷规模。若经努力此百卷终能完整问世，则从 1949 至 2009 年六十年间陇上学人以"人一之、我十之，人十之、我百之"的甘肃精神献身学术、追求真理的轨迹和脉络或可大体清晰。如此长卷宏图实为新中国六十年间甘肃人文社会科学全部成果的一个缩影，亦为此期间甘肃人文社会科学学术业绩的一次全面检阅，堪作后辈学者学习先贤的范本，是陇上学人献给祖国母亲的一份厚礼。此一理想若能实现，百卷巨著蔚为大观，《文存》和它所承载的学术精神必可存于当代，传之后世，陇上学人和学术亦可因此而无愧于我们所处的伟大时代，并有所报于生养我们的淳厚故土。

因我们眼界和学术水平的局限，选编过程中必定会出现未曾意料的问题，我们衷心期望读者能够及时教正，以使《文存》的后续选编工作日臻完善。

是为序。

2009 年 12 月 26 日

目　录

编选前言

2012年，我在兰州大学历史文化学院历史学基地班学习期间，有幸选修了王希隆、杨林坤两位老师共同开设的《明清史史料学》课程。这门课程不仅夯实了我的史学基础，也帮助我确立了未来的研究方向，令我受益终身。本科毕业以后，我继续师从王希隆教授学习，在他的谆谆教导下陆续攻取民族史硕士、博士学位。自本科阶段与王老师相识，至今已近十年。十年间，他与我亦师亦友，在学习和生活上都对我关怀备至。师恩如山，永铭我心！

王希隆教授桃李满天下，春晖遍四方。相较于众多师门先进，尽管本人才疏学浅，能力有限，但是，王师考虑到近十年来我始终跟随在他身边学习，较为了解他的近况，因之特意嘱咐我担任《陇上学人文存·王希隆卷》学术编辑。对于王师的信任，我在不胜惶恐的同时，也感到无比荣幸。今谨遵王师嘱咐，勉为承担这项任务，编选他的代表性研究论文，并择要介绍他在40余年的教学科研生涯中所取得的学术成果。

王希隆教授1950年12月出生于兰州市。1976年进入兰州大学历史系学习。毕业后留校并考取兰州大学历史学硕士研究生，师从杨建新教授系统学习中俄关系史及民族史。1982年，获历史学硕士学位。1982年至1985年，任兰州大学历史系助教。1985年至1990年，任兰州大学历史系讲师。1990年至1995年，任兰州大学历史系副教授、硕士生导师。1995年底晋升教授。1994年至1997年，在职就读博士研究生,获民族学博士学位。1998 年任博士研究生导师。2000 年 1 月—2012 年 12 月,先后担任兰州大学历史系主任、历史文化学院院长,为兰州大学历史学、民族学的学科发展作出了重要贡献。

王希隆教授从教 40 余年,不仅长期坚持为本科生讲授《中国古代史》、《中国少数民族史》、《中俄关系史》、《明清史专题》、《中华杰出人物评介》等专业基础课和专业选修课,更是指导硕士、博士研究生共计 140 余名,为国家培养出了一批优秀人才。如今,他指导过的本科生、硕士生、博士生中,已有不少人活跃在我国历史学、民族学研究等各个领域,有的已经于学术研究方面独树一帜,在学界产生较大影响,还有不少人在行政岗位上成绩卓著,成为厅局级和省部级领导干部。

王希隆教授主要从事西北经济史、西北民族史、中俄关系史等方面的研究,已在《中国史研究》《民族研究》《世界宗教研究》《中国边疆史地研究》《光明日报理论版》《兰州大学学报》《中国藏学》《法国汉学》《西域研究》等刊物发表论文 180 余篇,出版《清代西北屯田研究》《中俄关系史略（一九一七年前）》《蒙古、安多和死城哈喇浩特》等著作、译作 10 余部,主持完成国家重大文化工程子项目、国家社科基金项目、教育部重点研究基地重大项目、国家民委委托项目等课题多项,其中包括国家重大文化工程子项目《清史·少数民族人物传记》、教育部马克思主义理论研究和建设工程《中国民族史》、国家社科基金重大项目子项目《新疆通史·屯垦卷》等重大课题。尤为值得一提的是,2020 年,他又担任了十四五规划国家重大文化工程《（新编）中国通史·中华民族史》主编,体现了党和国家对于他学术能力与组织能力的肯定和信任。

王希隆教授现任与曾任的学术兼职主要有国家社科基金学科

评审组专家、教育部历史学科教学指导委员会委员、国家民委首届决策咨询委员会新疆组专家、中国民族学学会副会长、中国民族史学会副会长、甘肃省历史学会常务副会长、甘肃省丝绸之路研究会会长、甘肃省文史馆馆员以及《中国边疆史地研究》《西域研究》《欧亚研究》《兰州大学学报》等刊物编委。另外,他还曾荣获国务院政府津贴、国家级教学名师、国家精品课程建设项目、宝钢优秀教师、甘肃省高等学校教学名师、甘肃省优秀教师、甘肃省优秀图书奖、甘肃省高校教学成果一等奖、甘肃省高等学校教学团队带头人、甘肃省社科成果一二三等奖等各类荣誉。这些学术兼职与荣誉充分反映了学界与社会对于王希隆教授科研教学水准的高度认可。

下面,我根据研究领域与年代先后,分别简要介绍王希隆教授治学 40 余年所取得的主要研究成果。

在西北经济史研究方面,王希隆教授主要致力于西北屯田研究,特别是清代西北屯田研究。1985 年他即发表《清代新疆的回屯》(《西北民族学院学报》,1985 年第 1 期),随后又相继发表《关于清代伊犁回屯收获计算单位"分"的辨析》(《兰州大学学报》,1986 年第 4 期)、《平准战争中的转输与屯田》(《西北民族学院学报》,1986 年第 1 期)、《清代前期河西兴盛原因初探》(《甘肃社会科学》,1987 年第 3 期)、《清代新疆的驻防八旗与旗屯》(《新疆社会科学》,1987 年第 6 期)、《乌鲁木齐等处旗丁并未归并伊犁满营——〈清史稿·兵志〉订误》(《清史研究通讯》,1988 年第 2 期)、《清代西北的犯屯》(《西北民族研究》,1988 年第 2 期)、《清代西北马厂述论》(《西北民族学院学报》,1991 年第 3 期)、《清代伊犁回屯研究中的几个问题》(《中国边疆史地研究》,1992 年第 2 期)等文,并在此基础上完成了专著《清代西北屯田研究》(兰州大学出版社 1990 年初版,新疆人民出版社 2012 年增订版)。《清代西北屯田研究》一书立足于详实的史料,从兵屯、旗屯、犯屯、民屯、回屯、牧场等方面,系统、深入地探讨了清代西北地区屯田的诸多问题,提出了一系列具有开创性的见解与观点。学界评论此书"与前人对这一问题的研究相比,不但在许多地方有独到的见解,而且还解决了过去史学界在不少方面长期有争论或没弄清的史实"。①

另外,王希隆教授探讨了准噶尔蒙古在天山以北发展农业的问题,发表《准噶尔统治时期天山北路农业的分布、发展和规模》(《西域研究》,1992 年第 4 期)、《准噶尔统治时期天山北路农业劳动者的来源和族属》(《民族研究》,1993 年第 5 期),以及新疆户屯向自耕农转化的专文《清代前期天山北路的自耕农经济》(《中国边疆史地研究》,1993 年第 3 期)。此后,他又进一步完成《关于新疆屯垦史研究的几点认识》(《石河子大学学报》,2011 年第 6 期)、《唐代西域屯田述略》(《贵州大学学报》,2012 年第 5 期)、《魏、晋、前凉西域屯垦述论》(《西域研究》,2013 年第 3 期)等文。近年来,他还参与主编《新疆通史》子项目《屯垦卷》,系统论述了两汉直至当代的新疆屯垦。

王希隆教授认为,屯田具有军事、政治、经济、文化诸多方面的意义,这在新疆尤为突出。汉朝、唐朝、元朝以至清朝经略新疆,无不以屯田为先导,为主要手段。屯田的开设,使驻军得以就地取给,自耕自食,军事与生产相结合,面临敌对势力威胁时,国与家结合为一体,成为防卫边地的坚固堡垒;屯田使得统一局面得以巩固,边地社会得以稳定与发展;屯田是以国家的力量组织劳动者,以国家的资金注入运作,于是,大型水利工程的修建,大面积可耕地的开垦,得以在短期内成功见效;屯田促进了内地汉文化在边地的传播,促进了各

---

①文青:《一部研究我国西北地区经济开发史的新著——〈清代西北屯田研究〉王希隆著》,《新疆社会科学》,1990 年第 6 期。

民族文化的相互交融与影响,使得中华文化更为丰富多彩。正因为如此,1949年解放军进入新疆,成立了新疆生产建设兵团,长期以来,新疆生产建设兵团为维护统一局面,稳定新疆的局势,以及新疆的建设与发展作出了重要贡献。至今,新疆生产建设兵团仍然是维护新疆稳定的基石,是建设新疆的有生力量。①需要特别强调的是,王希隆教授尤为重视把握生产关系及其变动的特点在屯田研究中的关键性作用。

在西北民族史研究方面,王希隆教授关于哈萨克族的成果有《乾嘉时期清政府对哈萨克族之关系与政策》(《新疆大学学报》,1984年第1期)、《我国与哈萨克斯坦经济合作的发展远景及其有关问题》(《开发研究》,1994年第5期),以及与汪金国博士合作完成的《哈萨克跨国民族社会文化比较研究》(民族出版社,2006年)一书。

关于维吾尔族的成果有《清前期吐鲁番维吾尔人迁居瓜州的几个问题》(《兰州大学学报》,1989年第4期)、《关于额敏和卓的几个问题》(《西北民族学院学报》,1997年第1期)、《论哈密达尔汉伯克额贝都拉》(《民族研究》,1997年第3期)、《哈密、吐鲁番和库车的达尔汉伯克》(《中央民族大学学报》,1997年第4期)、《哈密达尔汉伯克额贝都拉及其投清之影响》(《台湾政治大学民族学报》,1998年第4期)、《吐鲁番察合台后裔与清朝》(《兰州大学学报》,1998年第4期)、《阿克苏尔坦考》(《中央民族大学学报》,1998年第6期)、《霍集斯述论》(《中南民族大学学报》,2006年第3期)、《额敏和卓后裔与清代新疆》(《中国边疆史地研究》,2009年第2期)、《玛哈图木·阿杂木后裔在中国的活动与文化变迁》(《世界宗教研究》,2012年第2期)、《阿帕克和卓三入中原考述》(《世界宗教研究》,2013年第3

---

① 王希隆:《清代西北屯田研究》,新疆人民出版社,2012年,《增订版前言》。

期)、《乾隆、嘉庆两朝对白山派和卓后裔招抚政策得失述评》(《兰州大学学报》,2014 年第 2 期)、《清顺康雍三朝对天山以南地方政权与地方势力政策述评——以叶尔羌、哈密、吐鲁番与清朝的互动关系为中心》(《西域研究》,2018 年第 1 期)、《清前期哈密、吐鲁番维吾尔人迁居河西西部述论》(《民族研究》,2020 年第 1 期)等。

关于蒙古族的成果有《哈布图哈撒尔述论》(《西北民族学院学报》,2002 年第 1 期)、《分部之前赛因诺颜贵族的活动及其与清朝关系述论——兼论清朝对北方民族的政策》(《民族研究》,2007 年第 1 期)、《赛因诺颜部贵族与清朝——兼论清朝的北方民族政策》(《法国汉学》第 12 辑,中华书局,2007 年)、《卫拉特集赛组织论述》(《西北师范大学学报》,2018 年 3 期)等。

关于藏族的研究成果有《清代以来甘肃省文县白马藏族服饰演变探讨》(《中南民族大学学报》,2011 年第 1 期)、《文县白马藏族传统服饰的文化功能》(《甘肃社会科学》,2013 年第 2 期)、《论第巴达孜巴》(《中国藏学》,2016 年第 1 期)、《棍噶扎拉参呼图克图研究中的几个问题》(《青海民族研究》,2017 年第 3 期)、《灭法与护法——论康熙末年准噶尔部入藏事件》(《青海民族研究》,2018 年第 1 期)等。

关于回族的研究成果有《近代回族社会进步思潮和革命斗争》(《青海社会科学》,1990 年第 4 期)、《清末回族外交官杨枢》(《中国回族研究》,1991 年第 1 辑)、《马仲英赴苏及其下落》(《中南民族大学学报》,2003 年第 2 期)、《再论马仲英赴苏及其下落》(《中南民族大学学报》,2012 年第 1 期)、《论西北回族重商文化形成的原因》(《中南民族大学学报》,2008 年第 4 期)、《留东清真教育会 "革命团体"说质疑》(《史学集刊》,2017 年第 2 期)、《王用宾〈挽黄石安厅长〉诗笺证》(《中南民族大学学报》,2017 年第 4 期)、《留东清真教育会述论》(《青海社会科学》,2018 年第 2 期)等。

在长期从事民族史研究的基础上,王希隆教授主编了两卷本近200 万字的《西北少数民族史研究》(民族出版社 2003 年,民族出版社 2020 年),受到学界的好评。王希隆教授在民族史研究方面的造诣获得了学界的认可,国家清史编纂委员会曾委托他撰写《清史》子项目《少数民族人物传记卷》,戴逸、马大正、朱诚如等先生对于他完成的传记多有赞誉。

关于清朝在西北地区军政制度方面的研究,王希隆教授的成果主要有《清代关西五卫述论》(《兰州大学学报》,1992 年第 3 期)、《青海善后事宜十三条述论》(《中国史研究》,1993 年第 3 期)、《新疆哈密维吾尔族中的扎萨克旗制》(《西域研究》,1997 年第 1 期)、《清代新疆分封制的失败及其原因》(《西北史地》,1998 年第 1 期)、《关于清代新疆军府制的几个问题》(《西域研究》,2002 年第 1 期)、《略论清前期对回疆的经营》(《兰州大学学报》,2010 年第 3 期)、《清代吐鲁番的扎萨克旗制》(《西域研究》,2019 年第 2 期)等。另外,王希隆教授还整理研究了相关的一些稀见文献,成果有《纪昀关于新疆的诗作笔记及其史料价值》(《中国边疆史地研究》,1995 年第 2 期)、《关于〈乌鲁木齐政略〉的几个问题》(《西域研究》,1996 年第 1 期)、《新疆文献四种辑注考述》(甘肃文化出版社,1995 年)等。

王希隆教授认为,西北甘青、新疆地区自古以来是丝绸之路的必经之地,这里自然环境和民族文化与内地不同,中原王朝在统一与治理这一地区的过程中,因地制宜,因俗设治,实行的军政制度有不少值得总结和可以汲取的经验。研究历史上成功的政策制度,特别是至今仍然在传承与发展之中的一些政策制度,对于今天治理西北地区尤其是新疆地区具有重要的意义。

中俄关系史也是王希隆教授研究的一个方面,他在这方面的成

果主要有《清代以前之中俄联系初探》(《兰州大学学报》,1994 年第
2 期)、《托时、德新奉使俄国及其有关问题》(《兰州大学学报》,1995
年第 4 期)、《清代中俄文化交流述论》(《兰州大学学报》,1997 年第
4 期)、《俄罗斯汉学研究的历史与现状》(《光明日报理论版》,2002
年 6 月 11 日)、《第一位出使俄国觐见女皇的中国外交官托时》(《中
国边疆史地研究》,2010 年第 4 期)等。20 世纪 80、90 年代,王希隆
教授曾开设《中俄关系史》选修课,并在讲义基础上完成了《中俄关
系史略(一九一七年前)》(甘肃文化出版社,1995 年)。这部著作涉及
面较宽,著名中俄关系史学家吕一燃研究员在给该书所作的序言中
指出"此书材料丰富,立论谨慎稳妥,既充分地吸收了前人的研究成
果,又充分地利用了近些年来出版的中俄档案资料;既对前人提出
的某些看法作了进一步的论证,同时也提出了一些经过自己深思熟
虑的新见解",认为"此书是带有开拓性的"。①王希隆教授认为中俄
关系在中外关系中占据有重要地位,对中俄关系史的研究有助于认
识当代中俄关系发展的走向与前景。

　　王希隆教授在学习期间,曾于俄文学习方面下过不少功夫。他
很早就开始翻译、发表一些俄国探险家在中国西北的考察记,如《中
亚考察者戈·尼·波塔宁的成就》(《西北史地》,1981 年第 3 期)、《塔
尔寺(公本贤巴林)考察记》(《西北民族研究》,1991 年第 2 期)、《从
西宁到库库淖尔》(《西北史地》,1994 年第 3 期)、《库库淖尔的航行》
(《西北史地》,1995 年第 2 期)、《库库淖尔考察记》(《西北史地》,
1995 年第 3 期)等,并在此基础上与博士生丁淑琴合作翻译了俄罗
斯考察家彼·库·科兹洛夫的地理学名著《蒙古、安多和死城哈喇浩

---

① 王希隆:《中俄关系史略(一九一七年前)》,甘肃文化出版社,1995 年,
《序》。

特》（兰州大学出版社 2002 年简略本、兰州大学出版社 2012 年完整本）。另外，他还部分翻译了前苏联学者利·伊·杜曼的副博士论文《十八世纪末期清政府对新疆的土地政策》等。

王希隆教授自从教以来一直在兰州大学历史院工作，并曾担任兰大历史系、历史文化学院系主任、院长长达 13 年（2000 年 1 月—2012 年 12 月）。他对兰大发展史尤其是历史院的发展史有着浓厚的兴趣。多年来他注意收集为兰大，尤其是为兰大历史学科发展作出过重要贡献的杰出人物的相关资料，不断追踪探究这些人物的活动轨迹。他关于兰大首位校长蔡大愚（冰吾）的研究有《蔡大愚主张列宁学说的调查》（《党史研究》，1982 年第 3 期）、《蔡大愚其人和甘肃护法运动》（《西北史地》，1984 年第 2 期）、《蔡大愚先生传略》（《兰州大学学报》，1999 年第 3 期）、《〈国民党总部致甘肃都督赵惟熙函〉跋》（《兰州大学学报》，2000 年第 3 期 ）、《孙中山与蔡冰若》（《回族研究》，2000 年第 4 期）、《甘肃护法运动失败后蔡大愚在成都的活动及其下落》（《兰州大学学报》，2019 年第 5 期）等；关于历史系首届系主任顾颉刚先生的研究成果有《顾颉刚先生与兰州大学》（《兰州大学学报》，2003 年第 6 期）、《顾颉刚先生西北考察述论》（《中国边疆史地研究》，2005 年第 4 期）、《顾颉刚先生未刊书信两通释述》（《兰州大学学报》，2013 年第 1 期）；关于曾代理历史系主任的李文实（得贤）先生的研究成果有《李文实先生述略》（《兰州大学学报》，2015 年第 4 期）。此外，王希隆教授还主持整理了曾受聘兰大教授史学的著名学者张维（鸿汀）先生的部分文史遗稿，成果有《张维先生学术述略》（《兰州大学学报》，2009 年第 3 期）、《张维先生与〈仇池国志〉》（《图书与情报》，2013 年第 2 期）、《还读我书楼文存》（三联书店，2010 年）等。

虽然由于篇幅所限，这里难以对王希隆教授 40 余年治学生涯中所取得的诸多重要成果一一详加介绍。本论文集也只能于王希隆教授公开发表的 180 余篇研究论文中精选、收录 21 篇,但这些研究论文还是能够在一定程度上反映王希隆教授不同时期的治学旨趣,希望能够为读者深入了解西北屯田史、清代新疆史与蒙藏史、中俄关系史等方面的问题提供一些助益。

今天,已经年逾古稀的王希隆教授仍然笔耕不辍,继续奋斗在西北边疆民族研究的前沿阵地。他严谨求实的治学精神和锲而不舍的学术追求,无疑值得后辈研究者们学习。

杨代成

2021 年 9 月 25 日于兰州大学一分部

清代新疆的回屯

对于中国历史上周边屯田问题的研究，多注重于内地军民在边疆地区的活动和作用，似乎边疆少数民族与这一问题无关。其实，早在西汉昭帝时，新疆少数民族即已在著名的轮台垦区屯田。[①]本文所要探讨的清代新疆的回屯，不仅是清代新疆屯垦史中的一个重要问题，而且也是中国历史上边疆少数民族与内地军民一起，开发边疆地区，为祖国统一作出过贡献的一个例证。

一

清代新疆回屯始创于康熙末年清政府对准噶尔部用兵过程中。[②]康熙五十四年(1715年)春，准部策妄阿喇布坦遣兵犯哈密，康熙命户部尚书富宁安统兵援剿。大兵集前哨，策妄兵遁。为固边防、省转输，康熙谕令察勘哈密地方可耕地亩，以备驻军屯田。翌年，富宁安奏

---

① 《汉书·西域传》载："昭帝乃用桑弘羊前议，以杆弥太子赖丹为校尉将军，田轮台。"

② 清代把天山以南地区居住的维吾尔族称作回部或缠回，维吾尔人屯田称为回屯。一般认为，所谓清代新疆的回屯，即应指清统一新疆后在伊犁兴办的维吾尔人屯田。其实，早在康熙末年至乾隆初年，清政府控制下的哈密、吐鲁番地区的维吾尔人即已参加屯田。这些屯田与伊犁的维吾尔人屯田一样，在清代文献中被称作回屯，其性质也同属民屯。故本文一并述及。道光年间，清政府在喀什噶尔地区兴办"户屯"，亦有部分维吾尔人参加，但其性质与哈密、吐鲁番、伊犁回屯不同，将另文论及。

曰:"哈密所属布鲁尔、图呼鲁克接壤之处,并巴尔库尔、杜尔博尔金地方,哈喇乌苏及西吉木、达里图、布隆吉尔附近之上浦下浦等处,俱可耕种,应各令派人耕种,给与口粮牛种,再兵丁内耕种者,亦令耕种。"上可其奏。①于是,正式兴办西路屯田。维吾尔人参加西路屯田的最早记载见于《清实录》康熙五十七年(1718)九月己亥条:

> "侍郎海寿疏言:臣与将军富宁安新旧开垦都尔白尔津、土呼鲁克地方,以及回子札萨克额敏种之塔尔那沁地方,种过籽粒所余青稞,各令本处修理旧仓,加谨收贮看守,已行文巡抚噶什图绰奇,令充兵粮……从之"。

上引疏中提到"回子札萨克额敏",即哈密维吾尔族首领达尔汉伯克额贝都拉之孙、郭帕白克之子。额贝都拉于康熙三十六年(1697年)趁准部兵败之机,擒噶尔丹子内附,被清政府封为头等札萨克,仍"达尔汉"号,准其世袭。其部属按蒙古旗制编旗设领,成为哈密前哨阵地的一支有生力量。塔尔那沁位于哈密东北部,也称塔勒纳沁、塔尔那秦,是哈密地区的沃洲之一。据此疏可知:一、在塔尔那沁耕种的达尔汉伯克额敏及其所属维吾尔人是清西路屯田的一个组成部分;二、塔尔那沁已设有仓廪,专用于收贮额敏屯种交纳的青稞,这些青稞用以"充兵粮"。以后,额敏交纳的青稞先由塔尔那沁运至哈密,再从哈密运至巴里坤军营。康熙五十八年(1719年)秋,侍郎海寿雇运至营的屯粮中,就有额敏交纳的608石青稞。康熙五十九年(1720年),清军攻取吐鲁番,在当地大举兴屯,额敏曾率所属400人赴吐鲁番屯垦。《清实录》雍正元年(1723年)二月戊寅条中记载了此事:

> "副将军阿喇衲摺奏:哈密札萨克一等达尔汉白克额敏在吐鲁番地方不服水土,呈请带领回人四百名至哈密塔尔

---

① 《清实录》康熙五十五年二月乙丑条。

那沁种地效力,应将额敏发回哈密。从之。"

从吐鲁番返回后,额敏复屯塔尔那沁,而且屯垦规模日见扩大。"(雍正)八年获麦青稞六千四百石,嗣岁给谷种五百石,秋纳粮四千石……"①形成定制。

由于额敏及其部属勤于屯垦,故曾一再得到清政府的晋封和奖赏。据和宁《回疆通志·额贝都拉列传》载,雍正五年(1727年)上谕曰:"额敏自军兴以来输忱效力,率所队等屯耕助军甚属可嘉,著晋封镇国公。"②并"赏银一千两,其下种地回民四百人,各赏银两布匹,以口外开垦,著有成效也。"③雍正七年(1729年),又晋封额敏为固山贝子。额敏屯耕纳粮直至乾隆初年。据《回疆通志》载:"乾隆元年,额敏奏,兴师以来,哈密岁纳屯粮二万七千五百石……"④这个数字可能是指自雍正八年以来纳粮的总数。当时,清、准议和已有进展,双方在哈密等地的紧张对峙形势开始松弛。故清政府在接到额敏的奏报后,即下令:"免哈密回部屯田纳粮,并加赏贝子等银币有差"。

与哈密哈尔达白克额敏同时率维吾尔人参加西路屯田的,还有吐鲁番大阿訇额敏和卓。康熙五十九年(1720年),清军攻取吐鲁番,"额敏和卓旋以鲁克沁降。"⑤《清实录》雍正八年十月辛丑条载:

> 　"宁远大将军岳钟琪奏称,吐鲁番回目额敏和卓屯田种
> 　地,恭顺效力,甚属可嘉。朕闻之,深为喜悦。额敏和卓赏缎
> 　二十匹,其种地效力之回民,赏银二千两。著提督纪成斌,差
> 　遣弁员,前往吐鲁番会同额敏和卓,秉公赏给。"

---

①和宁:《回疆通志》卷二,《哈密回部总传》。
②《清实录》雍正五年二月丙寅条。
③和宁:《回疆通志》卷二,《哈密回部总传》。
④《清实录》,乾隆元年正月丙辰条。
⑤和宁:《回疆通志》卷四,《额敏和卓列传》。

据此可知,额敏和卓归附后率所属在吐鲁番屯田,且成效卓著,致获清政府的奖赏。以后,由于吐鲁番屡为准部侵扰,额敏和卓率所属万余口内迁至瓜州居住,清政府封其为札萨克辅国公。

额敏与额敏和卓率所属在哈密、吐鲁番屯田的详细情况我们尚不能进一步了解。但是,他们作为清代新疆回屯的创始者似乎是没有疑问的。这种初期回屯的作用不仅仅在于给清军提供粮糒,解决长途转输的问题,而且还具有指导哈密、吐鲁番戈壁绿洲上大规模兴办的兵屯和民屯的作用。当时,在世居于戈壁绿洲上的维吾尔人的指导下,迅速掌握当地的灌溉技术、农作技术和农时,对于开赴哈密、吐鲁番地区屯垦的内地军民来说,显然是非常必要的。

乾隆初年兴办回屯的另一地区是哈密的蔡把什湖沃洲。这里的回屯是由军屯转化而成。早在雍正十三年(1735年),哈密就有驻军五千名举办军屯,在蔡把什湖垦地一万亩,每年收获麦、谷、穈三色粮八千石上下。此外,另垦余地三千亩,亦驻军耕种。①自此,蔡把什湖成为供应哈密驻军粮草的重要屯垦基地。乾隆初年,准部遣使议和。乾隆四年(1739年),清准和议成,驻防清军陆续回撤。乾隆七年(1742年),哈密驻军裁撤三千名。剩余兵力无力继续耕种原有地亩。经川陕总督尹继善奏准,将蔡湖万亩军屯地租于当地维吾尔人屯种。屯种所需牛骡由政府拨给,"其价分作五年带征"。屯户所需口粮、籽种亦由政府借给。秋收后先交还籽种,"所剩粮石……官四民六分成。"借得口粮于屯户所得六分中扣还。②可见,在蔡把什湖回屯上,清政府是以地主的身份出现,把土地租佃于维吾尔人耕种,并以四六分成租制的方式直接收取实物地租。马克思说:"地租的占有是土地所有权由以

---

①钟方:《哈密志》卷四十三,《纪事志》二。

②《清实录》,乾隆七年四月戊申条。

实现的经济形态。"①地租由政府直接占有,充分体现了回屯土地国家所有制的属性。而政府以"履亩分成制"的剥削方式收取"课税与地租合而为一"的实物地租,则又体现了回屯的民屯性质。

蔡把什湖回屯举办仅数年,由于灌溉系统管理不善,出现了渠水缺乏,禾苗旱伤,交纳不敷的情况。②乾隆十八年(1753年),哈密贝子玉素富正式提出:"收成欠薄,回民苦累不愿承种。""随查明旧渠大半倒损,地虽万亩,多系碱砂,可耕者止五千亩。"③事下总督尹继善及安西提督王进奏议,尹继善以"从前开渠引水几费经营",废弃可惜,建议:"请选安西兵丁子弟或招各卫户民承种。④经议,决定仍由维吾尔人耕种,"每年供种所获谷石不必交官,全行赏给。"⑤这实际上意味着屯地由国有转为私有。蔡把什湖回屯的停办标志着清代新疆回屯初创时期的结束。但兴办哈密、吐鲁番回屯亦为清政府在统一新疆后更大规模地兴办回屯积累了经验。

二

乾隆二十年至二十二年(1755—1757年),经过两次出兵,清政府正式统一了新疆地区,并在当地驻军镇守。为了解决驻军的用粮问题,清政府开始兴办各种类型的屯田。兴办回屯的中心地区在原准噶尔庭伊犁。这里是清政府控制新疆地区的军事总枢,而且土地肥沃,水源充足,适宜农耕。早在17世纪中叶,准噶尔贵族就已把天山以南的维吾尔人迁到这里"为之农耕"。维吾尔人在伊犁河谷开垦了大片

---

① 马克思:《资本论》第三卷,人民出版社1953年,第328页。
② 《清实录》乾隆十三年闰七月辛巳条、十五年十月壬申条。
③ 钟方:《哈密志》卷四十三,《纪事志》二。
④ 《清史列传》卷十八,《尹继善传》。
⑤ 《清实录》乾隆十八年十二月乙亥条。

土地,种植有多种作物。清军进入伊犁之后,见到"伊犁附近地方约有万人耕种地亩。"①据阿克苏办事大臣了解,"伊犁河之南有霍吉集尔、海努克、奇特木等地方三处,河之北有固勒札、霍尔果斯、察罕乌苏等地方三处,均系先年回子等种田之所。"②但在频繁的战乱之后,伊犁河谷的维吾尔人几乎已逃亡殆尽。乾隆二十一年(1756年)将军兆惠统军进入伊犁,见到的维吾尔人仅有三十余名。③

乾隆帝对兴办伊犁回屯极为重视,回部各城尚未平定,即下谕:"伊犁驻兵屯田关系甚重,亦宜预为筹画。从前伊犁地亩皆回人耕种,今俟回城平定,即将回人酌量迁移,与绿旗兵参杂。"④并拟派曾在吐鲁番屯田的额敏和卓赴伊犁管理回屯。平定回部后,他又指出兴办伊犁回屯,应"再选老成谨慎之人,前往伊犁安插。"⑤并派陕甘总督杨应琚前往伊犁等地,会同兆惠查勘屯田地亩,会议兴办事宜。⑥后经杨应琚与兆惠议定:"派兵四、五千,回人一千户",赴伊犁屯田。⑦

首批赴伊犁屯田的三百名维吾尔人是从阿克苏、乌什、赛哩木等城挑派的。经各城官为筹办,"每人各领给口粮四十分,籽种四十分,五人领给锅一口、锛斧各一把,二人领给镰、刃各一张,每人领给犁一张、镰刀一把,并酌计驮载籽种、口食、农器牲畜各三头。若有驼只,酌给一驼二牲畜,搭配一驴,共计牲畜四头",驼载牲畜即留作屯田之用。⑧乾隆二十五年(1760年)二月二十五日,在副都统伊柱率领的五百名官兵

①《清实录》乾隆二十一年九月己巳条。
②那彦成:《阿文成公年谱》卷一,乾隆二十五年二月六日。
③《清实录》乾隆二十一年九月己巳条。
④《清实录》乾隆二十三年四月己巳条。
⑤《清实录》乾隆二十四年六月辛丑条。
⑥《清实录》乾隆二十四年六月丁丑条。
⑦那彦成:《阿文成公年谱》卷一,乾隆二十五年二月六日。
⑧那彦成:《阿文成公年谱》卷一,乾隆二十五年正月十五日。

护送下,首批屯田的维吾尔人启程前往伊犁。他们抵伊犁后,即在伊犁河南原维吾尔人耕种遗址海努克安设村堡,修埋沟渠,开始屯耕。①其家口随后亦迁至伊犁。这年耕种虽稍逾农时,但秋季仍获丰收,"以播种计之,上地所获二十倍,中地所获十倍"。②据参赞大臣阿桂等奏:"本年屯田回人三百户,所收粮石,接济前后驻扎官兵及厄鲁特回人二千余口,可至来年五月。"③是年六月,参赞大臣舒赫德"因各城伯克来阿克苏之便,会议派出回人五百户"。④仍有应派回人二百户,定于伊犁麦熟后遣发。翌年初,第二批维吾尔人五百户至伊犁。六月,管理回屯的阿奇木公茂萨同众伯克告称:"本年春夏田功甚好,必获丰收,请将回人二百户于六月尽送来伊犁,以助收割,情愿助给口粮,至秋收后,再支官项。"⑤这年,回屯人数达到杨应琚酌定的一千户,但以后仍逐年迁移增加。今据《清实录》等载历年迁往伊犁屯田户数列表如下:

乾隆年间迁往伊犁屯田维吾尔人户数、原居地统计

时间	户数	原居地	备注
乾隆二十五年春	300	阿克苏、乌什、赛哩木、拜、库车、沙雅尔等城。	
乾隆二十六年春	500	阿克苏161户、乌什120户、拜城13户、库车30户、沙雅尔13户、多伦150户、赛哩木13户。	
乾隆二十六年六月	200	阿克苏、乌什等城。	原议是年秋派往,因伊犁阿奇木伯克请助收割,即于六月遣往。

①《清实录》乾隆二十五年五月戊午条。
②《清实录》乾隆二十五年九月癸丑条。
③《清实录》乾隆二十五年十一月辛酉条。
④《清实录》乾隆二十五年六月丙申条。
⑤《清实录》乾隆二十六年六月癸未条。

续表

时间	户数	原居地	备注
乾隆二十七年二月	154	叶尔羌 130 户、和阗 24 户。	
乾隆二十七年四月	214	叶尔羌等城。	
乾隆二十八年八月	200	乌什。	翌年二月抵伊犁。
乾隆二十八年十一月	1500	阿克苏 270 户，乌什 200 户，喀什噶尔 300 户，叶尔羌、和阗 400 户，赛哩木 130 户，库车、沙雅尔 150 户，哈喇沙尔、多伦 50 户。	
乾隆二十九年八月	500	叶尔羌、和阗。	
乾隆三十年二月	1796	南疆各城。	
乾隆三十年二月	30	多伦	自备资斧前往。
乾隆三十三年冬	350	叶尔羌、和阗	
合计	5744		《西陲总统事略》等书载 6383 户为确数。

乾隆三十三年（1768 年），伊犁回屯人数达 6383 户。[1]自这年起，清政府停止向伊犁迁徙维吾尔族人口。乾隆三十八年（1773 年），经将军伊勒图奏准，将六千余户按屯种地区"分为九屯。"各屯户数不一，其耕种地亩皆资河水或泉水灌溉。今据《西陲总统事略》列表如下：

伊犁回屯九屯地名、户数、灌溉统计

地名	户数	灌溉用水
海努克	600	山泉
哈什	500	河水
博罗布尔噶素	1100	河水

---

①汪廷楷：《西陲总统事略》卷一，《伊犁兴屯书始》。

续表

地名	户数	灌溉用水
吉尔噶朗	900	山泉
塔舒斯塘	400	山泉
鄂罗斯塘	600	山泉
巴尔图海	600	山泉
霍诺海	800	山泉
达尔达木图	500	山泉

乾隆年间,伊犁回屯总亩数究竟有多少?由于回屯耕种是"计籽种不计亩",故只能作一大略的估计:伊犁兵屯是每屯兵领籽种1.1石,种地20亩。回屯是户给籽种1.5石,户种地约应为27.3亩,6千户当种地面积约为16万3千8百亩。

嘉庆年间增种地无确实户、亩数。但据记载,由于回屯户"生齿日繁",原有地亩不敷耕作,阿奇木伯克鄂罗木杂布恳请增加地亩,"以资生计"。嘉庆九年(1804年),经伊犁将军松筠奏明,增拨春稽等四处地亩。

嘉庆年间增拨的春稽等四处回屯地

地名	灌溉用水	备注
春稽	泉水	约二千余亩。
乌兰库图尔	哈什河水	哈什河南遣屯地。
呢勒哈	山泉	厄鲁特游牧闲地。
乌里雅素图	山泉	厄鲁特游牧闲地。

道光年间,清政府进一步在伊犁地区垦地兴屯。据《清史列传·奕山传》载:"(道光)二十年……(伊犁将军奕山)偕副都统关福办理额鲁特爱曼界内所属塔什图毕开垦事宜,共开渠二万五千七百四十四丈,计一百四十三里有奇,得地十六万四千余亩,奏请安插回子千

户……每回子一户给牛一头，籽种粮一石。"道光二十四年（1884年），伊犁将军布彦泰等奏："又阿勒卜斯地方，共垦得地十六万一千余亩，分设回庄五处，共安回子五百户……每户拨地二百亩，所余留为歇乏换种。"①可知，道光年间增垦回屯地为 32 万 5 千余亩。

三

　　伊犁回屯兴办于乾隆二十五年（1760年），终于同治初年，绵延达百年之久，为周边民屯史中所罕见，这就不能不使我们注意到回屯上的组织、经营方式、隶属关系等问题。

　　伊犁回屯初创之际，清政府即采取同族治理的政策，设立伯克管理屯民。伯克有高下、职掌之分，最高者称阿奇木伯克，清秩为正三品，由吐鲁番大阿訇、辅国公额敏和卓的后裔担任。首任阿奇木伯克是额敏次子茂萨，据《西陲总统事略》记："（茂萨）于乾隆二十五年授伊犁阿奇木伯克……三十一年额敏和卓第三子鄂罗木杂布赴伊犁……任伊犁三品阿奇木伯克……嘉庆十年鄂罗木杂布卒……以其子密里克杂布袭一等台吉，署阿奇木伯克事务。"②阿奇木伯克之下，设四品伊什罕伯克一员，二伯克俱驻宁远城。城内设有阿奇木伯克衙署、伊什罕伯克衙署各一所，总理回屯一切事务。③以下再设噶杂纳齐、商、海子、密拉布伯克等 79 员，分别掌管地亩、粮赋、水利灌溉、诉讼诸事务，其品级自 4 品至 7 品不等。④道光年间增开的回屯亦曾依旧案设立商、密拉布伯克，塔什图毕回屯为 14 员，⑤阿勒卜斯回屯有

　　①《清实录》，道光二十三年十二月丁未条。
　　②汪廷楷：《西陲总统事略》卷七，《回屯》。
　　③汪廷楷：《西陲总统事略》卷五，《城池衙署》。
　　④汪廷楷：《西陲总统事略》卷七，《回屯》。
　　⑤《清史列传》卷五十六《奕山传》。

8员，①任用维吾尔族上层担任伯克，直接管理回屯各项行政事务，显然更有利于清政府对维吾尔屯民的统治。为了使伯克们忠于职守，"奋勉纳粮"，清政府规定：阿奇木伯克岁支养廉银五百两，伊什罕伯克岁支二百两。除此之外，各伯克按其品级高下，给予不同数量的私役佃户和养廉地亩。《西域图志·官制二》载："三品伯克，每员给二百帕特玛籽种地亩，种地人百名；四品伯克每员给百五十帕特玛籽种地亩，种地人五十名；五品伯克每员给百帕特玛籽种地亩，种地人三十名；六品伯克每员给三十帕特玛籽种地亩，种地人十五名；七品伯克每员给三十帕特玛籽种地亩，种地人八名。其密喇布伯克各员专司灌溉，原有例分地亩，不另拨给，止给种地人各五名。伊犁官属中，有以伯克官之者，受禄亦如之。"这种私役佃户在清代文献中被称为"燕齐回子"或"烟齐回子"。《钦定回疆则例》一书载，伊犁回屯自3品阿奇木伯克至7品帕提沙布伯克共占有"燕齐回子"323户。这种情况说明在土地国有制的伊犁回屯中，有一定数量的地亩乃是作为伯克们的俸饷领地。屯户起初是"每百内放什长一名，以令管辖。"②1773年，"将军伊勒图奏准以六千回户分为九屯耕种纳粮。"③各屯由伯克统一管理。

回屯所需耕畜皆为官给。初创之时，由各城伯克筹备办给。以后，三千屯户给予三千只孳生官牛，以"孳生牛内所产牛犊抵补三千回子之牲畜倒毙。""其未得孳生牛之三千回子耕地牲畜照例按三分倒毙应补九百牲畜，即由官马牛只内动用拨补"，④形成定制。

伊犁回屯"租有定额"，也即清政府用定额租制来收取实物地租。

①《清实录》道光二十三年十二月丁未条。

②那彦成：《阿文成公年谱》卷一，乾隆二十五年二月六日。

③汪廷楷：《西陲总统事略》卷七，《回屯》。

④《钦定回疆则例》卷六，"伊犁屯田回子应领耕牛倒毙数目"。

这显然是在蔡把什湖回屯分成租制基础上的一个改革。因为对不便于直接督促生产的维吾尔族屯民实行定额租制，更有利于保证高额地租的收取。

伊犁回屯上的屯租率高达多少？彭雨新先生认为："他们的屯租，是'计户不计丁，计籽种不计亩'，'户给籽种二：麦一石，黍谷五斗二。'麦种一石约可收二十石，黍谷五斗二约可收二十石八斗，即共收粮四十石八斗。每户应纳屯租为十六石，租率约为38%。"①这个数字偏低，之所以偏低，原因有二：

一是使用的史料在断句上有问题。彭先生引用的"户给籽种二：麦一石，黍谷五斗二"这句史料注明出自《新疆图志·赋税一》。据查，该句原文及后尾是"户给籽种二麦一石谷黍五斗二麦约收二十分谷黍约收四十分。"应该断句为："户给籽种：二麦一石，谷黍五斗。二麦约收二十分，谷黍约收四十分。"理由是：1．《新疆图志》一书中凡是提到粮食数额，行文是"×石×斗"或者"×石×斗×升"，没有如同"五斗二"这样在数字后而不加计量单位"升"的行文。2．《新疆图志》中凡提到麦，总是在前面冠以"小"，"大"，以示区别；而以"二麦"作为大麦和小麦的代称，不仅在《新疆图志》中不乏其例，在清代其他文献中亦是屡见不鲜。如《新疆图志·物候一》中提到大、小麦的区别时说："盖二麦相类，故得通名。"《清实录》乾隆二十六年八月丙子条："回人及官兵所种二麦，收成得二万余石。"乾隆御制诗中也有"伊犁二麦熟，久矣旋王师"②之句。可见，"二麦"是清代对大麦和小麦的习惯代称。所以，每户的籽种是"二麦一石，黍谷五斗"。以麦种一石约可收二十石，谷黍五斗约可收二十石计之，每户的收获量应是麦 20 石，黍谷 20 石，

①彭雨新：《清初的垦荒与财政》，载《武汉大学学报》1979 年第 1 期。
②那彦成：《阿文成公年谱》卷一，乾隆二十六年八月十日。

计 40 石。①

二是彭先生是以 6 千屯户纳粮 9 万 6 千石,每户纳定额屯租 16 石来计算屯租率的。其实,乾隆五十四年(1789 年)年纳粮数又增加 4 千石,共为 10 万石。而且每石还要加纳 3 升"斛面",10 万石当加纳 "斛面" 3 千石。另外还要加纳一定数量的"鼠耗"粮。②所以,纳粮总数至少也有 10 万 3 千石,也即每户至少约当纳定额屯租 17 石 2 斗。

户收获量为 40 石,定额屯租为 17 石 2 斗,我们即可得出屯租率为 43%。这处指丰年的租率。如遇歉年,屯租率更高。也就是说,伊犁回屯定额租制的屯租率高于彭雨新先生得出的 38% 的屯租率。

回屯上交纳的屯粮用于支放满洲八旗驻防官兵的口粮。据《西陲总统事略·粮饷》载:"惠远、惠宁两满城官兵及出差官兵,并将军、大臣、同知等官口粮,乾隆五十七年以前,每年应需各色粮一十六万六千六百六十余石……"回屯年纳粮以 10 万 3 千石计之,约当占支放总数的 62%。可见,伊犁驻防官兵用粮的主要部分,乃是 6 千回屯户交纳的屯租。

为了保证高额屯租的收取,屯户身上被加以强制性的隶属关系。乾隆二十六年四月二十三日上谕中提到,"据阿桂等奏,护送伊犁屯田回人之阿克苏回人颇拉特等,事竣后行至济尔哈朗河脱逃,已行文严缉。"③乾隆二十九年(1764 年),派往伊犁屯田的叶尔羌回人端索丕中途逃走,伊犁将军明瑞即以另一回人阿布都喇伊木补端索丕之缺,并

①那彦成:《阿文成公年谱》卷一,乾隆二十六年十二月十四日载:"今阿奇木公茂萨呈称:今岁种地回人八百户,各耕种二麦一石,谷黍五斗,伊等仰载皇上天恩,各加勤力,是以二麦收成二十分以上,其谷黍以回人收获之数合算,亦有四十余分,通计人各收成粗米至四十石以上。"

②汪廷楷:《西陲总统事略》卷七,《屯务成案》。

③那彦成:《阿文成公年谱》卷一,乾隆二十六年四月二十三日。

以端索丕之妻配给阿布都喇伊木,而将拿获的瑞索丕发回原籍。乾隆得知后大为生气,传旨申饬明瑞,认为"所办殊出情理之外"。下令"著将端索丕发往伊犁给兵丁为奴,如再有逃匿生事之处,即行正法"。①可见,回屯屯户没有随便迁徙的自由,清政府以超经济的强制性手段把他们强行固着在土地之上。此外,还禁止伊犁屯户与外界联系,规定"但此内有从内地犯罪逃来伊犁者,仍当查明严惩,不可姑息容留"。②道光初年,南疆张格尔作乱,清政府即传令伊犁将军,"至伊犁种地回子数千户……尤当留心查察……遇有南路回子行至该处境地者,即严行盘诘,拿获究办"。③可知,回屯户处于严密的防范、监视之中。

伊犁回屯租重律严,然而在兴办过程中出现了"叶尔羌、喀什噶尔、阿克苏、乌什等城有旧在伊犁耕种回人二、三千名,今闻开设屯田,愿来效力者甚多","回城愿迁伊犁人甚多","愿自备资斧移屯"④的情况,而且兴办后绵延百年之久。这固然是由于伊犁土地肥沃,水源充足,气候适宜,有得天独厚的农耕条件,且作为与哈萨克绢马贸易的中心,又能得到 农耕必需的牛马;但另外的原因却是由于伊犁回屯实行定额租制。乾隆三十年三月壬寅上谕云:"再查伊犁所交赋税各城为重,而乌什回人愿往者众。询据告称伊犁赋有定额。"⑤当时南疆各城实行什一税,但杂税繁多,扰累甚重。相比较而言,维吾尔人在定额租制下,状况会稍好一些。所以,伊犁回屯虽然租率高,但对南疆各城贫苦的维吾尔人还是有一定的吸引力。

①《清实录》乾隆二十九年四月丙午条。
②《清实录》乾隆二十九年四月丙午条。
③《清实录》道光六年九月癸未条。
④《清实录》乾隆二十六年四月戊寅条、二十八年二月丙申条、三十年二月丁酉条。
⑤《平定准噶尔方略》续编,卷二十九,第 28 页。

四

嘉、道以降,清国力趋于衰势,统治日渐腐败。道光二十年(1840年)鸦片战争之后,中国进入半殖民地半封建社会。随着清政府统治的动摇,新疆地区阶级矛盾、民族矛盾日益尖锐,伊犁回屯上也出现了"伊犁阿奇木伯克、头等台吉哈里杂特,以管辖耕种官地之员,轧敢挟势占种官地,勒派属下代完粮赋"①的弊端。这种情况说明,伊犁回屯亦开始趋于衰势。但是,回屯不是在官吏侵吞屯地、转嫁屯租、屯户逃亡、屯地荒芜这一自身矛盾发展的途径中废弛的,而是在沙俄的侵略和掠夺中消亡的。

同治三年(1864年),在内地太平天国革命和陕甘回民起义的影响下,新疆各城爆发了反清大起义。在这次大起义中,伊犁回屯上的维吾尔人聚众数万,高举"官逼民反"的旗帜,起而推翻了清政府在伊犁的统治。但是,如同新疆其他地方一样,起义领导权被宗教和民族上层所篡夺,掌握伊犁起义领导权的是曾"因摊奏回户钱文,役回种地,以致众伯克联名呈控"而被革职的阿奇木伯克麦孜木杂特,②伊犁维吾尔族人民仍然处于无权地位。

同治十年(1871年)初,沙皇俄国趁清政府暂时失去对新疆地区的实际控制之机,出动大批配备着枪炮的俄军,越过边境,侵入伊犁地区。在中华民族与沙俄侵略者之间的矛盾上升为主要矛盾之时,伊犁维吾尔族人民奋起抵御外侮,用鲜血和生命在近代中华民族反帝史上留下了光辉的一页。同年7月,沙俄悍然侵占了伊犁地区。在此推行了长达10年之久的殖民统治,伊犁各族人民遭受到残酷的剥削

---

① 《清实录》咸丰四年正月甲辰条。
② 《清实录》同治四年八月乙卯条。

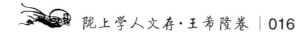

和压迫。光绪七年(1881年),不平等的《中俄伊犁条约》签订,根据条约中勘界的规定,我国七万多平方公里的领土被沙俄割占。其中包括伊犁著名的达尔达木图回屯地区。更为严重的是,交还伊犁之前,沙俄将大批伊犁居民劫持到俄国,"其不愿迁徙者,鞭挞重至,哀号之声彻于四野"。①据有关资料证明,沙俄劫走的中国居民总数达十万多人。②据俄人供认,"一八八二——一八八三年间,几乎所有的塔兰奇农民迁入了俄境。"③这里所说的塔兰奇农民就是伊犁回屯上的维吾尔人。经过这一浩劫,清代经营百年之久的伊犁回屯从此销声匿迹。至新疆完全收复,清政府在伊犁地区再办屯田时,已不见回屯的名称再复出现。

清代新疆回屯虽在沙俄侵略铁蹄下消失了,但它的兴办有着重要的历史作用和意义。

首先,它为有清一代经营新疆地区提供了一定的物质基础,对于新疆地区长期统一于祖国发挥了一定的作用。

再次,它对于开发新疆地区,特别是开发伊犁地区,使之成为新疆最富饶的地区,使之成为祖国的西北边陲军事重镇起了重要的作用。

第三,它对于天山以北地区农业经济的发展,对于改变新疆地区南农北牧的经济布局有着重要的历史意义。

(原载《西北民族大学学报(哲学社会科学版)》,1985 年第 1 期)

---

①《清季外交史料》,光绪朝,三十二卷。

②见《沙俄侵略西北边疆史》第 289 页注释 2。另一说为 7 万人,见《沙俄侵华史》第 3 卷,人民出版社 1981 年版,第 282 页。

③[俄]费奥多罗夫:《伊犁地区军事一统计记述》,第 2 卷,1903 年塔什干出版。转引自《沙俄侵华史》,第 3 卷。另据俄人估计,胁迫入俄境的维吾尔人占伊犁回屯维吾尔人总数的 79.2%(《沙俄侵略中国西北边疆史》,第 289 页,注释 2)。

清代西北的犯屯

在我国历史上,将内地罪犯发遣西北边陲屯田实边,汉、唐、元、明诸朝都曾实行。清承前代遗制,自康熙年间开始,先后将罪犯发至喀尔喀蒙古、甘肃河西和新疆地区屯田。这种屯田在清代史籍中被称之为"犯屯"或"遣屯",是有清一代西北屯田的重要内容之一。本文试就此作一考察。

一

纵观清代西北犯屯的发展过程,大致可将其分为三个阶段:康熙五十五年至乾隆二十三年为第一阶段,这一时期,犯屯主要实施于喀尔喀蒙古和甘肃河西西部;乾隆二十三年,随着准噶尔部被平定,清政府开始将大批罪犯发往新疆,兴办犯屯,至同治三年新疆失守,可定为第二阶段;光绪、宣统年间,是清代西北犯屯的第三阶段,这一时期,清政府再度将大批罪犯发配新疆,但犯屯制度与前期不同,其性质亦发生了变化。清代西北犯屯历康、雍、乾、嘉、道、咸、同、光、宣九朝,约经一百八十年之久。

清初,应遣罪犯主要往东北地区,《清史稿·刑法志》云:"初第发尚阳堡、宁古塔,或乌喇地方安插……"康熙五十四年,西北割据势力准噶尔部侵犯哈密,清政府调集北、西两路大军前往征讨。北路大军行至喀尔喀西部之科布多,西路大军进至新疆东部之巴里坤后,因粮运不接,难以再进,康熙帝师汉赵充国屯田平羌之策,下令"今岁停止

进兵,候种地及一应事务预备完毕……再行定夺。"①《平定准噶尔方略》前编卷三康熙五十五年二月乙丑条载:

> "现今公傅尔丹等率土默特人一千在乌兰固木等处耕种,所需牛种田器应令都统穆赛等支饷购买。发往军前赎罪人等有愿耕种者,许其耕种,俟收成后以米数奏闻议叙。"

这是北路乌兰固木屯田中有罪犯从事耕种的最早记载,它表明,北路屯田兴办之初,罪犯即为屯田之劳动人手。从记载中称其为"赎罪人",以及可根据其收成情况"议叙"来看,他们应是一些发往军营效力赎罪的革职官员。

随着北路乌兰固木等处屯田的不断发展,对劳动人手的需求量相应增大。除了加派绿营兵丁前往屯田外,清政府开始考虑将原拟发遣东北的罪犯改发北路军营屯田。康熙五十七年夏季,议政王大臣等建议,"科布多、乌兰固木等处筑城驻兵以卫喀尔喀,遣有罪者往种地"。②五十七年,清政府正式酌定北路军营发遣条例:

> "发遣黑龙江罪犯……改发北路军营屯种,予以自新之路……一切衣食……著该处给发,由京城派弃兵递送军前。该犯在途,有妄行不法,遁逃拒捕者,即于本处立斩。"③

钩稽有关文献,改发北路军营屯田之罪犯,除了原定例应发黑龙江三姓地方的重罪人犯外,还有以下几种:

1. 贩私盐之本犯。《清圣祖实录》卷二八七,康熙五十九年二月戊戌条载:"刑部题,直隶各省有盐枭就抚之后,复行贩卖私盐者,应将本犯解部充发科布多,乌兰固木地方。"

---

①《平定准噶尔方略》前编卷三,康熙五十五年二月壬戌。

②《平定准噶尔方略》前编卷五,康熙五十七年闰八月乙卯。

③《清世宗实录》卷一二五,雍正十年十一月癸卯。

2. 武装反清之从犯。康熙六十年，山东"巨贼"王美公，"自称标将军"，"聚党行凶，妄乱犯法"，被清军镇压。王美公被就地枭首，从犯于渊、张元皓等，被"解至京师，交与刑部，照例佥妻即发科布多、乌兰固木地方"。①

3. 扰乱舆论之罪犯。康熙六十年，"定造言讹诈者发科布多，乌兰固木地方"。②

上述几种罪犯在内地严重危害着清王朝的封建统治秩序，他们被发遣到喀尔喀草原，就失去了从事违禁活动的条件。同时，他们又是屯田的廉价劳动力，生产所获就近供给清军，"费省而于饷有益"，③为清政府节省了转输劳费。

北路设犯屯之地除了上述科布多、乌兰固木之外，见于记载的还有茂岱察罕廋尔、鄂尔昆、托克拜达里克等三处。

茂岱察罕廋尔，或名莫代察罕廋尔、察罕廋尔，位于札萨克图汗牧地中。康熙五十八年，清政府决定在该处筑城，在城内建房二千间，并决定，"其充发之人，俟筑城盖房完日，陆续发往，令其耕种，俟耕种一年后，再派官兵驻防"。④六十一年，征西将军祁里德以茂岱察罕廋尔屯田歉收，而邻近之科布多、乌兰固木土沃水裕，可耕地亩甚广，遂"请以所用人力、器具悉移为科布多、乌兰固木耕种之用，茂岱察罕廋尔分与发配罪人开垦"。⑤茂岱察罕廋尔屯田原以兵丁、罪犯共同耕种，此时，兵丁耕种之地又"分与发配罪人开垦"，可知当地屯田之罪犯当不在少。

鄂尔昆，大致在今蒙古人民共和国前、后杭爱省相邻处。该处设

---

①《清圣祖实录》卷二九一，康熙六十年二月己未。

②《清朝通典》卷八十，刑一。

③《平定准噶尔方略》前编，卷八，康熙五十九年十月乙亥。

④《清圣祖实录》卷二八五，康熙五十八年八月庚申。

⑤《平定准噶尔方略》前编，卷十。康熙六十一年冬十月辛未。

屯始于雍正四年,五年产瑞麦,"有一茎至十五穗之多"。①罪犯何时发至屯田,不见史载。乾隆二年额附策凌奏请增添换班绿旗兵前往耕种,总理王大臣等议复曰:"今军营绿旗兵六百并罪人计一千有余,不必更拨兵丁前往。"②可知乾隆二年之前,此处即已有不少罪犯屯种。

扎克拜达里克,位于喀尔喀蒙古之中部。该处设屯稍后于鄂尔昆。《清世宗实录》卷一二,雍正十年六月辛未条载:

> "谕办理军机大臣等,从前应行发遣黑龙江等处罪犯,曾改发扎克拜达里克等处,令其开垦耕种……上年贼人窥伺扎克拜达里克,彼时所有罪人,跟随官兵,守护城垣,竭力捍御,甚属可悯,朕已加恩,除其罪名,令充绿旗兵丁,入伍效力。"

这段记载不仅表明,扎克拜达里克为北路犯屯地之一,同时,还使我们得知,北路军营屯种之罪犯,在一定条件下,可以获得"除其罪名",改变罪犯身份充当绿旗兵丁的出路。

西路屯田与北路屯田一样,兴办于康熙五十五年。兴屯之初,劳动人手主要是绿营兵丁和汉族、维吾尔族百姓。雍正二年,大将军年羹尧平定青海和硕特蒙古罗布藏丹津之乱,奏善后十三事,其一为"请发直隶、山西、河南、山东、陕西五省军罪当遣者,尽行发往大通河、布隆吉尔垦种"。经朝廷会议,决定大通河沿岸令驻军子弟亲属及民人开垦耕种,"惟布隆吉尔距边远,应令遣犯金妻发往,官给籽种,屯垦三年后起科如例"。③布隆吉尔在今嘉峪关以西之安西境内,位处东西交通要道。在此之前,年羹尧已奏请设立总兵一员,统辖绿营兵五千驻防。④另外,因驻军用粮转输艰难,附

---

① 《清世宗实录》卷六十二,雍正五年十月己亥。

② 《平定准噶尔方略》前编,卷四十三,乾隆二年四月甲申。

③ 《清史列传》卷十三,《年羹尧传》。

④ 《清世宗实录》卷十七,雍正二年三月丙申。

近之赤金卫、柳沟所已设屯田供给驻军。此时,将五省罪犯发至该处,兴办屯田,其目的也是为驻防军生产用粮。值得注意的是,北路犯屯屯种之罪犯,其出路是充当绿营兵丁。而西路犯屯屯种之罪犯,则是"屯垦三年后起科如例"。所谓起科,即承担国家之赋税。这表明,西路犯屯屯种之罪犯,在三年之后可取得民人身份,在布隆吉尔就地为民。

北路、西路犯屯的实行,是清政府在西北地区利用罪犯屯田实边的尝试,也是清政府在新疆地区大规模兴办犯屯的前奏。它为有清一代在新疆地区长期利用罪犯屯田实边提供了经验,准备了条件。可以说,新疆犯屯是在北路、西路犯屯基础上的进一步发展和完备。

二

乾隆二十一年,清军大举进入新疆,平定阿睦尔撒纳之叛。与此同时,清政府下令在新疆东部之巴里坤、乌鲁木齐、吐鲁番等处兴办兵屯,使清军用粮逐渐就地供给。兵屯初见成效后,清政府立即着手发遣罪犯,以补充屯田之劳动力。《清高宗实录》卷五五六,乾隆二十三年二月己巳条载:

> "军机大臣等议奏,御史刘宗魏奏请,嗣后盗贼、抢夺、挖坟应拟军流人犯,不分有无妻室,概发巴里坤,于新辟夷疆并安西回目札萨克公额敏和卓部落迁空沙地等处,指一屯垦地亩,另行圈卡,令其耕种,共前已配到各处军流等犯,除年久安静有业者,照常安插外,无业少壮,曾有过犯者,一并改发种地,交驻防将军管辖,应如所请,并将此外情罪重大军流各犯一体办理。从之。"

以上引文中之巴里坤,不单纯是指巴里坤一地,"称巴里坤者,乃笼统之辞",还包括吐鲁番、乌鲁木齐等处,[1]这些地方土沃水足,可耕地亩甚多,虽已兴屯,但缺乏足够的劳动人手;引文中"安西回目扎萨克公额敏和卓部落迁空沙地",即指雍正十一年从吐鲁番迁至安西的辅国公额敏和卓及其部属屯垦之瓜州五堡。乾隆二十一年,额敏和卓率部属重返吐鲁番,五堡遗有维吾尔人垦成熟地数万亩,亟须组织劳动力耕种。[2]刘宗魏奏议表明,由于西北战事的顺利进行和疆域的开拓,清政府已把嘉峪关外直至新疆作为发遣全国"应拟军流罪犯"的要地。而且,一改前拟布隆吉尔安置军流罪犯,"三年后起科如例"之制,将罪犯"一并改发种地,交驻防将军管辖"。同时,已发至布隆吉尔罪犯中的一些"无业少壮,曾有过犯者",也被取消了三年后为民的资格,一律置于军队监督之下,屯种纳粮。

刘宗魏奏议获准之后,刑部迅速拟定发遣新疆条例。据吴翼光《新疆条例说略》载,当时,应遣罪犯共有二十三种:

1. 采生折割已行而未伤人为从者。

2. 谋叛未行为从者。

3. 逃避山泽不服使唤为从者。

4. 放火故烧人空闲房屋及田场积聚之物者。

5. 军民吏卒殴伤本管官者。

6. 造谶纬妖书传用,惑人不及众者。

7. 师巫假降邪神并一应左道异端之术,煽惑人民为从者。

8. 聚众十人以上,带有军器,与贩私盐拒伤一人为从下手者。

9. 捕役豢贼一、二名至五名以上者。

10. 私铸铜、铅钱不及十千情轻者。

---

① 《清高宗实录》卷五六二,乾隆二十三年五月丁亥。
② 《清朝文献通考》卷十一,田赋十。

11. 强盗免死减等者。

12. 强盗已行而不得财者。

13. 抢夺满贯拟绞,秋后缓决一次者。

14. 杀一家三命凶犯之子。

15. 凶徒因事忿争,执军器殴人至笃疾者。

16. 强盗窝主造谋不行,又不分脏者。

17. 开窑诱取妇人子女勒卖为从者。

18. 窃盗临时拒捕,伤非金刃,伤轻平复者。

19. 抢夺金刃伤人及折伤,下手为从者。

20. 发掘他人坟塚见棺椁为首,及开棺见尸为一、二次者。

21. 窃脏数多,罪应满流者。

22. 积匪猾贼。

23. 在配为匪脱逃者。

根据以上条例,自乾隆二十三年起,各省应遣罪犯先被押解至甘肃省,再由甘肃省负责递解西行。但由于各省应遣罪犯为数极多,而甘肃省连年歉收,大批罪犯"到甘递解,所需口粮、车辆殊多糜费",难以支应,①同时,新疆战事未停,政局不稳,尚不具备大规模安置罪犯的条件。鉴于这种情况,乾隆二十四年,清政府又决定,"所有免死减等发往巴里坤安插之犯,暂行停止"。②但此令颁布之前,已有不少近省罪犯解至配所。颁布之时,"云、贵等远省佥遣之犯,多已在途,势难中止"。③因此,乾隆二十三至二十四年,各省解至巴里坤、安西等处屯田的罪犯当不在少数。

---

① 《清高宗实录》卷五九一,乾隆二十四年六月丁酉。
② 《清高宗实录》卷六三二,乾隆二十六年三月庚子。
③ 《清高宗实录》卷五九一,乾隆二十四年六月丁酉。

乾隆二十五年，新疆战事结束，同时，当地兵屯获大丰收，而地当通道的甘肃省又"年谷时熟"，具备了大规模发遣、安置罪犯的最好条件。清政府遂再次下令，各省罪犯，"仍照前例改发"。同时，鉴于前议发遣条例为数稍多，下令军机大臣会同刑部官员详核，"择其桀骜难驯，屡惩屡犯"，"渐染甚易，驯化又难"者发遣。①此次详核作为定则后，刑部又曾予以增补。据《新疆条例说略》载：

1. 官兵人役押解新疆人犯，中途疏纵，为首较重者，三十二年酌定发新疆。

2. 因药迷人图财案内，甫经学习及虽已合药即行败露，或欲迷之人当时知觉未经受累者，四十八年改发新疆。

3. 纠伙三人以上，穿穴逾墙潜行越狱案内，为首之原犯笞杖人犯，为从之原犯徒罪者，五十二年改发新疆。②

按律应发遣新疆、安西之罪犯，为防其潜逃，皆先施以黥面之刑。先由起解省份在罪犯脸面刺以发遣事由，如"逃人"、"强盗"、"抢夺"、"窃盗"、"回贼"、"积匪猾贼"、"发塚"、"脱逃余丁"、"逃兵"、"逃军"、"逃流"等，无事由可刺者，先于该犯右脸面刺以"外遣"二字。然后解至甘肃，补刺遣发地名，如"安西"、"哈密"、"巴里坤"、"乌鲁木齐"、"伊犁"、"乌什"等。所刺字均用满、汉两种文体。③当罪犯身份改变时，才能"起除刺字"。④

各省解至甘肃之罪犯，最初安置于巴里坤、哈密、安西三处。乾隆二十六年，甘肃巡抚明德奏曰："查巴里坤、哈密、安西三处遣犯甚多，难以安顿。嗣后各省遣犯，请停止分发巴里坤等三处，酌发辟展、乌鲁

①《清高宗实录》卷六三二，乾隆二十六年三月庚子。
②引文中之时间皆为乾隆朝。
③《新疆条例说略》。
④《清高宗实录》卷一〇四八，乾隆四十三年正月壬申。

木齐屯所。"①但数年后,乌鲁木齐也因"遣犯太多,兵丁甚少,不敷管辖",办事大臣伍弥泰奏请暂停发遣。②乾隆三十二年,经陕甘总督议定,"每遣犯四名,以三名发伊犁,一名发乌鲁木齐均匀分拨"。③从《钦定皇舆西域图志》记载犯屯情况来看,从事屯田的罪犯主要集中在天山北路之巴里坤、哈密、乌鲁木齐、昌吉、玛纳斯、库尔喀喇乌苏、晶河、伊犁等八处。④

有清一代发遣新疆的罪犯及其家属有多少?要做出精确的统计,显然很难。但是,从有关记载中,我们还是可以作一些粗略的估计。

乾隆三十二年,清政府会议发遣条例,曾有"定例以来,每年各省改发不下六、七百名"的说法。⑤自乾隆二十三年至宣统三年为一百五十三年,去除同治年间新疆动乱的十余年,以一百四十年,每年发遣六百五十名计之,亦当有九万余名。以三分之二为合妻发遣,其总数当有十五万余人。当然,此数并不很确实。因为,每年发遣六、七百人,是指乾隆三十二年以前情况。此后,有时因新疆罪犯过多,酌量减发,如"道光年间因新疆遣犯拥挤,部议酌停二十六项……同治九年续纂暂行监禁八条",⑥按原条例应发遣之罪犯并未起解。有时,发遣人数则又远远超过了六、七百名的数额,如光绪十二年,直隶等七省发遣新疆罪犯,"共有二千七百余名,加以妻室子女至少亦在五、六千人上下",起解"中途恃众逞强,有殴毙营兵,殴伤解役,乘间脱逃之事"。⑦再如光绪二

---

①《清高宗实录》卷六三五,乾隆二十六年四月。

②《清高宗实录》卷七五六,乾隆三十一年三月戊寅。

③《乌鲁木齐政略》遣犯。

④永保《塔尔巴哈台事宜》载,塔尔巴哈台亦有少量罪犯屯田。

⑤《清高宗实录》卷七八二,乾隆三十二年四月乙巳。

⑥《刘襄勤公奏稿》卷八,复陈新疆遣犯酌变通折。

⑦《刘襄勤公奏稿》卷十二,新疆助垦人犯筹款安插情形折。

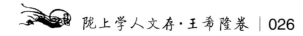

十二年,河湟回民反清起义失败后,被俘起义军及其家属一次被押解至罗卜淖尔附近的英气盖地方安置者就有二千余人。①

三

发遣至新疆的罪犯,主要从事屯垦。但其屯垦形式比较复杂。笔者将其分为三种:其一是给屯兵为奴,"随同力作";其二是入兵屯承种份地;其三是纳入民屯系统,拨地屯垦。第三种在清人文集中被称为"安插户",②严格地说,属于民屯性质,笔者已另文论述。③以下探讨的,是前两种形式的犯屯制度及它们之间的区别。

由于犯屯劳动者的身份是罪犯,是被专政者,所以,犯屯不同于当地的旗屯、兵屯、回屯和户屯,它没有独立的组织系统,而是附属于绿营兵屯之中。

屯田之罪犯,按其原犯罪行的轻重,以两种形式从事屯田。"……其中情节重者,给兵丁为奴",④"令服耕作之役";⑤情节"轻者,补耕屯缺额",⑥即承种份地。为奴罪犯虽由屯兵"督课取力",但屯兵对其只有役使权、而无所有权。清政府规定,"其某犯给某营兵丁,令该管官记档,至(兵丁)换班时,交接班兵为奴,或撤回,及调他所,亦另拨给附近种地兵,随同力作"。⑦为奴罪犯在组织上仍隶属于兵屯。承种份地的罪犯在组织上也隶属于兵屯,但由于他们是"补耕屯缺额",所以,在各地兵屯

①《光绪朝东华录》,光绪二十三年十月。

②纪昀《乌鲁木齐杂诗》。

③见拙作《略论清前期新疆的安插户》,载《西北史地》1988 年第 1 期。

④《清高宗实录》卷一〇九〇,乾隆四十四年九月乙未。

⑤《清高宗实录》卷七六一,乾隆三十二年五月乙酉。

⑥《清高宗实录》卷一〇九〇,乾隆四十四年九月乙未。

⑦《清高宗实录》卷六五六,乾隆二十七年三月壬寅。

中为他们设有一定数额。如巴里坤兵屯,罪犯"定额三百五十名",①哈密兵屯定额二百七十名。②笔者认为,在《钦定皇舆西域图志》《三州辑略》《乌鲁木齐政略》等书中所载各兵屯隶属之罪犯数额,应是承种份地的罪犯,不包括给屯兵为奴之罪犯。例如,《钦定皇舆西域图志》载,乾隆四十二年,伊犁兵屯有"屯兵二千五百名……遣犯……现四十九名",③而同年成书的七十一椿园之《西域闻见录》却载伊犁有"绿旗兵二千六百,流犯千余,屯田二十六工"。④二书记同时期伊犁屯田罪犯数额,而抵牾如此,显然,前者所记应为承种份地之罪犯数额,后者所记则应是承种份地之罪犯与为奴之罪犯之总数额。还应指出,承种份地之罪犯,和屯兵一样,要向国家交纳定额屯租,详列名额,则便于统计;为奴之罪犯,与屯兵"随同力作",没有自己的份地,其劳动在屯兵的份地上体现,定额屯租以屯兵数额统计征收,故各屯详列为奴罪犯数额之必要性不大。各屯给屯兵为奴之罪犯数额虽不详,但他们与承种份地之罪犯的总和当少于各屯屯兵之数额。因罪犯多于屯兵,则难以管辖,屯兵在数量上占优势,罪犯则不易反抗和逃亡,便于屯兵对其役使和管辖。

　　给屯兵为奴和承种份地的罪犯在生产资料的使用上也有着大的区别。前者由于是"赏给屯兵为奴",没有自己的份地,故清政府规定:"牛具籽种,毋庸另给,土屋听其自造,并令兵丁严束,毋庸另立科条",⑤他们本身是屯兵使用的活工具。承种份地的罪犯,一般是"一夫拨田十二亩……赏给籽种牛具",⑥有家眷者,另外"酌给地五亩,自行

---

①《清高宗实录》卷一〇九〇,乾隆四十四年九月乙未。
②《钦定皇舆西域图志》卷三十二,屯政一。
③《钦定皇舆西域图志》卷三十二,屯政一。
④《西域闻见录》卷一。
⑤《清高宗实录》卷五六四,乾隆二十三年六月癸亥。
⑥《新疆图志》卷三十,赋税一。

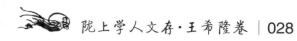

开垦",①这一制度使行于乌鲁木齐、玛纳斯、晶河、库尔喀喇乌苏、塔尔巴哈台等处。②伊犁也是如此,《西陲总统事略》载,"发来种地遣犯李秃子一名,拨给地十二亩,内小麦地六亩,谷子地六亩"。巴里坤地区乾隆年间是"每名额地二十二亩",③与屯兵份地数相同,嘉庆年间改为"每名种地十二亩"。④哈密塔尔纳沁,蔡把什湖二屯罪犯份地亦与屯兵份地相同。⑤新疆绿营屯兵份地额为二十二亩左右,⑥这一数字表明,新疆地区,一夫耕地二十二亩左右为力所能及。据此我们可推断,承种份地十二亩的罪犯,其劳动应分为两个部分:其一是在自己份地上的劳动,其二是在屯兵份地上的劳功,即受屯兵的役使;承种份地二十二亩左右的罪犯,其劳动应是在自己份地上进行。屯田罪犯的耕畜,农具根据其承种份地数额的多少授予。如前所述,为奴罪犯没有份地,故不另授牛具。承种份地十二亩的屯区,规定"每遣犯三名,额给马牛一匹只,农具一副"。承种份地与屯兵同为二十二亩的屯区,规定"屯兵、遣犯每名额给马牛一匹只",⑦农具当亦如之。耕畜,农具每年的损耗缺额由官方按一定比例拨补。⑧罪犯与屯兵一样,对屯地、耕畜、农具只有使用权,而无所有权。

---

①《乌鲁木齐政略》遣犯。

②见《钦定皇舆西域图志》卷三十二,屯政;《乌鲁木齐政略》遣犯;《三州辑略》卷四,屯田门;《塔尔巴哈台事宜》卷四,屯田。

③《清高宗实录》卷七七五,乾隆三十一年十二月。

④《三州辑略》卷四,屯田。

⑤《乌鲁木齐政略》屯田。

⑥新疆各地兵屯份地额略有不同。伊犁、塔尔巴哈台、乌什等地为二十亩,乌鲁木齐及吐鲁番为二十一亩,库尔喀喇乌苏约为二十二亩半,巴里坤、古城、木垒为二十二亩,哈密塔勒纳沁为二十七亩,蔡巴什湖为二十三亩。

⑦《乌鲁木齐事宜》屯兵地粮马牛农具口袋。

⑧《三州辑略》卷四,屯田门。

犯屯之地租形态为劳役地租制。犯屯之劳动者虽有给屯兵为奴和承种份地的区别,但他们的劳动所获都是要"悉数上缴","收贮官仓备用"。只不过为奴罪犯的劳动在屯兵份地上进行,他们与屯兵的共同劳动所获以屯兵的名义上缴官仓;而承种份地的罪犯,其收获以自己的名义上缴官仓而已。为了使犯屯劳动者尽力耕作,多纳屯粮,清政府对承种份地的屯兵和罪犯制定有定额纳粮奖惩制度。以承种份地的罪犯为例:乌鲁木齐、塔尔巴哈台承种十二亩之罪犯,纳粮"如至六石六斗者,日增赏白面半斤……收至十石者,日加赏白面一斤……若只收四石者,功过相抵,不及者议处"。①伊犁则是"如收获细粮九石以上者,照例加赏白面半斤"。②巴里坤、哈密罪犯承种份地与屯兵相同,故"二处遣犯种地赏罚皆与兵丁一例办理"。③所谓一例办理,应为纳细粮十五石以上,日加赏白面半斤,纳细粮二十五以上,日加赏白面一斤,纳细粮十二石至十五石,功过相抵,纳细粮不及十二石,严加议处。一般来说,要达到奖赏标准并非容易之事。我们以《乌鲁木齐政略》所载乾隆二十七年至四十二年承种十二亩之罪犯收获数为例:

时间	收获数	时间	收获数
乾隆二十七年	1.88 石	乾隆三十五年	5.15 石
乾隆二十八年	7.53 石	乾隆三十六年	5.35 石
乾隆二十九年	5.91 石	乾隆三十七年	5.64 石
乾隆三十年	5.89 石	乾隆三十八年	4.20 石
乾隆三十一年	4.70 石	乾隆三十九年	5.75 石
乾隆三十二年	4.90 石	乾隆四十年	6.60 石
乾隆三十三年	4.13 石	乾隆四十一年	6.69 石
乾隆三十四年	6.20 石	乾隆四十二年	6.60 石

①《塔尔巴哈台事宜》卷四,屯田,《乌鲁木齐事宜》屯田分数赏罚例。
②《西陲总统事略》卷七,屯务
③《乌鲁木齐事宜》屯田分数赏罚例。

上列十六年中，仅有四年达到收获六石六斗获日增白面半斤的奖赏，而无一年达到收获十石得到日加赏白面一斤的奖赏。可见，所定奖赏标准非常之高。

犯屯附属于兵屯之中，其地亩与兵屯地亩一样，属于国家所有；其耕畜、农具与兵屯一样，同由官方拨补；其地租形态与兵屯同为劳役租制，定额纳粮奖惩制度亦大致相同。因此，犯屯之性质为军屯，当无疑问。

需要指出的是，犯屯与兵屯同为军屯性质，但由于屯兵与罪犯政治身份不同，其生活待遇则相去悬殊。

新疆绿营兵屯，屯兵有携眷、换班两种。携眷屯兵中，马兵岁支粮饷银四十一两一钱，步兵岁支粮饷银三十两八钱[①]，换班屯兵，除粮饷银在原营支领外，按差兵标准，"月支给盐菜银九钱，口粮三十斤"，气候条件较差的塔尔巴哈台略高于此数。[②]为奴罪犯和承种份地罪犯劳动强度大于屯兵，但得到的却只是仅能维持生存的口粮而已。为奴罪犯的生活待遇最为低下，他们没有官给定额口粮，而是依靠屯兵养活。伊犁将军明瑞曾奏曰："赏给屯田兵为奴人犯，皆系积恶盗贼，绿营兵得项无几，或难养赡约束。"[③]绿营屯兵的生活并不丰裕，由他们养活为奴罪犯，为奴罪犯的生活可想而知。承种份地罪犯，"其收获之粮，除给一岁口粮三百六十斤外，所余尽数交纳"，[④]生活水平是"日给口粮一斤"。[⑤]在这种待遇下，一些承种份地的携眷罪犯的生活就更为悲惨。如罪犯彭杞，全妻女发遣昌吉屯所，"妻先残，女亦垂尽，彭有官

①《钦定新疆识略》卷八，粮饷出数细目。《三州辑略》卷四，粮饷门。
②《塔尔巴哈台事宜》卷二，添设俸饷。
③《清高宗实录》卷七六一，乾隆三十一年五月乙酉。
④《伊江汇览》屯政。
⑤《乌鲁木齐政略》遣犯。

田耕作,不能顾女,乃弃置林中,听其生死,呻吟凄楚,见者心恻"。①

不堪忍受非人待遇的罪犯,经常寻找机会逃亡。有关史籍中,官方缉捕逃犯的记载比比皆是。御史张沣翰曾奏云:"军流徙犯,动辄脱逃……乌鲁木齐脱逃遣犯,竟至六百七十八名之多,其未经查出者,尚不知凡几。"②为了把罪犯固着在屯地上,清政府曾采取了一系列措施:

其一,用严刑竣法制裁脱逃、反抗的罪犯。清政府规定,"若生事脱逃,自当于本处正法"。③据此规定,乾隆二十六年九月至四十三年九月,乌鲁木齐"脱逃正法二百三十七名,昌吉作乱正法二百四十七名"。④

其二,严惩疏脱罪犯之管解兵役。起初规定,罪犯脱逃,"除将该犯缉获正法外,其疏纵之差役,例应问拟绞候,一年不获,请旨正法"。不久又改为"除审系有心贿纵,仍照与囚同罪例定拟,其余应问绞候,监禁一年之兵役内,为首情重者,著改发伊犁等处",替代脱逃罪犯屯田。⑤

其三,鼓励在配罪犯擒拿逃犯。乾隆五十八年,清政府得知"遣犯史二、莫绍仁在崆博尔鄂博山后拿获逃犯徐四",立即下令,"如伊等(史二、莫绍仁)愿入彼处民籍,即免罪入于彼处民籍,如愿回原籍,即各遣回原籍,再有似此者,即著为例"。⑥

其四,改善罪犯的生活待遇。罪犯不断脱逃和反抗,迫使清政府

①纪昀《如是我闻》。
②《清文宗实录》卷七十四,咸丰二年十月戊戌,
③《清高宗实录》卷六五三,乾隆二十七年正月丙辰。
④《乌鲁木齐政略》遣犯。
⑤《清高宗实录》卷七八二,乾隆三十二年四月乙巳。
⑥《清高宗实录》卷一二七一,乾隆五十一年十二月己未。

作出一些让步。如乾隆五十年,清政府下令,将承种份地额最多之巴里坤罪犯的口粮"于月支面三十斤外,增给十斤,并岁给鞋脚等银"。①

发遣至新疆屯田的罪犯,一般很难再返回原籍。因为清政府的目的是要"以新辟之土疆……化凶顽之败类,为务本之良民",②即用发遣罪犯来实边新疆。为了达到这一目的,在大批发遣罪犯之初,清政府就作出了一些具体的规定,以适应用罪犯实边新疆的需要。

其一,官费金送罪犯眷口至屯所。发遣罪犯不愿留居新疆,重要原因之一是其妻子、儿女在内地。清律,遣犯例应携眷者,给以官车口粮,自愿携眷者不给。乾隆三十一年,清政府规定,发遣乌鲁木齐等地罪犯,"不分例应携眷与否,凡携眷者,一并给与口粮、车辆"。此令颁布后,已发至乌鲁木齐屯所的只身罪犯,"皆自悔未曾携眷"。根据这种情况,清政府又补充规定,"有情愿在彼入籍者,即行文该省督抚,将伊等家眷,照送遣犯例,办给口粮,车辆送往"。③经伊犁将军明瑞奏准,发遣伊犁罪犯,亦照乌鲁木齐例一体办理。④

其二,酌定罪犯为民年限。乾隆三十一年,军机大臣议奏,乌鲁木齐罪犯,"其能改过者,拟定年限,给与地亩,准入民籍"。⑤经议,决定"当视其原犯情罪轻重,将原拟死罪者,作为五年军流罪,轻者作为三年,年满无过犯者,陆续编入民册"。⑥后经伊犁将军伊勒图奏准,此制亦适用于发遣伊犁罪犯。但一些极重罪罪犯为民,定为十年期限⑦。这

①《清高宗实录》卷一二三七,乾隆五十年八月庚子。
②《清高宗实录》卷五九九,乾隆二十四年十月丁酉。
③《清高宗实录》卷七五九,乾隆三十一年五月乙酉。
④《清高宗实录》卷七六一,乾隆三十一年五月乙酉。
⑤《清高宗实录》卷七五九,乾隆三十一年四月庚申。
⑥《清高宗实录》卷七六八,乾隆三十一年九月壬午。
⑦《清高宗实录》卷八七五,乾隆三十五年十二月乙未。

些极重罪罪犯,当主要是为奴罪犯。

其三,给为民罪犯拨贷生产资料。乾隆三十三年,办事大臣温福奏准,"遣犯为民,每户拨地三十亩,籽种小麦八斗、粟谷一斗、青稞三斗,房价银一两,每六人给农具一副,马二匹,每匹作银八两,拨地之次年升科,房价、马价分作三年带征"。①这是对有眷遣犯为民的规定。只身罪犯为民,拨贷土地、籽种、耕畜数和有眷者相同,但房价银加倍给与,农具为四人一副,升科年限延至三年。②

上述制度实行后,一方面是内地大批罪犯逐年发遣到新疆各屯区,另一方面是各屯区不断有犯屯劳动者满限后就地编入民籍。据《乌鲁木齐政略》载,乾隆四十三年,乌鲁木齐为民罪犯有一千二百四十三户,这些人在当地被称为遣户。纪昀遣戍乌鲁木齐期间见到"鳞鳞小屋似蜂衙,都是新屯遣户家"。③ 这些新屯遣户虽已改变罪犯身份,得到一份生产资料,成为当地的编户齐民,但在行动上,仍受到一定限制,清政府规定,"倘为民之后,顿思故土,或携眷潜逃,或只身逃遁,自应严拿务获"。④

四

同治三年,新疆爆发各族人民反清起义,浩罕军官阿古柏趁乱侵入新疆,建立"哲德沙尔汗国"反动政权,沙皇俄国也出动军队,武装占领伊犁,清政府失去对新疆地区的控制达十余年之久。光绪初年,左宗棠督军出关,驱逐阿古柏匪帮,收复新疆。光绪十年,新疆建省,

---

①《乌鲁木齐政略》遣犯。
②《乌鲁木齐政略》遣犯。
③纪昀《乌鲁木齐杂诗》。
④《清高宗实录》卷七九一,乾隆三十二年闰七月辛酉。

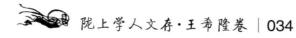

湘军将领刘锦棠出任巡抚，标志着清政府对新疆地区的管辖进入了新的阶段。随着新疆局势的逐步稳定，清政府开始考虑继续将内地罪犯发遣新疆。

但是，如何发遣、安置罪犯，新疆地方官员与清中央政府有不同意见。清政府认为，"新疆平靖已久……似可将改发充军人犯仍复旧例发往种地、当差"，即发遣、安置罪犯应循高宗朝遗制。新疆巡抚刘锦棠则坚持，"要在妥筹安插"，"不必拘泥成法"。他提出，其一，按旧例应遣罪犯人数太多，"接踵而至，难以拘管"，应"量为变通"，以免"雍滞之虞"；其二，按旧例罪犯至新疆后，改变身份，就地为民的期限太长，"应请破除陈例"，将原为奴罪犯十年为民改为五年，原五年为民者改为三年，"果能安分出力，即编入本地民册，给地耕种纳粮"。可见，刘锦棠感到，旧例已不适应新疆的实际状况。但此时他仍在计划，将发遣至新疆的罪犯先行编入兵屯组织中，"交屯官兵目自行管束"，①也即将犯屯仍按旧制隶属于兵屯之中。

然而，时过不久，刘锦棠即放弃了将发遣罪犯先行编入兵屯组织之中，"交屯官兵目自行管束"的计划。正当清政府决定将直隶等七省秋审免死人犯大批解送新疆之时，刘锦棠上奏清政府，新疆"诸务创始，提臣移防未定，抚标兵制未设，兵屯考察刻难就绪"，提出将发来罪犯交新疆地方官安插，②"仿照民屯，优给牛、籽、房、具、口粮"。③其具体办法是：

每二人为一户，拨上地六十亩，给农具银六两，修屋银八两，耕牛二只银二十四两，籽种粮三石，月给口粮面九十斤，盐菜银一两八钱，

---

①《刘襄勤公奏稿》卷八，复陈新疆遣犯酌量变通折。

②《刘襄勤公奏稿》卷九，遣犯到配安插详细章程折。

③《刘襄勤公奏稿》卷十二，新疆助垦人犯筹款安插情形折。

自春耕至秋获按八个月计算，籽种照时价扣合，共需银七十三两有奇，由公借发。限初年缴还一半，次年全还，遇歉酌缓。额粮则自第三年始，初年征半，次年全征。仍仿营田之制，十户举一屯长，月给口粮银二两，五十户派一屯正，月给口粮银四两，亦以八个月为限，但免扣还。每屯正五名，复派一委员管理，以资递相钤束。修浚渠道仍由公中给款。①

上引即刘锦棠拟定之新疆屯垦章程。此章程实行后，新疆犯屯制度发生了大的变化。

首先，新疆犯屯在组织上不再附属于兵屯，而是十户举一屯长，五十户派一屯正，每屯正五名，复派一委员管理，有了独立的组织系统。

其次，屯田罪犯对土地、耕畜、农具等生产资料，也不再是只有使用权，而无所有权，当借项缴还，开始征收额粮时，一切生产资料即归屯田者所有。

第三，对屯田罪犯不再实行劳役租制，罪犯到新疆的前两年，在官府帮助下在当地立业，自第三年开始承担国家额定税粮，成为编户齐民。

以上改变表明，新疆犯屯的性质已由军屯演变为民屯。

新疆犯屯的性质为什么在清季由军屯演变为民屯？笔者认为，这与清季新疆兵屯的衰落直接相关。自乾隆朝以来，清政府在新疆建有大规模的兵屯。兵屯的劳动者是兵为国有的经制绿营兵。各屯是军事编制的生产组织，组织严密，制度完备。屯田罪犯被隶属于兵屯组织中，占数量优势的屯兵即可将他们强制固着在屯地上，"督课取力"，"随同力作"。可见，军屯性质的犯屯，其存在是以兵屯的存在为前提。

①《刘襄勤公奏稿》卷十二，新疆助垦人犯筹款安插情形折。

但在同治年间的动乱中,新疆兵屯被彻底破坏,屯兵散失,屯地荒芜,旧制荡然无存。光绪初年进驻新疆的西征军已与清政府直接掌握的八旗,绿营经制兵大不相同,其主力湘军、甘军等都是兵为将有的地方武装势力,在他们中推行兵屯旧制并非易事。新疆巡抚刘锦棠、饶应祺等都曾有遵高宗遗制,实行兵屯的打算,结果都成画饼。①犯屯以兵屯的存在为前提,兵屯不能如旧制兴办,皮之不存,毛将焉附?原军屯性质的犯屯自然难以实行。因此,当清季再兴犯屯时,原犯屯制度必然要改变,犯屯性质由军屯演变为民屯也就不难理解了。

有清一代在西北地区兴办犯屯,从清统治者的主观愿望来看,自然是为了巩固封建统治。但是,长期兴办犯屯,客观上对于充实西北地区的人口,促进当地社会经济的发展,以及加强内地与边疆地区经济、技术、文化的交流也起了积极的作用。

(原载《西北民族研究》,1988 年第 2 期)

---

① 《刘襄勤公奏稿》卷八,复陈新疆遣犯酌量变通折;《清朝续文献通考》卷二,兵十。

清前期吐鲁番维吾尔人迁居瓜州的几个问题

　　清前期吐鲁番维吾尔人迁居瓜州是清代民族关系史中的一个重要事件,考察这一事件,对于了解清前期的平准战事,清廷与维吾尔族的关系,以及清代新疆统治制度的形成都具有不可低估的意义。本文拟对吐鲁番维吾尔人迁居瓜州的原因、清廷的对待政策、这次迁徙的历史作用和影响等问题作一初步探讨,以期引起更深入的研究。

一

　　清代前期,额鲁特蒙古准噶尔部割据新疆,称雄西北。康熙年间,其首领噶尔丹率军侵入喀尔喀三部牧地,致使三部残破,"死者相枕"。[1]康熙帝亲统六师,三临朔漠,历经八年,始将噶尔丹平定。但继噶尔丹而立的策妄阿喇布坦率部游牧于阿尔泰山以西,他对清廷"貌恭顺,怀不靖志",[2]极力扩大势力,"尽效噶尔丹所为,思吞并四部为一"。[3]康熙五十四年,策妄派兵进犯已归顺清廷的哈密,导致清准战事再起。清廷派遣大军进驻巴里坤,开始进击准噶尔牧地乌鲁木齐。

　　吐鲁番位处乌鲁木齐之东, 是从内地进入天山南北两路的必经

---

①钱良择:《出塞纪略》。
②祁韵士:《皇朝藩部要略》卷十七,《西藏部要略》。
③魏源:《圣武记》卷三,《雍正两征厄鲁特记》。

之地,所属十七城,皆为策妄阿喇布坦控制。①因此,清军进击乌鲁木齐,吐鲁番首当其冲。康熙五十四年,将军席柱在进军计划中提出"吐鲁番与哈密接壤,且系策妄阿喇布坦咽喉要地,不可不先取"。②但是,吐鲁番与清军基地巴里坤、哈密相去七、八百里,其间有戈壁相隔;清廷对准噶尔部的实力,对吐鲁番维吾尔人的具体情况都不甚了解。③所以,康熙五十六年夏清军首次进击乌鲁木齐,绕北道自阿克他斯、乌兰乌苏西进,并未攻取吐鲁番。④

康熙五十六年清军进击乌鲁木齐回师后,由于策妄阿喇布坦窃据西藏,清军首次入藏失利,巴里坤大军暂时处于守势。五十九年,皇十四子允禵督军入藏,清廷令巴里坤驻军再次进击乌鲁木齐,以牵制准部兵力。此次进击,清军兵分两路:一路由靖逆将军富宁安率领,取北道袭击乌鲁木齐;另一路由散秩大臣阿喇衲率领,袭击吐鲁番。据富宁安疏报,阿喇衲于齐克塔木击败准军,进取齐克塔木、皮禅、吐鲁番三城,随后即回师巴里坤。

清军袭击准部咽喉要地吐鲁番,使策妄阿喇布坦深感震惊。清军

---

①常钧:《敦煌随笔》上卷,《回民五堡》载:吐鲁番维吾尔人"分住十七城,服属于准噶尔,岁有纳输"。

②《清圣祖实录》卷二六四,康熙五十四年六月甲戌。

③《清圣祖实录》卷二七一,康熙五十六年三月丁丑,上谕云:"若大兵前进,宜攻取吐鲁番,或招抚之。即与哈密相类,尽入国家版图。即入版图,不得不善为保护,若袭击之兵势觉单弱,或策妄阿拉布坦拥众而来,救援吐鲁番,或吐鲁番等更变。彼时不能看守,则得而复失,关系甚大。著军中大臣,详加筹划。如有难处之势,仍照前议,袭击回来为是",表明清廷对进兵吐鲁番的顾虑。

④日本学者佐口透认为,"清朝于1717年(康熙五十六年)向西域派遣军队,向天山东面的乌鲁木齐地方进击。这时才开始进驻吐鲁番盆地,占领了齐克塔木、辟展、吐鲁番三城"。此说不知何据。见佐口透《清朝支配下のトルワろン》(《东洋学报》,第60卷3、4号,昭和54年3月)。

刚刚回师,策妄即令部属将吐鲁番维吾尔人强行迁往哈喇沙尔。清廷闻讯,决定出兵救援。康熙六十年七月,阿喇衲与副都统庄图、穆克登各率兵二千分三批赶赴吐鲁番救援。"阿喇衲抵吐鲁番,遇准噶尔贼二千,迎击之,贼弃骑走,俘斩百余名,遂屯吐鲁番。"①这是清军第一次进驻吐鲁番。清廷立即着手建立吐鲁番军事基地。至康熙六十一年,当地驻扎八旗、绿营官兵一万一千余名,约占西路驻防清军总数的一半左右。②同时,清廷向吐鲁番调运了大批农具籽种,利用驻防绿营兵丁就地屯田,生产军粮。雍正元年,吐鲁番兵屯收获屯粮九千三百余石,③在西路各屯区中仅次于巴里坤。

正当清廷大力经营吐鲁番军事基地之际,康熙帝逝世。雍正帝继位后,策妄阿喇布坦遣使求和,"情词恭顺"。是时,雍正帝正忙于巩固统治,即答应策妄提出的与喀尔喀划界、通商贸易以及划给吐鲁番的要求。雍正四年五月,西路清军放弃吐鲁番、巴里坤军事基地,陆续东撤。

雍正七年,清准和议破裂,清廷再次于巴里坤屯驻大军,并派军进驻吐鲁番,向当地维吾尔人采买粮石。④从雍正八年开始,准噶尔军队向北路、西路清军连续发动进攻,在科舍图、和通淖尔、鄂登楚勒等地与清军展开激战。对吐鲁番地区,准部大将色布腾采取牵制和疲惫

---

① 和瑛:《三州辑略》卷一,《沿革门》《吐鲁番》。

② 康熙六十年九月,阿喇衲等率军六千进驻吐鲁番,六十一年正月,清廷再派巴里坤军营绿营兵五千赴吐鲁番"筑城种地驻防"。是时,西路"巴尔库尔、吐鲁番、科舍图、俄隆吉四处所有满洲、蒙古、绿旗官兵共二万一千一百名",吐鲁番当占一半左右。见《清圣祖实录》卷二九四,康熙六十年九月庚子;卷二九七,康熙六十一年五月癸巳。

③ 《清世宗实录》卷十三,雍正元年十一月丁亥。

④ 祁韵士:《皇朝藩部要略》卷十五,《回部要略一》。

西路清军的策略,不断出兵骚扰。自雍正九年三月至十年五月计十四个月中,准军连续四次进攻吐鲁番。

雍正九年三月,准部"贼众有二千余人来犯吐鲁番",巴里坤清军前往救援,"贼兵即先行潜遁"。①救援清军刚刚返回巴里坤,"贼人于四月间,又复侵犯吐鲁番"。据宁远大将军岳钟琪奏报,"贼夷围困鲁谷庆四十余日",并围困附近之哈喇火州,"用木梯三百余副为攻城之具"。②清军再次自巴里坤往援,准军闻讯,"远遁无踪"。③救援清军返回巴里坤后,复有准军一、二千人于七月间来犯吐鲁番,被当地军民击退。④雍正十年五月,准军第四次进犯吐番鲁,据驻扎鲁谷庆总兵官王廷瑞奏报,"贼人寨桑额尔克得松,领贼二千名,分东西两路,来犯哈喇火州城",被清军击退。⑤此时,吐鲁番驻军虽已陆续增至八千余人,但分驻鲁谷庆、哈喇火州等七城,兵力分散,"声势不能联络";西路清军大本营在巴里坤,与吐鲁番有戈壁相隔,吐鲁番"孤悬一隅",不能及时援助;巴里坤清军数次救援吐鲁番,未能与准军主力决战,因往返奔驰,亦已疲惫不堪。有鉴于此,雍正十年上谕云:"吐鲁番部落,远在边境之外,去巴尔库尔军营,尚有七、八百里,易为贼人所窥伺,我师难以庇护"。⑥这表明清廷已失去了继续坚守吐鲁番的信心,而清廷的这一变化必然对吐鲁番维吾尔人产生重大影响。

吐鲁番维吾尔人早在清兵入关之初即向清廷派遣使臣,请求建立贡使贸易联系。顺治三年,"吐鲁番苏勒坦阿布勒·阿哈默特·阿

①《清世宗实录》卷一〇六,雍正九年五月乙亥。

②《清世宗实录》卷一〇七,雍正九年六月辛亥。

③《清世宗实录》卷一〇七,雍正九年六月辛亥。

④《清世宗实录》卷一〇九,雍正九年八月庚子。

⑤《清世宗实录》卷一一九,雍正十年闰五月丙申。

⑥《清世宗实录》卷一二五,雍正十年十一月乙未。

济汗遣都督玛萨朗琥珀峰等奉表贡"，清廷准其在"京师会同馆及兰州互市"。①十六年，吐鲁番使穆苏喇玛察帕克等叩关请贡。康熙十二年，"吐鲁番使乌鲁和卓贡西马四、蒙古马十五、璞玉千斤"。十八年，噶尔丹征服叶尔羌汗国，天山南路维吾尔人处于准部统治之下，但吐鲁番维吾尔人继续与清廷保持贡使联系。二十年，"吐鲁番使伊斯喇木和卓等贡璞马如前额"。二十五年，"遣使乌鲁和卓等……献方物"。②

康熙五十九年清军进击吐鲁番，为长期遭受准噶尔奴役的维吾尔人提供了摆脱准部控制的机会。当阿喇衲向吐鲁番、皮禅、齐克塔木三城维吾尔人宣谕"大军征准噶尔，非仇尔也"，③三城维吾尔人头目当即"俱率众迎降"。④阿喇衲回军后，策妄阿喇布坦强行"将众回人迁往哈喇沙尔地方，众回人相率逃回。有准噶尔之人来追，众回人并力杀退"。⑤他们聚集于鲁克沁，共推托克玛木特为首领，一面抗击准部追兵，一面遣使赴巴里坤向清军求援。"(康熙)六十年，吐鲁番回人阿喇布坦抵大军，诉回众不堪准噶尔虐，约内附，且献所获准噶尔甲，乞援"。⑥可见，清廷首次在吐鲁番建立军事基地，维吾尔人的求援起了一定的促进作用。

雍正七年，清军第二次屯驻于吐鲁番。在与准军争夺吐鲁番的四次激战中，维吾尔人配合清军，主动出击。雍正九年四月，准军二千余人围困鲁谷庆城，"吐鲁番回子奋勇出击，杀死逆贼二百余人，带伤之

① 和瑛：《三州辑略》卷一，《沿革门》《吐鲁番》。
② 《三州辑略》卷一，《沿革门》《吐鲁番》。
③ 《三州辑略》卷一，《沿革门》《吐鲁番》。
④ 《清圣祖实录》卷二八八，康熙五十九年八月甲子。
⑤ 《清圣祖实录》卷二九三，康熙六十年六月乙卯。
⑥ 和瑛：《三州辑略》卷一，《沿革门》《吐鲁番》。

贼甚多"。①准军转攻哈喇火州，当地"回民等，用枪击死贼人三百余名"，②坚守城堡，等待援军。当巴里坤清军抵鲁谷庆城下时，"回目额敏和卓及回民老幼男妇出城迎接，欢声震地"。③维吾尔人不仅配合清军，抗击准部，而且协助清军兴办屯田，生产军粮。雍正八年上谕云："吐鲁番回目额敏和卓，屯田种地，恭顺效力，甚属可嘉，朕闻之，深为喜悦，额敏和卓赏缎二十匹，其种地效力之回民，赏银二千两。"④

总而言之，康熙、雍正年间清军两次进据准噶尔部的咽喉要地吐鲁番，吐鲁番维吾尔人利用清军西进的机会，摆脱了准部控制，投靠了清廷。他们配合清军抗击准部，协助清军屯田纳粮，以实际行动支持了清廷的统一事业。然而，在当时的历史条件下，统一新疆的条件尚未成熟，清军不得不在准军的连续进攻下放弃吐鲁番。当清军东撤时，维吾尔人不能独立抗击准部，难以立足于当地。正如雍正帝上谕所云，清军东撤，"将来贼夷切齿于吐鲁番，必思报复，以大力侵凌之"。⑤这就是吐鲁番维吾尔人迁居瓜州的原因所在。

二

吐鲁番维吾尔人的东迁，其实早在雍正四年即已开始了。当时，清准议和，清军东撤，维吾尔人头目托克托玛木特惟恐准部报复，决定率部属东迁，据将军富宁安疏报，"吐鲁番回子恐为策妄阿喇布坦扰累，情愿迁入内地者，共六百五十人"。⑥这是吐鲁番维吾尔人大规

①《清世宗实录》卷一○七，雍正九年六月辛亥。
②《清世宗实录》卷一○七，雍正九年六月辛亥。
③《清世宗实录》卷一○七，雍正九年六月辛亥。
④《清世宗实录》卷九十九，雍正八年十月辛丑。
⑤《清世宗实录》卷一○七，雍正九年六月辛亥。
⑥《清世宗实录》卷四十五，雍正四年六月乙丑。

模东迁的先声。①

雍正十年十月，吐鲁番各城维吾尔人接受清廷的东迁建议，在大阿訇额敏和卓率领下，离开世代居住的家园，辗转东迁。据署大将军查朗阿奏报，"回民大小一万余口，已于十月十四、十七等日，陆续起程"。②他们在清军护送下，东渡戈壁，先来到哈密军屯区塔勒纳沁。次年，再从塔勒纳沁启程东行，于八月间到达安西瓜州。由于沿途的伤病损失，十六城万余维吾尔人抵瓜州时只有"男妇大小八千一十三名口"。③清廷将他们安置在瓜州五堡居住，其具体安置情况见下表。④

居住地	部落（城）名称	户数	口数
头堡	鲁谷庆　泗尔堡	1017	4064
二堡	哈喇火州　木尔兔	348	1254
三堡	苏巴什　勒木津　小阿斯他纳　皮靽述桂	307	1244
四堡	塞木津　洋海　土域沟	327	1351
五堡	土鲁番　阿斯他纳　雅图沟　汉墩	338	1351

吐鲁番维吾尔人在清准战争时期，摆脱准部控制，投靠清廷，"慕化来归"，因此，清廷对他们实行了多项优待政策。

1. 无偿拨授生活资料和生产资料

维吾尔人于战乱之际被迫撤离吐鲁番，因此，他们的生活、生产资料几乎损失殆尽。为了帮助他们重建家园，安西地方官组织人力，

---

①这批维吾尔人被安置在肃州威虏堡地方，乾隆二十六年返回吐鲁番。
②《清世宗实录》卷一二五，雍正十年十一月乙未。
③《清世宗实录》卷一二四，雍正十一年八月戊辰。
④黄文炜《重修肃州新志》《安西》第 2 册《瓜州事宜》。此处户口为乾隆初年数。

在瓜州建筑了五座城堡。五堡大者居住地周围三里七分,小者周围一里五分。五堡中共建有大小住房四千八百六十六间,皆分授维吾尔人居住。一般维吾尔人,"每二口给房一间",大小头目按等级优加拨给,额敏和卓一家分得住房二十七间。①维吾尔人的食粮在从吐鲁番启程后即由官方供给,"支给粳米"。②到瓜州后日用口粮米面油盐继续实行供给制,"诏廪给如初至额,勿议减额",③直至秋收。④其他如铁锅、水桶等生活必需品亦由官方供给。⑤

维吾尔人在瓜州使用的绝大部分生产资料由官方无偿提供。其耕种地亩,据安西道常钧记,"原给有瓜州三十里井子一带五千石籽种田地,续又增给蒙古包三百石籽种地,东至小湾二千石籽种地,南至踏实堡七百石籽种地,共给八千石籽种地,计地四万亩……又卖给瓜州附近一千石籽种地,种植瓜果"。⑥据此可知,最初给予维吾尔人的耕地为九千石籽种地,其中九分之八由官方无偿提供。无偿提供的耕地中有一部分是由安西地方官府出帑雇工修渠开成的熟地。《重修肃州新志》载,"雍正十一年,兵备道王全臣开垦二千石,又一千五百石,共三千五百石,给予回民为养赡之用"。⑦除耕地之外,农业生产所必备的其他生产资料亦由官方无偿提供。其办法是,一般维吾尔人根据其人口划分户等,按户等分受,如"三口、二口回民……每户给牛一只、骡一头……刨锄、木犁、箩、筛、簸箕、镰刀、水桶、绳索各一件"。额

①黄文炜《重修肃州新志》《安西》第 2 册《瓜州事宜》。
②黄文炜《重修肃州新志》《安西》第 2 册《瓜州事宜》。
③祁韵士《皇朝藩部要略》卷十五《回部要略一》。
④黄文炜《重修肃州新志》《安西》第 2 册《瓜州事宜》。
⑤黄文炜《重修肃州新志》《安西》第 2 册《瓜州事宜》。
⑥常钧:《敦煌随笔》上卷,《回民五堡》。
⑦黄文炜:《重修肃州新志》《安西》第 2 册《瓜州事宜》。

敏和卓及大小头目则按等级从优授给。①据安西道常钧统计，"约计安插以来，搬移之费，赏赉之需，以及马匹驴骡牛羊、口粮籽种农具，并筑堡授廛，分田定地，前后于安家窝铺、蘑菇沟开渠筑坝等项不啻数百万金"，②均由官帑支付。

2. 蠲免赋税和借项

自康熙五十四年清廷在哈密、巴里坤建立西路军营以后，嘉峪关以西地区成为西路大军的后方通道。为了加强对关西地区的控制和建设，清廷不断组织向关西地区移民。在吐鲁番维吾尔人迁居关西瓜州之前，从内地移居关西的民人已达三千余户。关西土地贫瘠，气候恶劣，为了使移民在当地安居生产，创立家业，清廷实行放宽升科即纳税年限的政策。康熙五十六年安置于关西柳沟、靖逆等处的移民升科年限定为十年。③雍正四年安置于关西沙州的移民定为五年升科。④对于关西地区的第三批移民——吐鲁番维吾尔人则比前者更为优待，"令其自耕自食，免纳粮草及一应差徭"。⑤这种优待政策在有清一代是少见的。

尽管清廷对维吾尔人实行无偿提供生活、生产资料以及蠲免赋税的政策，但维吾尔人在关西艰苦的条件下求生存、创家业仍遇到了不少困难。尤其是抵瓜州的最初几年，他们接连遭遇旱灾，收成歉薄，致使口粮、籽种不能自备，又需添置衣物、买补车骡等。在这种情况下，他们不得不向安西地方官府借取粮、银，而这些借项又因连年受灾而无力偿还。为此，清廷多次下令蠲免借项。例如，"雍正十二年因

①黄文炜:《重修肃州新志》《安西》第 2 册《瓜州事宜》。
②常钧:《敦煌随笔》上卷，《回民五堡》。
③黄文炜:《重修肃州新志》，《赤斤卫》《沙州卫》。
④常钧:《敦煌随笔》上卷，《回民五堡》。
⑤常钧:《敦煌随笔》上卷，《回民五堡》。

旱歉收,赏给缺少口粮一万五千余石。十三年收成歉薄,借给籽种、口粮一万二千石,运粮脚价银二千二百七十余两。乾隆三年奉旨将此项银、粮全行蠲免"。①又如,乾隆十五年上谕云:"甘肃巡抚鄂昌奏:瓜州回民,本年春耕,籽种、口粮缺乏……查该处回民,耕作之外,别无生理,该扎萨克公额敏和卓请借小麦六千石,以为救济,当即借给如数,秋后征还",②这笔借项以后也予蠲免。

3. 封官授爵编旗设领

除了上述经济方面的优待政策外,清廷还不断提高维吾尔人的政治地位。雍正十年,维吾尔人接受清廷的建议,启程东行的消息报至京师,雍正帝立即降旨:"额敏和卓著封为札萨克辅国公,其余头目等,有应加恩赏授官职者,俟大将军查奏到日,再降谕旨"。③次年,额敏和卓率维吾尔人抵达瓜州,清廷正式"颁给札萨克印信,俾总领其众……其余头目……分次一、二、三、四等者,照番民土司之例,给与正、副千户职衔箚付,分领部落,散居各堡"。④同时,清廷给予额敏和卓对五堡维吾尔人的司法权,"凡两造俱系回民案件,应令将人犯交札萨克公自行经管"。⑤乾隆二年,清廷进一步明确五堡维吾尔人大小头目的官爵品级,"札萨克视喀尔喀辅国公,正千户视佐领,副千户而下视骁骑校"。⑥此时,额敏等头目所任札萨克等官爵品级仍为虚号、荣衔,但这次明确官爵品级是清廷对瓜州维吾尔人正式实行蒙古札萨克旗制的前奏。乾隆十九年,清廷派遣官员赴瓜州,正式对维吾尔

---

①常钧:《敦煌随笔》上卷,《回民五堡》。
②《清高宗实录》卷三五七,乾隆十五年正月癸酉。
③《清世宗实录》卷一二五,雍正十年十一月乙未。
④常钧:《敦煌随笔》上卷,《回民五堡》。
⑤常钧:《敦煌随笔》上卷,《安西厅》。
⑥祁韵士:《皇朝藩部要略》卷十五,《回部要略一》。

人"编旗队,置管旗章京、副管旗章京、参领、佐领、骁骑校各员,如哈密例"。①至此,继哈密维吾尔人之后,清廷在吐鲁番维吾尔人中建立了八旗牛录组织,额敏和卓正式成为清廷的一旗之长,随同东迁的吐鲁番各城大小头目成为旗制组织中的正式官员。这表明,吐鲁番维吾尔人的政治地位已与清廷统治下的蒙古诸部的政治地位相等。

三

乾隆二十年,清廷趁准部内乱,出动大军,统一新疆。额敏和卓随军返回吐鲁番。在查看故乡情况后,他通过陕甘总督黄廷桂,向清廷请求"吐鲁番并无蒙古占据,瓜州回民,各愿迁回",②得到清廷的准许。这年闰九月,额敏和卓率维吾尔人离开瓜州五堡,重新返回故乡吐鲁番。

吐鲁番维吾尔人自雍正十一年迁居瓜州,至乾隆二十一年返回吐鲁番,在瓜州五堡居住了二十三年之久。这次迁居,对于清廷统一西北的大业,对于关西地区的开发都有着积极的作用。

自康熙十八年噶尔丹灭亡叶尔羌汗国,天山南路各城维吾尔人处于准噶尔部统治之下,准部贵族以"执其酋,收其赋"的方式,③强迫维吾尔人交纳沉重的贡赋和杂税。"当谷麦收获时……岁纳什之三、四以为常",④"征发期会,惟其所使"。⑤维吾尔人承担的种种赋税和劳役,是准部贵族发动战争的经济来源之一。吐鲁番万余维吾尔人摆脱准部控制,举族东迁瓜州,在一定程度上削弱了准噶尔割据政权

①祁韵士:《皇朝藩部要略》卷十五,《回部要略一》。
②《清高宗实录》卷五〇八,乾隆二十一年三月庚午。
③龚柴:《天山南北路考略》。
④《钦定皇舆西域图志》卷三十九,《风俗》。
⑤《钦定皇舆西域图志》卷三十九,《风俗》。

的经济实力,客观上支持了清廷的统一大业。

吐鲁番维吾尔人迁居的瓜州位处嘉峪关以西地区。这一地区自明代中叶以后沦为蒙古草场,"无复田畴井里之遗"。①康熙末年,清廷出于平准战事的需要,向关西地区组织移民,设立卫所,兴修水利,垦荒生产。乾隆七年,在关西地区从事屯垦的移民共计六千六百八十二户。其中,从内地西迁的移民等计四千二百九十二户;从吐鲁番东迁的维吾尔人计二千三百八十九户,②占移民总数的百分之三十六左右。维吾尔人与内地汉、回移民一起,在关西艰苦的条件下辛勤劳动、为关西地区农业和水利的发展作出了重大贡献。他们参加修建和长期使用的"回民南渠"和"回民北渠",从百余里外引疏勒河水至瓜州五堡,改变了瓜州"田多水少"的状况。他们在瓜州垦成熟地二十万零四千亩,③是原拨土地的五倍多。正是由于维吾尔人与内地汉、回移民的共同开发,关西荒莽之野出现了片片田畴绣陌,经济发展,社会繁荣。至乾隆二十四年,清廷在关西地区实行府县制度,行政建置一如内地。府县制度在关西地区的实行,标志着关西地区政治、经济的发展进入了一个新的阶段,这一变化与维吾尔人在当地进行的二十三年辛勤劳动是分不开的。

吐鲁番维吾尔人归顺清廷,东迁瓜州事件,对于新疆统一后清廷在天山南路的统治形式,以及吐鲁番维吾尔人的社会组织形式都产生了重大影响。

新疆统一后,清廷在伊犁设将军,节制全疆驻军,同时,根据南北两路各地的不同情况,因地制宜,实行不同的统治形式。南路维吾尔

---

①黄文炜:《重修肃州新志》,《柳沟卫》。

②常钧:《敦煌随笔》下卷,《户口田亩总数》。

③《皇朝政典类纂》卷二十二,《田赋二十二》《西路屯田》。

人居住各城,设参赞、办事、领队大臣,率换班官兵驻防弹压,但对各城的统治是通过维吾尔人上层进行的。这种统治有两种形式:一种即喀什噶尔、和阗、叶尔羌等城的伯克统治形式。清廷改革维吾尔人原有的伯克制度,择录当地维吾尔人上层担任伯克。伯克自阿奇木伯克以下有多种,清秩三品至七品不等,各有职掌,[①]是清廷在各城的土著地方官吏,各城维吾尔人处于伯克的直接管理之下。另一种即统一新疆之前归顺清廷的哈密、吐鲁番的札萨克统治形式。清廷对这里的维吾尔人以旧有臣民对待,"凡回民,惟哈密、吐鲁番治以札萨克"。[②]在吐鲁番,额敏和卓及其后裔担任总理回务札萨克郡王,下设协理回务图撒拉克齐二员、都统一员、副都统二员、参领二员、佐领十五员、骁骑校十五员,[③]皆由原维吾尔人大小头目担任。札萨克郡王领地中的维吾尔人都编入牛录组织之中,并实行保甲制度。乾隆二十六年,参赞大臣舒赫德奏云,"查哈密、吐鲁番皆仿内地之例,十家设一甲长,巡缉稽查,但该二处设官分职皆与旗民相似……(叶尔羌等城)若改编保甲,势必裁汰旧缺,转觉纷更……应请仍照旧制"。[④]这表明,札萨克郡王统治形式下的吐鲁番维吾尔人,其社会组织形式带有内地民人社会组织形式的特点,这种组织形式自然比叶尔羌等城伯克统治形式下的社会组织更为严密。

吐鲁番维吾尔人迁居瓜州,对于额敏和卓及其家族的政治地位以及这一家族与清廷的关系也产生了重大影响。

康熙五十九年,清军进入吐鲁番盆地前后,额敏和卓是鲁克沁城

---

①《清高宗实录》卷五九三,乾隆二十四年七月庚午。
②《钦定大清会典》卷六十八。
③《钦定皇舆西域图志》卷三十,《官制》。
④《清高宗实录》卷六三八,乾隆二十六年六月丙子。

的伊斯兰教大阿訇,一位世袭的宗教首领。^①而同一时期,属于吐鲁番统治阶层,有姓名,职掌可查者还有阿克苏尔坦、总管头目沙克扎拍尔、^②阿里穆和琢、头目托克托玛木特、^③吐鲁番头目阿济斯伯克、^④吐鲁番总管达尔汉伯克莽噶里克、^⑤察合台后裔吐鲁番旧头目莽苏尔等。^⑥他们或为土著头目,或为宗教首领,或为汗王后裔,额敏和卓无论权势、声望、门第都不出其右。然而,额敏和卓归顺清廷,接受清廷建议,领导了维吾尔人迁居瓜州的活动,从而得到清廷信任,自此从吐鲁番统治阶层中脱颖而出,"雍正十一年封扎萨克辅国公,乾隆二十一年晋镇国公,旋晋贝子。二十二年赐贝勒品级。二十三年授多罗贝勒,旋赐郡王品级"。^⑦有清一代,吐鲁番郡王世袭罔替,吐鲁番、辟展等六城维吾尔人"皆其阿勒巴图也",^⑧成为清代维吾尔人上层中地位最为显赫的家族之一。

与此同时,额敏和卓及其子孙为清廷统一新疆,为巩固清廷在新疆的统治出谋划策,奔走效力,"其心匪石,不可转移",^⑨成为清廷在新疆维吾尔人上层中最为信赖的一个家族。乾隆二十年清军进击天山北路,额敏和卓担任向导和宣抚者,带领所部维吾尔兵从征,"直抵

①《回疆通志》卷四载"额敏和卓,吐鲁番回部人,祖素丕和卓为喀喇和卓阿珲,父尼雅斯和卓为吐鲁番大阿珲。额敏和卓嗣,聚族居鲁克沁"。

②《清圣祖实录》卷二八八,康熙五十九年八月甲子。

③《清圣祖实录》卷二九三,康熙六十年六月乙卯。

④《钦定外藩蒙古回部王公表传》卷一一六,《霍集斯列传》。

⑤《钦定外藩蒙古回部王公表传》卷一一〇,《吐鲁番回部总传》。

⑥《钦定外藩蒙古回部王公表传》卷一一〇,《吐鲁番回部总传》。

⑦《清史稿》卷二一一,《藩部世表》。

⑧《回疆通志》卷十一,《吐鲁番》。阿勒巴图意为奴仆。

⑨《钦定皇舆西域图志》卷首,《天章四》。

伊犁,甚属奋勉"。①二十三年,大小和卓木发动叛乱,清廷因额敏和卓"熟悉回部情形,人亦果毅",任为参赞大臣,与将军雅尔哈善率军攻取天山南路。②是年七月库车之战,额敏和卓亲率兵丁,冒矢石攻城,被击伤右颧。③他不顾伤痛,随将军兆惠进兵西四城,在平定喀什噶尔、叶尔羌等城时起了重要作用。天山南路统一后,清廷以叶尔羌、喀什噶尔二城为天山南路之根本,令额敏和卓与哈密郡王玉素卜各管一城。乾隆帝上谕云:"有此等旧人在彼,始堪倚任"。④额敏和卓不负清廷期望,协助清廷制定对叶尔羌等城的统治政策和各项制度,使清廷在西四城的统治得到加强和巩固。额敏和卓的子孙除世袭札萨克郡王者外,大多出任伯克,封授王公台吉。自乾隆二十四年起,清廷陆续从天山南路调取维吾尔人六千户赴伊犁兴办回屯,供给伊犁驻扎官兵用粮。乾隆二十五年,设伊犁阿奇木伯克统领回屯维吾尔人,首任阿奇木伯克系额敏和卓次子茂萨,后封辅国公。继茂萨出任伊犁回屯阿奇木伯克者还有额敏和卓第三子鄂罗木杂布和鄂罗木杂布之长子密里克杂特,都封为一等台吉;鄂罗木杂布之次子迈尔诺什、侄色莫特伯柯依俱在伊犁回屯以四品顶戴随同办事,"俱各奋勉"。⑤他们兄死弟及,父死子代,为巩固清廷在新疆的统治立下了汗马功劳。

(原载《兰州大学学报(社会科学版)》,1989 年第 4 期)

①祁韵士:《皇朝藩部要略》卷十五,《回部要略一》。
②《清高宗实录》卷五五三,乾隆二十一年十二月癸未。
③祁韵士:《皇朝藩部要略》卷十五,《回部要略一》。
④祁韵士:《皇朝藩部要略》卷十五,《回部要略一》。
⑤《钦定新疆识略》卷六,《回屯》。

清代伊犁回屯研究中的几个问题

　　清代伊犁回屯是中国边疆开发史中值得注意的一个课题。对此课题的研究,国外学者开始较早,[1]笔者也曾对哈密、吐鲁番、伊犁三地的回屯进行综合考察,并就日本学者佐口透对伊犁回屯收获计算单位"分"字的解释作过辨析。[2]近年来,又读到国内有关伊犁回屯的几篇文章,可知学界对此课题的重视。为使这方面的研究深入化,笔者进一步就伊犁回屯兴办顺利的原因、伊犁回屯的性质、伊犁回屯制度的形成三个问题提出自己的认识,以就教于致力伊犁回屯研究的国内外学者。

一、伊犁回屯兴办顺利的原因

　　自乾隆二十五年(1760 年)清廷从阿克苏、乌什等四城迁徙维吾尔人 300 户至伊犁屯田为始,赴伊犁屯田的维吾尔人逐年增加。至乾隆三十三年(1768 年),不过 8 年时间,伊犁回屯维吾尔人增至 6383 户,[3]如按年平均递增数计算,每年从天山南路迁往伊犁的维吾尔人

<hr>

　　①Л.И.Думан《Аграрная политика цинского(манчжурского)правительства в Синьцзяне в конце XVIII века》Издательства Академии наук СССР.Москва.1936. 佐口透《タランチ人の社会》,载《史学杂志》1964 年。

　　②见拙作《清代新疆的回屯》,(《西北民族学院学报》,1985 年 1 期);《关于清代伊犁回屯收获计算单位"分"字的辨析》,(《兰州大学学报》,1986 年 4 期);《清代西北屯田研究》(兰州大学出版社,1990 年,第 6 章)。

　　③《西陲总统事略》卷 7,《屯务成案》。

在 1000 户以上。特别是乾隆二十六年(1761 年)阿桂奏定回屯户纳屯租定额,按此定额,回屯户须把官给籽种地亩上收成的 43% 作为屯租缴给国家,屯租额不谓不高;乾隆二十九年(1764 年),阿桂奏定,伊犁回屯沿用准噶尔旧例,维吾尔人不得擅离屯区,违者"严拿治罪"。①在租重律严的情况下,应募赴伊犁屯田的维吾尔人不仅没有减少,反而出现了"愿来效力者甚多",②"回城愿迁伊犁人甚多",③甚至在乾隆三十年(1765 年)出现了"愿自备资斧移屯"的情况。④这种情况使一些研究者迷惑不解。笔者认为,对这种情况出现的原因似应从以下三个方面去认识理解:

其一,早在巴图尔珲台吉统治时期,准噶尔贵族已利用天山南路的维吾尔人在自己领地上发展农业生产。除了强行迁徙的维吾尔人外,凡南路各城投奔伊犁的维吾尔人均予收纳。⑤经过准噶尔部长期的经营,伊犁河谷的维吾尔人"习耕佃者,廷袤相望。"⑥阿桂奏报中提到:"伊犁河之南有霍吉集尔、海努克、奇特木等地方三处,河之北有固勒札、霍尔果斯、察罕乌苏等地方三处,均系先年回子等种田之所。"⑦据日本学者佐口透估计,在伊犁河谷受准噶尔部役使的维吾尔人有二三万人,⑧其中大部分是从事农耕者。清廷进军新疆时,

①《清高宗实录》卷 635,乾隆二十六年四月壬辰。
②《清高宗实录》卷 634,乾隆二十六年四月戊寅。
③《清高宗实录》卷 680,乾隆二十八年二月丙申。
④《清高宗实录》卷 729,乾隆三十年二月丁酉。
⑤《阿文成公年谱》卷 2,乾隆二十六年四月二十三日。
⑥《清高宗实录》卷 612,乾隆二十五年二月初六。
⑦《阿文成公年谱》卷 1,乾隆二十五年二月初六。
⑧佐口透:《俄罗斯与亚细亚草原》,转引自《准噶尔史略》,人民出版社,1985 年 12 月,第 145 页。

伊犁河谷战事频仍,当阿睦尔撒纳之乱被平定时,伊犁维吾尔人已逃亡殆尽。部分维吾尔人参加了大、小和卓在天山南路的叛清活动,失败之后,他们被解送到肃州,"分赏官兵",[1]但仍有大量伊犁维吾尔人逃散到天山南路各城。对于这些人来说,富饶的伊犁河谷是他们祖辈生息繁衍的地方,有他们耕种的土地、培育的园林。战乱中他们被迫逃离故乡,但故土难离,重返故乡伊犁是他们的愿望。乾隆二十六年(1761 年)阿桂奏报:"叶尔羌、喀什噶尔、阿克苏、乌什等城有旧在伊犁耕种回人二三千名,今闻开设屯田,愿来效力者甚多",[2]即为明证。

其二,伊犁维吾尔人是在战乱中逃散的,他们离开了自己耕种的土地,耕畜、农具等也大多失去。在社会安定的情况下,要凭借自己的劳动,在天山南路购置耕地、耕畜、农具等生产资料,对他们来说,已非易事。何况天山南路在战乱中屡遭焚掠,"回众穷困","免沟壑者无不流移迁徙",甚至于"爬梳草子面饵以食"。[3]清廷在伊犁兴办回屯时规定,凡应募者,皆官给地亩、耕畜、农具、籽种、口粮及锅口等。在当时的背景下,这种政策显然不仅对逃散的伊犁维吾尔人有一定吸引力,而且也吸引了遭受战乱后的南路各城维吾尔族贫穷百姓。

其三,伊犁回屯租重律严,屯租额占官给籽种地亩上收获量的40%以上。乾隆二十四年(1759 年)清廷酌定和阗等六城赋税,除部分入官地亩实行五五分成租制外,普遍实行 10%税。但是,回屯租

---

① 《清高宗实录》卷 599,乾隆二十四年十月丙午。

② 《清高宗实录》卷 634,乾隆二十六年四月戊寅。

③ 《朱批奏折》,卷 674、卷 43 ;《军机处录副奏折》第 1203。转引自张羽新:《清朝统一新疆后恢复和发展经济的主要措施》,《新疆社会科学》,1983 年第 1 期。

有定额,维吾尔人除了缴纳定额屯租之外,不负担杂税、杂役,任何管屯官员私役屯户都是不允许的。在新疆军府所在地伊犁,无论是管屯官员还是屯户都处于当地驻防官军的监管之下。因此,屯户专事生产,不受其他扰累,生活相对来说要安定一些。此外,伊犁回屯维吾尔人使用的耕畜皆为官给,而且每年按 30% 的比例计算耕畜的损耗额,即每 10 头耕牛中倒毙 3 头为年正常损耗额,正常损耗头数可从官牛中补给,这就为维吾尔人从事正常生产提供了一定的条件。天山南路各城维吾尔人尽管负担较轻的 10% 税,但杂税繁多,扰累甚重,影响到他们的正常生活和生产。乾隆三十年(1765年)将军明瑞查办乌什办事大臣素诚和阿奇木伯克阿布都拉任意科派苦累维吾尔人事件时,上奏中谈道:"再查伊犁所交赋税(较)各城为重,而乌什回人愿往者众,询据告称,伊犁赋有定额"。[1]可知伊犁回屯实行的单一定额租制对遭受多种科派苦累的贫苦维吾尔人有一定的吸引力。

以上三个方面似可说明伊犁回屯兴办顺利的原因。

二、伊犁回屯的性质

伊犁回屯是一种国有制经济,其性质当属民屯,这一性质可从回屯的生产关系中去考察认识。

回屯的生产资料属于国家所有,这充分体现在对回屯的主要生产资料屯地和耕畜的使用和管理上。对回屯维吾尔的授地沿用了西北边地传统的以所播籽种的数量计算耕地面积的方法,每年每户官给籽种二麦一石、谷黍五斗,据笔者计算,这些籽种约可播种三十亩

---

①《平定准噶尔方略》续编,卷 29。

地。①这三十亩地即为一回屯户的屯田份地。屯田份地是为官地,其所有权属于国家,国家要把回屯户在份地上劳动所得的40%以上作为屯租收取。回屯户无权将其份地私自出售,也不可能将其份地出售他人,否则,他所负担的高额屯租从何而来?同时,清廷也不允许管屯官员利用职权侵吞屯地,转嫁屯租,破坏规定者要严加议处。咸丰四年(1854年),回屯上发生了"伊犁阿奇木伯克、头等台吉哈里杂特,以管辖耕种官地之员,辄敢挟势侵吞屯地,勒令属下代完粮赋"的事件。经刑部衙门议定,将哈里杂特"革去散秩大臣衔,并阿奇木伯克,降为三等台吉,交吐鲁番大臣严加管束,以示惩儆"。②从这一处理结果来看,乾隆朝兴办回屯时对侵占屯地,破坏屯田制度应有惩办的具体规定。除耕地之外,耕畜亦为官物。最初配给耕畜时,大致是1屯户给耕畜1头(匹)。以后6千屯户定制配备6千头(匹),每年按30%的损耗额补给,具体办法是:其一,给予回屯户3千只孳生牛,代官府牧放,"孳生牛内所产牛犊抵补三千回子之牲畜倒毙";其二,"其未得孳生牛之三千回子耕地牲畜照例按三分例毙应补九百牲畜,即由官马牛只内动用拨补"。③在这种制度下,回屯维吾尔人既有一定自主权,即节省的额定损耗马牛可以归己;又对他们有一定限制,即损耗过额不予拨补,以防止把用于屯田的耕畜当作私物宰食或转卖。

回屯维吾尔人是国家佃农,他们向国家缴纳的高额屯租是国税和地租的合一。国税是国家机器存在的经济体现,而地租则是土地所有权的经济体现。因此,在回屯上,国家是以国家和地主的双重身份

①见拙作《清代新疆的回屯》,(《西北民族学院学报》,1985年1期);《关于清代伊犁回屯收获计算单位"分"字的辨析》,(《兰州大学学报》,1986年4期);《清代西北屯田研究》(兰州大学出版社,1990年,第6章)。

②《清文宗实录》卷141,咸丰四年八月甲辰。

③《钦定回疆则例》卷6,伊犁屯田回子应领耕牛倒毙数目。

出现的。苏联学者杜曼把回屯维吾尔人称之为"国家农奴（Государственые крепостные）"，他指出，和兵屯、旗屯的剥削形式相比，"维吾尔人的居民点（回屯）是生产条件的所有者即国家对直接生产者的一种明显的、公开的封建剥削形式"。[1]这种认识是很有道理的。由国家收取的高额屯租，直接用于支放当地驻防的满洲、蒙古八旗官兵。以乾隆五十七年（1789年）为例，惠宁、惠远两城八旗官兵用粮为16.666万余石，回屯屯租总额为10.3万石，约占支放总数的62%，可见回屯提供的屯租乃是伊犁军府经济来源的重要部分。

为了长期稳定地收取高额屯租，就需要把维吾尔屯户稳定在屯地上。清廷沿用准噶尔旧例，给维吾尔人屯户身上施加以超经济的强制隶属关系，屯户不得随意离开屯地，没有迁徙的自由。这充分体现了回屯的直接生产者维吾尔人对回屯的经营者、生产资料的所有者——国家的依附关系。但由于清廷在回屯上实行了单一的定额租制，巧妙地将回屯维吾尔人生产的好坏、收获的多少与其自身的生活紧紧联系在一起，并保证回屯生产中耕畜损耗的补给，从而在一定程度上调动了回屯维吾尔人的生产积极性，使回屯生产长期处于稳定状况中。就笔者所见有关资料来看，乾、嘉、道、咸四朝百年中，回屯里并未发生过大批维吾尔人因不堪剥削压迫而逃亡的事件。

三、伊犁回屯制度的形成

伊犁回屯制度既不同于清代以前的民屯制度，又与清政府在新疆的兵屯、旗屯、户屯、犯屯等类屯田的制度有一定区别。国内外学者在研究伊犁回屯时，已注意到回屯的兴办与准噶尔统治新疆时期伊

---

[1]Аграрная политика цинского（манчжурского）правительства в Синьцзяне в конце ХⅧ века.стр,157.

型维吾尔人的农业经济之间的联系。日本学者佐口透在研究"塔兰其人回屯的统治制度"时,曾指出清廷处罚回屯上逃亡的维吾尔人时曾参照了准噶尔的处罚旧例。但细审有关资料,即可看出,回屯制度的渊源并非是单一的,其形成十分复杂。

1. 租制和租率的形成。在清廷兴办回屯的最初计划中,是准备采用准噶尔对伊犁维吾尔人的收租旧制,尽管我们不了解这一旧制的内容。乾隆二十三年(1758 年)陕甘总督黄廷桂上奏中提出:"又查准噶尔旧例,系回人耕种交租,请俟回部荡平,将叶尔羌等处回人量移耕种,查明回人原纳租粮,足敷屯田兵丁若干人之食"。①这一计划反映出,准噶尔是以收取实物地租的方式对伊犁维吾尔人进行剥削的,而且这种实物地租的收取是有一定租制可循的。由于清廷用兵天山南路,黄廷桂的计划未能立即实行。至乾隆二十五年(1760 年),办事大臣阿桂兴办伊犁回屯,他先对首批迁往伊犁的维吾尔人实行劳役租制,即将当年收获屯粮除支给生产者口食外,其余悉数收取,供支第二批迁居伊犁的维吾尔人和绿营兵丁。这种制度只实行了一年。二十六年(1761 年)底,阿桂奏称,这种制度弊病甚多,难以继续执行,"若将伊等所得米谷每岁收取,但照种地兵丁支给口粮,则虽收获甚丰,伊等不能多得利益,或致废弃田功,即严行督察,而人众地多,不能周遍,且恐耕种时既潜行侵蚀,收获后复私自存留"。他建议实行定额租制,指出定额租制的优点:"若额定每岁交谷数目,将盈余者听其自取,不但事无烦扰,伊等亦知力勤耕种,生计日优",②于公于私俱便。清廷采用了这一建议,并根据阿桂的建议,酌定每屯户岁纳屯租16 石。据笔者计算,每户额定屯租及附加的"斛面"、"鼠耗"等部分,

①《清高宗实录》,卷 561,乾隆二十三年四月癸未。
②《阿文成公年谱》,卷 2,乾隆二十五年正月十五日。

总计实际纳粮为 17 石 2 斗。以丰收之年每户可收 40 石计算,回屯租率约为 43%。[1]

我们目前尚不知道以上伊犁回屯的租制、租率与准噶尔时期对伊犁维吾尔人的剥削制度之间有何联系。但从此前清廷在河西和新疆东部兴办的民屯、回屯的租制、租率来看,伊犁回屯的租制、租率是在河西民屯、哈密回屯的租制、租率基础上改进而形成的。雍正十年(1732 年),清廷于河西开办柳林湖等 10 余处民屯。乾隆七年(1742 年),清廷在哈密蔡把什湖开办回屯。河西民屯与哈密回屯实行五五分成或四六分成租制,其租率达 50%或 40%。这些屯田在开办初期都有一定成效。但由于分成租制下屯户的生产与生活之间联系不紧密,其生产积极性不高。河西民屯开办时耗费不少帑银,但不过 20 余年即已衰落,"分成粮石渐次减少"。甘肃布政使吴绍诗谈到柳林湖民屯衰落的原因是"缘民情视为官田,不甚勤种;且屯民二千四百余户,散处一百六十余里,地方官耳目难周,殊鲜实效",[2]而蔡把什湖回屯开办不过十余年,也因"收成歉薄,回民苦累不愿承种"而废弛。兴办伊犁回屯的目的与河西民屯、哈密回屯一样,都是为了从官给屯地上取得屯户劳动所得的 40%–50%,以供军用。分成租制经过实行,显露出弊病甚多,已为清廷所不取。在不降低屯租率的前提下改革租制,是清廷在兴办伊犁回屯时所关注的一个问题。阿桂提出的定额租制,把屯租率定在 40%到 50%之间,在不降低清廷的既定民(回)屯屯租率的前提下,巧妙地把回屯维吾尔人的生活与生产联系在一起,使其明

---

①见拙作《清代新疆的回屯》,载《西北民族学院学报》1985 年 1 期;《关于清代伊犁回屯收获计算单位"分"字的辨析》,载《兰州大学学报》1986 年 4 期);《清代西北屯田研究》,兰州大学出版社 1990 年,第 6 章。

②《甘肃通志稿》,军政 4,屯田。

白能多劳即可多得，刺激其尽力耕耘。由于租有定额，"将盈余者听其自取"，事无烦扰，也便于管理。这种定额租制消除了分成租制的弊病，是在分成租制基础上的进一步改进。实行这一定额租制，也表明自雍正朝以来清廷在西北边地推行的获取高额屯租的民(回)屯制度的进一步完善和成熟化。

2. 强制隶属制度的形成。兴办伊犁回屯的目的是为了获取屯租，以供军用，这就需要把屯户牢固地依附在屯地上从事生产。起初，清廷是想借用驻军的力量来将屯户依附在屯地上的。乾隆二十三年(1758年)上谕云："回人安插伊犁，数少则不敷耕作，数多则恐驻防官兵难于约束，此处正当豫为密筹"。①以后，为了将伊犁维吾尔人隶属在屯地上而制定了专门的法规，这一法规源于准噶尔统治新疆时对伊犁维吾尔人实行的法规旧例。乾隆二十六年(1761年)，发生了"护送伊犁屯田回人之阿克苏回人颇拉特等，事竣后行至济尔哈朗河脱逃"事件。阿桂在行文缉捕的同时，奏报清廷："但准噶尔旧例，伊犁逃出回人严拿治罪，回人逃来伊犁即行安插。若颇拉特系仍至伊犁，可否照旧办理？"乾隆帝上谕云："伊犁既向有此例，著照前办理。但此内有从回地犯罪逃来伊犁者，仍当究明严惩，不可姑息存留"。②这里对"回人逃来伊犁即行安插"的准噶尔旧例已有改动。乾隆二十九年(1764年)，又发生了从叶尔羌派往伊犁屯田的维吾尔人端索丕中途逃走的事件。伊犁将军明瑞"即将回人阿布都喇伊木补缺，以端索丕之妻配给，将端索丕发回叶尔羌"。乾隆帝得到奏报后，大为生气，他传旨申饬明瑞："端索丕逃回原籍，一经拿获，即应重加责处，或赏给兵丁，庶足以昭炯戒。乃遣归故土，遂其本意，所办殊出情理之外。著

---

①《清高宗实录》，卷562，乾隆二十三年五月乙丑。
②《清高宗实录》，卷635，乾隆二十六年四月壬辰。

将端索丕发往伊犁给兵丁为奴,如再有逃匿生事之处,即行正法"。①
发往边地给兵丁为奴,乃清律遣罪中最重一等,为奴者反抗生事,即
有正法之处置。②由此可见,清廷对伊犁回屯维吾尔人的强制隶属制
度是在沿袭了准噶尔旧例后, 又以清律遣罪的具体条例予以充实而
形成的。

3. 伯克管理制度的形成。维吾尔人是有着自己的语言、文字、宗
教、习俗的民族,对其生产等事务的管理,自然以本族人员最为合适。
准噶尔时期对伊犁维吾尔人的管理,乃是利用了扣留在伊犁, 作为
"人质"的维吾尔族上层头目或宗教首领。据佐口透研究,伊犁有不少
"人质",由他们带领和管理维吾尔人从事生产。如白山派大和卓玛罕
木特, 被噶尔丹策零 "执而幽之, 并羁其二子使率回民数千垦地输
赋"。③清廷兴办伊犁回屯,为了管理的方便,也采用了同族治理的办
法。在改革南路原有的伯克制度的基础上,在伊犁回屯上定制设三品
阿奇木伯克 1 员、四品伊什罕伯克 1 员。二伯克各开衙署,总理屯务。
下设噶杂纳齐等各类伯克 85 员,分掌粮赋、刑名、灌溉、巡缉、市集等
事务。回屯租税是伊犁军府重要的经济来源,因此,清廷对总管回屯
事务的人选极为重视。回屯阿奇木伯克的人选从清廷统一新疆之前
即归附清廷,并支持了清廷统一事业的吐鲁番郡王额敏和卓家族中
任命。首任阿奇木伯克为额敏和卓次子茂萨,继任者是茂萨弟鄂罗木
杂布及鄂罗木杂布子密里克杂布。这种管理制度虽与准噶尔的 "人
质"管理制都属同族治理的类型,但由于清廷沿用了南路的伯克制,

---

①《清高宗实录》,卷 709,乾隆二十九年四月丙午。
②王希隆:《清代西北屯田研究》,兰州大学出版社 1990 年 2 月,第 4 章,
犯屯。
③《圣武记》卷 4,《乾隆戡定回疆记》。

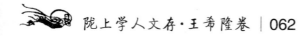

选用了最为信任的维吾尔族上层人物充当阿奇木伯克，对回屯维吾尔人的管理自然要比准噶尔的"人质"管理得力许多。同时，伯克制原为维吾尔人旧官制，清廷在沿用此制时并非只是简单承袭，而是废除其世袭制，并参以清廷品秩，给旧制注入新的内容。经过这样的改进、充实，回屯伯克既是维吾尔族上层新贵，又是清廷在回屯上的土著管理官员。

从以上伊犁回屯的租制和租率、强制隶属制度、伯克管理制度的形成可以看出，准噶尔在伊犁经营百年之久的维吾尔人农业经济在战火中衰落后，清廷出于巩固边防的需要，在伊犁原有的农垦基础上创办了回屯。回屯制度参照了准噶尔旧例，但并非简单承袭，而是根据兴屯纳粮的需要赋予其新的内容，从而形成了较为完备的回屯制度。也正是由于回屯制度较为完备，回屯才能持续百年之久，为清廷在新疆的长期统治作出了重要贡献。

（原载《中国边疆史地研究》，1992 年第 2 期）

清代关西五卫述论

清代关西,即今嘉峪关以西、哈密以东的玉门、安西、敦煌地区。康熙、雍正、乾隆年间,清朝先后在这里设立赤斤、靖逆、柳沟、安西、沙州五卫,总称"关西五卫"。关西五卫的建立,对于巩固清朝在关西的统治,开发建设关西地区,保证清朝平定青海、统一新疆大业的顺利进行,都有着积极的作用;同时,关西五卫的建立,也反映了清代边地建置的某些特点, 以及明代卫所制度在清初的变革和推行情况。

一

关西地处河西走廊的西端,东西连接内地和新疆,南北沟通青海与蒙古,战略交通地位极其重要,有"极边锁钥"之称。①秦汉之际,这里是月氏、乌孙、匈奴等民族的牧地。汉武帝开通河西,设置四郡,关西为敦煌郡治地。汉唐之时,这里民物殷富,人文荟萃,无异内地。自唐代贞元年间吐蕃占据河西,以后历经回鹘、西夏、蒙古等民族的交替统治,关西社会经济的发展逐步落后于中原。明初,宋国公冯胜略定河西,明朝以甘、肃为边地,划嘉峪关而治:关内甘、凉、肃地区设置边地卫所,驻军移民屯戍,关西则先后分设安定、阿端、曲先、罕

①常钧《敦煌随笔》卷下,《形势论》,禹贡学会 1937 年印本。

东、赤斤、沙州、哈密等七个羁縻卫,①任命当地少数民族首领,"或元裔,或土酋,皆授官赐印,世袭职贡"。②成化以后,吐鲁番兴起,占据哈密,侵扰关西,七卫残破,不能自立,大部人众相继迁入关内。其后,关西沦为蒙古游牧草场,千里沃壤,"鞠为茂草,无复田畴井里之遗"。③

清朝定鼎北京后,致力于对中原的控制,嘉峪关外无暇经营,沿袭明代旧制,划关而治。康熙中期,服属于准噶尔部的哈密维吾尔族首领达尔汉伯克额贝都拉趁噶尔丹兵败势衰,摆脱准部控制,率部属归顺清朝。虽然借此机会,清朝把自己的统治推进到哈密,但关西的建设尚未能顾及。

康熙五十四(1715)年春,准部进犯哈密,额贝都拉遣使求助,清朝急调大军往援,于巴里坤设立大营,屯驻八旗、绿营官兵,准备进一步统一新疆。此时,关西成为新疆东部屯驻的清军与后方相联系的唯一通道。为了供给前方大军的用粮和物资,清朝调取粮车三千辆,招募车夫九千名,"自嘉峪关至哈密,安设十二台,每台各分车二百五十辆,令其陆续转运"。④这条长约一千六百里的关西运输通道实际上成为前方大军的生命线,于是,控制和建设关西地区成为清朝统一新疆大业的一个重要组成部分。

关西的建设以军民屯垦为先导。清军进驻巴里坤后,为节省转输劳费,巩固前方阵地,开始就地勘垦兴屯。哈密伯克额贝都拉向清朝

---

①明、清两代所谓的关西,地域概念并不完全一致。明代关西七卫的地域,除包括今玉门、安西、敦煌之外,还包括新疆哈密、青海柴达木盆地等地区,比清代关西的地域大得多。

②常钧《敦煌杂钞》卷上,《关西七卫》,禹贡学会1937年印本。

③黄文炜《重修肃州新志》《柳沟卫》,酒泉博物馆1984年翻印本。

④《清圣祖实录》卷二六七,康熙五十五年正月辛酉。

报告了哈密及其周围地区可以开垦的土地情况，其中分布于关西的可垦地有西吉木、达里图、西喇郭勒三处。①

康熙五十五(1716)年吏部尚书富宁安督率兵丁赴关西屯垦，当年即获丰收。他在奏疏中谈道："臣查今岁西吉木、达里图、布隆吉尔三处耕种，共收粮一万四千余石"，建议朝廷"动正项钱粮，派官招民耕种"，②获准实行。五十七(1718)年初，甘肃巡抚绰奇完成了关西第一批移民的招募、迁徙和安置工作，他向朝廷报告说，这批移民共计九百六十户，被分别安置在西吉木、达里图、锡拉谷尔三处，"西吉木地方安插民人二百七十户，达里图安插民人五百三十户，锡拉谷尔安插民人一百六户，俱经盖造房屋，分拨居住"。③经富宁安奏准，于"西吉木设立赤斤卫、达里图设立靖逆卫，各添设卫守备一员，锡拉谷尔设立柳沟所，添设守御所千总一员"。④这是清朝在关西设立的首批卫所。

二卫一所设置之地，有锡拉果尔蒙古人等在附近游收。⑤当时，这些锡拉果尔蒙古人是青海和硕特蒙古左翼部属。和硕特蒙古自明末从新疆南下占据青海并控制西藏后，势力开始向东扩展。⑥一些臣属于清朝，受爵食俸的部落首领，不遵朝廷法度，通过祁连山

①《清史稿》卷五二二，《藩部五》，中华书局点校本。

②《清圣祖实录》卷二七〇，康熙五十五年十月辛酉。

③《清圣祖实录》卷二七七，康熙五十七年二月戊子。

④《清圣祖实录》卷二七四，康熙五十七年二月己丑。

⑤《清圣祖实录》卷二八四，康熙五十八年五月辛卯。

⑥《清世宗实录》卷二十，雍正二年五月戊辰条载："……至于河州、西宁、兰州、中卫、宁夏、榆林、庄浪、甘州等，其间水草甚佳，林麓茂密，乃弃此不守，以致蒙古等，占据大草滩之地，以常宁湖为牧厂，是以各处相通，竟无阻碍"，和硕特蒙古扩展势力情况可知。

诸隘口,进入甘、凉一带及关西绿洲游牧。[①]青海北邻新疆,当金山之噶斯山口"乃策妄阿喇布坦出入咽喉要路"。[②]因此,清朝在派大军进驻巴里坤的同时,令参将一员率绿营兵千名驻防柳沟以西的布隆吉尔,控扼隘口要道,防备策妄阿喇布坦间道袭击关西,截断西路清军粮道,骚扰后方。[③]二卫一所设立之后,清朝又委派理藩院员外郎巴福寿前往关西,传集和硕特贝子阿拉布坦及所属台吉、宰桑,会同二卫一所官员,实地勘察了卫所屯地和游牧地界,将其交错之处,"立号为界,不令逾越"。[④]

二卫一所的设立,扼制了和硕特蒙古势力在关西的发展。当时,和硕特贝子阿拉布坦等慑于清朝的军事实力,不得不约束部众,退出西吉木等水草肥美之地。但其后不久,和硕特亲王罗卜藏丹津不满朝廷分封,煽动部众,起兵反清,关西和硕特部落首领"与西海同日举事",[⑤]开始袭击西路清军后方,"每令伊属下人劫夺台站马驼"。[⑥]针对这种情况,统率西路清军的靖逆将军富宁安与川陕总督年羹尧先后提出,向布隆吉尔增驻官兵,修筑城池,捍卫关西卫所台站。这一建议

---

①《文献丛编》第 7 辑《年羹尧奏折·条陈西海善后事宜折》载:"贝子阿拉布坦原住牧于昆都伦地方,数年以来令伊妻工额渐就内地移住于赤金、靖逆之间,而自携其部落之半,潜住于甘州之大黄山,包藏祸心,已非一日。且其妻父阿尔萨朗台吉,乃图尔虎特之种类,自西藏归来,值噶尔旦作乱,不能自还故土,天朝重恩安插于柳沟所之西,盘踞日久,奸狡特甚。"张穆《蒙古游牧记》卷十二,《青海和硕特》亦载,青海和硕特左翼势力已达嘉峪关外布隆吉尔河岸。

②《清圣祖实录》卷二六五,康熙五十四年十月戊辰。

③《清圣祖实录》卷二七〇,康熙五十五年十月戊戌。

④《清圣祖实录》卷二八四,康熙五十八年五月辛卯。

⑤《年羹尧奏折·条陈西海善后事宜折》,故宫博物院文献馆《文献丛编》1930年第 6、7 辑。

⑥《清世宗实录》卷十七,雍正元年十月丁卯。

十分及时,正当和硕特军队进犯布隆吉尔之时,派往增援的清军赶到布隆吉尔附近。《清世宗实录》卷十四雍正元年十二月辛酉条载此事云:"贼人来侵布隆吉尔地方,参将孙继宗、游击孙超节领兵往迎,遇贼三千余人,正交战时,副将潘之善引兵继至,并力奋击,杀贼甚众,所获器械无算。"罗卜藏丹津劫夺关西的企图以失败而告终。

青海罗卜藏丹津反叛被平定之后,参加叛乱的贝子阿拉布坦及其妻工额、妻父阿尔萨朗俱被问斩。在办理青海善后事宜时,年羹尧进一步提出加强对关西控制和建设的看法措施。他在上奏中谈道:"自汉设河西五郡,昔人谓断匈奴之右臂。臣自康熙六十一年两赴肃州,因往军前,路经卜隆吉,事竣而抵沙州,沙州即汉之敦煌郡也,今又久驻西宁,益信昔人之言实有至理。"①他提出:"布隆吉尔、沙州原系蒙古地方,赤斤卫、柳沟所亦曾为伊等游牧之所,因大兵在外,我兵种地驻扎,若大兵撤后,仍令伊等游牧行走,必至争竞生事。"建议派大臣一员晓谕关西和硕特部落进入祁连山内空地游牧,"分地令其居住,庶内外地界分明",布隆吉尔为关西冲要,设立总兵官统辖镇标兵五千镇守,镇标五营营各派余丁二百名,就地屯田,"增设卫守备一员……令专管种地事务",是为安西卫之设立;布隆吉尔以西的沙州田土广阔,水源充足,令设立沙州卫,先自安西镇派兵丁开垦耕种。②沙州的招民认垦在雍正五、六两年,是由川陕总督岳钟琪完成的。

随着关西建设的发展和人口的增多,雍正五(1727)年,清朝令于布隆吉尔以西的大湾重建安西新城,将安西卫从布隆吉尔移治大湾,同时升柳沟所为卫,从四道沟移治于布隆吉尔。至此,关西建成赤金、

---

①《年羹尧奏折·条陈西海善后事宜折》,故宫博物院文献馆《文献丛编》1930年第6、7辑。

②《清世宗实录》卷十七,雍正二年三月丙申。

靖逆、柳沟、安西、沙州五卫,其建制沿革、原地名、地望等见下表。①

赤斤卫	康熙五十七年设卫,雍正五年改御守千户所,乾隆六年复改卫治。	地名西吉木,明赤斤卫故地,西去嘉峪关180里。
靖逆卫	康熙五十七年设卫	地名达里图或达尔兔,明赤斤卫、苦峪卫故地,西去嘉峪关290里,因靖逆将军富宁安曾驻此而得名。
柳沟卫	康熙五十六年设守御千户所,雍正五年升卫。	地名锡拉谷尔,明苦峪卫故地,西去嘉峪关310里,原治所在四道沟,雍正五年移治布隆吉尔。
安西卫	雍正元年设卫	地名布隆吉尔,明赤斤卫、沙洲卫故地,西去嘉峪关500里,雍正五年移治大湾新城。
沙洲卫	雍正元年设守御千户所,雍正三年升卫。	地名库库沙克沙,明沙洲卫故地,在安西卫西南260里。

二

关西五卫以管理屯田为首要事务。五卫管理下的屯田属于民屯性质。屯田上的劳动者有移民、遣犯、余丁、流民等来源。屯户来源不一,屯田制度有一定区别。

移民是从人口较稠密的府、州、县招募的贫穷农户,主要是佃农(无业穷民)。向关西的移民共有两次。第一次是康熙五十七年,甘肃

---

①表据常钧《敦煌杂钞》、黄文炜《重修肃州新志》载。其中,安西、沙洲二卫所设立时间与《清世宗实录》载稍有不同,因常钧、黄文炜二人为乾隆初年之安西道员,故本之。

巡抚绰奇奉命招募无业穷民九百六十户，送赴关西之西吉木、达里图、锡拉谷尔三处安插，这批移民的原居地不见记载，但由甘肃巡抚负责招募，招自甘肃境内府、州、县当无疑。雍正五、六两年进行的第二次移民规模更大，这次移民应该说是由年羹尧提出的。雍正二(1724)年他率先奏请开发建设沙州，但因获罪赐死而未能实行。雍正四(1724)年，川陕总督岳钟琪巡边，至沙州相度地利，勘得可垦地三十余万亩，除留兵屯地五万亩外，将其余地亩奏请"招甘省无业穷民二千四百户开垦屯种。"①《清世宗实录》卷六十雍正五年八月壬子条详载此事云："川陕总督岳钟琪疏言：沙州招民垦种，臣檄甘肃布政使钟保，转饬平、庆、临、巩、甘、凉、西七府及肃州厅，各于所属酌量补招，务足二千四百户之数……臣恐有误春作，已令安西镇派拨兵丁，代种籽粒二千石。今所招之户至彼者一千四百一十九户。其未到彼者七百二十九户，已过播种之期。请补足二百五十二户，俟明春一并发往……从之。"据此可知，沙州屯户来自甘肃之平凉、庆阳、临洮、巩昌、甘州、凉州、西宁七府及肃州厅。

上述两次移民共计三千三百六十户，以户有五口计之，当有一万六千余人。

清朝在关西设卫兴屯有着在边地生产军粮以节省转输劳费的目的，但更重要的目的是为了充实和开发关西，加强对关西的控制。因此，朝廷不是单纯使用强制隶属手段和高额屯租剥削来对待屯户，而是从长远利益出发，鼓励和帮助他们立业于关西。大凡关西移民的迁徙费用、屯地，农具、籽种、耕畜、住房等都由国家授予或贷予，并在一定期限内提供食粮，即实行供给制。关西第一批移民的迁徙，就曾动用"正项钱粮"，第二批移民启程之际，又"蒙圣恩特发帑金，给沿途口

①石之璞《开设沙洲记》。

粮,皮衣、盘费"。①移民最基本的生产资料屯地由国家分授,这些屯地主要是已由兵丁开垦的熟地。赤斤、靖逆、柳沟三卫所是每户授地二十亩,如力能多垦则不限制;沙州卫是户给屯地百亩,这是一个限额,其实,当地地多水少,"每户止种近水地五十亩"。②据此可知,在新开发的关西地区,户实际耕种的屯地面积不受授地额定面积的限制,而是由力所能及和水源充足与否两个条件来决定的。关西首批移民的其他生产、生活资料的情况不见记载。据石之瑛《开设沙州记》载,沙州移民"及到沙州,借与牛具、籽种、房价,又念户民初到,尚未耕种,借与七月口粮",很可能赤斤等处的首批移民也是按此例对待的。

移民到达关西后,最初几年,其生产、生活资料还不完全属于自己所有。经过数年的辛勤劳动,经济上能够自给自足,国家即开始向他们征收赋税,即升科,并讨还借项。升科年限并不一致。康熙五十七(1718)年到达关西者是十年升科,雍正五(1727)年到达关西者是五年升科。届升科之年,按亩起征,亩征正粮小麦约四升二合,马粮青稞约三合,另征一定数量的草束。一般来说,当移民开始承担国家赋税,偿还国家借项之时,他们的身份即已转变,尽管他们仍是卫所管理下的屯户,但已具备了自耕农的基本特征。五卫管理下的移民屯田,其实与《明史·食货志》所说的"移民就宽乡,或招募或罪徒者为民屯"大体相同。这种民屯的兴办过程,其实就是在封建国家的帮助下,使无业之民获得一份生产、生活资料的过程。尽管这一过程或十年,或五年,并不很长,但它是在国家力量帮助下完成的,显然具有国有制经济的属性,这或许也就是明清人称其为民屯的原因吧。

---

①石之瑛《开设沙洲记》。
②《敦煌随笔》卷下,《户口田亩总数》。

　　遣犯到关西屯田比移民要晚。雍正二（1724）年，年羹尧鉴于靖逆等处招户艰难，建议朝廷："直隶、山西、河南、山东与陕省风土犹有相同，应请将此五省军流人犯免其解往别处，俱发西宁新边以内与布隆吉尔各处，令其开垦"。①总理王大臣等遵旨议复，认为大通河地方兵民众多，不必发遣犯人，"唯布隆吉尔地方，远居边外，愿去之人甚少，应如所请"，令"五省之金妻军犯内，除盗贼外，有能种地者，即发往布隆吉尔地方，令地方官动支正项钱粮，买给牛具籽种，三年后照例起科"。②这一记载表明，发往关西的五省金妻军犯是由卫所管理的，其屯地、牛具、籽种由国家授予，升科年限较移民要短。总的来说，屯田遣犯的这些待遇与移民差不多。乾隆二十三（1758）年，准噶尔地方政权被平定，清朝开始更大规模地向西北边地发遣罪犯，以补充屯田劳动力，同时，将雍正年间制定的遣犯屯田制度作了改变。《清高宗实录》卷五五六乾隆二十三年二月己巳条载："军机大臣等议奏，御史刘宗魏奏请，嗣后盗贼、抢夺、挖坟及应拟军流人犯，不分有无妻室，概发巴里坤，于新辟夷疆，并安西回目札萨克公额敏和卓部落迁空沙地等处，指一屯垦地亩，另行圈卡，令其耕种，共前已配到各处军流等犯，除年久安静有业者照常安插外，无业少壮，曾有过犯者，一并改发种地，交驻防将军管辖，应如所请，并将此外情罪重大军流各犯一体办理。从之。"这里所说的"安西回目札萨克公额敏和卓部落迁空沙地等处"，即指雍正十一（1733）年从吐鲁番迁至关西瓜州的维吾尔族辅国公额敏和卓部属屯垦的瓜州五堡。乾隆二十一（1756）年，额敏和卓率部属重返吐鲁番，五堡遗留有垦成熟地数万亩，急需组织劳动力耕

①《年羹尧奏折·条陈西海善后事宜折》，故宫博物院文献馆《文献丛编》1930年第6、7辑。
②《清世宗实录》卷二十，雍正二年五月戊辰。

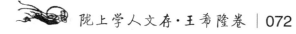

种。①刘宗魏提出的发遣安置新制与雍正初年规定之旧制相比,有三处不同:旧制,发往关西之罪犯为"金妻军犯",即犯有军罪,按例应携带家眷发遣的罪犯,新制则改为犯有军、流之罪,"不分有无妻室";旧制,为了便于控制,盗贼不得发往关西,新制则不仅将盗贼、抢夺等犯发往关西,而且将"此外情罪重大各犯一体办理",发遣范围扩大;旧制,发往关西的罪犯由卫所官员管理,新制则改为"交驻防将军管辖",隶属于当地驻军之中。

余丁是绿营兵丁的成年子弟。清制,绿营为世业兵,营中缺额从兵丁子弟中挑补,但实际上因绿营出缺有限,不少兵丁子弟不能尽补营缺而闲置无业。关西议设镇标之初,年羹尧考虑到"驻扎官兵俸饷若由内地运往,于钱粮殊多靡费",奏准于镇标五营,每营"派余丁二百名,每人官给牛二只、籽种四石、口粮三石,第二年再给半分,至第三年,但给半分籽种,过三年后不必再给。此项地亩,即作伊等恒产。不论米麦青稞,收粮三石,以为兵丁月饷"。②但以后的具体实行,又与年羹尧奏准的制度不同。领取屯地牛具的余丁不再隶各营管辖,而是分隶各卫屯田,按沙州移民例五年升科纳粮。《敦煌随笔》卷下记安西卫余丁云:"厥后安西卫设有余丁老户九十余家,连渠户共计四百余口,现俱认户纳粮,入籍当差,当日原系各随食粮父兄伯叔来此承种地亩。"除安西卫之外,柳沟、赤金二卫亦有此种余丁。

流民在关西又称客民,他们与移民一样,在原籍是没有产业的穷民。区别在于移民是官府招募而来,具有合法性,而流民则是自发来到关西,自行开垦土地,自耕自食。卫所官员一度对客民私垦土地的

---

①见拙作《清前期吐鲁番维吾尔人迁居瓜州的几个问题》,载《兰州大学学报》1989 年第 4 期。

②《清世宗实录》卷十七,雍正二年三月丙申。

状况采取了听之任之的态度，而且一些文武员弁也趁便私自垦地收粮，补充生活。雍正十（1732）年，大学士鄂尔泰巡边，得知存在这种私垦情况。此时正值前方吃紧，挽运烦费，急需大兴屯垦，鄂尔泰与大将军查朗阿、总督刘于义等会商，决定对关西的私垦地亩进行一次清查。《重修肃州新志》靖逆卫屯田载有此次清查的经过和结果："时惟孔都院（毓璞）总理屯政，先委知州丁祐吉等五员，分路清查安西、柳沟、靖逆、赤金等处员弁、客民私种地亩，共查出二千一百六十二石零之地。除员弁所种三百四十五石零，竟行归公，不给价值外，其客民私垦地一千八百一十七石零，每石上地给价一两五钱，中地给价一两二钱，下地给价一两，归作屯田。"此外，客民自盖的住房和自备之农具等，也"量酬其值作为官物"。

被以"作价"的形式剥夺了生产、生活资料的客民，一部分离开了关西另谋生路，但大多数不愿离开由自己开垦并耕种多年的土地。当官府用清查得来的土地开办"官屯"时，留居关西的客民纷纷应募充当夫役。官屯地亩分布于安西、柳沟、靖逆、赤斤四卫地界。官屯亦属民屯性质，但制度特殊。应募夫役俱由原籍各地方官"出具保结，以免逃逸"，夫役屯田所需牛具籽种以至住房等都由官府提供，夫役对这些生产、生活资料以及屯地都是只有使用权而无所有权，夫役屯田生产的报酬以"工"为单位计算，以钱粮支付，"每工给银六分六厘六毫零，粟米四合一勺五抄，面一斤半"，此外，每年再加赏银一两，皮衣皮帽银二两"；收获屯粮全部上缴官仓。[1]夫役屯田共进行了四年。雍正十三（1735）年，朝廷下令解雇夫役，停办此项屯田，屯地分授关西驻军，开办绿营兵屯。夫役屯田停办的表面原因是为了发展关西兵屯，其实是由于这种屯田的成本太高。有人统计，以丰收的雍正十（1732）

①《清世宗实录》卷一二三，雍正十年九月戊申。

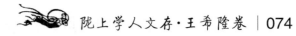

年计算,每石杂粮的生产成本是三两五、六钱白银,其中尚未扣除各项管理费用,而关西丰收之年杂粮的市场价格是四两左右,[1]何况,农业生产并非每年都是丰年,所以这种屯田很难长期维持下去。

三

卫所制度,创自明代,史称:"明以武功定天下,革元旧制,自京师达于郡县,皆立卫所"。[2]明代的卫所,原本是单纯的军事组织,"其军皆世籍",出缺从其子弟中勾补。军士以指挥、千总、百总等军官分领,"外统之都司,内统于五军都督府"。卫所各有防地,军士平时大部屯田,小部守城,以屯田籽粒供给本卫所官军,"以军隶卫,以屯养军","征伐则命将充总兵官,调卫所军领之;既旋则将上所佩印,官军各回卫所"。[3]都司、卫所构成一套完整的军事制度。[4]

清朝定鼎北京后,对明代的卫所制度进行了变革。顺治初年令改卫军为屯丁,并规定"卫军已改屯丁,永不勾补"。[5]康熙初年,又规定"各省卫所钱粮并入民粮,一并考成巡抚",[6]"屯所屯粮与民粮一体输纳"。[7]经过这些变革之后,卫所屯丁虽在名义上与州县民户不同,但与一般民户一样,只从事农业生产,不负军事训练与防守城池

---

①见蒿峰《清初关西地区的开发》,载《西北史地》1987 年 1 期。

②《明史》卷八十九,《兵志一》,中华书局标点本。

③《明史》卷八十九,《兵志一》。

④洪武、永乐年间自边外归附的少数民族,明廷"官其长,为都督、都指挥、指挥、千百户、镇抚管官,赐以敕书印记,设都司卫所"。这种卫所又称"羁縻卫所",有很大的自治性质,与明代的内地、边地卫所又有不同。

⑤《清世祖实录》卷三十三,顺治四年七月。

⑥《清圣祖实录》卷二十,康熙八年五月。

⑦《清朝文献通考》卷十,《田赋考》。

的职责,地方军事防守任务由当地绿营经制官兵专司,"……各省并无屯丁守城,支给钱粮之例"。①屯丁既无军事职责,管卫之守备、千总管官员也无军事训练之专责,因此,他们名为武职,但被视为府县文职。雍正三年上谕云:"文自司道以至府、州、县、卫,惟抚恤是务",②即反映了这种状况。这种变革为裁撤、归并卫所铺平了道路。一般认为,康熙、雍正年间,清朝革故鼎新,划一地方体制,将全国卫所或予以裁撤,或归并邻近州县,或直接改设为州县。至雍正初年,卫所已大体并入行政系统,成为历史的遗迹。其实,考察清前期经营西北、西南边疆地区的历史,就会看到,在裁撤、归并明代遗留卫所的同时,清朝在西北、西南边疆地区又设立了不少新的卫所,这种卫所既与明代卫所不同,又与清初加以变革后的卫所有一定区别,关西五卫即为一例证。

如前所述,关西五卫治下为来源于移民、遣犯、余丁、游民等的屯户,五卫已非明代那种单纯的军事组织,自不待言。但是,五卫带有一定的军事组织的性质,也是明显的。

首先,关西五卫仍以武职为管卫官员,尽管管卫武职已被列入文职系统。康熙五十七(1718)年设立二卫一所时即定制:"西吉木设立赤斤卫,达里图设立靖逆卫,各添设卫守备一员,锡拉谷尔设立柳沟所,添设守御所千总一员。"③雍正初年设立安西、沙州卫所时定制:"另于布隆吉尔增设卫守备一员,沙州增设卫千总一员,令专管种地事务。"④乾隆六(1741)年,"赤金所后改为卫,复设守备,五卫各添设

---

①《清圣祖实录》卷一一六,康熙二十三年九月。

②《清世宗实录》卷三十,雍正三年三月。

③《清圣祖实录》卷二七四,康熙五十七年二月己丑。

④《清世宗实录》卷十七,雍正二年三月丙申。

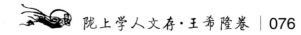

千总一员,协办庶务"。①乾隆二十(1755)年军机大臣议复甘肃巡抚陈宏谋筹办安西等处事务时也曾提到:"据关外赤金、靖逆、柳沟、安西、沙州五卫,每卫设守备、千总各一员。"②这些记载表明,关西五卫的管卫官员是守备、千总。清代军制,守备、千总为绿营中、下级官员。如前所述,清初朝廷承认了明代遗留卫所屯军有名无实的事实,改屯军为屯丁,令其专事生产,从而使卫所官员的职责与州县官员相近,由此而产生了将卫所官员视同州县官员的认识。但是,卫所官员职责虽变而武职身份未改,他们仍是绿营军官。以武职管理卫所,本身即具有军事管制的性质。在边地卫所,这种军事管制的性质就更为明显。雍正初年,西延捕盗同知杨宗泽曾谈到榆林靖边卫所的情况:"今榆林辖十堡,无文官主之,而一切皆决于守备、千总,鱼肉小民,枉法受贿,严刑以逼,去延安府七、八百里,虽有冤抑不得上达,太守也不得过问"。③这虽然是说卫所官员的专横残暴,但也反映出卫所组织管理与州县行政系统的区别,武职管理卫所有其专制和强行隶属的作用。关西五卫地处极边,屯户来源复杂,在用兵西北的非常时期,以武职官员直接管辖卫所,自然有利于对当地的控制和建设。

其次,关西五卫带有一定的军事组织性质,还体现于五卫屯丁本身即为一支武装力量,这与清初进行变革后的明代遗留卫所是一重大区别。《敦煌杂钞》卷上安西卫载此事云:"其安、沙等五卫团练屯兵,通共一千七百八十二名,各设户长管束、稽查,酌拨甘、凉二标营多余鸟枪,每人给领一杆,专责各卫千总同各营选派目兵按期演习,需用铅弹、火药,用捐种公田所收粮石内制备演放,地方文武各官于

①《敦煌杂钞》卷上,《安西卫》。

②《清高宗实录》卷四九三,乾隆二十年八月庚戌。

③汪景祺《读书堂西征随笔》《延安三厅》,上海书店1984年影印本。

农隙时查点指授,使之随便学习,守望相助,皆有备无患之道也。"据此,五卫屯丁编设为团练,配备有武器,除从事生产外,还负有军事演习、武装训练、配合驻军防守地方的义务。而卫所官员除却管理生产之外,还负有定期对团练屯兵进行军事训练的职责。五卫屯兵团练的设立,也是与用兵西北的非常时期相适应的。

关西五卫以绿营武职为管理官员,五卫屯丁官给武器,编设为屯兵团练,具有一定的军事组织性质。但五卫屯丁的主要任务毕竟是农业生产,五卫并不是单纯的军事组织,因此,五卫不是隶属于当地的军事组织系统,其上司不是关西绿营提镇官员。关西的绿营建制早于卫所建制。康熙五十六(1717)年,清朝命抽调甘、凉、肃三提镇标兵千名,令参将等官率领,驻防于布隆吉尔,①是为关西绿营建制之始。雍正三(1725)年,"定布隆吉尔为安西镇,设总兵一员,标下五营,游击五员,守备五员,千总十员,把总二十员,兵五千名"。②乾隆六(1741)年,"安西总兵改设提督,酌增兵弁,自嘉峪关以西,哈密以东,悉令管辖,甘、凉、肃诸营战兵,并听节制调遣"。③关西五卫的守备、千总不受当地绿营提、镇的调遣,而是由文职官员管辖。康熙五十七(1718)年设立靖逆、赤金、柳沟三卫所时,即规定,于卫所之上"再添设同知,通判各一员,兼管二卫一所"。当时规定关西各类官员的隶属关系是"其驻防兵丁、武职官员,令肃州镇管辖"。④以后,随着关西建设的发展,当地人口不断增多,事务日渐繁杂,驻扎肃州的道员对关西事务的管理已难以周遍。雍正十一(1733)年,吐鲁番万余维吾尔人迁居关西,使当地事

---

①《清圣祖实录》卷二七〇,康熙五十五年十月戊戌。

②《清世宗实录》卷二十九,雍正三年二月己巳。

③《清高宗实录》卷一三四,乾隆六年正月甲戌。

④《清圣祖实录》卷二七四,康熙五十七年二月己丑。

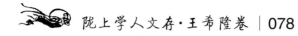
务更为繁杂。鉴于这种情况,左副都御史二格奏云:"自肃州以至哈密,计程一千五百里,其间沙州、安西等处,向属肃州道管辖,但该道驻扎肃州,事务甚繁,于口外地方,鞭长莫及,且现在安西开垦屯种,又有吐鲁番回民于瓜州安插,须有大员就近弹压,抚绥教导,尤属有益"。经户部议复,"添设安西兵备道一员,其原设之安西同知一员,移驻瓜州,办理水利屯田,与原设之靖逆通判,以至四卫一所,俱令该道管辖"。①同知,通判分别为文职正五品、正六品,其办事处所曰"厅"。五卫分属二厅管辖,具体分管是:"安西同知一员,管辖安西、柳沟、沙州三卫,靖逆通判一员,管辖赤金、靖逆二卫"。②这种管辖隶属系统自上而下是:

道(兵备道,文职正四品)——厅(同知,文职正五品;通判,文职正六品)——卫(守备,武职正五品;千总,武职正六品)——屯户(编设为屯兵团练,从事屯田生产)。

这种隶属系统表明,关西五卫在总体上是一种行政建制,它独立于军事组织系统之外,与明代那种都司——卫所——军士的单纯军事系统已完全不同。同时,五卫与清初进行变革后的那种明代遗留卫所亦有一定的区别,这种区别的最主要之点即在于变革后的卫所,屯丁只从事生产,不负军事职责,而新设的关西五卫,由于地处极边,周邻蒙古,具有重要的战略地位,为控制建设这一地区,除了依靠当地的正规军队外,五卫屯丁也被编为屯兵团练,协助绿营,"守望相助",因此,五卫还带有一定的军事组织的特点,是具有一定的军事组织性质的行政建制。

四

关西五卫是清朝在平定青海、统一新疆这一非常时期在关西实

---

① 《清世宗实录》卷一二七,雍正十一年正月丁未。
② 《清高宗实录》卷四九四,乾隆二十年八月庚戌。

行的一种带有一定军事组织性质的行政建制。实行这种特殊的建制
与清朝统一西北的大业紧密相关，因此，当清朝平定准噶尔地方政
权，完成统一大业之后，继续在关西实行卫所建制就无必要了。乾隆
二十（1755）年六月，清军首次攻占伊犁之时，甘肃巡抚陈宏谋即提出
裁撤关西五卫武职官员的建议："至塘讯卡座，各有弁兵，卫备、千总，
无所事事，莫如裁去卫备、千总，将五卫归厅专管……方为合宜"。①但
因阿睦尔撒纳和大、小和卓先后叛清，清朝忙于平叛，裁撤事宜未能
顾及。二十四（1759）年，新疆战争基本结束，陕甘总督杨应琚再次提
出裁撤五卫的建议。他认为西陲平定，西疆展拓二万余里，关西已由
极边而为内地，应实行府县制度，具体办法是："安西、柳沟、沙州、靖
逆、赤金五卫裁汰。于安西设一府，安西、柳沟二卫改设一县，并驻安
西。靖逆、赤金二卫改设一县，驻靖逆。沙州卫改设一县，驻沙州。设
一经历、一教授，随知府驻安西。设三典史、三训导，随知县分驻三
县"。同时，将安西兵备道、同知、通判等官移驻哈密。②次年十月经部
议准实行，将关西五卫地方改为渊泉、玉门、敦煌三县，设安西府管
辖，"新设安西府地方，应仍照五卫原管地界分拨，渊泉县照安西、柳
沟二卫旧界，玉门县照靖逆、赤金二卫旧界，敦煌县照沙州卫旧界管
辖"。③至此，关西行政建制一如内地。

　　自康熙五十七年清朝在关西设立卫所至乾隆二十五年关西五卫
改设府县，卫所建制在关西实行了四十余年。这一时期，清朝用兵西
北，边地转输艰难，粮价腾涨，边兵饷薄，生活受到很大影响。肃州镇
标营兵"有严寒而衣履破烂者，丰岁而面带饥色者"，甘州提标"马匹

---

①《清高宗实录》卷四九四，乾隆二十年八月庚戌。
②《清高宗实录》卷五九三，乾隆二十四年七月丙子。
③《清高宗实录》卷六二二，乾隆二十五年十月丁丑。

则废瘦残瘸,兵丁则鸠形鹄面"。①安西一镇驻防关外,相比而言条件
更差,但由于实行卫所屯田,除额征屯粮外,屯户余粮就地出售供支
驻军,使驻军用粮逐渐得以就地供给。如雍正七(1729)年沙州卫屯
田,秋收获粮一十二万余石,地方官动支帑银就地收购存贮官仓,平
抑了当地粮价,供给了镇标营兵。大学士查朗阿曾谈道:"查安西兵
食,全赖屯田。"②乾隆十九(1754)年甘肃巡抚鄂昌奏疏中提到,关西
五卫存贮小麦六万八千余石,为平抑市价,酌粜小麦一万五千石。③二
十二(1757)年,吏部侍郎裘曰修奏请:"嘉峪关外五卫,共贮麦石二十
余万……酌拨十余万石,添贮哈密"。④可见五卫屯田之成绩。关西五
卫不仅在经济上有力地支持着当地驻军,而且五卫屯丁本身即为一
支武装力量,他们与驻军"守望相助",牢牢控制着关西这一"极边锁
钥",保证了清朝统一西北大业的顺利进行。

　　自明代中叶以来,关西"无复田畴井里之遗",游牧经济占据主导
地位。卫所建立的四十余年中,屯户带着先进的农业生产工具和生产
技术来到关西,他们披荆斩棘,开垦荒地,兴修水利,辛勤开发,使关
西荒芜面貌发生了巨大变化,出现了大片田畴绣陌,"以数百年荒秽
之区,一旦竟成上腴,化神效捷,实千古所未有也"。⑤农业经济重新推
进到关西,为在关西实行与内地同一的行政体制奠定了基础,从这一
意义上来看,也可以认为卫所制度实行于关西的四十余年,是府县制
在关西实行前的一个过渡时期。

　　　　　　　(原载《兰州大学学报(社会科学版)》,1992年第3期)

①《皇清奏议》卷三十一,《刘于义请加惠边兵疏》。
②《清高宗实录》卷一三四,乾隆六年正月甲戌。
③《清高宗实录》卷四七五,乾隆十九年十月乙亥。
④《清高宗实录》卷五三一,乾隆二十二年正月壬戌。
⑤《重修肃州新志》,《沙州卫》。

准噶尔时期新疆天山北路的农业生产

蒙古准噶尔部为游牧民族,其社会经济以畜牧业为主体。史载,其俗"问富强者,数牲畜多寡以对。饥食其肉,渴饮其酪,寒衣其皮,驰驱资其用,无一事不取给于牲畜"。①虽然准噶尔人以肉食为主,但其食品结构中并不排除粮食,麦、米仍是其食品之一。尤其是在准噶尔上层贵族的食品结构中,麦、米是仅次于肉、酪的食品。"达官贵人,夏日食酪浆酸乳麦饭,冬日食牛羊肉谷饭"。②准噶尔的用粮主要取自天山南路维吾尔人居住区,"欲粒食,则因粮于回部。回部当其谷麦收获时,苦其钞掠,岁纳什之三、四以为常"。③但由于天山南路的军事、政治状况多有变化,"这一供应来源也很不可靠"。④因此,在天山北路游牧地区发展农业,就地生产本部所需的农产品,成为准噶尔首领们长期致力的一项事业。

准噶尔统治时期,天山北路的农业发展大体可分为两个阶段:巴图尔珲台吉、僧格、噶尔丹在位时期,是准噶尔农业发展的第一阶段,策妄阿拉布坦、噶尔丹策零在位时,准噶尔的农业进一步发展,其分布地域之广,规模之大,都超过了前期,至清军平定伊犁,擒获达瓦

---

① 傅恒等《钦定皇舆西域图志》卷三十九《风俗一》。
② 傅恒等《钦定皇舆西域图志》卷三十九《风俗一》。
③ 傅恒等《钦定皇舆西域图志》卷三十九《风俗一》。
④ 伊·亚·兹拉特金《准噶尔汗国史》商务印书馆中译本,第 183 页。

齐,可定为第二阶段。

一

巴图尔珲台吉是准噶尔农业的创立者。俄人兹拉特金氏称:"完全有根据认为,他(巴图尔浑台吉)是准噶尔这些新型经济活动的倡导者和第一个组织者。"①巴图尔珲台吉时期,准噶尔的农业开始创立和发展,首先是由于当时准噶尔势力的强大和政治局面的安定。准噶尔为额鲁特蒙古四部之一。明末清初,由于各部人口增多,游牧草场狭窄,时有内讧发生。加之准噶尔部兴起,其首领"恃其强,侮诸卫拉特",②促使联盟内部的矛盾转化为离心力。明崇祯二年(1629年)前后,土尔扈特部西迁至额济勒河(今伏尔加河)流域游牧。崇祯八年(1635年),巴图尔珲台吉继任准噶尔首领。次年,和硕特部徙牧于青海、河套地区。二部离开天山北路后,巴图尔珲台吉控制了天山北路的额鲁特蒙古余部,增强了实力。同时,二部徙牧远方后,内讧减少,政治局面也较前安定。这都为巴图尔珲台吉致力于经济事务,特别是发展农业创造了条件。此外,喇嘛教的传入,也应是促成准噶尔农业发展的一个重要因素。如果我们注意到巴图尔珲台吉最初开辟的农业区都是分布在喇嘛教寺院周围,甚至有喇嘛僧人为其制定农耕规划,那么,喇嘛教的传入与准噶尔农业之间的关系就不难理解了。

巴图尔珲台吉及其继承者们开辟的农业区主要分布在和布克赛尔河谷和额尔齐斯河谷地带。

和布克赛尔河谷 在今塔城地区和布克赛尔蒙古自治县境内。一般认为,崇祯十三年(1640年)喀尔喀、额鲁特各部首领在塔尔巴

①伊·亚·兹拉特金《准噶尔汗国史》商务印书馆中译本,第184页。
②祁韵士《皇朝藩部要略》卷九《厄鲁特要略一》。

哈台会盟之后,额鲁特各部首领之间取得了谅解,加强了联系,各部之间的团结和安定,使巴图尔珲台吉能致力于内部事务,从而"促进了农业、手工业生产及具有城市雏形居民点的形成和发展"。①其实,排比有关文献记载,塔尔巴哈台会盟之前,巴图尔珲台吉在和布克赛尔开辟的农耕区即已初具规模。崇祯十二年(1639年)出使准噶尔的俄使阿勃拉莫夫最先报道了和布克赛尔河谷的城镇和农业发展情况:"珲台吉处住着一位喇嘛,为珲台吉制定耕作方法。耕地的是布哈拉人,播种麦和黍,种子是从布哈拉运来的,不过珲台吉本人在此城(指和布克赛尔)还没有住过,他在附近的牧区游牧"。巴图尔珲台吉告诉阿勃拉莫夫说,他在和布克赛尔建造着一座石城,目的是要"从事耕耘并要在这座小城里居住"。②据此可知,崇祯十二年(1639年)以前,巴图尔珲台吉已在和布克赛尔开辟了耕作区,开始经营农业。为他制定耕作方法的显然是一位格鲁派喇嘛教僧人,而从事生产的劳动者却是信仰伊斯兰教的布哈拉人。③崇祯十四年(1641年)夏季,另一俄使卢卡·涅乌斯特罗耶夫出使准噶尔,当他来到巴图尔珲台吉的兀鲁斯时,珲台吉已不住在兀鲁斯,"他在城中自己家里,从事耕耘"。珲台吉通知他到城里见面,当涅乌斯特罗耶夫来到城里时,"珲台吉骑马站在耕地附近"。④看来,巴图尔珲台吉已经开始在兀鲁斯牧区和布克赛尔耕作区两处活动,当夏季农作物临近收获时,他居住在

---

①《准噶尔史略》编写组《准噶尔史略》第62页。

②(苏)科学院档案馆,第21卷,转引自兹拉特金《准噶尔汗国史》中译本第182页。

③关于布哈拉人的来源和族属,见拙作《准噶尔统治时期天山北路劳动者的来源和族属》。

④(苏)中央国家古代文书档案库,西伯利亚衙门卷宗,第456卷,第659张。转引自兹拉特金《准噶尔汗国史》中译本第182页。

农耕区。和布克赛尔耕作区城镇的情况,据崇祯十六年(1643年)出使准噶尔的俄使伊林报道:"霍博克萨里系由三、五个小'镇'构成,但这里所谓小镇仅指一、两幢砖房,通常只是一座喇嘛庙。几个小镇很分散,彼此相距都是一日路程,中央的那个镇当时还在兴建中,所有小镇大概都位于霍博克河河谷……他请来了西藏喇嘛,引入了佛教的一切规矩。他还将布哈拉的农业人口迁到这里"。①关于和布克赛尔耕作区情况的最晚报道,是在顺治十二年(1655年)。此年夏季,俄使巴伊科夫来到额尔齐斯河上游巴图尔浑台吉第五子僧格的驻牧地,他在当地听说,这里距离浑台吉的和布克赛尔小镇尚有三天路程,"小镇是土建的,镇上有两座砖砌的佛寺。镇上居住着喇嘛和布哈拉农民"。②此时,巴图尔浑台吉死去已有两年。

额尔齐斯河上游河谷 当巴图尔浑台吉在和布克赛尔河谷经营农业兴建寺院的同时或稍后,和硕特部阿巴赖台吉③和巴图尔浑台吉之子僧格④在额尔齐斯河上游河谷也开始进行着同样的事业。顺治十一年(1654年)秋,沙皇阿列克谢·米哈依洛维奇派使臣费·伊·巴伊科夫出使清朝。巴伊科夫溯额尔齐斯河谷行走,从额尔齐斯河右侧的支流恩库勒小河起,沿额尔齐斯河行走三日,到达阿巴赖台吉领地上的一喇嘛驻地,"这位喀尔木克喇嘛住在额尔齐斯河左岸附近,他有两座大的佛寺,均用砖砌(外刷石灰)。但是他们的住房都是土房。当地

---

① (英)约·弗·巴德利《俄国·蒙古国·中国》商务印书馆中译本,下卷,第1册,第1126页。

② (英)约·弗·巴德利《俄国·蒙古国·中国》商务印书馆中译本,下卷,第1册,第1129页,第1150页。

③ 阿巴赖台吉是额鲁特四部盟主、和硕特部首领拜巴噶斯汗之子、鄂齐尔图汗之弟。

④ 僧格为巴图尔浑台吉第五子,鄂齐尔图汗之婿,阿巴赖台吉之侄婿。

种有小麦和糜黍等许多谷物。种地的都是些布哈拉人"。①这是巴伊科夫在额尔齐斯河上游河谷觅到的第一个耕作区。巴伊科夫走出这一耕作区后,穿越草原,翻过山岭,再穿过草原,行走十五天后,来到喀尔布噶河和额尔齐斯河相汇的河谷地带。这里是额尔齐斯河上游河谷的第二个耕作区,居住着为阿巴赖台吉种地的布哈拉人,这一耕作区距阿巴赖的兀鲁斯是一天路程。阿巴赖台吉把巴伊科夫安置在布哈拉人的土房里。巴伊科夫看到,"布哈拉农民住的是土房,种植糜黍、大麦、小麦和豌豆,还大量饲养各种家畜"。"田野里有一条名叫喀尔布噶的小河,它从山岩间流出,自左侧山口汇入额尔齐斯河。沿河有几个磨坊,春季人们来这里磨面"。②巴伊科夫在布哈拉人耕作区居住了四个月零十天,度过了严冬。这一期间,他不断领到阿巴赖台吉发给的大麦、小麦、面粉和牛羊。翌年初夏,巴伊科夫离开阿巴赖台吉的布哈拉人耕作区,行走两天后来到额尔齐斯河的又一支流帖木尔——楚尔噶河河谷。这里是额尔齐斯上游河谷地带的第三个耕作区,居住着属于巴图尔珲台吉的子女们所有的布哈拉农民,"他们种植大麦、小麦、糜黍和豌豆,饲养各种牲畜很多"。③帖木尔——楚尔噶河距巴图尔珲台吉第五子僧格的驻牧地哈喇呼济尔河只有一天路程,而僧格的驻牧地距和布克赛尔耕作区也只有三天路程。关于僧格任准噶尔首领时发展农业的情况,在俄使库尔文斯基的《出使报告》中也有报道。康熙六年(1667 年),俄使巴维尔·库尔文斯基奉命前往准噶尔。他报道说,准噶尔人那里有一些打仗时从布哈拉俘来的布哈拉俘虏,"这些布哈拉人如今住在僧格和楚琥尔所辖的喀尔木克地

①《俄国·蒙古·中国》中译本,下卷,第 1 册,第 1145—1146 页。
②《俄国·蒙古·中国》中译本,下卷,第 1 册,第 1146–1147 页。
③《俄国·蒙古·中国》中译本,下卷,第 1 册,第 1149 页。

方,为台吉们种地"。准噶尔地方"丰产谷物,除了黑麦外,春播作物样样齐全"。①

二

僧格在位及其以后一段期间(1635–1670 年),准噶尔部政局不稳,几度内讧,加之噶尔丹率军进击喀尔喀蒙古并与清朝开战,准噶尔部损失惨重。直到 18 世纪初僧格之子策妄阿拉布坦上台巩固政权之后局势才相对稳定下来。策妄阿拉布坦及其子噶尔丹策零统治时期,都曾实行发展经济的政策和措施,收到了卓著的成效。这一时期,准噶尔社会经济有了长足的发展,史称"且耕且牧,号富强",②不仅天山北路各牧场"马、驼、牛、羊遍满山谷",③农业的发展也进入了新的阶段,出现了新的耕作区,规模较前一阶段更大。其中见于记载的耕作区分布在伊犁河谷、乌鲁木齐、塔尔巴哈台地区。

伊犁河谷 噶尔丹继位后,准噶尔的政治中心已逐渐从额尔齐斯河上游迁至伊犁河谷。巴托尔德氏称:"噶尔丹显然是喀尔梅克人中第一个将大帐经常驻在伊犁川中的汗王。"④大概就在这一时期,伊犁河谷的农业开始发展。策妄阿拉布坦和噶尔丹策零都曾在伊犁河谷大力经营农业。康熙六十一年(1722 年),俄使翁科夫斯基出使准噶尔到伊犁河谷,他记到:"现在他们的耕地越来越多,不仅由布哈拉臣民播种,而且许多卡尔梅克人也从事耕耘,因为珲台吉曾就此下过命令。他们的庄稼有:苗壮的小麦、黍、大麦、稷。那里的

---

① 《俄国·蒙古·中国》中译本,下卷,第 1 册,第 1232 页。
② 松筠《西陲总统事略》卷一。
③ 椿园七十一《西域总志》卷二。
④ 巴托尔德《七河史》赵俪生中译油印本第 114 页。

土地含盐多，所以蔬菜也长得很好……"①策妄阿拉布坦命令的具体内容我们不得而知,但从命令下达后,耕地面积日益扩大,庄稼长势苗壮而且准噶尔人也在从事农业生产的结果来看,这道命令显然包括一套发展农业的政策和措施。雍正五年(1727年),策妄阿拉布坦死去,子噶尔丹策零继位后继续执行其父制定的发展农业的政策和措施。雍正七年(1729年),俄使埃蒂格洛夫赴准噶尔,他从塔尔金山口进入伊犁河谷,在接近噶尔丹策零的大帐驻地时,"走过一片草原,草原上有浑台吉领地的布哈拉人和卡尔梅克人在种地"。然后他们又"朝察罕乌苏河右边布哈拉人的耕地旁穿过草原"。②雍正九年(1731年)到过准噶尔的俄使乌格里莫夫看到伊犁河谷已建成小型水利灌溉工程,"在伊犁河谷塔尔金山口左近用小型沟渠从伊犁河取水灌溉耕地。在古尔布利金河谷有布哈拉人耕种土地,他们在那里筑有'板泥'住房,看起来是自成村落的"。③伊犁河谷已出现了不少围有砖墙,里面种有果树和蔬菜的园子,这些园子都由布哈拉人建立和管理。噶尔丹策零在伊犁河谷哈沙图诺尔湖湖畔的一个园子周长在五俄里以上,园中有砖砌的建筑物和禽舍。被俘的瑞典军官列纳特为准噶尔制造枪炮有功,噶尔丹策零曾将一个园子奖赏给他。

伊犁河谷的农业分布在清朝汉文史籍中也多有提到。乾隆二十五年(1760年)上谕云:"伊犁向为准夷腹地,加意经画,故耕事颇

---

①俄国对外政策档案馆,准噶尔卷宗,1734年3a卷,转引自《准噶尔汗国史》中译本第313页。

②俄国对外政策档案馆,准噶尔卷宗,1729年、1730年,第1卷,第60张。转引自《准噶尔汗国史》中译本第313页。

③《准噶尔汗国史》中译本第342、343页。

修。"①又云："伊犁各处，习耕佃者，延袤相望。"②其具体分布情况，在清朝统一新疆后办事大臣阿桂的上奏中有明确的报道："伊犁河之南有霍吉集尔、海努克、奇特木等地方三处，河之北有固勒札、霍尔果斯、察罕乌苏等地方三处，均系先年回子等种田之所"。③这里提到准噶尔统治时期，伊犁河谷已开辟了六处耕作区，其中的察罕乌苏耕作区俄使埃蒂格洛夫此前曾经报道过。

伊犁河谷是准噶尔统治时期天山北路最大的农业区，这里聚居着大批农业人口，其中的主要部分是来自天山南路的维吾尔人。伊犁的维吾尔人主要从事农耕，他们被称为"塔里雅沁"或"塔兰奇"，意为种地人，④俄国文献中则统称为布哈拉人。还有一些伊犁维吾尔人从事贸易和充当士兵，分别被称为"伯德尔格"（意为贸易人）和"乌沙克"（意为勇战人）。⑤乾隆二十年（1705年）清军首次进击伊犁时，先后迎降的维吾尔人有四千五百余人。⑥次年清军二次进入伊犁时，见到的维吾尔人只有三十余名，⑦可知由于战乱维吾尔人绝大部分已逃往天山南路。当清朝后来在伊犁开办屯田时，阿桂曾报道说："叶尔羌、喀什噶尔、阿克苏、乌什等城有旧在伊犁耕种回人二、三千名，今闻开设屯田，愿来效力者甚多"。⑧从以上数字来看，日人佐口透氏估计准噶尔统治时期，伊犁维吾尔总数有二、三万人的说法并

①《清高宗实录》卷六〇六，乾隆二十五年二月癸未。
②《清高宗实录》卷六一二，乾隆二十五年五月壬子。
③《阿文成公年谱》卷一，乾隆二十五年二月初六。
④苏尔德《回疆志》卷一。
⑤苏尔德《回疆志》卷一。
⑥佐口透《塔兰奇人社会》载《史学杂志》73编11期，1964年。
⑦《清高宗实录》卷五二〇，乾隆二十一年九月己巳。
⑧《清高宗实录》卷六三四，乾隆二十六年四月戊寅。

不过分,①而这二、三万人中,大部分是从事农业生产的"塔里雅沁"。

乌鲁木齐　策妄阿拉布坦时期,准噶尔在乌鲁木齐也开辟了一些耕作区。康熙五十六年(1717年),西路清军自巴里坤袭击准噶尔,进至乌鲁木齐,靖逆将军富宁安的奏报中提到:"臣等领袭击之兵,于七月初十日至乌鲁木齐地方……拿获回子男妇幼童共一百六十九名,并俘获驼马牛羊等物甚多,将乌鲁木齐、赛音他拉、毛他拉等处耕种地亩,俱行践踏,于十二日将兵撤回"。②这一奏报中提到的毛他拉耕作区的情况不见其他记载。赛音他拉和乌鲁木齐两处耕作区的农业生产至乾隆初年还在进行。乾隆四年(1738年),在赛音他拉为准噶尔宰桑齐眉特种地的吐鲁番维吾尔人特穆尔八克等五人,因受苦不过,逃奔哈密清军大营,他的供词中提到,"赛音他喇种田的约有五六十家人,乌鲁木齐一带有住家种田的五百多达子、三百多缠头、三十多个汉人"。③这应是乌鲁木齐地区规模比较大,农业人口比较集中的耕作区。乌鲁木齐博克达地方也是准噶尔经营的耕作区,乾隆四年(1736年)从准噶尔脱逃的哈萨克人拜彦喇嘛特、巴图兄弟二人供称,他们原在博克达"为奴种田放牲口","博克达地方去年田禾好些,今年没大成","乌鲁木齐、博克达两处的人共有一千多家,都是齐墨特宰桑管的"。④此外,纪昀《乌鲁木齐杂诗》载,乌鲁木齐以南"白杨河山口内,有回部旧屯,基址尚存,约可百户",显然也系准噶尔经营的一个耕作区。

塔尔巴哈台　康熙五十九年(1720年),振武将军傅尔丹率北路

---

①佐口透《俄罗斯与亚细亚草原》,转引自《准噶尔史略》第145页。
②《清圣祖实录》卷二七三,康熙五十六年七月戊寅。
③《清军机处录副奏折》民族类,蒙古项,第2297卷,第3号。
④《清军机处录副奏折》民族类,蒙古项,第2297卷,第5号。

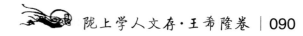

清军自科布多袭击准噶尔,其奏报中提到,大军在格尔鄂尔格地方杀散准噶尔驻军,"又探知乌阑呼集尔地方,为厄鲁特屯聚耕种之所,臣亲督官兵践踏其地,并将贼所积粮草,焚毁一空,整队而还"。[1]按《皇舆西域图志》卷一《天山北路图一》,乌阑呼集尔在烘和图淖尔(斋桑泊)西南,塔尔巴哈台境内。这里是准噶尔东进喀尔喀蒙古和清军西取伊犁的孔道要冲,准噶尔在此屯聚耕种,储集粮草,农耕规模当不会小。另外,在塔尔巴哈台山区和额敏河河谷也有准噶尔经营的耕作区,雍正七年(1729 年),俄使埃蒂格罗夫出使准噶尔,曾亲临其地,"看到了耕地"。[2]

综上,准噶尔首领巴图尔珲台吉、僧格、噶尔丹时期,天山北路的农业主要分布在和布克赛尔河谷和额尔齐斯河上游河谷地带;策妄阿拉布坦、噶尔丹策零直至达瓦齐时期,伊犁河谷则成为准噶尔在天山北路最大的农业区。此外,乌鲁木齐、塔尔巴哈台地区亦分布有一些耕作区。

(原载《西域研究》,1992 年第 4 期)

---

① 《清圣祖实录》卷二八九,康熙五十九年九月壬午。
② 《准噶尔汗国史》中译本,第 342 页。

青海善后事宜十三条述论

　　雍正二年(公元 1724 年)五月,清廷平定青海罗卜藏丹津之乱,抚远大将军年羹尧遵旨筹划善后,上"条陈西海善后事宜折",提出治理青海和硕特蒙古势力所及地区的十三条措施,史称"青海善后事宜十三条"。年羹尧不久即获罪赐死,但他提出的大多数措施并未废除。这些措施的实施,加强了清廷对今青海及甘肃、宁夏、内蒙古、四川、云南、西藏部分地区的控制,对乾隆朝统一新疆及加强对西藏的管辖产生了重要影响。对"青海善后事宜十三条"提出的历史背景、内容及实施情况、作用、影响等方面的考察,有助于了解清廷在西部蒙、藏民族活动地区的统治制度和民族、宗教政策。

一

　　雍正元年(公元 1723 年)六月,青海和硕特蒙古亲王罗卜藏丹津趁清朝帝位交替,坐镇西宁的皇十四子胤禵赴京奔丧之机,胁迫部众叛清割据。这次叛乱活动虽然为时不足八个月即被年羹尧督军平定,但叛乱的突然爆发和迅速蔓延扩大,反映出清廷对以青海为中心的和硕特活动地区的控制是松弛的,清廷在这一地区的政治制度、军事布防、宗教管理等方面存在着不少的问题。

　　自顺治十一年(公元 1654 年)控制着青藏地区的和硕特蒙古汗王固始汗死去后,汗位由长子在藏中继承,固始汗在青海的诸子孙则各领一部,形成互不统属的局面。康熙三十六年(1697 年),清廷平定

噶尔丹之乱,遣使招抚青海和硕特蒙古。是年十月,青海诸台吉受抚入觐。诏封固始汗唯一在世的第十子达什巴图尔为和硕亲王,其余台吉封授贝勒、贝子、公等爵位。①自此,青海诸台吉受爵食俸,成为清廷的臣属。但是,封爵体制是一种间接的统治制度,并不能有效地控制青海各部。各部之间仍常有斗争,"强者每行侵夺,弱者势不能支",且不遵清廷法度,不断拓展牧地,扩大势力。至康熙后期,其势力范围已接近或到达关西布隆吉尔、甘州、凉州、庄浪、西宁、河州以及四川松潘、打箭炉、里塘、巴塘与云南中甸,沿边藏族部落"或为喇嘛佃户,或纳西海添巴(赋税),役属有年……卫所镇营不能过问"。②康熙帝晚年对此已深感忧虑,他曾计划将扎萨克旗制度推行到青海。康熙六十年(公元 1721 年),川陕总督年羹尧入觐,"亲承训旨,欲将西海蒙古部落,悉照北边分编旗制"。③但未及实行,康熙帝即死去了。封爵制还产生了对清廷不利的一个因素:封爵之前,和硕特诸台吉各领一部,互不统属;达什巴图尔受封为和硕特亲王后,地位最为尊贵,成为当然的盟长,其家族势力开始崛起。达什巴图尔死后,清廷并未立即让其子罗卜藏丹津袭爵,以后虽封罗卜藏丹津亲王爵,但又将与其同领左翼的贝勒察罕丹津晋爵郡王,④表明康熙帝在世时对此问题已有所认识。雍正帝即位后又将察罕丹津晋爵亲王,以分罗卜藏丹津之势,罗卜藏丹津感到独尊地位动摇,遂立即胁迫诸台吉去清封号,举兵叛清。

---

① 《清圣祖实录》卷一八七,康熙三十七年正月辛巳。

② 年羹尧《条陈西海善后事宜折》,载《文献丛编》第六、七辑。

③ 年羹尧《请以杨尽信升重庆镇、周瑛升化林镇折》,载《年羹尧奏折》专辑(下)。

④ 康熙五十三年九月扎什巴图尔卒,五十五年十二月罗卜藏丹津封亲王爵,五十七年九月察罕丹津晋郡王爵。

　　清廷定鼎北京后，以西宁为控制青海的要冲，设西宁镇总兵驻防。但西宁一镇去甘肃提督驻地甘州六百余里，孤悬一隅，应援不便。罗卜藏丹津之叛，和硕特军长驱进击西宁，西宁周围的南川申中堡、西川镇海堡、北川新城皆受其劫掠。据年羹尧奏报，"其未受蹂躏者，西宁城外十余里耳"。①嘉峪关以西的瓜、沙之地，东西连接内地和新疆，南北沟通青海和蒙古，有"极边锁钥"之称。②康熙年间，和硕特左翼部落已进入关西绿洲游牧。康熙五十四年（公元 1715 年），策妄阿拉布坦出军袭击哈密，西路清军进驻新疆东部，关西成为转输通道，清廷于当地设立卫所，移民屯垦，并将卫所屯地与和硕特牧地交错之处"立号为界，不令逾越"。③但当地军事布防不足，罗卜藏丹津之乱，关西和硕特部落首领"与西海同日举事"，④劫夺台站驼马，聚众数千进犯布隆吉尔，严重威胁到西路清军的后方饷道。此外，在河州、松潘、巴塘、里塘等地也都存在着军事布防力量不足的问题。

　　藏传佛教格鲁派为蒙藏民族所信奉，尊崇该教派是自清太宗以来的既定国策。青海为格鲁派创始人宗喀巴的故乡，西宁附近寺院林立，僧人众多，"各寺喇嘛多者二三千名，少者五六百名"。塔尔寺、郭隆寺、祁家寺、郭莽寺等寺院中潜藏盔甲，制备军械，私设武装，"更有各处奸徒，干犯法纪，遂逃入喇嘛寺中，地方不能追，官吏不能诘，而喇嘛寺院渐成藏奸匿宄之薮"。罗卜藏丹津叛清，得到塔尔寺、郭隆寺等寺院活佛的支持，"恃有各寺供具粮草，引为向导"。⑤延边藏族部落

---

①年羹尧《附奏查访西宁近日民情片》，载《年羹尧奏折》专辑（上）。
②常钧《敦煌随笔》卷下《形势论》。
③《清圣祖实录》卷二八四，康熙五十八年五月辛卯。
④年羹尧《条陈西海善后事宜折》载《文献丛编》第六、七辑。
⑤年羹尧《条陈西海善后事宜折》载《文献丛编》第六、七辑。

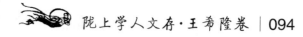

视寺院之向背，一呼百应，跟随僧人抗拒官兵。雍正二年（公元1724年）初，清军进击，郭隆寺喇嘛集僧俗万人据山凭险顽抗，这是清军打的最为艰苦的一仗，年羹尧称："自三藩平定以来，未有如此大战者"。①

罗卜藏丹津之乱虽被迅速平定，但叛乱中显现出的上述问题自然使清廷感到震惊。因此，叛乱刚刚平定，雍正帝即要求年羹尧就加强青海等地的控制提出具体措施。年羹尧于三月间先呈上"遵旨议奏防守边口八款"，主要就加强关西布隆吉尔的控制提出一系列措施。②五月，又呈上"青海善后事宜十三条"、"禁约青海十二事"。由于在十三条中进一步提出了加强对布隆吉尔控制和建设的措施，而"禁约青海十二事"中的主要措施是在"十三条"中进一步议定，因此，"青海善后事宜十三条"实际上是青海善后措施的总体部分。

二

"青海善后事宜十三条"呈上后，雍正帝认为"运筹帷幄，措置精详……诸事皆合机宜"，③经下诸王大臣等详议，除对个别措施略有修正外，其余悉照所奏实行。但在具体实施时，限制茶马贸易，设立木雅吉达总兵等项因窒碍难行而被废去。雍正三年（公元1725年），年羹尧获罪逮问，雍正帝虽责其"所奏善后十三事，于不应造城处议造城，不应屯兵处议屯兵，筹划边机如此草率，是诚何心"，④但大多数措施并未更动。以下按其性质分述其内容及实施情况。

---

①年羹尧《附奏征剿西海番众土民片》，载《年羹尧奏折》专辑（上）
②《清世宗实录》卷十七，雍正二年三月丙申。
③《平定准噶尔方略》前编，卷十四。
④《清史列传》卷十三，《年羹尧传》。

政治方面：

（1）按功罪行赏罚。青海和硕特诸台吉自康熙中期受抚封爵后，岁支俸银，世受国恩，但罗卜藏丹津叛清，除亲王察罕丹津、郡王额尔德尼厄尔克托克托奈等数人公开拒绝从逆之外，不少受爵台吉或模棱观望，或附逆叛乱。年羹尧首先奏准，将叛乱中始终未曾助逆，当清军进剿时又能效力军前的贝勒色布腾扎尔、台吉噶尔丹待青、札萨克阿尔布坦三人分别晋封为郡王、贝子、辅国公；始虽助逆反叛，继能悔过效力的台吉鄂尔济诺颜格隆、贝勒盆楚克旺扎尔、公策凌诺儿布三人，以功过相抵，"仍其旧有封爵"；辅国公罗卜藏察汗、台吉芨芨克扎布二人曾率部进犯西宁，戕官害民，焚烧积蓄，虽亲身来降，罪不可贷，皆夺爵为民；贝勒策冷敦多布、贝子拉查布虽降，但助逆之罪难以宽纵，分别降爵为贝子、镇国公。此外，班珠尔拉布坦、阿拉布坦妻额工、额工父台吉阿尔萨朗、格尔格济浓、郭多布达什、达什敦多布、阿齐奴木汗等八人，或侵犯内地，或专事劫掠，或戕官害民，皆"断不可以轻恕者"，年羹尧"于五月十有一日，齐集诸王台吉会盟，皆令众证明白，彼俯首无词，然后迁出斩首"。①按，五月十一日为年羹尧具奏"西海善后事宜折"之日，未得清廷批复之前，即将此八人处斩，年氏之擅权专断可见一斑。

（2）编设旗制，改革会盟制度。康熙帝晚年已有对青海蒙古实行札萨克旗制的打算，年羹尧秉承遗旨，进一步提出具体办法。首先根据诸王台吉牧地的广狭、户口的多寡及势力强弱的情况，划定各自的游牧边界，以防弱肉强食。在此基础上照北边蒙古之例编设佐旗，"每百户置一佐领，其不满百户者为半佐领，其台吉悉授扎萨克"，②并设

①年羹尧《条陈西海善后事宜折》载《文献丛编》第六、七辑。
②《平定准噶尔方略》前编，卷十四。

协领、副协领、参领、骁骑校各员。编设旗制的具体工作交由副都统达鼐办理。这一工作于雍正三年(公元 1725 年)九月完成,①共编成二十九旗,其中,和硕特二十一旗,另有土尔扈特四旗、准噶尔两旗、辉特一旗、喀尔喀一旗。②诸部人众原属于和硕特辖下,单独编旗设领后不仅将和硕特分而治之,诸部也可免被和硕特占为属下。此外,还有一察罕诺扪汗旗,辖四佐领,不在二十九旗中,察罕诺扪汗为大喇嘛,所部实为藏族。这种编制体现了众建以分其势,防止相互统属的原则。青海诸部旧有会盟制度,罗卜藏丹津世为盟长,得以盟长之势,胁令诸部,为所欲为。年羹尧奏准,"每年盟会不能自称盟长,必择其老成忠顺者,听候谕旨点定,使其主盟,盟讫各散"。③雍正三年(公元 1725年),清廷于西宁设立"总理青海蒙古番子事务大臣",又将由清廷择定盟长的规定改为"不设盟长,以西宁办事大臣莅之",④即由办事大臣亲临主持诸部会盟。

(3)定立朝贡制度。青海诸王台吉以前赴京朝觐入贡皆听其便,未有定期,年羹尧认为"此非尊奉圣主之意"。经他奏准,"凡西海王、贝勒等分为三班,三年一次,九年而周,周而复始"。往返须自口外行走,在途自备马匹驼只。⑤这一规定自雍正三年亲王察罕丹津、郡王额尔德尼厄尔克托克托奈入京朝贡开始实行。

(4)将喀木等地收归内地管辖。自固始汗徙牧青藏地区后,洛笼宗以东凡喀木之地(康区)皆纳贡赋于和硕特蒙古。年羹尧建议,趁青

---

①《清世宗实录》卷三十六,雍正三年九月。

②张穆《蒙古游牧记》卷十二。

③年羹尧《条陈西海善后事宜折》,载《文献丛编》第六、七辑。

④张穆《蒙古游牧记》卷一二。

⑤年羹尧《条陈西海善后事宜折》,载《文献丛编》第六、七辑。

海平定,和硕特势衰,将洛笼宗以东之地收归内地,分隶四川、云南管辖,清廷准其奏。雍正三年,川陕总督岳钟琪提出:"打箭炉界外之里塘、巴塘、乍丫、察木多,云南之中甸,察木多之外罗隆宗、嚓哇、坐尔刚、桑噶、吹宗、衮卓等部落,虽非达赖喇嘛所管地方,但罗隆宗离打箭炉甚远,若归并内地,难以遥制。应将原系内地土司所属之中甸、里塘、巴塘,再沿近之得尔格特、瓦舒霍耳地方,俱归内地,择其头目,给与土司官衔,令其管辖。其罗隆宗等部落,请赏给达赖喇嘛管理"。①清廷准其请,遣副都统鄂齐、学士班第等赴藏划定地界,晓谕达赖喇嘛。可知,喀木之地并未全部收归内地。此外,甘州、凉州、庄浪、西宁、河州附近的藏族部落原纳赋于和硕特蒙古,"但知有蒙古而不知有厅卫营伍诸官"。经年羹尧奏准,相度地势,增设卫所,择其头目给予土司等衔,令分管之。

军事方面:

(1)修筑边墙,禁约蒙古进入河西走廊通道。青海与河西虽以祁连山相隔,但其间隘口众多,在在相通。为防卫河西通道,年羹尧奏准,"于西宁北川边外上下白塔处,自巴尔托海至扁都口一带创筑边墙,悉建城堡",②自甘州口外祁连山以南至布隆吉尔、党色尔腾一带不准和硕特接近,"如有蒙古一人敢居于此即擒拿正法"。③此外,固始汗在阿拉善诸孙原游牧于山后,后不断徙牧,至于山前,占据西路御塘、台站必经之长流水、营盘水等地,使北京经由宁夏进入河西的要道"借径于人"。经年羹尧奏准,令固始汗裔额驸阿宝严饬部属仍徙牧于山后,以保证西路通道的畅通。

---

①《清世宗实录》卷三十八,雍正三年十一月。
②《平定准噶尔方略》前编,卷十四。
③年羹尧《条陈西海善后事宜折》,载《文献丛编》第六、七辑。

（2）增设镇营。罗卜藏丹津之乱，表明清廷在沿边的布防存在着问题。雍正二年三月，年羹尧在"遵旨议奏防守边口八款"中已奏准于关西要冲设立总兵官，统兵五千镇守。在"善后事宜十三条"中又奏准于西宁西北大通增设总兵官，统兵三千镇守，以联络西宁、甘州，并阻止和硕特蒙古徙牧甘、凉。大通镇官兵从西宁、甘州、凉州、庄浪及宁夏等提镇标营中调补，此外，年羹尧奏准于打箭炉外木雅吉达地方设立总兵官，统兵六千控扼雅砻江各渡口及巴塘、里塘等要冲，营兵从重庆、北川等镇调补。雍正三年，清廷再议此事，认为北川等镇亦处要冲，兵丁难以裁减，而打箭炉外驻兵，粮饷难以挽运，令年羹尧"分晰具题"。①不久年羹尧即获罪，从逮问时雍正帝责其筹划边机草率，"于不应造城处议造城，不应屯兵处议屯兵"来看，木雅吉达一镇并未设立。

经济方面：

（1）茶马贸易立期定地。青海蒙古通过茶马贸易与内地互通有无，这种贸易原本并无限制。年羹尧请立期定地，每年二、八月贸易两次，地点定在西宁西川口外日月山（那拉萨拉）。诸王大臣会议时感觉不妥，改为"应令四时交易"，但地点仍令限定。这一规定使蒙古各部深感不便，反响很大。雍正三年岳钟琪上奏云："……今查亲王察罕丹津、公拉查卜等诸台吉部落居住黄河之东，切近河州，去松潘亦不甚远，向来原在河州、松潘两处贸易，今若止令在于那拉萨拉一处，恐不足供黄河东西两翼蒙古易卖，莫若仍令在河州、松潘贸易，终觉稳便。河州定于土门关附近之双城堡，松潘定于黄胜关之西河口……再查郡王额尔德尼厄尔克托克托奈、郡王色卜腾扎尔等诸台吉部落，住牧黄河西边，相近西宁，请将贸易之地，移在西宁口外丹噶尔寺。至蒙古

①《清世宗实录》卷三十，雍正三年三月。

贸易,全藉牲畜,每在六月以后,请每年不定限期,仍听不时贸易,则蒙古商贩均获利益矣。"①清廷准其奏请,从而全面废除了立期定地的限制措施。

(2)定沿边藏族赋税额。甘州、凉州、庄浪、河州、西宁、松潘、打箭炉、里塘、巴塘、中甸等地藏族原向寺院或和硕特蒙古纳赋,"或为喇嘛佃户,或纳西海添巴……西海之牛羊驴马取之于番,力役征调取之于番",所受剥削十分沉重。经年羹尧奏准,将沿边藏民改归道厅管辖,其户数造册送部存案,由官府收取赋税,"其应纳粮草,则照从前纳于西海、纳于喇嘛者少减其数,以示圣朝宽大之恩"。②

(3)免除藏中商队的"鞍租"和税收,定赏赐额数。以前,达赖、班禅派遣商队到打箭炉贸易,经过察木多、乍丫、巴塘、里塘时,按驮装数向沿途喇嘛收取银两,"每货一驼收银一钱五分至三钱不等,名为鞍子钱",又称"鞍租"。年羹尧奏准,查明藏中商队每年赴打箭炉贸易的货物驼数,规定自察木多以东不许收取鞍租,而将商队原向打箭炉税官交纳的税收免除,作为补偿。另外,每岁再赏给达赖上等茶叶五千斤,班禅两千五百斤,"以明扶持黄教之意"。③

(4)利用内地遣犯开垦屯种。嘉峪关以西布隆吉尔与青海大通河两处新设镇标后需用粮饷浩繁,二地兵多民少,难以就地取给。年羹尧提出在两地"广屯种而增赋税",具体办法是将直隶、山东、山西、河南、陕西五省军流人犯改遣布隆吉尔、大通河,由地方官拨给地亩、籽种、耕牛,开垦屯种。三年后按例收取粮草,交给驻防官兵。拨给地亩即为永业,兵民不许争夺。清廷在会议时,考虑到大通河驻军后兵丁

---

①《清世宗实录》卷三十一,雍正三年四月丙申。
②年羹尧《条陈西海善后事宜折》,载《文献丛编》第六、七辑。
③年羹尧《条陈西海善后事宜折》,载《文献丛编》第六、七辑。

子弟亲属及西宁民人愿往垦种者不少，只将远在边外的布隆吉尔定为发遣地。另外，因单身遣犯难以羁留边地，改订为发遣全妻军犯中能种地者。

宗教管理方面：

主要是限制藏传佛教寺院势力。清军进剿时，塔尔寺大喇嘛察罕诺扪汗等出降，被年羹尧处死。该寺中有喇嘛一千一百余名，经挑选，留老成者三百名，给予印信执照，仍当喇嘛，其余俱令还俗回家。①郭隆寺喇嘛聚众抗击官兵，清军将该寺焚毁。趁寺院势衰，经年羹尧奏准，"嗣后定例庙舍不得过二百间，喇嘛多者三百，少者十余人。每年稽查二次，令首领喇嘛具甘结给官。至番民粮悉令地方官管理，每年度各庙所用给发，且加给喇嘛衣银"。②此外，在"禁约青海十二事"中还进一步规定"察罕诺门汗喇嘛庙中不得妄聚议事"。③

三

清代前期是我国疆域基本奠定，多民族国家进一步发展的重要时期。这一时期，清朝统治者们一反明朝在西陲边地拘谨自守的政策，开始大刀阔斧地经营治理西部地区。康熙、雍正、乾隆三朝开创发端，承前继后，逐步实现并加强了对喀尔喀蒙古、青海、西藏、新疆地区的控制。魏源评价清前期经营西部地区，曾有"西北周数万里之版章，圣祖辟之，世宗畲之，高宗获之"之语，④不仅说出了三朝经营治理西部地区的各自贡献，而且说明了三朝的经营治理政策和措施之间存在着紧密的联系。这些政策和措施环环相扣，上下联结，形成一个

①详见王钟翰《年羹尧西征问题》，载《青海社会科学》1990年4期。
②《平定准噶尔方略》前编，卷十四。
③《平定准噶尔方略》前编，卷十四。
④魏源：《圣武记》卷三《雍正两征厄鲁特记》。

系统的整体。"青海善后事宜十三条"即这一整体中的重要组成部分之一。"十三条"的实施,对加强清廷对青海地区的控制,防止割据局面的出现,以及乾隆朝统一新疆和进一步加强对西藏的管辖,都产生了积极作用和深远影响。

应当看到,康熙中期对和硕特蒙古实行的封爵制度是一种羁縻性质的制度,清廷并未通过这种制度实际控制青海诸部。和硕特诸台吉只是在名义上臣属于清廷,其在青海等地的特权地位并未受到限制。一旦清廷的治理政策触及他们的利益和特权,视青藏为其世袭领地的和硕特上层必然要凭借实力叛清割据,以维护自己的特权地位。封爵制的长期实行并不利于国家的统一,随着清廷对全国统治的巩固和加强,改革旧的制度,加强对青藏等地区的控制成为社会发展的必然趋势。

"青海善后事宜十三条"的实施,首先废除了和硕特上层在青海等地的特权地位,使和硕特蒙古由统治民族下降到与当地藏族及其他蒙古部落同等的地位。原附属于和硕特蒙古的土尔扈特、准噶尔、辉特、喀尔喀等蒙古部落与和硕特蒙古同样编旗设领,众建而分其势,削弱了和硕特蒙古势力。原为和硕特蒙古奴役的沿边藏族部落被收归道厅管辖,更削弱了和硕特势力。加之原由固始汗嫡裔充任盟长,操纵青海蒙古会盟这一重大政治活动的旧制度被革除,青海蒙古的会盟被置于清廷的直接控制和监督之下,和硕特蒙古就很难再形成割据势力。青海局势的稳定为在西宁等地开设府县准备了条件。雍正二年底,清廷将西宁、凉州、甘州等边卫建制裁撤,改设府县,使这些沿边地区与内地统一了行政体制,进一步加强了与内地的政治联系,中央的各种政令通达边地府县,这些地区开始与内地在同一脉搏中跳动,清廷对这些地区的统治得到巩固和加强。

其次,青海等地局势的稳定,促进了蒙藏民族与内地茶马贸易的

发展,尤其是清廷取消了立期定地的贸易限制之后,青海日月山、丹噶尔寺、河州双城堡、松潘西河口以及川西打箭炉等地的民族贸易迅速恢复和发展。丹噶尔寺"青海西番货云集,内地各省客商辐辏,每年进口货价至百二十万两之多"。①松潘一带,不少汉回商贾前往设立商号,与蒙、藏民族进行贸易,丰盛和、本立生等老商号持续经营二百余年,历久不衰。②打箭炉"百货完备,商务称盛……俗以小成都名之"。③

第三,青海等地原受和硕特蒙古统治的藏族部落被收归道厅管辖之后,清廷酌定的赋税额少于原向和硕特蒙古交纳的粮草数额,剥削量相对减轻,有利于藏族社会经济的发展。

第四,对喇嘛教寺院势力的限制,不只是防止了寺院势力的反清活动,而且由于实行了"番民粮悉令地方官管理,每年度各庙所用给发"的措施,藏族百姓不再向寺院缴纳租税,寺院的封建农奴制剥削特权相对削弱。关于这一点,王辅仁先生指出,民主改革前西藏寺院的封建农奴制比青海寺院要强化得多,与青海寺院在罗卜藏丹津之乱后受到清廷的限制有关,④这一说法是很有道理的。

青海善后措施的实行,对清廷完成统一新疆的大业产生了重要影响。清前期准噶尔部割据于新疆,长期与清廷相抗衡。河西是控扼西北的要地,经营新疆的通道,战略地位极为重要。但随着青海和硕特势力的增长,河西屡遭侵扰。顺治十三年(公元1656年)上谕固始汗子车臣岱青等云:"迩来尔等率番众掠内地,抗官兵,守臣奏报二十余次,屡谕不悛。"康熙四年(公元1665年),甘肃提督张勇奏称:"蒙古番众游牧庄浪诸境,情形叵测,请增甘肃、西宁驻防兵"。五年复奏:"乃迩来蜂屯

①杨际平《丹噶尔厅志》卷五。

②民国《松潘县志》卷二。

③徐珂《清稗类钞》册十七,《农商类》。

④王辅仁、陈庆英《蒙藏民族关系史略》。

祁连山,纵牧内地大草滩。曾遣谕徙,复抗拒定羌庙,官军败之,犹不悛。"吴三桂起兵反清,陕西提督王辅臣叛应之,清廷调西宁诸镇兵进剿,"青海蒙古趁隙犯河西"。①罗卜藏丹津叛清,遣使北上联络准噶尔,"阴约策妄阿拉布坦援己"。②和硕特军一度进犯关西咽喉布隆吉尔,企图截断西路清军饷道。河西通道长期受到青海和硕特蒙古的威胁,对清廷经营新疆极为不利。善后措施的实行,使清廷加强了对和硕特蒙古的控制,稳定了青海的局势,清除了对河西的威胁,免去了后顾之忧,得以全力对付准噶尔,完成统一新疆的大业。

青海善后措施的实行,还对清廷逐步加强对西藏的管理产生了重要影响。内地入藏,主要有两条道路:一条是自青海西行,越唐古拉山经藏北喀喇乌苏(那曲)南下可至拉萨;另一条是自川西打箭炉出口,经里塘、巴塘,从察木多、拉里、墨竹工卡一路进入拉萨。两条道路皆险阻异常,不易通行。康熙五十七年(公元1718年),清军首次入藏,署理西安将军事务额伦特率兵数千进至喀喇乌苏,被准噶尔军截断饷道,不能进退,竟至全军饿毙。善后措施实施后,和硕特在青海和喀木的特权地位被取消,清廷对这些地区的控制得到加强,保证了入藏通道的畅通。雍正五年(公元1727年)西藏发生阿尔布巴之乱,乾隆十二年(公元1747年)发生珠尔墨特那木札勒之乱,乾隆五十六年(公元1791年)发生廓尔喀侵藏事件,内地官兵得以迅速顺利入藏,稳定了局势。有清一代,西藏长期统一于祖国,清廷对西藏的管辖不断加强,青海善后的成功显然是重要原因之一。

(原载《中国史研究》,1993年第3期)

①《清史稿》卷三零九,《藩部五》。
②《国朝耆献类征》初编,卷九十三。

准噶尔统治时期
天山北路农业劳动者的来源和族属

　　准噶尔为游牧民族,其俗,"不尚田作,惟以畜牧为业",①所需农产品主要取自天山南路从事农耕的维吾尔人,所谓"欲粒食,则因粮于回部"。②但天山南路的军事政治情况多有变化,且路途遥远,转运不易,"这一供应来源也很不可靠"。③所以,为了获取足够的农产品,自巴图尔珲台吉开始,准噶尔的历届首领都曾致力于在天山北路发展农业。在俄国文献中,准噶尔时期天山北路的农业劳动者被称之为"布哈拉人"。明清之际到过准噶尔的俄使阿勃拉莫夫的《出使报告》中提到,在巴图尔珲台吉的领地上,"耕地的是布哈拉人,播种麦和黍,种子是从布哈拉运来的"。④俄人所说的布哈拉专指天山南路维吾尔人居住区,欧洲人则更多地称之为"小布哈拉",以区别于中亚布哈拉汗国。⑤清代汉文史料中,将伊犁河谷的农业劳动者称为"塔哩雅

---

①《皇舆西域图志》卷三十九,《风俗一》

②《皇舆西域图志》卷三十九,《风俗一》

③兹拉特金《准噶尔汗国史》中译本,第 184 页。

④(俄)科学院档案馆,第 21 卷,第 4 号,第 11 册。引自《准噶尔汗国史》中译本,第 182 页。

⑤巴德利《俄国·蒙古·中国》中译本,下卷,第 962 页。

沁"。①塔哩雅沁本来是指天山南路察合台王室土地上的维吾尔人佃户,故察合台王室土地又称"塔哩雅沁地亩"。清朝官员在天山南路了解到,"其塔哩雅沁地亩所出,与佃人分半收取",②"至阿克苏城,乃旧汗公地,收获时则系平分",③此为明证。无论欧洲人所说的"布哈拉人",或是清代汉文史料中的"塔哩雅沁",显然都是指天山南路的维吾尔人。这反映出,准噶尔统治时期,天山北路农业劳动者的基本部分是来自天山南路的维吾尔人。但是,天山北路的农业劳动者并非单一的维吾尔人,就笔者所见资料,除了转而从事农业生产的准噶尔人之外,至少还有中亚布哈尔人、布鲁特人、哈萨克人、汉人、乌梁海人、东蒙古人等民族或部落的人口,其来源主要有四。下分述之。

一、掳获的战俘和掠取的人口

准噶尔人以强悍著称,其俗,"以一人能劫数人者为壮士"。④在对周邻民族和部落的战争中,准噶尔人不仅掠夺财富,同时也掳掠人口。准噶尔人出征归来,往往带回大批战俘和掠取的人口。康熙六年(1667 年),准噶尔首领僧格对阿勒坦汗罗卜藏开战取胜,"僧格带回的蒙古战俘,包括部落中的上层人物和贡民,以及这些人的妻子儿女,总数约达两千人"。⑤掳掠的人口在准噶尔从事各种劳役,其中有

---

① 塔哩雅沁,苏尔德《新疆回部志》认为,意即"种地人"。科瓦列夫斯基《俄蒙法词典》认为即蒙古语,"塔哩雅"是谷物的意思,用"沁"来结尾,意为农民、庄稼人、佃户。羽田明认为是托忒蒙古语,见《准噶尔王国和布哈拉人——亚洲内地的游牧民和绿洲中的农民》。

② 《清高宗实录》卷六〇二,乾隆二十四年十二月辛巳。

③ 《清高宗实录》卷五八二,乾隆二十四年三月戊子。

④ 魏源《圣武记》卷四,《乾隆荡平准部记》。

⑤ 《俄国·蒙古·中国》中译本,下卷,第 1224 页。

不少人口专事农业生产。在额尔齐斯河谷、伊犁河谷、和布克赛尔河谷、乌鲁木齐、赛音塔拉等处，都有掳掠人口从事农业生产的现象。见于记载的掳掠的人有：

1. 维吾尔人。崇祯十三年（1640 年）喀尔喀、额鲁特各部的塔尔巴哈台会盟之前，巴图尔珲台吉的领地上已有维吾尔人在从事农业生产。崇祯十二年（1639 年），俄使阿勃拉莫夫来到和布克赛尔河谷时，当地的农业已初具规模。[1]顺治十一年（1654 年），俄使巴伊科夫赴华，他沿额尔齐斯河谷行走，在该河上游河谷中先后见到三个维吾尔人耕作区，其中之一属于巴图尔珲台吉之子僧格所有。[2]康熙六年（1667 年）出使准噶尔的俄使库尔文斯基明确指出，僧格及其叔楚琥尔乌巴什领地上从事农耕的维吾尔人是战争掳掠人口。他的出使报告中提到，在准噶尔牧地上，"我们向各种人打听情况，其中包括俄国俘虏，还有打仗时从布哈拉俘来的布哈拉俘虏，这些布哈拉人如今住在僧格和楚琥尔所辖的喀尔木克地方，为台吉们种地"。[3]策妄阿拉布坦和噶尔丹策零任准噶尔首领时，与清朝争夺哈密、吐鲁番，准噶尔军多次掳掠哈密、吐鲁番维吾尔人。康熙五十四年（1715 年），准军侵掠哈密五寨，维吾尔人吗吗子牙儿被掳至伊犁，雍正十年（1732 年）始得脱出。[4]被掳掠至天山北路的哈密、吐鲁番维吾尔人大多数为准噶尔人耕种过土地。乾隆九年（1744 年）脱出的维吾尔人阿里满啼供称："原系哈密缠头骨头，自幼在肃州夷场里生长大……雍正十年上，在东榆树沟放牛羊，被色布腾的人抢去，那

①《准噶尔汗国史》中译本，第 183 页。

②见《巴伊科夫出使报告》，载《俄国·蒙古·中国》下卷。

③《俄国·蒙古·中国》中译本，下卷，第 1232 页。

④《军机处录副奏折》（民族类蒙古项）第 2196 卷，第 8 号，雍正十年闰五月十一日，岳钟琪等奏。

时拿了我们四个缠头，一个女人……把我拿到鄂各哈必尔罕地方与一个得木齐名叫巴兔孟克为奴,放牛羊种田"。①与阿里满啼一同脱出的维吾尔人胡达胡里供称:"我是吐鲁番缠头……原是达子出来将吐鲁番的缠头全部拿去……我的老子、哥哥到半路里就饿死了……后来色布腾从三百家缠头里挑出我们十个无家的人,把我给了鄂各哈必尔罕地方一个管四十家的得木齐名叫策凌为奴,与他放牛羊种地。"②乾隆四年(1739 年)脱出维吾尔人多罗沙供称:"我是吐鲁番人,那一年被准噶尔家达什把我抢到活洛果斯,给了他女婿艾拉哈为奴种地。"③同年脱出维吾尔人特穆尔八克供称:"我是吐鲁番回子……准噶尔把我抢去……另配与一个女人名叫音及,是与我同被抢去的,把我两口子都发给赛音塔喇齐眉特宰桑为奴,在那里种地受苦。"④特穆尔八克还供称,乌鲁木齐一带住家种田的还有"三百多缠头",⑤很可能这些人与特穆尔八克、音及夫妇一样是被掳掠的人口。

　　2. 布哈尔人。即位于中亚阿姆河、锡尔河之间的布哈拉汗国人口。根据俄使伊林的报道,兹拉特金氏指出,巴图尔珲台吉领地上从事农业生产的布哈拉人中除了维吾尔人口之外,还有中亚

①《军机处录副奏折》(民族类蒙古项)第 2297 卷,第 14 号,乾隆九年七月二十七日,安西提督永常奏。

②《军机处录副奏折》(民族类蒙古项)第 2297 卷,第 14 号,乾隆九年七月二十七日,安西提督永常奏。

③《军机处录副奏折》(民族类蒙古项)第 2297 卷,第 3 号,乾隆四年七月,总统驻防哈密等处兵固原提督李绳武奏。

④《军机处录副奏折》(民族类蒙古项)第 2297 卷,第 3 号,乾隆四年七月,总统驻防哈密等处官兵固原提督李绳武奏。

⑤《军机处录副奏折》(民族类蒙古项)第 2297 卷,第 3 号,乾隆四年七月,总统驻防哈密等处官兵固原提督李绳武奏。

的人口。①这很可能是崇祯七年(1734年)巴图尔珲台吉西击哈萨克大败伊西姆汗时掳掠的中亚布哈拉汗国一带的人口。②在巴图尔珲台吉之后,噶尔丹、策妄阿拉布坦、噶尔丹策零都曾西击哈萨克,准噶尔军队几度推进到布哈拉汗国境内,掳掠当地人口,带回天山北路从事农耕。乾隆四年(1739年),与吐鲁番维吾尔人特穆尔八克一同脱出的布哈尔人伊斯密拉丁供称:"我今年三十多岁了,是布哈尔地方的人。那一年准噶尔在布哈尔打仗把我拿来,连我的老婆也牙斯比比一同拿来……准噶尔把我发在赛音塔喇齐眉特宰桑底下人纳则尔为奴,种地,受苦不过,才合特穆尔八克商量逃走"。③

3. 布鲁特人。即吉尔吉斯人。十八世纪初期,布鲁特人主要活动在天山伊塞克湖地区,这一地区东邻准噶尔牧地,互相之间时有攻掠。乾隆帝即位之初即了解到,准噶尔以西"有哈萨克、布鲁特与之构难,设不自顾"。④战争中被掳掠的布鲁特人为准噶尔人充当家务奴仆或种地。雍正九年(1731年),驻吐鲁番清军拿获自准噶尔脱出二人,其一供称:"我叫麻木特尔,系布鲁特地方人……我十一岁时,我父亲、母亲连我但被准噶尔贼人掳去,随将我们分给小策凌敦多布属下

---

①《准噶尔汗国史》中译本,第184页。

②关于这次战争,帕拉斯在其《蒙古民族史料集》中说:"他(指巴图尔珲台吉)通过对布哈拉人发动的幸运的战争,使自己发迹起来。他在1634年第二次击败了布哈拉人"。(见《俄国·蒙古·中国》中译本下卷974页引文)。若松宽指出:"帕拉斯所说的布哈拉,意思是指西土耳其斯坦为大布哈拉,这里指哈萨克。"(见若氏《哈喇忽刺的一生》载《东洋史研究》22卷4号)。其实,在这次战争之前,哈萨克汗国已与布哈拉汗国结盟,杨吉尔王子阻击准噶尔军时,布哈拉汗的军队也投入了战斗。详见《哈萨克共和国史》阿拉木图1943年版,第6章110页。

③《军机处录副奏折》(民族类蒙古项)第2297卷,第3号,李绳武奏。

④《清高宗实录》卷四,雍正十三年十月乙亥。

宰桑替巴拉为仆"。①乾隆四年投奔哈密军营的布鲁特人托克托供称：
"是布鲁(特)回子……那准噶尔家与布鲁(特)打仗……把我抢到主
尔土斯地方与麦力根带庆家做奴才。"②布鲁特妇人也牙斯比比被掠
至赛音塔喇,在齐眉特宰桑属下"为奴种地,受苦难堪",③遂与其夫布
哈尔人伊斯密拉丁乘间脱逃,投奔清营。乾隆四年(1739年)投奔清
营的一名叫沙喇克奔者供称："我是布鲁特人，今年三十岁了……到
十岁上被准噶尔家公格打仗,把我抢到沙喇拜勒格地方给了他姐夫
俊巴为奴。后来俊巴又把我带到活洛果斯种田……因受苦不过……
于八月初一日在活洛果斯种地处一同逃走。"④

4. 哈萨克人。自巴图尔珲台吉至噶尔丹策零,准噶尔为与哈萨克
三帐争夺牧场,多次开战。哈萨克王子杨吉尔、阿布赉都曾战败被掳,
由此推测,被掳掠的一般哈萨克人当不在少数。哈萨克人以游牧为
业,被掳掠者当多为准噶尔人为奴放牧。乾隆六年(1741年)自准噶
尔脱出人口中有一名撒士巴尔第者供称："我是哈撒克家人，今年二
十余岁了……我十岁时被准噶尔家衮布来哈撒克打仗，就把我的老
子波落奇、兄弟厄图米式一同抢去……与了我些牛羊在山里牧放。"⑤
但也有一些被掳掠的哈萨克人为准噶尔人为奴种地。乾隆四年投奔
清营的拜彦麻喇特、巴图为叔伯兄弟,拜彦麻喇特供称："我是哈撒克

①《军机处录副奏折》(民族类蒙古项)第 2195 卷,第 8 号,雍正九年六月二
十四日岳钟琪奏。

②《军机处录副奏折》(民族类蒙古项)第 2297 卷,第 2 号,乾隆四年六月二
十二日,德成、李绳武、五十九、额敏奏。

③《军机处录副奏折》(民族类蒙古项)第 2297 卷,第 3 号,李绳武奏。

④《军机处录副奏折》(民族类蒙古项)第 2297 卷,第 4 号,乾隆四年八月,李
绳武奏。

⑤《军机处录副奏折》(民族类蒙古项)第 2297 卷,第 10 号,乾隆六年八月十
七日,安西提督永常奏。

人……我十二岁时被准噶尔家打仗把我老子杀了，把我娘不知抢去何处，我合兄弟巴图那时被述古都尔都抢到博克达地方，我就与他为奴，把巴图给了八尔达哈为奴……我兄弟两个因种田放牲口受苦不过……于九月二日自博克达地方起身逃走"。①

5. 汉人。在长达六十余年的清准战事中,内地军民被掳至天山北路者为数不少。雍正九年((1731年),北路清军在和通泊陷围溃败,"贼获我士卒,皆穿胫,盛以皮囊,系马后,唱胡歌而返"。②"和和呼通诺尔之战,兵士有没番者。乙亥平定伊犁,望大军旗帜,投出宥死,安置乌鲁木齐,群呼之曰'小李陵'……言在准噶尔转鬻数主,皆司牧羊。"③这些被掳的清军中当有不少绿营兵丁。此外,随军贸易的内地商民也有被掳者。雍正十年(1732年)自准噶尔脱回之巩昌府民马青、宁夏府民韩云德与颜军显供称,原在阿尔达尔托罗海军营贸易,"于上年八月间在贝勒彻登扎布旗下鄂尔海锡喇乌苏地方做买卖,于九月间有贼人二千余名,突然来抢了我们的货物,遂将我们拿住"。④前述乾隆四年自准噶尔脱出之吐鲁番维吾尔人特穆尔八克供称,乌鲁木齐住家种田户中有"三十多个汉人",⑤他们当是被掳掠的内地军民。

6. 东蒙古人。即漠北、漠南蒙古各部人。早在僧格时期,准噶尔军一次出征就曾掳掠阿勒坦汗罗卜藏及其属民二千人。⑥清准战事期

---

①《军机处录副奏折》(民族类蒙古项)第2297卷,第5号,乾隆四年九月二十一日德成、李绳武、五十九、额敏奏。

②《圣武记》卷三,《雍正两征厄鲁特记》。

③纪昀《阅微草堂笔记》卷十四,《淮西杂志四》。

④《军机处录副奏折》(民族类蒙古项)第2196卷,第4号,雍正十年五月十一日岳钟琪、常赉奏。

⑤《军机处录副奏折》(民族类蒙古项)第2297卷,第3号,李绳武奏。

⑥《俄国·蒙古·中国》中译本,下卷,1124页。

间,又有许多东蒙古人口被掳至天山北路,他们大多为准噶尔人当奴仆或牧放牛羊。雍正十年(1732 年)自准噶尔脱出喀尔喀蒙古人伊勒斯供称:"系喀尔喀彻布登扎布属下人,在鄂尔海锡喇乌素地方居住,于去年九月内忽有一群贼人来到,将我们一处居住十余户人家尽行掳去。"①同年脱出的蒙古人萨府第供称,原系鄂尔多斯贝勒达什拉布坦属下坐台兵,其一台六十户俱被准噶尔掳掠,"日间步行,夜里捆绑",带至特克斯后,"在扎布家令我拾柴,担水使用"。②蓝旗蒙古戴闵被掠至伊犁侍候一大喇嘛,察哈尔蒙古兵拨落胡素、北路坐台蒙古兵伊里巴代分别被掠至博罗塔拉、珠勒都斯牧放羊只。少数被掳蒙古兵丁也有耕种地亩,从事农业生产的。乾隆四年脱出蒙古人色楞自称"是鄂尔多斯达沙喇布坦贝勒家人……鼠年上在插汉和赖坐卡子,被准噶尔家额尔麦干宰桑抢到乌鲁木齐与苦苏为奴种地"。③

二、强行迁徙的人口

随着准噶尔部势力的日渐强大,与之相邻的维吾尔等民族被其征服并受其控制。准噶尔首领们以拘禁人质、扶植傀儡等手段来加强对维吾尔人居住区的统治。在准噶尔统治时期,天山南路各城不仅要缴纳高额贡赋,还要被迫提供一定的农业劳动力。伊犁河谷的维吾尔人有不少是从天山南路各城强行迁徙的。清朝平定天山南北两路后了解到:"至各城回人,向于准噶尔时,派往伊犁耕种。"④《皇舆西域图志》

①《军机处录副奏折》(民族类蒙古项)第 2196 卷,第 4 号,雍正十年五月十一日岳钟琪、常赉奏。

②《军机处录副奏折》(民族类蒙古项)第 2196 卷,第 15 号,雍正十年九月二十七日,岳钟琪,常赉,张广泗奏。

③《军机处录副奏折》(民族类蒙古项)第 2297 卷,第 6 号,李绳武奏。

④《平定准噶尔方略》正编,卷三十七。

载："准噶尔自策妄阿喇布坦时征服回部，执其酋长，拘于阿巴噶斯哈丹部，并移所属回民若干户至彼，为之耕种。"①白山派大和卓玛罕木特被准噶尔作为人质拘禁于伊犁，准噶尔"并羁其二子，使率回民数千，垦地输赋"。②乾隆帝《御制花门行》诗云："准噶尔昔全盛日，役使若辈如奴佃。令弃故居来伊犁，课其引水种稻籼。服劳供赋不敢怠，讵知隐恨已有年。"③此诗生动地反映了南路各城维吾尔人被强行迁徙至伊犁，在准噶尔人奴役下从事农业生产的状况。

被强行迁徙至天山北路从事农业生产的还有乌梁海人。雍正十年（1732年）投奔西路清营的脱出人口中有鄂伦、哈喇父子二人，据鄂伦供称："我原系乌兰海家的人……后来阿喇布坦将我们人众搬往沙拉伯里，将我们牛羊马匹都分开了。将我拨与格尔格思墨尔干台吉管辖，至今有三十年了。我不愿在那里住，从前也曾告过，阿喇布坦不依……我还有一个小儿子名叫巴兔，二月里从沙拉伯里跟八汉策凌敦多布往北套出兵……我这个儿子名叫哈喇，原在伊里种地"。④

三、自愿投奔的人口

为了获得足够的农业劳动者，准噶尔首领们在使用战争掳掠、强行迁徙等手段获取人口的同时，还采取了接纳安置自愿投奔人口的政策，以吸引周邻民族中因贫穷、犯法等原因而逃亡的农业人口。早在巴图尔珲台吉时期，准噶尔的农业生产中已经使用着自愿投奔而来的农业人口。兹拉特金在《准噶尔汗国史》一书中谈到，巴图尔珲台

---

①《皇舆西域图志》卷三十九，《封爵二》。

②《圣武记》卷四，《乾隆戡定回疆记》。

③《皇舆西域图志》卷十二，《疆域五》。

④《军机处录副奏折》（民族类，蒙古项）第 2196 卷，第 1 号，雍正十年二月二十六日岳钟琪、常赉、石云倬奏。

吉领地上的农业人口，"有的是被卫拉特封建主俘虏来的，有的是自愿投奔准噶尔汗国的"。①他还谈道，这些农业人口来自天山南路和中亚。此说虽未注明依据，但从其上下行文来看，乃是依据明清之际到过和布克赛尔河谷农耕区的俄使伊林等人的出使报告。准噶尔首领们制订了招纳、安置自愿投奔人口的专门条例，乾隆二十六年（1761年），办事大臣阿桂在筹办伊犁回屯时了解到："但准噶尔旧例，伊犁逃出回人严拿治罪，回人逃来伊犁即行安插"。②如果参照兹拉特金的说法，这一条例中所说的"回人"，当不只是指天山南路的维吾尔人，而还应包括中亚布哈拉等地的农业人口。

四、准噶尔本部人口

农业经济在天山北路的发展，对从事畜牧业的准噶尔人产生了吸引力。巴图尔珲台吉时期，准噶尔人尚专事畜牧业生产，俄使在巴图尔珲台吉领地上看到从事农业生产的人口，"不是卫拉特人，而是所谓的布哈拉人，即东土耳其斯坦和中亚迁来的移民"。③而到了策妄阿拉布坦时期，天山北路的农业人口中已有许多准噶尔人。俄使翁科夫斯基报道说："现在他们的耕地越来越多，不仅由布哈拉臣民耕种，而且许多卡尔梅克人也从事耕耘，因为珲台吉曾就此下过命令"。④据此报道，策妄阿拉布坦曾制订过鼓励本部人口转而从事农业的政策。这一政策为其子噶尔丹策零所继承。当俄使埃蒂格洛夫前往噶尔丹策零领地，从塔尔金山口进入伊犁河谷草原地带时看到："草原上有

①《准噶尔汗国史》中译本，184 页。
②《清高宗实录》卷六三五，乾隆二十六年四月壬辰。
③《准噶尔汗国史》中译本，184 页。
④俄国对外政策档案馆《准噶尔卷宗》1934 年 3a 卷，第 1 张反面——4 张反面，1929、1930 年第 1 卷，第 60 张。转引自《准噶尔汗国史》中译本，343 页。

珲台吉领地的布哈拉人和卡尔梅克人在种地"。①兹拉特金认为："在噶尔丹策零时期,也像他的父亲和祖父执政时期一样,种庄稼是受奖励的,从事农业的不仅是布哈拉人,也有卫拉特人,虽然前者的数目比起后者来大概要超过许多倍。"②兹拉特金所说的从事农业生产的布哈拉人比准噶尔人超过许多倍,这是指天山北路的大多数农耕区,特别是伊犁河谷而言。但在有的农耕区也出现了从事农业的准噶尔人口超过其他农业人口数额的情况。乾隆四年(1736年)脱出之吐鲁番维吾尔人特穆尔八克的供词中提到,乌鲁木齐耕作区种地的人共有九百余户,其中五百余户是准噶尔人。③

综上所述,我们可以得出如下结论:

1. 以畜牧为业的准噶尔人,为了获取生活所需的农产品,曾长期致力于在天山北路发展农业经济。

2. 准噶尔首领们以多种手段来获取农业人口。准噶尔统治时期,天山北路的农业劳动者主要是通过战争掳掠、强迫迁徙及自愿投奔而来的周邻民族人口,也有一些是来源于准噶尔本部的人口。

3. 准噶尔统治时期,天山北路的农业劳动者主要是天山南路的维吾尔人,但其中至少还有中亚布哈尔人、布鲁特人、哈萨克人、汉人、东蒙古人、乌梁海人、准噶尔人等七个民族和部落的人口。

(原载《民族研究》,1993年第5期)

---

①俄国对外政策档案馆《准噶尔卷宗》1934年3a卷,第1张反面——4张反面,1929、1930年第1卷,第60张。转引自《准噶尔汗国史》中译本,343页。

②《准噶尔汗国史》中译本,313页。

③《军机处录副奏折》(民族类蒙古项)第2297卷,第5号,乾隆四年九月二十一日,德成、五十九、额敏奏。

托时、德新奉使俄国及其有关问题

　　清雍正八年、十年（1730 年、1732 年）先后奉使俄国的托时使团和德新使团，是我国最早派往欧洲国家的外交使团。由于这两次奉使不见于清官修史书的记载，致使这一重要的外交事件长期不为后人所知。著名中俄关系史专家陈复光先生在利用俄国文献时，独具慧眼，发现了俄国学者尼古拉·班蒂什—卡缅斯基对这两次奉使的记述，[①]并进一步从清人李桓、黄鸿寿等人的私家撰述中查得对托时使俄的简略记述。[②]1957 年陈复光先生发表了《十八世纪初叶清廷进攻准噶尔期间第一次到俄属及俄京的中国使节》一文。该文第一部分专述康熙末年图理琛使团借道俄属西伯利亚赴伏尔加河流域报聘土尔扈特部事。第二部分则依据上述资料记述托时、德新（陈文译为吉胜）奉使俄国及同行的满泰（陈文译为满达伊）使团报聘土尔扈特部事。此文为一开拓性成果，其价值自不可低估。其后，日本学者野见山温有《清雍正朝对俄遣使考》一文问世。[③]由于清代史籍中对托时使俄语

――――――――――

　　①尼古拉·班蒂什—卡缅斯基（1737—1814），俄国古文献学家，多年供职于俄国外交事务委员会莫斯科档案馆，著述甚多，《俄中两国外交文献汇编（1619—1792）》为其主要著作之一。此书 1882 年喀山出版，1980 年商务印书馆有江载华、郑永秦译本。

　　②即李桓《国朝耆献类征初编》、陈康祺《郎潜纪闻》、黄鸿寿《清史纪事本末》。

　　③野见山温：《清雍正朝对俄遣使考》载《俄清外交史研究》东京酒井书店，1977 年。

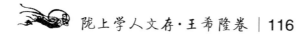

焉不详,且与俄人记述多有抵牾,而德新使俄,清代官修私撰史籍中竟无只字道及,因此,此问题之研究不能不受到限制。对此,陈复光先生亦深感遗憾,他当时推测说:"在清代存档中,对这些事件,可能有些记载,但尚有待于发掘"。①

1981 年,中华书局出版了中国第一历史档案馆编《清代中俄关系档案史料选编》。其第一编下册首次公布了这两次奉使的珍贵档案 17件,包括清朝理藩院与俄国萨纳特衙门(或译枢密院)往来的咨文 12件,雍正帝给德新、班第的训令 1 件,清朝使臣和大臣的奏折 3 件,德新致俄总理大臣等函 1 件。这些档案的公布,对于进一步研究托时、德新使俄具有重要的价值。本文拟在陈复光先生研究的基础上,利用以上档案,对照俄国文献,就这两次使俄的历史背景、奉使始末及有关问题作一述论。限于篇幅,满泰报聘土尔扈特部事当另文述及。

一

1689 年(康熙二十八年)《尼布楚条约》签订,中俄两国确定了东部的相互边界,结束在黑龙江流域的军事冲突,开始正常的外交和贸易往来。1691 年(康熙三十年),清朝通过多伦会盟,对漠北蒙古诸部编设旗制,进一步加强了行政管辖。当时,由于中俄北部边界尚未划定,俄国趁势不断南下蚕食蒙古牧地,收纳中国逃民。清朝多次通过外交途径,要求与俄国划定北部边界,但直至康熙晚年,俄国政府不予答复。康熙帝曾指出:"因定喀尔喀事,曾行文于察罕汗,今十余年,未尝回文。"②这种状况的持续对中俄正常交往关系产生了严重的影

---

①见陈复光《十八世纪初叶清廷进攻准噶尔期间第一次到俄属及俄京的中国使节》载《云南大学学报》1957 年 2 期。

②《清圣祖实录》卷 273。

响。1721 年(康熙六十年),清朝下令停止中俄在北京的贸易互市,拒绝俄国商队来华。

中俄关系的恶化,并不符合两国利益。俄国极为重视在华贸易等权益,清朝则希望北部疆界稳定。两国政府,尤其是俄国方面对打破僵局恢复和发展两国间的贸易往来抱有殷切的期望。1722 年(康熙六十一年)底,康熙帝逝世,雍正帝即位;1725 年(雍正三年)初,彼得大帝逝世,其妻叶卡捷琳娜一世即位。两大邻国皇位的接连更替,为解决存在的问题,实现两国关系正常化提供了契机。叶卡捷琳娜即位的当年,首先以祝贺雍正帝登极和宣告自己即位的名义,派遣伯爵萨瓦率使团来华谈判边界、商务、外交诸问题。此举得到清朝的高度赞赏。萨瓦进入北京时,"受到了共约八千名步兵和骑兵夹道鸣枪欢迎",[①]礼遇之高,前所未有。在隆重的觐见、祝贺等礼节性活动之后,萨瓦及其助手与清朝的谈判代表先后在北京和边境上举行了 58 次会议,历时 20 个月,最终于 1728 年(雍正六年)6 月签订了《恰克图条约》。根据《恰克图条约》,俄国巩固在华商务地位和在北京建立东正教堂的夙愿得以实现,特别是清朝同意按俄方所提方案划定边界,不再坚持收回已被俄国蚕食的蒙古牧地,故俄国对此条约十分满意。[②]清朝则鉴于漠西蒙古准噶尔部自康熙中期以来叛服无常,多次侵扰漠北蒙古,而俄国则趁势扩展势力,支持准噶尔割据势力反叛清朝,插手蒙古事务,致使漠北局势更趋复杂,希望与俄国划定北部边界和得到俄国不收纳蒙古逃人的承诺,以全力对付日益强大的准噶尔部。总之,

---

①《俄中两国外交文献汇编(公元 1619 年—1792 年)》中译本,第 152 页。

②萨瓦谓两国边界能获如此圆满之划分,实非其始料所及,在致叶卡捷琳娜一世之报告中称:"此约不仅使中国在边境上割让有利之地带,且从未属于俄者,亦获而领有之。"见陈复光《有清一代之中俄关系》第 57 页。

《恰克图条约》的签订,确定了中俄中段边界及政治、经济、外交、文化等多方面的相互关系,在许多问题上达成了谅解,从而使中俄关系打破僵局,进入新的发展阶段。托时、德新使团正是在这样一个历史背景下奉使俄国的。

二

托时、德新是以祝贺俄国新皇即位的名义奉使俄国的。1727 年(雍正五年)5 月 6 日,刚刚向雍正帝宣告了自己即位消息的叶卡捷琳娜一世突然逝世。正在恰克图勘界的萨瓦先将"俄罗斯女皇业已崩殂"的消息告知清朝官员。1728 年(雍正六年)初,清朝正式收到俄国方面以彼得大帝之孙、新即位的彼得二世名义给雍正帝的国书,告以"本察罕汗已继承我祖母之位等语"。①鉴于此前俄国已有遣使祝贺雍正帝即位之举,1729 年(雍正七年)6 月,清朝理藩院行文俄国枢密院,告知"今值尔汗承继皇位喜庆之日,我国特派使臣前往致祝。随同我使臣一同前去者,尚有我前往土尔扈特地方之官员"。②11 月,俄枢密院复文,对清朝派使臣前来参加彼得二世即位典礼,表示"甚为欣悦"。并告知,已派一名近侍要员赴边界迎接护送,"凡沿途所需诸物,供给充足,用心照顾,迎至我莫斯科城",沿途各地都将隆重接待,盛筵款待。③

---

①满文俄罗斯档译件《理藩院为遣使往贺俄皇即位事及派大臣前往土尔扈特事致俄萨纳特衙门咨文》,雍正七年五月十八日,载《清代中俄关系档案史料选编》第 1 编,下册,第 527—528 页。

②满文俄罗斯档案译件《理藩院为遣使往贺俄皇即位事致俄萨纳特衙门》雍正 7 年 5 月 6 日,载《清代中俄关系档案史料选编》第 1 编,下册,第 525—526 页。

③满文俄罗斯档译件《俄萨纳特衙门大臣为两国恪守界约及迎接往贺俄皇即位使臣事致理藩院咨文》俄历 1729 年 10 月 23 日,同上书,第 526 页;《俄中两国外交文献汇编(1619—1792)》中译本,第 293 页。

　　奉使俄国的清朝使臣为原侍郎托时、原副都统广西、原护军参领宰三等 5 人及随从人员 20 名。同行的尚有报聘土尔扈特部的使臣原副都统满泰等 5 人及随行人员 28 名。①

　　1730 年（雍正八年）2 月 7 日，清朝使团在俄方欢迎的礼炮声中从恰克图进入俄境，在俄国护送差官格拉祖诺夫陪同下，取道色楞格斯克前往莫斯科。但就在清朝使团进入俄境之前的 1 月 18 日，俄皇彼得二世已经病故，由其姑母、彼得大帝的侄女安娜·伊万诺夫娜继承皇位。新女皇不愿因皇位交替影响清朝使团的到来，故未将皇位交替一事及时通知清朝。据满文俄罗斯档载，是年 8 月 14 日，也即彼得二世去世已经半年多时间，俄首席大臣才签发了"为通报彼得去世及女皇即位事致清议政王大臣咨文"，清朝收到咨文则已是是年年底了。②尽管护送差官格拉祖诺夫奉命对清朝使团不提皇位交替事。但使团从随行之俄国差役处已得知彼得二世去世的消息。鉴于俄方未将此事正式通知使团，托时等决定继续向莫斯科行进。

-----

　　①奉使人员清档与俄档记载略有出入，清档记为原侍郎托时、原副都统广西、原护军参领宰三使俄，原副都统满泰、原副都统布达西、阿斯海报聘土尔扈特，随从跟役为 48 人，另有通事及喀尔喀台吉、侍卫、官员、跟役等 30 人亦随同前往，据此，两使团及随从、跟役为 84 人；俄档则记赴俄使臣为 5 人、随从 20 名，报聘土尔扈特部使臣 5 人，随从 28 名，共计 58 人。大概从北京派出的人员未全部进入俄境，喀尔喀台吉只伴送托时等至边境。另，报聘土尔扈特部的使臣布达西于 1730 年 4 月 4 日在色楞格斯克病逝，他的 7 名随从携带骨灰、行李从色楞格斯克返回北京。

　　②满文俄罗斯档译件《俄首席办事大臣为通报彼得去世及女皇即位事致清议政王大臣咨文》俄历 1730 年 8 月 14 日，《理藩院为俄女皇即位事复俄萨纳特衙门咨文》，雍正八年十二月十八日。载《清代中俄关系档案史料选编》第 1 编，下册，第 538 页、539 页。

俄国宫廷对中国使团的到来十分重视。1731年(雍正九年)1月9日,托时等行抵莫斯科郊外的阿列克谢耶夫斯利耶村。俄国官员库尔巴托夫代表政府前来祝贺他们顺利到达,送来各种葡萄酒和蔬菜,并请使团移居城郊乌札河畔的官邸。为盛筵款待使团,从宫廷运来了丰盛的食物、饮料、糖果,并派来了乐队。

1月14日,清朝使团乘坐9辆轿式马车,在礼炮声,鼓声和4个野战兵团乐队的奏乐声中,隆重地进入莫斯科。托时使团在莫斯科期间,先后两次受到安娜女皇的召见。第一次召见在1月26日,托时等使臣分乘9辆轿式马车,马车前是士兵们抬着雍正帝赠给彼得二世的18箱礼品,包括金鞘宝剑、名贵锦缎、瓷器等。在进入克里姆林宫时,士兵们击鼓奏乐,表示致敬。在女皇的宫殿前,托时走出马车,手捧国书(即理藩院公函),按中国礼节行礼并把国书呈交给俄国首席大臣,然后向身着长袍,头戴小皇冠坐在宝座上的女皇致以祝词,首席大臣代表女皇致答词。觐见后使臣们返回宾馆,宫廷礼宾官舍利佩列夫安排筵席款待。28日是女皇诞辰,使臣们被邀进宫赴宴。此后,开始与俄国大臣们举行会谈,并于3月1日与枢密院首席大臣戈洛夫金等会晤,收到枢密院给理藩院的复函。

3月2日,托时等再次觐见女皇,感谢女皇的多次款待并向她辞行。3月8日,托时使团携带着女皇赠送给雍正帝和使臣们的珍贵毛皮、锦缎等礼物,在俄国护送官员陪同下离开莫斯科,7月18日抵托博尔斯克,与满泰使团会合后于1732年(雍正十年)春返回北京。

1730年(雍正八年)12月,当前往祝贺彼得二世即位的托时使团即将到达莫斯科时,清朝收到俄枢密院的咨文,内称"我察罕汗彼得发病十二日后,于一月十八日午夜子时病故,俄罗斯全体大臣官员一致拥戴已故察罕汗彼得之亲姑母安娜·伊万诺夫娜为俄罗斯国君主,继察罕汗之位",并告以女皇表示"朕断不违背两国所定条约,谅中国皇帝亦能遵行所定条约"。①由于托时使团是以祝贺彼得二世即位的名义派往俄国的,故雍正帝令理藩院择派使臣,赴俄祝贺女皇即位。新的使团由内阁学士德新、侍读学士巴延泰、秘书福卢(福禄)及随从20人组成。另组成由内阁学士班第为首的报聘土尔扈特部使团,但未能成行。

德新使团于1731年(雍正九年)秋进入俄境。次年1月8日使团行抵楚雷姆河畔恰尔达赫村时,与回国的托时使团相遇。按照俄方安排,德新使团须于4月28日以前赶抵圣彼得堡,参加女皇的加冕典礼,因此,使团在行抵莫斯科近郊后只稍事休息,没有进入莫斯科。4月26日,使团行抵圣彼得堡郊外,受到了俄国宫廷送来的酒宴款待。次日,举行了隆重的入城式。德新使团乘坐宫廷马车,在31响礼炮声和排成两行的3个步兵团击鼓奏乐声中进入圣彼得堡。使团携带的给女皇的19箱礼物于5月12日运抵皇宫。

4月28日为女皇加冕典礼日,德新等使臣奉召入宫觐见,在呈递国书(两封理藩院致萨纳特衙门的公函)和致贺词后,"使臣们蒙召于午宴时觐见坐在华盖下的女皇陛下和两位公主。就在宫内另一大厅,他们受到盛宴款待,由许多男女显贵作陪,酒宴时有乐队演奏。晚间他们还受邀参加舞会并观看焰火及各种彩灯"。②

德新使团在圣彼得堡逗留了两个半月。7月9日,他们再次奉召觐见女皇,向她辞行,9月21日抵托博尔斯克,1733年1月23日到

---

①满文俄罗斯档译件《俄首席办事大臣为通报彼得去世及女皇即位事致清议政王大臣咨文》俄历1730年8月14日,《理藩院为俄女皇即位事复俄萨纳特衙门咨文》,雍正八年十二月十八日。载《清代中俄关系档案史料选编》第1编,下册,第538页、539页。

②《俄中两国外交文献汇编(1619—1792)》中译本,第230页。

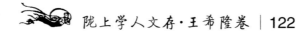

达恰克图进入中国境内。①

三

托时、德新奉使俄国是中俄关系史上友好往来的重要一页。通过这两次出使，中国人对俄国的政治、军事、经济、文化等方面有了初步的认识。正如托时在返回途中所说：俄国是欧洲的一个大国，虽然他们没有看到这个国家有多辽阔；俄国的一些大臣都是善良的人，他们衣着豪华；军事操练和小火枪射击，以及哨兵站岗的姿势，都使他们颇为惊讶；石砌的建筑物都很结实和美观；商业繁荣，粮食储备相当可观。②两个使团都在彼得堡参加了多次娱乐活动，他们称赞俄国的娱乐异常之有趣，演奏之乐曲极为优雅。德新使团还在莫斯科参观了一些工厂，这是中国人最早观看欧洲国家的工业。托时、德新回国后向朝廷的汇报，对雍正帝及朝中大臣们的传统观念自然有一定之影响。总之，这两次奉使在清代对外关系史上占有重要的位置，其意义不可低估。

需要提出的问题是：1. 作为清朝的使节，托时、德新在觐见俄皇时采用了何种礼仪？2. 托时、德新就雍正帝口谕与俄萨纳特衙门达成了哪些协议？俄人所称清朝提议在平定准噶尔后可将准噶尔土地让与俄国的说法应如何认识？3. 清代官修史书中为何不载这两次奉使活动？

1. 托时、德新觐见俄皇时采用了何种礼仪，是清代外交史研究中具有重要意义的问题。陈复光先生根据俄国文献指出，托时、德新觐见时是按照中国礼仪，"行叩头之礼"，"跪致颂词"。清制，臣工觐见皇帝行三跪九叩首之礼；其次，按等级有一跪三叩等礼仪。托时、德新在

①《俄中两国外交文献汇编(1619—1792)》中译本，第 232 页。
②《俄中两国外交文献汇编(1619—1792)》中译本，第 214 页。

觐见俄皇时所行叩拜之礼,据清档披露,并非觐见皇帝之礼。雍正帝对觐见俄皇之礼极为重视,给使臣有详尽明确之训令。训令云:

"拜见俄罗斯察罕汗一事至关重大……俄罗斯若不提及拜见察罕汗一事,则我使臣亦无须提及拜见察罕汗一事。一俟事毕,即行索复返回。设俄罗斯察罕汗来告知欲会见我使臣,则可告知:……贵汗欲以会见,本使臣并非不愿拜见,唯我中国使臣无论出使于何国,从无叩拜之例,故此于拜见贵汗之仪有所为难等语。设察罕汗差人来称务必会见,该使臣则可告以:按本国之礼,除叩拜我皇上之外,其次可拜见王爷等。我两国自相和好已有多年,实不与他国相比,贵汗既然务必会见,则本使臣可按拜见王爷之礼拜见贵汗等语。"①

这一训令表明,雍正帝不允许自己的使臣以拜见本国皇帝之礼拜见俄皇,以免使自己处于与俄皇同等的位置,有损天朝大国的尊严。正因为如此,托时、德新使团都是只携有理藩院致萨纳特衙门的公函,以避免使臣必须得觐见俄皇,导致礼仪之争。而此前萨瓦来华祝贺雍正帝登极则携有叶卡捷琳娜女皇签署的致雍正帝文书。②尽管如此,雍正帝十分清楚,使臣是以祝贺俄皇即位名义派去的,俄皇不可能不召见使臣,故训令使臣,当俄皇必欲召见之时,则以使臣个人名义告以为难之处,并以个人名义将觐见礼仪定为拜见本国王爷之礼。俄国文献载,托时等到达莫斯科后,俄官员斯捷潘诺夫至宾馆询问使臣觐见俄皇事时,"他们回答说,他们是受理藩院派遣到枢密院来的,并未指望觐见女皇陛下,博格德汗对此也无谕旨。但是,如果女

---

①满文录副奏折《清廷给出使俄国及前往土尔扈特大臣德新与班第等人的训令》雍正九年六月,同上书;第549—554页。

②《俄中两国外交文献汇编(1619—1792)》中译本,第146页。

皇乐意召见,那么他们在觐见时将向她恭贺顺利继承俄国皇位"。此后,斯捷潘诺夫又曾两次来使臣处,议定了觐见俄皇的程序。双方似乎并未因觐见礼仪发生争执。俄国文献中还载有托时等觐见的详细情况:1 月 29 日,托时等进入克里姆林宫,先向俄首席大臣戈洛夫金跪呈理藩院公函,然后走近女皇,致以贺词。当戈洛夫金代表女皇致以答词后,"全体使臣立即跪下,向女皇恭贺,行了三叩首礼"。觐见完毕,使臣们退出时,"重又跪下,三叩首"。①据此,托时等觐见俄皇时采用了一跪三叩首之礼仪。这反映出清朝以封建的纲常名教为立国之根基,不愿屈尊的"天朝大国"的愚顽态度。这种态度为清朝诸帝所沿袭看重,直至西方列强通过第二次鸦片战争取得公使驻京权后方被摈弃。

2. 托时、德新是以祝贺俄皇即位的名义奉使俄国的,他们携带的理藩院致俄枢密院的公函,以及带回的俄枢密院复函,其主要内容为追溯两国友好往来的历史,表示愿恪守两国间已签订的条约,以及一些例行公事的说明。②然而,托时、德新都奉有雍正帝之口谕,向俄国通报清朝即将大举用兵准噶尔一事并就有关问题与俄国协商。因此,两次奉使也是清朝为实现统一新疆的大业,在外交上采取的积极活动。正如陈复光先生指出的,当平准"军事部署就绪,雍正在恰克图条约的基础上,为了切实孤立准噶尔,进一步作外交上的布置",遣使赴"俄国与土尔扈特部联络"。③俄国文献中记载了托时与俄枢密大臣会谈中清朝的提议和俄方的答复,德新与俄枢密大臣会谈的内容俄国

---

①《俄中两国外交文献汇编(1619—1792)》中译本,第 204—205 页。

②《俄中两国外交文献汇编(1619—1792)》中译本,第 230 页。

③《俄中两国外交文献汇编(1619—1792)》中译本,第 152 页,204—210 页、230 页、232 页、214 页,146 页,204—205 页、205 页、230 页、118 页。

文献不载,①但清档中有所披露。总其内容,主要有:

第一,托时向俄国通报,由于准噶尔自噶尔丹以来侵掠喀尔喀、西藏,收留清朝叛臣和硕特亲王罗卜藏丹津,对清朝叛服无常,多行悖逆,雍正帝决定派遣大军征讨,"而如果上述军队在俄国边境有所行动,请俄国朝廷不要有任何怀疑"。俄国答复称:"女皇把中国朝廷关于准噶尔人的这一通知当作仁慈的博格德汗愿意维护持久友谊与和平的标志……所以遇有这种情况,女皇也将同样对待。"②据清档披露,雍正帝还曾训令德新,将清朝统一新疆的决心告知俄国:"彼准噶尔所居之地,虽与内地相距遥远,今我朝廷将使其地为耕地,变其属下人众为朝廷直接统治之民",并训令德新"设将欲剿灭准噶尔一事告知俄罗斯国之后, 俄罗斯要乘机派军队来边境地区增援, 则可告之:……我两国已多年和睦相处,尔若派兵防守尔界,则由尔便,唯我大军足可以征讨准噶尔,不用尔之援助等语"。③

第二,托时提议,当中国军队进攻准噶尔并占领其领土时,如女皇对与其邻近的土地有什么需求, 可告知使臣, 这些土地可让给俄国。俄国答复称:女皇祝博格德汗出军征伐诸事顺遂,关于把所攻占的邻近俄国的土地相让一事,女皇帝国幅员辽阔,不愿归并别人的任何领土,但为了维护和平和解除除双方怀疑,可就此友好协商。

第三,托时提议,当中国军队发动进攻时,部分准噶尔人可能会

---

①见陈复光《十八世纪初叶清廷进攻准噶尔期间第一次到俄属及俄京的中国使节》载《云南大学学报》1957 年 2 期。

②《俄中两国外交文献汇编(1619—1792)》载:德新使团在莫斯科期间曾受到俄枢密院款待,在彼得堡期间曾拜会过俄首席枢密大臣戈洛夫金伯爵,但不载会谈内容。

③满文录副奏折《清廷给出使俄国及前往土尔扈特大臣德新与班第等人的训令》雍正九年六月,同上书;第 549—554 页。

逃往俄国,俄国可接纳他们,但要把其中的领主和宰桑交给中国人;对那些被接纳的人,要严加控制,"以免他们在边界从事任何敌对活动"。俄国答以,如准噶尔人逃至俄境并寻求藏身之境,女皇将谕令西伯利亚总督,对其严加控制使其在俄国居住期间不能对中国和中国属民有任何敌对活动,"如果博格德汗和其敌人真要交战,届时可就从俄国方面交出逃人一事友好协商"。清朝对引渡准噶尔首领一事尤为重视,在给德新的训令中称:"若有准噶尔属下人来投尔国,则可收留,唯其台吉、较大宰桑、侍卫人等,则必还我,因为尚有质对事项等语"。①

第四,托时转告了清朝要俄国将满泰使团"令人满意地迅即送往"伏尔加河下游的土尔扈特部的请求,俄国答复女皇将派人护送满泰使团去完成这一使命,并向托时说明,土尔扈特部已是女皇的属民,今后清朝有涉及该部之事,要直接与俄枢密院联系。

对清朝的提议答复之后,俄枢密院向托时表示,希望清朝"对现正在途中的俄国商队及今后商队驻京朝间,在出售和购买货物以及其他方面,都给予必要的自由",如果俄商发现有比现有通达北京的道路更为方便的道路,希望清朝"不要阻止,予以恩准"。②

以上提议内容表明,中俄《恰克图条约》签订之后,中俄双方都希望对方能严守条约规定,在条约基础上发展两国关系。尽管双方并未就这些提议签署书面协议或条约,但在友好气氛中进行了会议,并达成一定程度的谅解。尤其是清朝方面,由于准噶尔部时服时叛,而俄国多次插手其中,因此,在大举用兵前夕,敦促俄国严守《恰克图条约》中不纳对方逃人的规定和借道俄国与土尔扈特部订约,以夹击准

---

①满文录副奏折《清廷给出使俄国及前往土尔扈特大臣德新与班第等人的训令》雍正九年六月,同上书;第549—554页。

②《俄中两国外交文献汇编(161—1792)》中译本,第230页。

噶尔部，①是雍正帝迫切希望实现的目的。为达此目的，雍正帝甚至提议平定准噶尔后，可将部分邻近俄国的准噶尔土地让予俄国。托时虽未明言地名，但就当时准噶尔的疆域和提议中所说"准噶尔邻近俄国的土地"来看，所指土地是清楚的。十八世纪前期，准噶尔控制着天山南北两路和巴尔喀什湖以东北南地区，其北部、西部分别与哈萨克汗国、浩罕汗国等接壤，只是在额尔齐斯河中上游一带与俄国为邻。1716 年（康熙五十五年），俄国军队开进额尔齐斯河上的准噶尔领地雅梅什湖畔，构筑堡垒，被准噶尔军击退。随后，准噶尔军南掠西藏，俄军趁势再进至雅梅什湖一带。这一事件很快引起清朝重视，1721 年（康熙六十年），康熙帝在接见俄使伊兹玛依洛夫时曾指责俄国蚕食中国边境地区，即提到俄国人在雅梅什湖（盐湖）构筑堡垒，表示清朝也将在平定准噶尔后在额尔齐斯河上建立要塞。②根据当时准噶尔与俄国相邻的情况来看，托时提议中的土地，当为额尔齐斯河中上游的雅梅什湖周围地区。雍正帝主动提出如俄国不再插手清朝的统一事业，严守《恰克图条约》规定，则可在平定准部后将部分准噶尔牧地相让，反映出清朝当时不了解俄国国情，以及轻信俄国之口头承诺，以后之事实充分证明了这一点。

3. 托时、德新奉使俄国的活动在清代官修史书中为何不载？笔者认为，这与以后清朝平定准噶尔期间，俄国未能信守承允的诺言，收纳清朝逃人，导致中俄关系一度恶化有关。

雍正帝在位期间对准噶尔的用兵未能成功。乾隆帝即位后，准噶尔上层贵族接连内讧，为清朝统一新疆提供了良机。1755 年（乾隆二十年），清朝派遣大军，以投诚的一些准噶尔上层为前导，迅速平定了

---

①满文录副奏折《清廷给出使俄国及前往土尔扈特大臣德新与班第等人的训令》雍正九年六月，同上书；第 549—554 页。

②《俄中两国外交文献汇编（1619—1792）》中译本，第 118 页。

准噶尔地方政权。但不久,投诚清朝后被封为定边左副将军、晋爵双亲王的准噶尔上层首领阿睦尔撒纳举兵叛清。阿睦尔撒纳被清军击败后从额尔齐斯河一线逃入俄界,为俄国收留于谢米巴拉丁斯克要塞,俄国向清朝隐瞒了真像。清军在缴获的阿睦尔撒纳的辎重中发现俄国给阿睦尔撒纳的四封信件,其中提到:"凡是准噶尔地方之人,即使宰桑,如若率出其属下之长,前来投诚我俄罗斯,则予以接受"。①此事件马上导致中俄关系恶化,清朝给俄枢密院的公函中强烈抗议俄国的作法,双方剑拔弩张,边境局势极为紧张。但不久阿睦尔撒纳病死于托博尔斯克。经多次交涉,俄国将阿睦尔撒纳尸体运至恰克图边境,由清朝官员验尸后作罢。这一事件给乾隆帝留下了对俄国的不信任感。

乾隆帝为雄才大略之人,继位后在不少事情上一反雍正帝之作法(如对曾静案的处理等),当时清朝国力强盛,为其多次用兵,成其"十全武功"奠定了基础。可以认为,乾隆一朝,对内对外政策均十分强硬,尤其是对外政策,如拒绝俄使戈洛夫金来华,数次中断恰克图贸易,拒绝英使马戛尔尼所提之要求等,即为明证。正因为如此,他对雍正帝遣使俄国,向俄国提出不干涉清朝平定准噶尔的要求,甚至提出可让与部分准噶尔领土的做法很不以为然;加之俄国在清朝平准期间,违背承诺,接纳清朝逃臣、逃人,更使乾隆帝对其父的做法不以为然,或即认为此行辱及天朝大国之体面。然而,按照封建纲常礼教,臣、子不得暴露君、父之过,将此事载入正史,则无异暴其父之过。故此,当乾隆朝纂修雍正实录时,托时、德新奉使一事讳而不言,竟不入实录,使之湮没无闻。所幸,俄国文献记有此事,而清朝档案保存较为完备,使我们可以了解此事之始末。

(原载《兰州大学学报(社会科学版)》,1995 年第 4 期)

---

① 见《准噶尔史略》人民出版社 1985 年版,第 204 页。

论哈密达尔汉伯克额贝都拉

额贝都拉(？—1709)，哈密地方首领，号达尔汉伯克，初服属于准噶尔部，康熙三十五年(1696)投清，被清朝封为哈密红旗旗长(头等札萨克)。本文试就额贝都拉的先世和族属、崛起与投清、投清的影响等问题进行探讨，以期引起更为深入的讨论。

一、额贝都拉的先世和族属

关于额贝都拉的先世和族属，日本学者佐口透氏曾推测说："他可能不属于察合台汗家族而是土著的豪族"。[①]近年来，我国学界出现了以下两种说法：

1.《哈密王的政教合一统治》中称："大约在 1605 年，一个名叫买买提夏和加的人，作为哈密传播伊斯兰教的第三个先驱者从阿拉伯来到哈密"，经过与当地蒙古兵一年多的苦战，买买提夏和加获胜，"受到当地维吾尔族和蒙古族的拥戴，并选他为哈密的阿奇木伯克……买买提夏和加年老以后，由他儿子艾拜都拉（全名艾拜都拉买买夏哈孜）大约在康熙七年（1668 年）继承了伯克父位。"[②]按此说法，额贝都拉之先世是来自阿拉伯的布教先驱，为

---

①佐口透:《18—19 世纪新疆社会史研究》，新疆人民出版社 1983 年凌颂纯译本，第 10 页。

②《哈密王的政教合一统治》，《新疆宗教研究资料》第 1 辑。

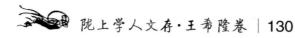

阿拉伯人。

2.《哈密、吐鲁番维吾尔王历史》中说：现住哈密市的额贝都拉家族后裔吾外斯老人收藏有《哈密王族家谱》，《谱》中称额贝都拉之父名叫木罕买提夏和加，"是从伊犁来的，是秃黑鲁帖木尔的第七世孙，木罕买提夏和加来哈密后成了该地的领袖"。[①]按秃黑鲁帖木尔为察合台后王，依此说法，额贝都拉先世则属成吉思汗黄金家族，是蒙古人。

笔者在所见清代史籍中未能找到可以对以上两种说法稍加印证的资料。如此显赫的先世，从额贝都拉到末代哈密王沙木胡索特竟然从未提及过，直至末代哈密王死去半个多世纪后才出现这两种说法，显然是值得怀疑的。佐口透氏也曾指出："他（指额贝都拉——引者）的出身渊于神权还是王权则难以证实。"[②]其实，尽管清代史籍中有关额贝都拉先世和族属的记载不多，但只要仔细排比推敲有关史料，额贝都拉的先世和族属应该说是比较清楚的。

1. 康熙三十五年（1696 年）额贝都拉投清，他在给清朝的奏折中称："臣等白帽之族，自古以来皆系皇上之人，向来进贡受赏"。[③]他所自称的"白帽之族"，在有的书中解释为"哈密白山派"，[④]即哈密的伊斯兰教白山派别。这种解释并不正确。额贝都拉后裔、末代哈密王沙木胡索特的解释是："畏吾尔、哈喇灰同奉摩哈默教，衣服亦同。初以

---

① 苏北海、黄建华：《哈密、吐鲁番维吾尔王历史》，新疆大学出版社 1993 年版，第 4 页。

② 佐口透：《新疆哈密的伊斯兰王国—哈密郡王统领史》，《东洋学报》第 72 卷第 3、4 号，1991 年。

③《亲征平定朔漠方略》卷三十四，康熙三十五年十二月乙未。

④《哈密县志》第 14 编《哈密回王》，新疆人民出版社 1989 年版。

白巾束头,故称白帽回;后有用杂色者,称红帽回。各族久无分别,唯统称缠头回,犹之江南、江西,统称汉人而已"。①据此解释,"白帽之族",显系指哈密土著维吾尔人。

2. 乾隆初年清准议和,《议奏善后事宜》规定:"哈密军务令新设之安西提督管辖,屯务、民事令安西道总管"。②当时曾出任安西道的黄文炜、常钧先后总管哈密屯务、民事,自当与额贝都拉之孙额敏、曾孙玉素卜多有接触,对额贝都拉的有关情况有所了解。二人都记到:"按达尔罕伯克者,本回子头目,一名厄不都喇达尔汉伯克。"③此处之"回子"名称,是清朝对天山南路土著民族(主要是维吾尔人)的统称,"回子头目"一般来说当指维吾尔人头目。

3. 光绪年间,新疆巡抚陶模曾致书额贝都拉后裔、当时的哈密王沙木胡索特,询问其先世是否从叶尔羌迁来等情况。"王答书略谓:以额贝都拉为受封始祖,额贝都拉之高祖伊萨敏、曾祖博启、祖默默特雅尔、父默默特夏伊,四世皆为伯克,以上无考,然未闻明季由叶尔羌迁来之说……卑部先世系白帽回,相传多畏吾尔回子孙。"④沙木胡索特为末代哈密王,他所说"先世系白帽回",不仅与额贝都拉投清时自称"臣等白帽之族"相合,且进一步说明额贝都拉以上"四世皆为伯克",系哈密土著首领。应该说,这是额贝都拉先世为哈密土著维吾尔人首领的最有说服力的依据,它从根本上否定了近年来出现的额贝都拉之父为来自阿拉伯的传教先驱或来自伊犁的秃黑鲁帖木尔第七世孙的说法。

①《辛卯侍行记》卷六。
②《敦煌杂钞》卷上,《哈密》。
③《敦煌杂钞》卷上,《哈密》。
④《辛卯侍行记》卷六。

二、额贝都拉的崛起与投清

额贝都拉是在天山南路的政局变动中崛起的。

清初,哈密为叶尔羌汗国阿都喇汗第五子(或曰第四子)巴拜汗的封邑。[1]巴拜汗长子阿布都里什特在位时,吐鲁番亦处于其统治之下。康熙十八年(1679 年)噶尔丹东侵吐鲁番、哈密,阿布都里什特被准军掳走,[2]叶尔羌汗系在哈密的统治告终。在叶尔羌汗系统治哈密时期,额贝都拉数世皆为伯克,是叶尔羌汗系的办事官员。叶尔羌汗系在哈密统治的结束,为额贝都拉的崛起提供了机会。额贝都拉不失时机,以土著伯克的身份"服属于准噶尔,准酋遣之驻牧哈密",成为噶尔丹任命的达尔汉伯克,准噶尔部在哈密的政治代表。此时,额贝都拉的势力并不大,不过有马数十匹,从者数十人,后历经十多年的经营,势力日渐增大,成为哈密的实力派人物。

噶尔丹东侵喀尔喀蒙古,与清朝开战之后,其侄策妄阿拉布坦起兵占据天山南北大部分地区,断绝了噶尔丹归路。但作为重要产粮区和自喀尔喀蒙古前往青藏地区必经之地的哈密,仍处于噶尔丹的控制之下。康熙三十一年(1692 年),清朝派理藩院员外郎马迪赴伊犁联络策妄阿拉布坦。马迪等行至哈密城外,有噶尔丹属下准噶尔兵五百,"杀马迪及笔帖式诸人,尽劫马驼行李而去"。[3]在此事发生前后,清朝"闻噶尔丹乏粮,至哈密觅食",驻防河西的清军捕得哈密维吾尔

---

①《皇朝藩部要略》卷十五。

②噶尔丹征服叶尔羌汗国后,阿布都里什特先被立为傀儡汗,继而又被囚禁于伊犁。噶尔丹东侵喀尔喀蒙古时,阿布都里什特被监押军中。昭莫多之战,阿布都里什特趁乱脱出,投归了清朝。见《清圣祖实录》卷一七六,康熙三十五年九月丙辰。

③《亲征平定朔漠方略》卷十二,康熙三十一年九月戊申。

人 8 名,讯知屯驻于科布多的噶尔丹,"遣人至哈密载粮三次"。①清朝确知准军乏粮,哈密为其取给基地的情况后,驻守甘州的昭武将军郎谈奏请发兵袭击科布多,"回经哈密,杀散噶尔丹供赋回子,刈其禾苗,毁噶尔丹所恃为常产者",以断其粮源,绝其后路。但朝廷认为,"哈密回子向来纳赋于噶尔丹等蒙古,历有年所……今以纳赋噶尔丹之故,遽兴兵击散,非所以仰体皇上如天好生之至仁也",决定对哈密采取招抚政策,将因禁在甘州的 8 名哈密维吾尔人放归,"并将皇上好生至德大书告示,付此回子持往谕其头目,仍给此回子等粮、骑"。②

噶尔丹接连数次从哈密取粮,自然已使得额贝都拉及其部属穷于应付,敢怒而不敢言,而强大的清朝派出的使团在哈密境内遭到劫杀,又使其深感自危,惶恐不安。③正在此时,从甘州放归的 8 名维吾尔人带回了清朝给哈密头目的"大书告示"。清朝对哈密的怀柔招抚政策无疑对额贝都拉及其部属产生了重要影响,促成了其背准投清的决心。但此时屯驻于哈密北部科布多一带的噶尔丹尚有相当大的实力,额贝都拉不得不保持缄默,等候时机。

康熙三十五年(1696)五月昭莫多之战,噶尔丹遭到惨败,部众、物资尽失。消息传到哈密,额贝都拉立即采取行动,遣使投清。是年九月,川陕总督吴赫接到肃州总兵韩成呈报:"哈密回子头目额贝都拉达尔汉伯克,差回子阿林伯克赍奏章及进贡独峰骆驼一头、马二匹、

①《亲征平定朔漠方略》卷十三,康熙三十二年九月己酉。
②《亲征平定朔漠方略》卷十三,康熙三十二年九月己酉。
③额贝都拉对此事惶恐不安,深怕清朝追究,投清时再三表白与己无涉,甚至赌咒发誓,称:"恐有与臣不睦之人,谓臣亦同劫掠,或致上闻。臣安敢行此不法之事。若厄鲁特,则劫掠之后即可四散而去;臣居有城廓,岂为此悖谬之事……逆天举动之人,其身必受殃"。见《亲征平定朔漠方略》卷三十四,康熙三十五年十二月乙未。

骆驼八头、小刀一柄,诚心归投皇上"。①康熙帝对额贝都拉投清一事极为重视,阿林伯克一行很快即被护送至京师,受到款待。清朝对马迪使团在哈密遭劫杀事未予追究,且重赏额贝都拉及阿林伯克。史载"上以额贝都拉达尔汉伯克诚心内附,特赐蟒袍、貂帽、金带诸物,并厚赍来使纳(阿)林伯克遣归"。随同赴哈密的清朝使人奉命传谕额贝都拉,要其侦探噶尔丹残部消息,相机擒拿,"额贝都拉达尔汉伯克闻命,不胜欢忭,奏曰:若噶尔丹来,臣等相机,竭力以擒之。若闻声息,陆续奏闻"。②

三、额贝都拉投清的影响

额贝都拉率先投清,举哈密内属,产生了重要而深远的影响。

1. 断绝了噶尔丹的生路, 对噶尔丹及其残部的彻底覆灭产生了重要影响。

噶尔丹东侵喀尔喀蒙古后,对哈密的控制并未放松。策妄阿拉布坦袭取天山北路等地,断绝噶尔丹的归路之后,作为粮食物资基地及与青海和硕特诸台吉、西藏僧俗上层联系必经之地的哈密,对于噶尔丹更具有特殊的意义。昭莫多之战遭到惨败后,哈密被噶尔丹视为生命线。主力被歼、物资尽失的噶尔丹原有去哈密就食、度过严冬的打算,他派人告诉阿拉卜坦:"我今在巴格尔察罕乌尔克,势不能居,因哈密城中有粮,欲往彼处"。③他还打算,"若不纳,则死战"。但可能他已预感到额贝都拉不可靠,并已感到无力再战,没有贸然亲往哈密,而是先派达什尔等人赴哈密取粮。达什尔等人到哈密,即被额贝都拉

---

①《亲征平定朔漠方略》卷二十九,康熙三十五年九月丙辰。
②《亲征平定朔漠方略》卷三十四,康熙三十五年十二月乙未。
③《亲征平定朔漠方略》卷三十六,康熙三十六年二月庚寅。

擒送清军。噶尔丹派往青藏桑克拉什胡图克图、满柱胡图克图等处的使人鄂莫克图哈什哈,在途经哈密时又被额贝都拉拿获,连同4封蒙文书信一起被送交清军。十一月初,噶尔丹使人喇克巴彭楚克格隆、族侄顾孟多尔济等百余人携带噶尔丹致青海和硕特诸台吉及西藏达赖五世、第巴桑结、拉藏汗及哲蚌、拉穆诸寺院奈冲信件赴青藏联络求助。因哈密已难以通过,这批人不得不冒险从关西布隆吉尔偷越,结果被清朝派往布隆吉尔一带防堵的副都统阿南达侦知,在素尔河畔被清军一网打尽,"擒其使人,以其书十四函驰奏"。①此时严冬逼近,大雪封山,噶尔丹残部唯赖捕野兽、掘草根果腹。十一月二十五日,噶尔丹子色布腾巴尔珠尔等至哈密北山巴尔库尔一带捕兽。额贝都拉侦知后,"遣其长子郭帕白克率兵擒色布腾巴尔珠尔及其乳父挥特和硕齐等人,解至军中"。②噶尔丹尚不知悉,再差恩克达尔汉宰桑赴哈密乞粮,又被额贝都拉解送清军。③此时,策妄阿拉布坦配合清朝,在阿尔泰一线设防,欲擒噶尔丹;关西布隆吉尔至额济纳河一线则有清军携炮严密防堵;额贝都拉投清又使噶尔丹失去了视为生命线的哈密,断绝了其最后一条生路。康熙三十六年(1697年)春,清军再次出塞北进。当清军逼近之际,穷蹙无路的噶尔丹病死于阿察阿木塔台,残部如鸟兽散,逃往哈密者又皆为额贝都拉擒获。

2. 清朝控制了新疆的门户并得到了一支土著有生力量,对平准战争及新疆的统一产生了重要影响。

哈密是内地通往天山南北两路的必经之地,有新疆门户之称,又是富庶的戈壁绿洲,具有十分重要的战略地位,故历代经营新疆,无

①《清史稿》卷二八一,《阿南达传》。
②《亲征平定朔漠方略》卷三十五,康熙三十六年正月戊辰。
③《清圣祖实录》卷一八一,康熙三十六年三月甲子。

不以控制哈密为先。明初,哈密为嘉峪关外七卫之一。成化后,吐鲁番兴起,占据哈密,侵扰关西,明朝无力恢复,将关外部分卫所人众内迁,闭嘉峪关自守。清初沿袭明朝旧制,以重兵驻防甘肃,嘉峪关外先后为叶尔羌汗国和准噶尔部的势力范围。额贝都拉投清,使清朝的势力得以越过关西,到达哈密。大约在额贝都拉投清后不久,即已有部分清军进驻哈密。康熙末年,清准战事再起,清大军西进,在哈密北山之巴尔库尔(巴里坤)建立大本营,"满汉官兵,共立二十三营,周围二百余里"。①清军就地开设屯田,取给军粮,将哈密建成一个牢固的军事基地。新疆统一之前的 60 年中,由于清朝控制了新疆门户哈密,准噶尔势力不得不退至乌鲁木齐、吐鲁番、哈喇沙尔一带,在战略上处于不利地位。

康熙三十六年(1697 年),额贝都拉率众投清后,使清朝在前方获得了一支有生力量,康熙帝立即赐以额贝都拉敕书、国印、红纛,承认其在哈密的政治地位,并下令对哈密维吾尔人实行军政合一的札萨克旗制,"授达尔汉伯克额贝都拉为一等部长, 又其子郭帕伯克、白奇伯克……授为二等部长,协理旗务",其下设管旗章京、参领、佐领、骁骑校等员。哈密一旗有十三佐领,其中一佐领驻于肃州。②哈密一旗的设立,对平准战争和新疆的统一产生了重要的影响。康熙五十四年(1715 年)春,策妄阿拉布坦遣兵三千突犯哈密。时清朝在哈密仅驻有游击一员、兵丁二百。额贝都拉孙额敏率哈密维吾尔旗丁全力相助,杀退准军,获清朝嘉奖。③是年夏季,清大军西进哈密,驻

---

①《清圣祖实录》卷二六九,康熙五十五年九月戊寅。

②《亲征平定朔漠方略》卷四十六,康熙三十六年十月乙酉;《皇朝藩部要略》卷十五。

③《清圣祖实录》卷二六三,康熙五十四年四月己卯、甲申。

扎肃州的哈密维吾尔人佐领担任了后勤转输清军的向导，①额敏则率本旗旗丁在塔勒纳沁垦区屯垦输粮助军。康熙五十九年（1720年）清军攻取吐鲁番，额敏又奉命率旗丁赴吐鲁番屯垦助军。②由于哈密维吾尔人屯田卓有成效，雍正五年（1727年）清朝下令"封哈密札萨克达尔汉伯克额敏为镇国公，赏银一千两。其下种地回民四百人，各赏银两布匹"。③雍正十年（1732年），准军大举进犯哈密。清军以敌军势盛，闭城坚守。"额敏于城外要地，拣选回兵埋伏，擒贼人蒙克"，讯知准军虚实。宁远大将军岳钟琪相机进击，杀退准军。④乾隆初年，清准议和。清大军撤离后，额贝都拉曾孙玉素卜助留守清军扼守哈密，办事奋勉，受封为贝子。乾隆帝对其十分赏识，赞曰："哈密贝子玉素卜，自伊曾祖额贝都勒达尔汉伯克以来，数世受国恩泽，竭力报效，奋勉急公"。⑤

乾隆二十年（1755年），统一新疆的战事开始，玉素卜与吐鲁番额敏和卓各率本旗兵丁随清军西征，⑥"从抵伊犁"。⑦二十三年（1758年），大小和卓木叛清割据，玉素卜闻讯，自请率哈密一旗从大军出征，被任为领队大臣。乾隆帝云："玉素布（卜）系回部望族，今闻办理叶尔羌、喀什噶尔等回部，情愿率部效力，深为可嘉。著照所请，同雅

①《清圣祖实录》卷二六五，康熙五十四年八月乙亥；卷二六七，康熙五十五年正月辛酉。
②见拙作：《清代西北屯田研究》第6章《回屯》，兰州大学出版社1990年版。
③《清世宗实录》卷五十三，雍正五年二月丙寅。
④《清世宗实录》卷一一五，雍正十年二月壬辰。
⑤《皇朝藩部要略》卷十五。
⑥时额敏和卓率部属聚居于关西瓜州。详见拙作《清前期吐鲁番维吾尔人迁居瓜州的几个问题》，(兰州大学学报)1989年第4期。
⑦《皇朝藩部要略》卷十五。

尔哈善、额敏和卓前往。"①西征清军深入天山南路,不明沿途地理、民情,不通语言,玉素卜、额敏和卓率哈密、吐鲁番旗丁担任向导,沿途招抚、宣传,具有重要作用。此次西征,额敏和卓亲冒矢石,攻城略地,多建功绩,受封为郡王。玉素卜则先后镇守收复的库车、阿克苏、乌什等城,安抚当地维吾尔人,办理大军后勤供给事务。乾隆帝以"玉素卜虽未与将军、大臣等同在营垒,但驻扎乌什,办理诸事,亦极奋勉,著加恩赏给郡王品级",②并赞其功绩云:"筠中望族,作蕃伊昔,以通回情,军谘是择。六城既纳,二竖焉逃,其镇乌什,犬不夜嗥"。③天山南路平定后,清朝以西四城善后事关紧要,命玉素卜、额敏和卓二人分管喀什噶尔、叶尔羌二城。乾隆帝谕云:"有此等旧人在彼,始堪倚任。"④

3. 奠定了其家族在新疆社会中的特殊地位,使哈密成为其家族的世袭领地,哈密长期保持着土司制性质的札萨克旗制和农奴制生产关系,影响了当地社会的进步和生产力的发展。

额贝都拉率先投清,举哈密内属,支持清朝的统一大业,奠定了其家族在新疆社会中的特殊地位。新疆统一后的近180年中,清朝乃至北洋政府都视额贝都拉家族为"国家世仆"、"西北屏障",⑤可堪倚任的"旧人",不断加衔晋爵,使之成为维吾尔人上层中封爵最高的一个家族。额贝都拉家族是维吾尔人中受清朝封爵最早的家族。⑥天山

---

①《清高宗实录》卷五五五,乾隆二十三年正月戊申、癸丑。

②《皇朝藩部要略》卷十六。

③《皇舆西域图志》卷首四,《天章四》《紫光阁五十功臣像赞》。

④《皇朝藩部要略》卷十六。

⑤《哈密县志》第19编《回王府》。

⑥额贝都拉之孙额敏于雍正五年(1727)受封为镇国公,吐鲁番额敏和卓于雍正十年(1732)受封为辅国公。

南路平定时,额贝都拉之曾孙玉素卜已晋爵至郡王品级贝勒,此爵位品级仅次于吐鲁番郡王额敏和卓。乾隆四十五年(1780年),玉素卜之孙额尔德锡尔袭爵,清朝追念"额尔德锡尔之始祖额贝都拉归诚以来已历数世,额尔德锡尔之祖玉素布(卜)在军营勤劳懋著",明令将其封爵"出缺时不必降等,俱著世袭罔替"。①嘉庆十八年(1813年),额尔德锡尔子伯锡尔袭爵,此时,清朝国势渐衰,新疆边防松弛,流亡中亚的白山派和卓后裔张格尔等,在浩罕汗国支持下,不断进人喀什噶尔一带作乱。道光六年(1826年),张格尔占据西四城,将"田园庐舍,蹂躏殆尽"。②清朝调集陕甘驻军前往讨伐,伯锡尔"挽运军粮,雇备牛车一千辆,领价当差……复派其弟札萨克伯克讷孜尔,随同当差,尤为出力"。③道光十二年(1833年)底,伯锡尔赴京朝觐,清朝晋其爵为多罗郡王,并给其紫禁城内骑马的殊荣。④至此,额贝都拉家族爵位已与吐鲁番额敏和卓家族的爵位相等。同治三年(1864年)新疆爆发反清起义,伯锡尔全力协助清军,"以劝办开渠暨接济防堵盐粮",多有功绩,再晋爵为亲王衔,⑤额贝都拉家族爵位超过了吐鲁番额敏和卓家族,在维吾尔人上层中处于首位。同治五年(1866年),起义军攻破哈密回城,伯锡尔被俘拒降,骂"贼"殉国。清朝收复哈密后追赠其为亲王,并令建立专祠,以示表彰。⑥伯锡尔之子默哈莫特继任亲王后,与其母迈里巴纽福晋倾王府财力助清军坚守哈密。⑦默哈莫

---

① 《清高宗实录》卷一二九六,乾隆五十三年正月己巳。
② 《清宣宗实录》卷一一八,道光七年闰五月乙巳。
③ 《清宣宗实录》卷一一四,道光七年二月辛亥。
④ 《清宣宗实录》卷二二八,道光十二年十二月乙丑。
⑤ 《清穆宗实录》卷一一二,同治三年八月壬午。
⑥ 《清穆宗实录》卷二〇一,同治六年四月丙午。
⑦ 默哈莫特先天性残疾,号称瘫王,王府大权由其母迈里巴纽福晋总揽。

特死后,光绪八年(1882年),清朝准迈里巴纽之请,令默哈莫特之妹夫沙木胡索特入继王嗣,承袭亲王爵位。①辛亥革命爆发,清朝灭亡,额贝都拉家族的地位又受到了北洋政府的保护,"王公世爵,概仍其旧"。民国四年(1915年),沙木胡索特赴京朝觐,袁世凯亲自接见,颁其一等嘉禾章,加给双俸,授衔"管理哈密地方蒙古镶红回旗世袭罔替头等札萨克双亲王"。②直至民国十九年(1930年)沙木胡索特病卒,新疆省主席金树仁下令在哈密实行改土归流,但因复杂的原因而引起动乱,直至盛世才执政新疆时期,额贝都拉家族的王爵世袭特权方告结束。③

额贝都拉投清,不仅为其家族成为维吾尔人上层中政治地位最高的一个家族奠定了基础,更重要的是,使哈密成为其家族的世袭领地。在230余年中,哈密始终保持着土司制性质的札萨克旗制和落后的农奴制生产关系,对当地的社会进步和生产力的发展产生了严重影响。

康熙三十五年(1696年)清朝在哈密实行札萨克旗制,任命额贝都拉为旗长。乾隆二十五年(1760年)清朝统一天山南北,在新疆实行军府制,设伊犁将军总统南北两路。当时,在新疆东部的乌鲁木齐、巴里坤内地移民聚居区,已设立了道、府、州、县行政建置,实行与内地同一的流官制和履亩纳税制。④在天山南路维吾尔人居住的大多数地区,清朝对原有的伯克制度进行了改革,择录维吾尔人上层担任伯

---

①《清德宗实录》卷一四九,光绪八年七月甲辰。

②《哈密县志》第14编《哈密回王》。

③哈密王爵世袭制废除过程中,沙木胡索特之子聂孜尔被委以省府顾问,移居迪化(今乌鲁木齐)。聂孜尔与其子白锡尔都曾试图恢复王权,但都未成功。

④详见拙作《清代天山北路的自耕农经济》,载《中国边疆史地研究》1993年第2期。

克,按其职掌,给以清秩三品至七品不等;视其政绩任免,不准其世袭;酌定十一税制,以防伯克对一般民户擅取擅役。这些制度、措施有利于新疆社会的进步和生产力的发展。只有在哈密、吐鲁番二地,继续实行着札萨克旗制,"凡回民,唯哈密、吐鲁番治以札萨克"。①札萨克旗是一种军政合一的社会组织形式,清朝在哈密实行旗制,是统一新疆和巩固对新疆统治的需要。但是,这种札萨克旗制实际上是一种土司制,世袭旗长的额贝都拉家族是哈密维吾尔人的土官、农奴主,当地长期存在的是新疆最为落后的农奴制生产关系。额贝都拉家族掌有对哈密维吾尔人的司法权,"凡两造俱系回民案件,应令将人犯交札萨克公自行经管",②生杀予夺,任旗长所为。维吾尔人对旗长的人身隶属关系十分严格。乾隆朝到过哈密的椿园七十一记到:"所有回户皆伊萨克(即第五代旗长——引者)之阿拉巴图(奴也)","伊萨克之阿拉巴图,服役奔走,任其意之所为,不敢与较"。③哈密维吾尔人不向清朝官府缴纳赋税,只向札萨克旗长服役纳租,额贝都拉家族因之聚敛有大批财富。沙木胡索特时期(1881—1930年),王府拥有耕地三万余亩,羊十五万余只,马、牛、驼各数千匹只,煤矿、果园等多处,富甲新疆。④当时新疆已经建省,社会发展进入新的历史时期,但哈密的农奴制生产关系仍然保存。维吾尔人每月须为王府无偿服役七天,凡王府的农牧业、土木工程、家务等都由他们承担。⑤凡不服奴役者,轻犯打五尺之棒,重犯关押、流放,甚至实施死刑。王府的十五

①《钦定大清会典》卷六十八。

②《敦煌杂钞》卷上,《哈密》。

③《西域闻见录》卷一,卷六。

④《哈密县志》第 14 编《哈密回王》。

⑤包尔汉:《新疆五十年》,文史资料出版社 1984 版,第 21 页。

万余只羊,主要由流犯放牧。这种落后的生产关系不仅阻碍了生产力的发展,最终也导致了反抗斗争。从光绪三十三年(1907年)开始,哈密维吾尔人反抗王府奴役剥削的斗争不断爆发,斗争持续进行了二十余年,期间形势复杂多变,但最终促使民国政府在哈密实施了彻底的改土归流,停止王爵世袭。自额贝都拉投清以来,其家族九代在哈密持续二百三十余年的封建领主地位,最终在当地人民的反抗斗争浪潮中被废除。

(原载《民族研究》,1997 年第 3 期)

清代中俄文化交流述论

对于清代中外文化交流的研究，以往多侧重于中国与西欧以及日本等国之间的交流。其实，清代的中俄文化交流开始之早，持续时间之久，都是其他各国所不能相比的。尤其是早在雍正年间，清朝与俄国就已通过签订正式条约，对中俄文化交流作出了具体的规定，这在清代中外文化交流史上更是独一无二的。本文拟对1860年以前的中俄文化交流状况作一介绍，并对有关问题提出自己的看法。

一

清代的中俄文化交流开始于康熙年间，北京的"俄罗斯百人队"是俄国文化在清代中国的第一批传播者。

明清交替之际，东西伯利亚的哥萨克不断侵入黑龙江流域，向清朝管辖下的当地少数民族收取实物税，并构筑堡寨屯驻。在清军进剿入侵哥萨克和摧毁其堡寨的过程中，一些投诚或俘虏的哥萨克陆续被送至北京，他们就是清代最早到达北京居住的俄罗斯人。仅1684年（康熙二十三年）清军首次进击黑龙江上游的雅克萨堡寨时，送至北京的俄罗斯人就有31名。①至1685年（康熙二十四年），北京的俄

---

①班蒂什—卡缅斯基：《俄中两国外交文献汇编（1619—1792）》，中国人民大学俄语教研室译，商务印书馆1982年，第327页。

罗斯人已有近百名之多。清朝将这批俄罗斯人编入满洲镶黄旗第 4 参领第 17 佐领,称为"俄罗斯百人队"。由于这批俄罗斯人大多来自雅克萨,俄罗斯人又将雅克萨称为"阿尔巴津",故俄国史籍中将其称为"阿尔巴津人"。俄罗斯百人队被安置在北京城东北角胡家圈胡同镶黄旗驻地,①按照旗人的待遇领取年俸、得到住房,并在官府的帮助下娶妻安家,定居北京。

1689 年(康熙二十八年)中俄之间的第一个平等条约《尼布楚条约》签订。《尼布楚条约》的正式文本是拉丁文本,副本为俄文和满文文本。《尼布楚条约》签订后,两国之间交往不断,公文信函增多。出于外交事务的需要,清朝在北京设立了"俄罗斯学"。"俄罗斯学"又称"俄罗斯文馆",是专门的外语学校。该学设"学生额二十四名,由八旗学校挑取"。入俄罗斯学的八旗子弟主要学习拉丁文和俄文。拉丁文由在北京的耶稣会传教士教授,俄文"设教习二人,将俄罗斯佐领下库锡玛、雅稿挑取"。②库锡玛、雅稿两位教习的事迹不传,但显然是俄罗斯百人队中有一定文化水准者。他们两人是清朝俄罗斯文馆的首任俄文教师,为培养我国的第一代俄文翻译人才与俄国文化在中国的传播作出了贡献。

俄罗斯百人队还将东正教文化带到了北京。③东正教是俄罗斯之国教,哥萨克在黑龙江上游构筑雅克萨堡寨时,就已建有一座东正教

---

①俞正燮:《癸巳类稿》卷九。

②《清高宗实录》卷五三九,页 23。

③东正教,又称正教、希腊正教,与天主教、新教并称为基督教三大派别。基督教产生后不久,即逐渐分化为以希腊地区为中心的东派和拉丁语地区的西派。1054 年东西两派正式分裂,标志着东正教的正式形成。东正教以君士坦丁堡为中心。早在 988 年,基辅大公斯维雅托斯拉维奇受洗入东正教,其后,东正教逐渐成为俄国的国教。

堂。雅克萨城被清军摧毁后,投诚的俄罗斯人将教堂的圣像和圣经带到北京,"同时还带来了他们在阿尔巴津时的司祭马克西姆及其妻小"。[1]康熙皇帝允许俄罗斯百人队信仰自由,并赐给他们一座庙宇。这座庙宇成为俄罗斯百人队的宗教生活场所,被称为"圣尼古拉教堂",由司祭马克西姆主持日常事务。《尼布楚条约》签订后,俄国商队频繁来京贸易,"到北京来的俄国商队的全体人员都要到圣尼古拉像前作祈祷"。[2]马克西姆通过商队与主管西伯利亚教务的托博尔斯克大主教取得联系,1695年(康熙三十四年),大主教给马克西姆送来教会证书,将北京小教堂正式命名为"圣尼古拉教堂"。马克西姆死后,清朝接受俄国政府派遣传教士团来京主持圣尼古拉教堂事务的请求。1715年(康熙五十四年),由修士大司祭伊拉里昂等10人组成的传教士团(又称"布道团")到达北京,受到清朝的礼遇,定居于圣尼古拉教堂。圣尼古拉教堂是北京的第一座东正教堂,尽管它只是俄罗斯百人队及来京俄商的宗教生活场所,但随着它的出现,东正教文化已开始在北京立足和传播。

二

1728年(雍正六年)中俄《恰克图条约》的签订,使中俄文化交流进入了一个新的发展时期。根据条约第5条规定,清朝协助俄国在北京建立一座东正教堂。这座教堂建于东江米巷(后改称东交民巷),命名为"奉献节教堂"。[3]这是北京的第二座东正教教堂。由于圣尼古拉

---

①维谢洛夫斯基:《俄国驻北京传道团史料》,北京第二外国语学院译,商务印书馆1978年,第26页。

②维谢洛夫斯基:《俄国驻北京传道团史料》,北京第二外国语学院译,商务印书馆1978年,第22页。

③维谢洛夫斯基:《俄国驻北京传道团史料》,北京第二外国语学院译,商务印书馆1978年,第42页。

教堂被称为"北馆",与之相对应,奉献节教堂又被称为"南馆"。

《恰克图条约》第 5 条还规定,俄国定期向北京派遣传教士团和留学生,到京后居住南馆。传教士由清朝"供以膳食",留学生由俄国"供其膳费"。①

1729 年(雍正七年),修士大司祭普拉特科夫斯基率传教士团到达北京,按照每 10 年换班的规定,至 1860 年(咸丰十年),共有 13 届传教士团到北京。加上 1714 年(康熙五十三年)到京的伊拉里昂传教士团,至 1860 年,共有 14 届传教士团到北京。②

俄国留学生来京,主要学习满文、汉文。《清史稿·选举志》载:"雍正六年,俄罗斯遣官学生鲁喀等留学中国,以满、汉助教等教之,月给银米器物,学成遣归,先后络绎至。"其实,第一批留学生卢卡·沃耶伊科夫等 3 人是 1727 年(雍正五年)到京的。③1860 年以前,俄国派往北京的留学生共有 41 人,④其中 1754 年(乾隆十九年)随弗拉迪金商队到京的瓦维拉·叶尔莫拉耶夫等 4 人,因清朝不予接受,于次年随商队返回。⑤俄国政府规定,派往北京的留学生,"自他们到达北京之日算起,学习期限为十二年,期满后即行返回俄国"。⑥道光年间,因

①《中俄边界条约集(俄文汉译本)》第 15 页。商务印书馆 1973 年。

②由于交通不便以及中俄关系的变化等原因,传教士团在京的期限虽有每届十年之规定,但并未严格按此规定执行。

③维谢洛夫斯基:《俄国驻北京传道团史料》,北京第二外国语学院译,商务印书馆 1978 年,第 122 页。

④同上,第 127、128 页。

⑤班蒂什—卡缅斯基:《俄中两国外交文献汇编(1619—1792)》,中国人民大学俄语教研室译,商务印书馆 1982 年,第 293、294 页。

⑥班蒂什—卡缅斯基:《俄中两国外交文献汇编(1619—1792)》,中国人民大学俄语教研室译,北京:商务印书馆 1982 年,第 292 页。

12 年期限太长，他们"俱有父母等在家思念情切，改为五年为期"。此外，随传教士团来京学习的还有医士 8 名、画家 3 名、硕士 1 名。①

俄国传教士和留学生来京，使北京俄罗斯学的师资力量得到加强。自俄文教习库锡玛、雅稿去世后，"俄罗斯佐领下无堪充教习之人"，②只好从学生中挑选教习。为了提高教学水平，《恰克图条约》签订前，清朝已从来京传教士中聘请教习。1716 年（康熙五十四年）来京的第一届传教士团中的修士司祭拉夫连季·乌瓦罗夫就曾担任过俄罗斯教习，康熙帝给其官员品秩，使他"享有当地官员的一切待遇"。教堂辅助人员约阿萨夫也"在蒙古衙门设立的俄语学校里教课"。③《恰克图条约》签订后，来京的传教士和留学生中有不少人被清朝聘为俄罗斯学教习和理藩院的翻译，其中，随第二届传教士团来京的留学生伊拉里昂·罗索欣，从 1735 年（雍正十三年）起担任俄罗斯学教习和理藩院翻译。出于教学的需要，罗索欣编了一本《俄罗斯翻译捷要全书》，供俄罗斯学学生使用，这是中国学生使用的第一部俄语教科书和辞典。④

俄国传教士团和留学生来京时，还带来了许多俄文书籍，其中数量最多的一次是在 1845 年（道光二十五年）。是年，俄国来文请求清朝政府赠送一部佛教经典《丹珠尔经》，道光帝命将雍和宫藏本八百余册赠与。俄国政府对中俄文化的交流也极为重视，"越数月，其国王因肄业换班学生进京，乃尽缮俄罗斯所有书籍来献。凡三百五十七

①维谢洛夫斯基：《俄国驻北京传道团史料》，北京第二外国语学院译，商务印书馆 1978 年，第 60、106 页。

②《清高宗实录》卷五三九，页 23。

③维谢洛夫斯基：《俄国驻北京传道团史料》，北京第二外国语学院译，商务印书馆 1978 年，第 285、294 页。

④蔡鸿生：《评俄国"汉学"》载《中俄关系史论文集》甘肃人民出版社 1979 年。

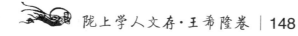

号,每号为一帙,装饰甚华,有书有图,惟通体皆俄罗斯字,人不尽识"。道光帝令将这批书籍收藏于理藩院,以待日后组织翻译。按照军机处存贮档册、书籍例,这批书籍的书名先被译出,京师"好事者争相传录",表现出对俄罗斯文化的关注与兴趣。据刑部主事何秋涛记载:"其中言彼国史事、地理、武备、算法之书十之五,医药、种树之书十之二,字学、训解之书十之二,其天主教书与夫诗文等类仅十之二而已。"①可知这批俄文书籍包括了历史、地理、军事、数学、医药学、植物学、词典、基督教经典、文学等诸多方面的著作,代表了当时俄国科学文化领域的水平。

三

在清代中俄文化交流中,俄国传教士和留学生起了重要的桥梁作用。他们不仅促成了俄国文化在中国的传播,同时,经过在北京长期的刻苦学习,他们中有不少人精通满、汉、藏、蒙文,熟知中国的传统文化,为中国文化在俄国的传播作出了重要贡献,并为俄国汉学的发展奠定了基础。以下简略介绍几位著名人物及其贡献。

伊拉里昂·罗索欣(1717—1761),又译赫拉尼·罗索金,俄国布里雅特蒙古人,出生于色楞格斯克一神父家庭。他原为伊尔库茨克主升天修道院附设的蒙文学校学生,1729年(雍正七年)被选作留学生随第二届传教士团到达北京,1740年(乾隆五年)随俄国信使绍库罗夫返回俄国。罗索欣在北京留学11年,他本会蒙文,又进一步掌握了满文、汉文,在当时北京的俄国留学生中学习最为出色。自1735年(雍正十三年)起,他一面留学,一面在理藩院兼任翻译,在俄罗斯学兼任教习,并编成《俄罗斯翻译捷要全书》。1741年(乾隆六年)回到圣彼得

①何秋涛:《朔方备乘》卷十二。

堡,被俄国政府任命为汉文和满文译员、东方语言学教授,负责翻译外交公文并为彼得堡卫戍部队子弟学校培训汉语和满语翻译人员。罗索欣在工作之余,翻译和编译了近三十部中国书籍,其中包括图理琛的《异域录》和《资治通鉴纲目前编》、《中国丝织厂资料》、《一七三零年京报摘抄》,他还与另一留学生列昂季耶夫合译了《八旗通志》。

阿列克谢·列昂季耶夫(1716—1786),又译阿列克谢·列昂节夫。原为莫斯科神学院学生,曾随俄籍中国人扎加学习满文。1743年(乾隆八年)随俄国信使绍库罗夫来到北京,1755年(乾隆二十年)随弗拉迪金商队返回俄国,他在北京留学计12年。列昂季耶夫回国后在外务委员会担任翻译。恰克图第一次闭关后,他曾担任俄国全权代表克罗波托夫的秘书,参加了与清朝代表举行的谈判,于1768年(乾隆三十三年)签订《关于俄中边界制度的恰克图条约补充条款》,使恰克图贸易得以重开。列昂季耶夫也翻译了大批中国书籍。1762年(乾隆二十七年),他将罗索欣未译完的《八旗通志》补译完成,受到俄国政府的奖励。随后又陆续译出《大清会典》、《名臣奏议》、《图理琛异域录》、《大学》、《中庸》、《圣贤格言》、《三字经·名贤集合刊本》。他还按照叶卡捷琳娜二世选择中国律令的指示,译出《大清律集解附例》和《雍正二年谕旨》,为俄国政府提供整饬吏治和敦化民风的借鉴。列昂季耶夫翻译的中国书籍约25部,其中许多是欧洲的第一次译本,并附有大量注释。他还发表了《中国臣子》、《中国君子》等文章,宣传儒家学说中修身治国的思想,还编纂了一些汉满俄文辞典。

雅金夫·比丘林(1777—1853),又译俾丘林。他原是喀山神学校学生,毕业后留校任训导教师,后在伊尔库茨克神学校和托博尔斯克伊万修道院任教与修道。1808年(嘉庆十三年)出任第9届北京传教士团团长、修士大司祭,来到北京。比丘林在北京留居了13年。他喜爱中国传统文化,经常身着中国服饰,深入北京社会,观察了解民情风俗。经过刻苦学习,他精通满、汉、藏、蒙文。在京期间他译著的书就有《北京志》、《准噶尔志》、《成吉思汗系前四汗本纪》、《蒙古志》、《西藏志》、《中亚诸民族志》、《西藏青海史》等17种。比丘林在京期间广为搜求汉、蒙、藏、满文书籍和各类文物,回国时他带走了几吨重的中国书籍,包括《十三经》、《廿三史》、《大清一统志》及各种地图。他带回俄国的中国书籍数量,超过了前8届传教士团带回的中国书籍的总和。他自称在北京13年中所做的事情要比以往传教士团取得的总成就多出了5倍以上。比丘林返回俄国后长期在外交委员会亚洲司任翻译,并继续从事汉学研究。他把《四书》及其全部注释译为俄文,并把《三字经》译为俄文,称之为"十二世纪的百科全书"。他还把自己的汉学著作《西藏青海史》、《卫拉特或卡尔梅克历史概述》、《中华帝国详志》、《中国的国情与民风》、《中亚各族史料汇编》等陆续刊布。因此,他先后3次获得俄国科学院的杰米多夫奖,成为俄国汉学界的权威,被奉为俄国汉学界的一代宗师。

瓦西里·帕夫洛维奇·瓦西里耶夫(1818—1900),汉名译作王西里、瓦习礼、王书生。原为喀山大学硕士生,其硕士论文题目为《论佛教哲学的原理》。1840年(道光二十年)随第11届传教士团来京,1849年(道光二十九年)回国。在北京期间他深入研究佛学,将《大唐西域记》译为俄文。瓦西里回国后先任喀山大学教授,后调任圣彼得堡大学东方学系教授,从事满、汉文教学。他担任东方学系主任达15年之久,1886年当选为科学院院士,并一度兼任外交委员会亚洲司翻译。他的汉学著作有《东方的宗教:孔教、佛教和道教》、《佛教教义及其历史和文献》、《回教在中国的传播》、《中国的发现》等。他将《满洲志》、《宁古塔纪略》、《论语》等书译为俄文,还将《聊斋志异》中的一些故事和唐人小说《李娃传》译为俄文,并编纂了《满俄大辞典》。他被称为比丘林之后最大的俄国汉学权威。一般认为,瓦西里之前,俄国汉学的研究中心是在北京俄罗斯馆,瓦西里时期,则从北京移到了圣彼得堡大学。

帕拉季·卡法罗夫(1817—1878),又译巴拉第。他原为彼得堡神学院学生,1840 年(道光二十年)作为第 12 届传教士团的修士辅祭来到北京,后又出任第 13 届(1849—1859)和第 15 届(1865—1878)传教士团团长、修士大司祭,他在北京留居了 38 年。任修士辅祭时,他已通读汉文佛藏 750 卷,写成《佛陀传》、《古代佛教史纲》。以后他又致力于中国边疆历史地理的研究,代表作有《元朝秘史译注》、《长春真人西游记译注》、《圣武亲征录译注》、《乌苏里边区历史概要》等。[①]

四

综上所述,我们可以得出以下几点认识。

首先,由于清朝的宗教宽容政策和中俄之间正式条约的保障,清代的中俄文化交流得以长期持续发展,这对于促进中国文化在俄国的传播以及俄国文化在中国的传播,对于加强两国人民之间的相互了解,都产生了积极的作用。

其次,也应看到,清代的中俄文化交流中,俄国是积极、主动的一方,清朝则是相对消极、保守的一方。正因为如此,来京的俄国传教士、留学生中涌现出了一批熟知中国文化的外交人才和汉学家,他们不只是把中国的儒家、佛教、道教经典与历史、地理、民族、经济等方面的名著译为俄文,而且写出了不少有关中国问题的研究专著。这些译著和专著在俄国的出版,使俄国人民了解到中国和中国文化。而在同一时期,清朝虽在北京开办了俄罗斯学,但只是将学生的培养目标局限在能够翻译中俄往来

---

①参见维谢洛夫斯基:《俄国驻北京传道团史料》中译本;班蒂什—卡缅斯基:《俄中两国外交文献汇编(161—1792)》中译本;米镇波、苏全有:《清代俄国来华留学生问题初探》载《清史研究》1994 年第 1 期等。

的信函方面。俄罗斯学开办虽早,却未能成为研究机构,培养的学生名不见经传,也似乎没有什么译著或专著问世。直到咸丰年间,刑部主事何秋涛才完成了我国第一部关于中俄关系的专著《朔方备乘》。由此也可看出清朝在对外文化交流中了解世界方面的保守性。

第三,在1860年(咸丰十年)中俄《北京续增条约》签订之前,俄国和欧洲其他国家一样,并无常驻北京的外交使馆。出于了解清朝中枢决策及政治、经济、军事等方面情况的需要,俄国政府充分利用传教士和留学生常驻北京的便利条件,收集各种情报。例如,1732年(雍正十年)俄罗斯东正教宗教最高会议发给第7届传教士团团长希什科夫斯基一个"工作指示",其中有一条说:"尔修士大司祭于驻北京期间,一有机会就应尽量把当地动态认真详细地写成材料上报全俄正教最高会议"。俄国外交事务委员会曾明确指示传教士设法获取"有关中国人的意向和活动的情报"。①1818年(嘉庆二十三年)8月,俄国政府训令北京传教士团:"今后的主要任务不是宗教活动,而是对中国的经济和文化进行全面研究,并应及时向俄国外交部报告中国政治生活的重大事件"。1840年(道光二十年)以后,俄国传教士和留学生的这种活动曾给中国造成不小的危害。②在我们肯定俄国传教士和留学生在中俄文化交流中的重要作用的同时,也应注意到他们的这些活动。

(原载《兰州大学学报(社会科学版)》,1997年第4期)

---

①廓索维兹:《中国人及其文化》,转引自《沙俄侵华史》第1卷,第342页,人民出版社1978年。

②例如,1840年到京的第12届传教士团团长、修士大司祭波克卡尔普·图加里诺夫(汉名佟正笏)根据俄国政府的训令收集各种情报,"他向圣彼得堡外交部提供情报时,俨然以此指导外交部的行动路线"。1860年英法联军进攻天津、北京期间,修士大司祭帕拉季、古里等人在俄使普提雅廷、伊格纳切夫指示下提供情报,出谋划策,为英法联军击败清军与迫使清朝签订不平等条约出力不少。

清代新疆分封制的失败及其原因

一、清朝统治新疆的设想与分封制的提出

顺治元年(1644年)清朝定鼎北京后,由于全力对付农民军和南明抗清势力及随后爆发的三藩之乱,无暇亦无力西顾,和新疆地方民族政权之间只是保持着传统的贡使关系。[①]

①顺治三年(1646年),叶尔羌汗国的吐鲁番苏鲁谭(苏丹)阿布伦木汉默德阿济汗遣都督马萨朗等"进方物,兼请订进贡额例"。顺治帝命厚加赏赐,并降敕谕一道,命马萨朗带回,内云:"尔等诚能恪修贡献,时来朝贺,大贡小贡,悉如旧例,则恩礼相荷,岂有忽忘之理……尔国所受明敕印,可遣使送缴,以便裁酌,授尔封爵"(《清世祖实录》卷二十六,顺治三年五月至六月壬午)。顺治十三年(1656年),叶尔羌大汗阿布都拉哈遣使入贡,清朝酌定进贡赏例,并定"著五年一次来贡,进贡人员,入关不得过百人等制"(《清世祖实录》卷一〇三,顺治十三年八月至九月丁未)。额鲁特蒙古与清朝建立贡使关系较之叶尔羌汗国更早,崇德二年(1637年)和硕特部固始汗向清太宗皇太极通贡。顺治三年(1646年),以固始汗为首的额鲁特首领22人,联名向清朝奉表进贡,其中包括准噶尔部首领巴图尔珲台吉。清朝认可了固始汗在额鲁特蒙古中的盟主地位,"赐甲胄弓矢,俾辖诸卫拉特"。顺治十年(1653年),又封固始汗为"遵文行义敏慧顾实汗"(《皇朝藩部要略》卷9,《厄鲁特要略一》)。当时清朝似乎对天山北路的准噶尔部的势力并不十分了解,故对实际上已在行使着额鲁特蒙古盟主职能的巴图尔珲台吉未能予以足够重视。但巴图尔珲台吉仍力求与清朝加强联系,顺治七年(1650年),巴图尔珲台吉曾遣使入贡,其子僧格继之(《清朝文献通考》卷二八四,舆地十六)。顺治九年(1652年),又遣使"进贡方物"(《清世祖实录》卷七十,顺治九年十一月至十

康熙二十七年(1688 年),噶尔丹东击喀尔喀蒙古,与清朝开始公开抗衡之后,清朝通过多伦会盟,对喀尔喀蒙古实行札萨克旗制,加强了管辖。至康熙三十六年(1697 年)噶尔丹败死之时,不仅喀尔喀蒙古地区已处于清朝的直接统治之下,而且由于达尔汉伯克额贝都拉的投清,清朝的统治已到达新疆东部的哈密地区。康熙五十四年(1715 年)清准战争再度爆发,清朝在科布多、哈密屯驻大军,接连进击准噶尔牧地,至康熙末年,西路清军已控制了吐鲁番盆地。但由于同一时期准军南下占据了黄教圣地拉萨,清朝转而组织进行驱准保藏的军事远征,哈密、科布多清军的军事行动只是局限在向准噶尔牧地发动袭击,牵制准军主力的范围内。从有关记载来看,康熙帝晚年,虽有出动北、西两路大军征讨准噶尔之举,但并未提出进取新疆全部的具体规划,更未能提出以何种方式统治新疆的设想。

彻底平定准噶尔部,将新疆置于清朝的直接统治之下的想法,是由雍正帝最早提出的。早在康熙五十四年(1715 年)策妄阿拉布坦遣兵犯哈密,康熙帝筹及用兵之计时,他即指出:"当日天兵诛殛噶尔丹时,即应将策妄阿喇布坦一同剿灭。今乃渐渐狂悖,居心险诈,背负圣恩,种种不恭,至于侵扰我哈密,干犯王章,于国法难以宽贷,自当用兵扑灭,以彰天讨"。康熙帝对此见识和意见"深然之"。[①]雍正帝即位后,清准之间一度罢战议和。但为时不久,噶尔丹策零拒不向清朝引渡逃往伊犁的和硕特亲王罗卜藏丹津,再度与清朝相对

二月甲辰)。康熙十八年(1697 年)噶尔丹称汗,兼并天山南路的叶尔羌汗国,建立起强大的准噶尔汗国。当噶尔丹称汗时,即向清朝"遣使贡献锁子甲、鸟枪、马驼、貂皮等物……奉贡入告"(《清圣祖实录》卷八十四,康熙十八年九月戊戌)。

①《清圣祖实录》卷二六三,康熙五十四年四月至五月乙未。

抗,雍正帝祭告太庙,拜将祃牙,决心一举剿灭准噶尔部。他在谕令中指出:"若不及时剿灭,实为众蒙古之巨害,且恐将来贻国家之隐忧。"①雍正八年(1730年)、九年(1731年)清朝派托时、德新二使臣率使团赴俄国祝贺俄皇即位,并向俄国通报清朝将大举对准噶尔用兵一事。②据清档满文录副奏折披露的雍正九年(1731年)六月给使臣的训令中提到,雍正帝曾训令德新告知俄皇:"彼准噶尔所居之地,虽与内地相距遥远,今我朝廷将使其地为耕地,变其属下人众为朝廷直接统治之民"。③这一训令表明了清朝统一新疆的决心,并反映出雍正帝已在设想,平准战争取胜后,将在准噶尔牧地推广农业经济,将准噶尔及其所属各部族置于清朝的直接统治之下。托时、德新还就平准战争中逃往俄国的准噶尔台吉、宰桑如何引渡的问题与俄国枢密院达成了协议。④但是,雍正朝的平准战争并未达到预期目的。清朝损兵折将,劳师糜饷,最终只打成平局。雍正末年清准再度开始议和,雍正帝在他的统一愿望未取得进展的情况下即死去了。乾隆帝即位后,双方继续议和。乾隆四年(1739年)和议成,清朝的势力仍未越过阿尔泰山和哈密。根据和约,清准贸易开始持续进行。从有关史料来看,乾隆十九年(1754年)五月以前,清朝并无进一步用兵新疆的计划。

乾隆十年(1745年),噶尔丹策零病卒后,汗国的形势发生了重大

①《清世宗实录》卷八十,雍正七年四月癸卯。

②详见拙作《托时、德新奉使俄国及其有关问题》,载《兰州大学学报(社会科学版)》1995年第4期。

③雍正九年六月清廷给出使俄国及前往土尔扈特大臣德新与班第等人的训令,载《清代中俄关系档案史料选编》第1编,下册,第549—554页。

④《托时、德新奉使俄国及其有关问题》载《兰州大学学报(社会科学版)》1995年第4期。

变化。先是噶尔丹策零次子策妄多尔济那木札勒"以母贵，嗣汗位"。史载此人残暴嗜杀，"童昏无行，恣睢狂惑"。①幽姊谋兄，致使部众离心。乾隆十五年（1750年），噶尔丹策零长子喇嘛达尔札起兵擒杀策妄多尔济那木札勒，夺取汗位。但喇嘛达尔札系庶出，不为准噶尔贵族们信服。大策凌敦多布（巴图尔珲台吉之孙）之孙达瓦齐拥众塔尔巴哈台，拒不受命。喇嘛达尔札遣兵讨伐，达瓦齐兵败，与辉特部台吉阿睦尔撒纳北走哈萨克。乾隆十七年（1752年），达瓦齐与阿睦尔撒纳集中精锐，突袭伊犁，刺杀喇嘛达尔札，夺取汗位。但达瓦齐任汗后不久，又与阿睦尔撒纳反目为仇，兵戈相见。

准噶尔上层贵族连年内讧，使汗国分崩离析，实力削弱。一些在内讧中失败或不愿参加内讧的台吉、宰桑不能立足于原牧地，纷纷率部众投清。其中，以准噶尔宰桑萨拉尔、杜尔伯特车凌等三台吉和辉特部台吉阿睦尔撒纳三起投清人数最多，影响最大。

萨拉尔是小策凌敦多布之子达什达瓦部下宰桑。达什达瓦是策妄多尔济纳木札勒的支持者。喇嘛达尔札夺位后，把策妄多尔济纳木札勒和达什达瓦拘禁于阿克苏，并把达什达瓦的部众分赏有功诸将。萨拉尔不服，于乾隆十五年（1750年）率部众千余户投奔清朝。清朝将其部众编设佐领，安置于察哈尔，授萨拉尔散秩大臣，仍辖其部众。

杜尔伯特三台吉即车凌、车凌乌巴什、车凌蒙克。该部与准噶尔同宗，牧地在阿尔泰山、额尔齐斯河一带。准噶尔上层内讧，杜尔伯特部莫之所从，复受欺逼，决计投清。乾隆十八（1753年），车凌等三台吉率部众三千余户投乌里雅苏台。清朝对其编设佐领，实行旗制，设十三札萨克，称赛音济雅图盟，以车凌、车凌乌巴什为正、副盟长，封

①《圣武记》卷四，《乾隆荡平准部记》。

为亲王、郡王,后定其牧地于乌兰固木。①

辉特部台吉阿睦尔撒纳为策妄阿拉布坦之外孙, 其母博托洛克原为和硕特拉藏汗子丹衷之妻,丹衷被策妄阿拉布坦处死,博托洛克又适辉特部台吉韦征和硕齐,生阿睦尔撒纳,故又传阿睦尔撒纳实为丹衷之子。阿睦尔撒纳胆识过人,久存大志,但因非准噶尔直系贵族,无由得汗位,故借拥立达瓦齐来扩大自己的势力和影响,伺机举事。达瓦齐即汗位后,自不能容忍阿睦尔撒纳势力的增长。阿睦尔撒纳战败后谋借清朝的力量来对付达瓦齐,遂于乾隆十九年(1754年)夏与其兄班珠尔等率兵五千余名、部众二万东投清朝,受封为亲王。

清朝从来投台吉宰桑处了解到新疆动乱状况, 即密切注视着准噶尔汗国内讧事态的发展。大概在得悉达瓦齐与阿睦尔撒纳开战的消息后,乾隆帝即已在"再四思维"出军新疆之事。乾隆十九年(1754年)五月,乾隆帝作出了次年进军的决定,五月壬午上谕云:

"从前准夷部落,准其通贡贸易,原系加恩噶尔丹策零。其后策妄多尔济那木扎勒、喇嘛达尔札继立,因系噶尔丹策零之子是以仍前办理。至达瓦齐篡立则仆属矣。今伊贡使前来,若仍前相待,我朝当全盛之时,国体攸关,不应委曲从事,以示弱于外夷。况伊部落数年以来内乱相寻,又与哈萨克为难,此正可乘之机。若失此不图,再阅数年,伊事势稍定,必将故智复萌,然后仓猝备御,其劳费必且更倍于今。况伊之宗族车凌、车凌乌巴什等,率众投诚至万有余人,亦当思所以安插之。朕意机不可失,明岁拟欲两路进兵,直抵伊犁,即将车凌等分驻游牧,众建以分其势。此从前数十年未

___

① 《蒙古游牧记》卷十三《额鲁特蒙古乌兰固木杜尔伯特部赛音济雅哈图盟游牧所在》;《清高宗实录》卷四六二,乾隆十九年闰四月上甲子。

了之局,朕再四思维,有不得不办之势。"①

此上谕之要点有三:其一,提出进军之名义,以达瓦齐为仆属篡立,不能以往日订立之和议相待,使师出有名;其二,指出进军之可行性与必要性,强调准部内讧乃天赐良机,平准乃数十年未了之局,失此不图,必将遗患未来;其三,提出平准后统治新疆之打算,即"众建以分其势",实行分封制的设想。所谓"众建以分其势",即要使准噶尔及其原统治下的新疆各部都处于平等地位,使之互相牵制,分而治之,以防止新疆再出现准噶尔一统诸部,形成强大势力,与清朝相抗衡的局面。这一设想与雍正帝提出的"将使其地为耕地,变其属下人众为朝廷直接统治之民"的设想相比,显然是后退了一步。

二、分封制的实施及失败

乾隆十九年(1754 年)七月,阿睦尔撒纳率众投清,他在赴热河朝觐时,向乾隆帝备陈准噶尔内乱及伊犁可取状,建议清朝于次年春季趁准噶尔马畜疲乏之际发兵西征。此建议为乾隆帝采纳,将进军日期定为次年二月。

乾隆二十年(1755 年)二月中旬,北、西两路清军先后开始西征。在此之前的正月七日,根据乾隆帝众建以分其势的设想,军机处拟定了"平定准噶尔善后事宜七条",②对平定准噶尔后统治新疆的具体措施作出了规定,其内容为:

一、对新疆额鲁特四部人众编设札萨克旗制,择其首领,给予爵位,按原牧地安置。"查四卫拉特台吉户口,如何给爵授札萨克及编列旗分佐领设官,俟班第等议奏。其四卫拉持之人,原系散处,应安置各

---

①《清高宗实录》卷四六四,乾隆十九年五月壬午。
②《清高宗实录》卷四八〇,乾隆二十年正月辛巳。

原驻附近地方,不必将一姓聚处"。

二、革除天山南路维吾尔人向准噶尔缴纳的贡赋,令其头目自管所属。"回人俱有地亩,岁纳贡赋于准噶尔。今准夷底定,回人内属,除岁贡喇嘛外,余赋悉蠲,贡额亦应议减。内如吐鲁番,原系内地,应将其回目查出,俾管所属。瓜州居住之额敏和绰属下回人,亦仍移吐鲁番安置"。

三、对收服之乌梁海编设札萨克旗制,拣选头目。"现收之乌梁海,既编列旗分佐领,有续收者应照办,同移置各原地方,其管辖人,令班等选奏"。

四、将准噶尔的守边部队札哈沁、包沁移于阿尔泰山以西,[①]令归降之原宰桑玛木特掌管。"扎哈沁人众,应移于喀尔喀游牧之外、厄鲁特台吉等所住之内,藩篱愈固,包沁与札哈沁相近,应俱令玛木特掌管"。

五、在伊犁设立大臣,率部分兵丁驻扎。"大兵撤回,应于满洲蒙古兵内,留五百名随班第等驻扎伊犁,各盟、回部、乌梁海咨报伊犁文移,应设台站,令班第等酌办"。

六、在乌鲁木齐、吐鲁番、瓜州驻兵屯田,应援伊犁。"伊犁既住大臣,应择形胜地驻兵为声援。西路吐鲁番鲁布沁地方膏腴可耕,请驻兵一千,再瓜州、乌鲁木齐俱可屯田驻兵,则伊犁、鲁布沁声息相通,亦展疆土"。

七、划定喀尔喀、厄鲁特游地,即以阿尔台山梁为界,其间乌梁海所居游牧不动外,所有阴坡令喀尔喀游牧居住,阳坡令厄鲁特居住。"喀尔喀西界既经展远,其东陲鄂尔坤、塔密尔、推河等处俱闲,喀尔

---

① 《皇舆西域图志》卷二十九载:"扎哈沁,系防守边界、坐卡伦,巡查访察一切事务"。"包沁,专司炮者"。

喀北界俄罗斯、西界厄鲁特,请派京师满蒙兵数千前往闲处屯田,一如蒙古授产安插,以靖过境"。

以上七条中,除三、七两条是针对乌梁海、喀尔喀而外,其余五条即乾隆帝对新疆"众建以分其势"统治原则的具体内容。表明清朝设想在平准战事结束后,将按照在喀尔喀蒙古地区实行的统治制度,对新疆额鲁特四部人众编设札萨克旗制,分封四部首领,划分牧地,分而治之。这里虽提出了在伊犁设立大臣,驻扎监管的计划,但将驻屯内地军队的地方选在乌鲁木齐、吐鲁番、瓜州一线,只拟在伊犁留驻少量兵丁。此外,清朝还设想对原为准噶尔统治的天山南路维吾尔人减免贡赋,并查出头目,"俾管所属",这也是根据"众建以分其势"统治原则制订的具体措施之一。

在酌订"善后事宜"的同时,乾隆帝已决定将在新疆额鲁特四部各设一汗,并确定了杜尔伯特、辉特、和硕特三汗的人选。"善后事宜"酌定后的第十天,上谕云:

> "准噶尔平定之后,朕意将四卫拉特,封为四汗,俾各管所属。封车凌为杜尔伯特汗,阿睦尔撒纳为辉特汗,班珠尔为和硕特汗。朕曾面谕车凌、阿睦尔撒纳二人,第班珠尔尚未知悉,可即谕伊知之。"①

此上谕表明,乾隆帝在车凌、阿睦尔撒纳觐见时,也即乾隆十九年五月、十一月,已把平定准噶尔后将分封四汗,二人将分别被任为杜尔伯特、辉特二部汗的打算当面告知。换言之,早在乾隆十九年十一月阿睦尔撒纳即已得知清朝在平准后将分封四汗,自己将被封为辉特部汗,而不是取代达瓦齐,任四部总汗。

乾隆二十年(1755年)二月,清朝集中大军五万,配备战马十五万

① 《清高宗实录》卷四八一,乾隆二十年正月辛卯。

匹,兵分两路,大举西征。北路以班第为定北将军、阿睦尔撒纳为副将军任先锋,西路以永常为定西将军、萨拉尔为副将军任先锋,约期会师于博罗塔拉。清军西进途中,准噶尔部众望风迎降。三月,萨拉尔招降准噶尔大台吉噶勒藏多尔济,此人为巴图尔珲台吉曾孙,在巴图尔珲台吉直系后裔中辈分高于达瓦齐,是准噶尔贵族中影响很大的人物。乾隆帝接到奏报后,即将其定为准噶尔汗人选。谕云:

> "俟平定准噶尔后,令四卫拉特人等,照旧安居,并封王爵,共享升平。噶勒藏多尔济既为准噶尔大台吉,即封为绰罗斯汗,其阿睦尔撒纳应封辉特汗,车凌应封杜尔伯特汗,班珠尔应封和硕特汗,同至热河朝觐,大加宴赏,故先为宣示,俾汝知之。"①

四月,北、西两路清军会师于博罗塔拉。时沿途归降的额鲁特各部及维吾尔人已有数万户,清军兵不血刃,进入伊犁。达瓦齐拥众万人退据格登山(今昭苏县境内),阿睦尔撒纳遣翼领喀喇巴图鲁阿玉锡等二十五人夜探敌营,"阿玉锡等突入贼营冲击,出其不意,贼众惊溃,自相蹂躏,达瓦齐仅率二千余人窜去,黎明收服四千余众"。②六月,达瓦齐越天山逃奔南路维吾尔人地区,途中被乌什阿奇木伯克霍集斯擒获,送交清军。达瓦齐的被擒,标志着准噶尔汗国的灭亡。

当清军进入伊犁之时,清朝即开始论功行赏。阿睦尔撒纳、车凌等"赏亲王双俸",班珠尔等晋爵亲王,班第、萨拉尔晋封一等公。③时罗卜藏丹津就擒,达瓦齐败走,捷报频传。乾隆帝祭告太庙,颁诏天下,举国振奋,清朝君臣沉浸在胜利的喜悦之中。但就在西师凯旋,清

①《清高宗实录》卷四八五,乾隆二十年三月壬寅。
②《清高宗实录》卷四九〇,乾隆二十年六月丙午。
③《清高宗实录》卷四八九,乾隆二十年五月壬辰。

朝准备按"众建以分其势"的原则分封诸汗善后之时,八月十九日,任定边左副将军、封双亲王的阿睦尔撒纳公开反叛清朝,发动叛乱。①

　　阿睦尔撒纳投清的目的在于借清朝的力量对付达瓦齐,夺取准噶尔汗位。他的这一目的与乾隆帝"众建以分其势"的原则一开始就存在着根本上的对立。乾隆十九年(1754年)十一月热河朝觐时,得知乾隆帝仅欲将已封为辉特部汗后,他即借口"所用旧纛,每到准噶尔地方,彼处人众,易于识认,投降甚便",②拒用清朝颁赏的上三旗旗纛。进入伊犁后,他又以四部总汗自居,置清朝所颁黄带孔雀翎及印信不用,启用准噶尔首领小红钤记行文各部。同时,他还授意部属,代其请命,统辖四部,并与归降之宰桑头目私行往来,图据伊犁。③时清大军凯旋,乾隆帝接班第密奏后,即令阿睦尔撒纳入觐,以便处置。阿睦尔撒纳行至乌隆古河,从喀尔喀和托辉特部郡王青衮扎布处得知清朝的打算,乃借口治装,返回牧地,煽动部众,攻掠伊犁。时各部"喇嘛、宰桑蜂起应之",④伊犁只有清兵五百,众寡悬殊,将军班第、鄂容安陷围自杀,天山北路为阿睦尔撒纳控制。

　　阿睦尔撒纳反叛的消息传来,清朝立即着手组织第二次西征。同时,乾隆帝仍坚持"众建以分其势"的原则,对原定四汗人选作了调整,于九月十二日正式颁诏分封四汗。诏曰:

　　"准噶尔旧有四卫拉特,今即仍其部落,树之君长。噶勒藏多尔济封为绰罗斯汗,车凌封为杜尔伯特汗,沙克都尔曼济封为和硕特汗,巴雅尔封为辉特汗。"⑤

---

①《清高宗实录》卷四九六,乾隆二十年九月。
②《清高宗实录》卷四八六,乾隆十九年十一月庚寅。
③《清高宗实录》卷四九一,乾隆二十年六月下;卷四九二,乾隆二十年七月上。
④《圣武记》卷四,《乾隆荡平准部记》。
⑤《清高宗实录》卷四九六,乾隆二十年九月癸未。

　　乾隆二十一年(1756年)初,清军再次兵分两路,大举西征。三月,清军进入伊犁,阿睦尔撒纳北窜哈萨克。正当清军追捕阿睦尔撒纳之时,六月,和托辉特部郡王青衮扎布私自回兵,发动"撤驿之变",撤除北路台站,中断北路清军与后方的联系。①十月,新封之辉特汗巴雅尔叛清,"抢掠洪霍尔拜扎哈沁等五百余户,杀伤人众,劫夺牲只"。②十一月,巴雅尔兄哈萨克锡拉宰桑尼玛等叛清。乾隆二十二年(1757年)正月,新封之绰罗斯汗噶尔藏多尔济暗通哈萨克锡拉等,与吐鲁番达尔汉伯克莽噶里克等发动叛乱,在乌鲁木齐会攻清军,将军兆惠率军撤至巴里坤。二月,噶尔藏多尔济率部进入伊犁,以总汗自居。四月,准噶尔另一贵族扎那噶尔布袭杀噶尔藏多尔济,③"即往博罗塔拉坐台吉床。而尼玛又欲害扎那噶尔布,往迎阿逆,令其管理准噶尔地方"。④五月,跟随清军进剿阿睦尔撒纳的土尔扈特台吉巴图尔乌巴什等反叛,进据伊犁。⑤就在噶尔藏多尔济在伊犁称汗之时,阿睦尔撒纳回至博罗塔拉,纠集诸部首领掠夺噶尔藏多尔济、扎那噶尔等游牧。这一时期,天山北路降而复叛的额鲁特诸部台吉各拥部众,互相攻掠,残杀不已,其目的都是为争夺四部总汗(总台吉)之位。

　　乾隆二十二年(1757年)二月,清朝第三次集中兵力,分路进剿。此时,准噶尔地区天花流行,死者甚多,无力抵抗。清军长驱直入,阿

---

　　①《清高宗实录》卷五一七,乾隆二十一年七月下;卷五一八,乾隆二十一年八月上。

　　②《清高宗实录》卷五二四,乾隆二十一年十月上戊寅。

　　③扎那噶尔布为巴图尔珲台吉后裔,其曾祖为巴图尔珲台吉第九子朋楚克达什。

　　④《清高宗实录》卷五三七,乾隆二十二年四月己丑。

　　⑤《清高宗实录》卷五四〇,乾隆二十二年六月上;卷五三八,乾隆二十二年五月上。

睦尔撒纳逃入哈萨克草原。六月,清军至爱呼斯河(今阿亚古斯河),哈萨克中帐汗阿布赉遣使至营,表贡称臣,并遣人捉拿阿睦尔撒纳。七月,阿睦尔撒纳逃入俄国谢米巴拉丁斯克要塞,俄国地方当局将其送往亚梅舍沃要塞,又转送托博尔斯克。在亚梅舍沃时阿睦尔撒纳已身染天花,到托博尔斯克后仅一月就病重死去。①天山北路彻底平定。

当清军追捕阿睦尔撒纳的军事行动尚未结束之时,天山南路又发生了大小和卓叛清割据的活动。

大小和卓即叶尔羌汗国伊斯兰教白山派首领博罗尼都、霍集占兄弟。他们"自祖父三世,俱被准噶尔囚禁"。②大小和卓随父玛罕木特在伊犁河谷督率维吾尔人为准噶尔贵族垦田纳赋。清军首次进军伊犁途中,准噶尔台吉衮布扎布率众四千余户来降,"内和卓木,原系叶尔羌、喀什噶尔回部之长,因策妄阿喇布坦时,羁留伊父为质,未经放回,将属下三十余户,率领来归"。清朝得知"投诚之和卓木原系叶尔羌、喀什噶尔之长",原拟令其入觐,③后经阿睦尔撒纳建议,博罗尼都先被派往天山南路招抚各城维吾尔人。当清朝酌定"善后事宜"时,即有"查找回目,俾管所属"之计划。因此,派博罗尼都招抚天山南路各城,也是乾隆帝"众建以分其势"原则的体现。

博罗尼都率领给他配备的一支军队,④利用白山派在天山南路的影响,很快即完成了招抚任务。当阿睦尔撒纳叛清时,霍集占率众相助。清军进剿,阿睦尔撒纳败走哈萨克,霍集占率兵逃回叶尔羌,胁迫

---

①《准噶尔汗国史》中译本第 433 页。

②《平定准噶尔方略》正编,卷三十三。

③《清高宗实录》卷四八七,乾隆二十年四月丁卯。

④据《俄国皇家地理学会通报》载,这支军队由 5 千维吾尔人、1 千准噶尔人、4 百清兵组成。见库罗巴特金《喀什噶尔》中译本第 99 页。

其兄叛清割据。乾隆二十一年（1756年）九月，清朝以天山南路久无消息，派副都统阿敏道前往探听招抚，阿敏道等至库车后即被和卓兄弟拘禁。次年五月，阿敏道脱逃被害，随行兵丁百名俱被难。霍集占遂自称巴图尔汗，公开打出叛清割据的旗号。

天山北路平定后，乾隆二十三年（1758年）初，乾隆帝宣示霍集占罪状，下令出军征讨。谕云：

> "布拉呢敦、霍集占兄弟，在噶尔丹策零时被拘于阿巴噶斯哈丹鄂托克，我兵初定伊犁，释其囚絷，令为回人头目，方欲加恩赐爵，授以土田，乃乘厄鲁特变乱，率伊犁回人逃往叶尔羌、喀什噶尔。朕以其或惧厄鲁特骚扰，暂避以图休息，尚未加兵，第遣使招抚，不料竟敢戕害使臣，僭称巴图尔汗，情尤可恶。若不擒获正犯，则回众终不得安生，用是特发大兵，声罪致讨。"①

这里所说的"令为回人头目，方欲加恩赐爵，授以土田"，表明乾隆帝原已存有分封和卓兄弟的打算。

大小和卓的割据政权是政教合一的专制政权，它本身即是在黑山派教徒的血泊中建立的。在其统治的短暂时期，除了继续迫害黑山派之外，还加强了对各城维吾尔人的掠夺。"和集占苛虐回人……凡所需粟、布、牲畜以及力役，不论人丁地亩，任意摊派。司事之大小伯克、酋目、阿浑等，上行下效"，②并额外科敛衣服、牲只，不时扰累，"供应稍迟，即行抄没，以致回人日困"。③

乾隆二十三年（1758年）初，靖逆将军雅尔哈善、参赞大臣额敏

---

① 《清高宗实录》卷五五五，乾隆二十三年正月癸丑。
② 《回疆志》卷四，《赋役》。
③ 《平定准噶尔方略》正编，卷七十七。

和卓率军征讨大小和卓。清军首先进击库车,数月始克,且未能捕捉战机,致霍集占逸去。清朝命兆惠接替雅尔哈善,率军进剿。霍集占走乌什、阿克苏,二城维吾尔人头目闭城相拒,并派人迎接清军。清军兵不血刃,连得二城。霍集占退守叶尔羌,以博罗尼都据守喀什噶尔,相为犄角,抗击清军。十月,兆惠率军四千进击叶尔羌,以兵少不能围城,于城外黑水河畔有水草处结营固守。乾隆二十四年(1759年)初,将军富德率援军至黑水河,清军里外夹击,大败霍集占,并乘胜分兵攻击叶尔羌、喀什噶尔。大小和卓见大势已去,在清军到来以前大掠城中财物,率兵西逃帕米尔。清军紧追不舍,在和什库珠克帕米尔和阿尔楚尔帕米尔两次击败和卓部众,缴获无算。七月初,清军追至伊西洱库尔淖尔,大小和卓聚众死战,再次被击败,"凡降回兵万有二千,牲畜万计。两和卓木携其妻孥旧仆三、四百人走巴达克山"。①清军使者至巴达克山,要求交出两和卓。巴达克山首领素勒坦沙将二人擒杀,并交出霍集占首级,天山南路正式平定。为纪念这次战役,清朝在伊西洱库尔淖尔刻石勒铭,此碑即著名的《平定回部勒铭伊西洱库尔淖尔碑》,也即清朝在帕米尔的界碑。

三、分封制失败的原因

乾隆二十四年(1759年)清军平定天山南路,标志着乾隆帝统一新疆事业的最终完成。这一事业共历时五年。当二十年初,清朝天戈西指,准部望风迎降,军行不过四月,即取得克伊犁、擒达瓦齐的辉煌胜利。然而,出乎清朝的预料,形势急转直下,以阿睦尔撒纳为首发难的各部上层的叛清活动竟然接连不断持续达四年多时间。对此种情

①《圣武记》卷四,《乾隆戡定回疆记》。

况的出现,研究者们多归之于乾隆帝信任、重用了"野心家"阿睦尔撒纳。诚然,过分地信任与倚任阿睦尔撒纳是发生叛乱的重要原因,但清朝选定的诸汗、头目除杜尔伯特部车凌之外,其余皆纷纷反叛攘夺,这表明根据乾隆帝"众建以分其势"的统治原则及据此原则制订的"善后事宜"诸制并不适合于新疆的状况。

根据乾隆二十年(1755 年)正月七日酌定之"善后事宜"及正月十七日之上谕,平定准噶尔后,清朝将按"众建以分其势"的统治原则,把对喀尔喀蒙古的统治方式推行到新疆。即改准噶尔汗国的一汗制为四汗制;按四部编设札萨克旗制,划分牧地;在伊犁设立大臣,驻扎监管;并在天山南路"查找回目,俾管所属"。

但是,准噶尔的情况与喀尔喀蒙古在许多方面并不相同,在喀尔喀蒙古行之有效的统治方式,对准噶尔并不适用。

首先,喀尔喀蒙古的三汗(盟)制由来已久,[①]且三汗同为成吉思汗黄金家族。康熙三十年(1691 年)多伦诺尔会盟,清朝对三部实行札萨克旗制,加强管辖,但"仍存其汗号",扎萨克图汗、土谢图汗、车臣汗三汗原有的特权地位并未受到动摇,三部并存的局面仍旧。三部并存自然体现了清朝"众建以分其势",便于统治的用意,但喀尔喀蒙古三部并存的局面由来已久,已经持续多年。而额鲁特四部贵族原本非源于一姓,且早在明末,黄金家族后裔和硕特贵族任汗(盟主)的历史已经结束。尤其是在土尔扈特与和硕特的大部人众随其

---

① 《蒙古游牧记》卷七《外蒙古喀尔喀四部总叙》载:"达延车臣汗,太祖十五世孙也。子图鲁博罗特、巴尔苏博罗特、阿尔楚博罗特、鄂齐尔博罗特等,由瀚海南徙近边,为内札萨克敖汉、奈曼、巴林、札鲁特、克什克腾、乌珠穆沁、浩齐特、苏尼特、鄂尔多斯九旗祖。独其季格埒森札札赉尔珲台吉留故土,号所部曰喀尔喀,析众万余为七旗,授子七人领之,分左右翼。有三汗:曰土谢图汗;曰车臣汗;曰札萨克图汗。"

贵族西迁伏尔加河流域、南下青藏高原之后,天山北路形成了准噶尔一统的局面。如自巴图尔珲台吉算起,准噶尔贵族作为天山北路额鲁特蒙古的统治者已经八传历一百二十年之久。①正是由于准噶尔汗专制四部(指准噶尔、杜尔伯特,和硕特余部和辉特部)的局面形成已久,而且在形成过程中又得到了西藏格鲁派首领达赖喇嘛的支持,②这种专制四部的局面已经成为传统。因此,要改变局面,打破传统,"众建以分其势",实行四汗分立制,就必然要遇到不少阻力。阿睦尔撒纳曾谈道:"但我等四卫拉特与喀尔喀不同,若无总统之人,恐人心不一,不能外御诸敌,又生变乱。"③这虽是他为求得总汗而言,但也反映了准噶尔一统局面形成已久,与喀尔喀蒙古不同的实际状况。

其次,就清朝与喀尔喀蒙古及与准噶尔的政治关系来看,也有着很大的不同。喀尔喀三部自崇德三年(1638年),遣使朝清,定"九白之贡"后,与清朝的政治关系稳步发展。顺治十二年(1655年)清朝应三部之请,"赐盟宗人府,设八札萨克"。④康熙三十年(1691年)多伦会盟,清朝进一步加强了对三部的行政管辖。另外,清朝还逐步扶持原八札萨克之一的赛音诺颜部从土谢图汗部分出,自成一部,从赛音诺颜部培养出的忠于清朝的额驸策凌父子,成为清朝控制喀尔喀蒙古与抵御准噶尔东侵的中坚力量。而清朝与准噶尔之间不仅从未建立起如同与喀尔喀蒙古的政治关系,且自康熙中期

---

①即巴图尔珲台吉、僧格、噶尔丹、策妄阿拉布坦,噶尔丹策零、策妄多尔济那木札勒、喇嘛达尔札、达瓦齐。

②如噶尔丹的博硕克图汗号即为五世达赖梵封。

③《清高宗实录》卷四八九,乾隆二十年五月庚子。

④《蒙古游牧记》卷七,《外蒙古喀尔喀四部总叙》。

开始多次开战,军事抗衡长达近七十年之久。对如此强悍的民族势
力,不依靠军事力量的威慑,仅靠几道谕令,只倚重几个投诚的首
领来改变原有的传统体制,推行"众建以分其势"的统治方式,显然
是难以行得通的。而且,清朝选定倚重的四汗人选中,如辉特部之
阿睦尔撒纳、巴雅尔,准噶尔部之噶尔藏多尔济等,都是觊觎四部
总汗之位者。

其三,喀尔喀境内民族单一,其北部与俄国相邻,顺治、康熙时
期,俄国势力不断南下,蚕食喀尔喀蒙古牧地,喀尔喀蒙古不能有效
地抗击俄国势力。雍正五年(1727 年)中俄《布连斯奇条约》签订,扼
制了俄国势力的南下,北部边界长期保持稳定状态。而同一时期,准
噶尔在噶尔丹之际虽然攻灭叶尔羌汗国,统一了天山南北,但南部需
要不断加强对维吾尔、布鲁特等民族的控制;北部有哈萨克、俄国相
邻,强邻环伺,多次开战;东部又先后长期与喀尔喀蒙古、清朝开战。
长期以来在内外压力之下, 额鲁特部落中已经形成了以准噶尔贵族
为中心,凝聚四部力量的传统。这一传统由来已久,既有上述额鲁特
蒙古早已形成的准噶尔汗专制四部的传统, 更有其外部环境与压力
的原因。阿睦尔撒纳所谓"若无总统之人,恐人心不一,不能外御诸
敌,又生变乱",[1]也正说明了长期以来准噶尔所处外部环境与所受压
力的状况。因此,就地域环境和民族关系而言,新疆要较喀尔喀复杂
得多。

总之,准噶尔的传统体制、准噶尔与清朝的关系、新疆的地域环
境与境内民族、境外强邻的状况,都与喀尔喀蒙古有着重大区别。不
顾及这些区别,照搬对喀尔喀蒙古的统治方式,分封四汗,改变额鲁
特蒙古长期形成的准噶尔专制四部的传统, 仅以驻扎大臣率数百兵

---

[1]《清高宗实录》卷四八九,乾隆二十年五月庚子。

丁在伊犁监管,显然与新疆的复杂情况不相适应。因此,这种统治方式推行之初, 即遭到了以阿睦尔撒纳为首的额鲁特蒙古贵族们的抵制,其结果造成了四年多时间的战乱,不仅耗费了清朝的大量人力、物力, 而且也给准噶尔造成了惨重的损失。魏源评述说:"数十万户中,先痘死十之四,继窜入俄罗斯、哈萨克者十之二,卒歼于大兵者十之三……数千里间,无瓦剌一毡帐。"①最终,清朝不得不放弃分封制统治方式,实行军府制度,设立将军总统天山南北,在各地设官建制,驻军移民、屯垦开发,加强治理与建设,新疆的发展也自此进入新的历史时期。

(原载《西北史地》,1998 年第 1 期)

---

①《圣武记》卷四,《乾隆荡平准部记》。

蔡大愚先生传略

——为纪念兰州大学建校 90 周年而作

　　兰州大学的起始,可追溯到 1909 年 9 月 17 日清政府学部批准成立的"甘肃官立法政学堂"。①今天,兰州大学已经走过了 90 年的漫长历程,成为西北五省少数几所直属于国家教育部的综合性重点大学,是国内外知名的高等学府,并首批进入国家"211 工程",迈入了新的发展时期。在世纪交替之际,回顾兰州大学 90 年的发展历程,我们不能不以崇敬的心情深切缅怀那些为兰州大学的发展作出过重大贡献的杰出人士。而按时间顺序,他们之中排列在先的无疑当属蔡大愚先生。

　　有关蔡大愚先生身世活动的文字记载不多, 故其事迹大多湮没无闻。80 年代初期,辽宁《理论与实践》1980 年第 1 期发表了"十月革命前马克思主义在中国的传播"一文, 文中介绍说蔡大愚先生早在 1912 年即于兰州宣传鼓吹马克思主义,《光明日报》等多家报刊予以转载,一度在国内引起很大的反响。笔者当时在兰大历史系攻读硕士学位,读后感到惊疑,为了搞清事实,曾查找过一些资料,并造访蔡大愚先生的学生刘应麟、马廷秀二先生,进行过一些调查研究,在《党史研究》等刊物上有专文述及,②并由此引发了笔者追踪蔡大愚先生一

---

①陆润林主编:《兰州大学校史》,兰州大学出版社,1990 年,第 3 页。
②王希隆:《蔡大愚主张"列宁学说"的调查》,《党史研究》,1982 年第 3 期;王希隆:《蔡大愚与甘肃护法运动》,《西北史地》,1984 年第 2 期。

生思想和活动的浓厚兴趣。以后,在整理 1908 年回族留日学生在东京编辑的《醒回篇》杂志时,笔者发现了蔡大愚先生撰写的《留东清真教育会序》一文,①对其思想有了一定的了解。又经甘肃省文史馆馆员张令瑄先生相助,获见民国元年宋教仁为介绍蔡大愚先生来甘,致甘督赵惟熙(字芝山)的函文原件。结合散见于《孙中山全集》《甘肃文史资料选辑》及一些有关档案资料,谨为蔡大愚先生作此传略。

蔡大愚先生,字冰吾,②又字冰若,③四川成都人士,回族,近代著名的教育家、革命家和思想家。他早年留学日本法政大学,回国后在四川、上海、北京、兰州等地从事教育工作。1913 年初至 1917 年底担任兰州大学的前身"甘肃官立法政学堂"和"甘肃公立法政学校"校长,为学校的发展作出过重大贡献。他是中国同盟会会员,与民主革命领袖孙中山、宋教仁、黄兴、蔡锷等人关系密切。民国元年(1912年)受宋教仁委派来兰,担任国民党驻甘肃省特派员,在甘肃宣传民主思想,反对封建专制,组织和发动了甘肃护法运动。这一运动是孙中山先生领导的广东军政府发动的护法运动的组成部分,在当时的西北产生过重要影响。以后,他前往广东,追随孙中山先生,投身北伐,担任大本营谘议,为国民革命运动作出过自己的贡献。作为回族知识分子,他十分关心我国回族社会的发展,1908 年,他在日本发表了《留东清真教育会序》一文,全面阐述了以普及教育和改良宗教来提高回族整体学识水平、振兴回族的主张,并身体力行,参加中国回民教育促进会工作,在北京、兰州等地创办了一些清真学校,培养出了不少回族知识分子,为我国回族普及教育作出过许多贡献。

---

①王希隆校注:《醒回篇》,兰州大学出版社,1988 年。

②蔡大愚:《甘肃公立法政专门学校同学录》。

③《孙中山全集》第五卷,中华书局,1985 年,第 477 页。

一

1874 年，蔡大愚先生出生于四川成都皇城坝一宗教职业者家庭，他的父亲是当地一位很有影响的阿訇。蔡大愚从小受到伊斯兰教经堂教育的熏陶，同时又受到清末兴起的新学高潮的影响。青年时代的蔡大愚，满怀着爱国和求知的激情，负笈东渡，留学于日本法政大学，并以教育救国为己任，选择了教育职业。从他 1916 年在甘肃公立法政专门学校填写的履历档案中，我们得知他的学历和来兰州之前的教育工作经历为："日本法政大学毕业，历任四川嘉定中学教务长、上海中国公学教员，并创办北京清真第五小学，计学务经验在十五年以上"。①

从上引履历中可以得知，蔡大愚先生是我国近代最早的留日学生之一。②回国后，他先在故乡四川从事教育事业，担任嘉定中学教务长。1905 年日本政府颁布"取缔清国留日学生规则"，引起中国留日学生愤慨，他们纷纷返回祖国，以示对日本政府的抗议。当年，留日学生姚宏业等人在上海发起创办中国公学，聘请革命党人马君武、陈伯平等一批著名教育家担任该校教师，蔡大愚先生亦曾赴上海中国公学任教，可知他在当时国内教育界已有一定知名度。后来，他从上海辗转到北京，创办过北京清真第五小学。1912 年 9 月，北京政府教育部委派马邻翼担任甘肃提学使，来甘主持教育。马邻翼，字振武，湖南宝庆回族，日本宏文学院毕业，是中国同盟会会员，也是近代著名的

①蔡大愚：《甘肃公立法政专门学校同学录》。

②蔡大愚先生留学日本的具体时间尚无从查知。我国首批留日学生赴日本是 1896 年（光绪二十二年），详见：实藤惠秀《中国人留学日本史》，北京三联书店，1983，第 18 页。

教育家,①马邻翼赴任时,从北京等地聘请了几位知名的教育家,蔡大愚为其中之一。

马邻翼、蔡大愚等人来兰州时,甘肃的新式教育虽已起步,但尚很落后。甘肃官立法政学堂于1909年9月成立已经三年,但学堂的教学和管理工作多未能按国家有关规定执行。"其教授也,学科不分难易,时间亦无多寡,由教员平均分任;其试验也,学生各录试题以归,辄三日或五日始交卷",一切多不正规。1912年冬,马邻翼到任,开始全面整顿甘肃学务。他将法政学堂作为整顿重点,于1913年2月委派蔡大愚主任法政学堂教务,"始将教授、试验等事按部令规定"执行。4月,蔡大愚被甘肃提学司正式任命为甘肃法政学堂校长兼教务主任。

蔡大愚主掌甘肃法政学堂之时,正值辛亥革命后甘肃政局动荡之际,"当是时,政党之竞争既烈,省内外之见又深"。②甘肃地方势力对马邻翼、蔡大愚等外省人持排斥态度,省议会中的一些绅士把蔡大愚在公开场合中演说的一些内容视为异端邪说,甚至借此谂请都督赵惟熙驱逐蔡大愚出省。③而法政学堂师资缺乏,设备简陋,经费不足,且"学子素称好事,人皆引以为虑"。在这种艰难复杂的环境中就任校长的蔡大愚,并未畏难而事敷衍。他全力以赴,从教学和管理两方面抓起,"严功课,除积弊",一切按部令规定的有关制度办事。他亲自担任一些重要课程的讲授,以自己丰富的知识和活跃的思想赢得了学生们的欢迎和敬重。学校经费不足,影响到教学工作的开展,他以身作则,无私奉献,"遇学款不足,或捐己俸以为

①马廷秀:《百年见闻录》,甘肃民族出版社,1992年,第100页。
②蔡大愚:《甘肃公立法政专门学校同学录》。
③王希隆:《蔡大愚主张"列宁学说"的调查》,《党史研究》,1982年第3期。

弥补",更为全校师生们所敬重。在他的督促和影响下,"学子亦知争上游以自勉,故除勤课事守规则外,他无所闻"。学习风气焕然一新,受到社会舆论的好评。是年7月,学期结束,蔡大愚未能稍事休息,即抓紧利用暑假时间,按照北京政府教育部颁布的《法政专门学校令》有关规定要求,着手进行将法政学堂改组为法政专门学校的具体工作。

法政学堂原校址在城内西大街(今张掖路),地方狭小,房屋不多,无发展余地。蔡大愚实地考察后,建议"移校舍于贡院,以前农矿、巡警两学堂为校舍",经省教育司核准实行。新校址位于萃英门外,即今兰医二院所在地。①当时,新校址原有"房屋破烂,户牖残缺"之弊,难以使用,蔡大愚至现场"亲督修治,凡两阅月始葳事"。与此同时,他着手招考、录取学生和招聘任课教师等项工作。此次招生,在原有基础上增加了学科和学生数额,"分招政治经济本科、预科及法律别科各一班",于9月初正式开课。一些具有新思想、新知识的教师也陆续应聘来校任教,他们中有毕业于日本政法大学、早稻田大学者,也有毕业于北京、湖北等地法政学堂者。教育部规定必修的伦理学、政治学、国际学、宪法、刑法总则、民法概论、民法物权等基本课程得以开设齐全。蔡大愚先生校务工作之余,也亲自讲授伦理学、经济法、国际法、行政法等课程。

甘肃官立法政学堂改组为法政专门学校后,蔡大愚即将改组情况"呈请报部立案"。经过两年的建设发展,学校一应课程设置齐全,教学质量不断提高,学生皆能认真学习,校风整肃,学风严谨,在省内外产生了一定影响。1915年9月,教育部对该校正式认可,定名为"甘

---

①兰州大学这一校址经蔡大愚先生选定后40余年未变动,直至1957年才迁至天水路今校址。

肃公立法政专门学校","经部正式认可,校长亦由部正式委任",①蔡
大愚先生被教育部正式任命为校长。蔡大愚先生在法政学堂、法政专
门学校任教务主任、校长前后将近五年时间(1913 年 2 月—1917 年
11 月),这段时间是兰州大学历史上的一个重要发展阶段,蔡大愚先
生所作贡献为学校以后进一步发展奠定了坚实的基础。

二

蔡大愚先生不仅是一位教育家,也是一位民主革命家。他早年在
日本以及四川、上海、北京等地进行革命活动的具体情况,我们了解
得不多,但从他在甘肃和广东的革命活动来看,他很早即与民主革命
领袖孙中山、宋教仁、黄兴、蔡锷等人有着密切的联系。②现存档案表
明,1912 年蔡大愚先生来兰, 是以北京国民党总部驻甘肃省特派员
的身份,并负有筹办甘肃省国民党支部的使命。

1912 年初,清帝逊位,共和告成,袁世凯出任中华民国大总统。
中国同盟会联合统一共和党等党派团体组成国民党,设总部于北京,
推孙中山先生为理事长,实际主持人为代理事务长宋教仁。宋教仁热
衷于议会政治,积极着手在各省筹办支部,扩大影响。甘肃布政使赵
惟熙于 1912 年 3 月代表本省官绅各界领衔发电承认共和后,被袁世
凯任命为甘肃都督,他也成为国民党总部争取的对象。现存有一份蔡
大愚来兰时所持宋教仁致赵惟熙的函件档案,录文如下:

"芝山仁兄都督麾下:久耳叔度,未识荆州,翘企陇西,
莫铭钦仰。维政绩宣勤,荣问休邕,为祝无量。吾华不竞,风

<hr />

①蔡大愚《甘肃公立法政专门学校同学录》。
②据蔡大愚先生的学生刘应麟介绍,蔡大愚在日本时"曾与熊克武等参加孙
中山先生领导的同盟会,与当时革命党人黄兴、蔡锷多有交往"。

云日急,为救时之计,舍政党不为功。历览欧美诸邦,数党鼎峙,互相竞争,互相提携,收效奇速,国是以强。本党发轫之初,党势日臻强健,端赖贤者赞助之力。前奉钧电,藉悉执事热心党务,实力维持,无任钦感。兹本党特派蔡君大愚为甘省特派员,筹画支部事宜,并嘱其晋谒崇阶,面陈一切,尚祈指导方针,俾有遵循。从此一堂商榷,共策进行,党务发达,正方兴未。"①

此函以墨笔缮就,字体娟秀,函笺上印有"国民党本部启事"字样。函件残缺无落款,但从行文来看,为宋教仁致赵惟熙之函当无疑。

蔡大愚先生来到兰州后,在致力于整顿、改组法政学堂的同时,积极开展筹办国民党甘肃支部工作。他多次在省议会发表演说,鼓吹西方民主自由思想,宣传介绍西方民主政体制度。不久,国民党甘肃支部在兰州成立,推选回族实力派甘肃提督马安良为部长。甘肃三十余县也相继成立分部,国民党在甘肃的影响迅速扩大。然而,好景不长,1913年3月,热心政党政治的宋教仁被刺身亡。9月,国民党发动的反袁"二次革命"被镇压。11月,袁世凯宣布国民党非法,明令取缔,甘肃国民党支部于是日被解散。1914年3月,袁世凯任命其亲信张广建为甘肃都督,率军入甘,甘肃的民主革命运动受到压制,专制统治占据上风。

甘肃国民党支部被解散后,蔡大愚先生并未停止民主宣传活动。据他的学生马廷秀、刘应麟先生回忆,当年在兰州左公祠的社会集会活动上,常有蔡大愚先生作法兰西革命、民主政体以及自由、科学等内容的演讲,并于演讲中联系甘肃政局,抨击甘督张广建。在法政专门学校课堂上,蔡大愚最喜讲卢梭、孟德斯鸠、俾斯麦、华盛顿、法兰

①此函影印件见:《西北史地》,1984年第4期封底。

西革命,他最为崇拜拿破仑,每次讲到拿破仑时,总是慷慨激昂,极力颂扬。当 1915 年冬袁世凯颁布洪宪年号,甘督张广建受封为一等子爵,帝制复辟声喧嚣于兰州时,法政学校学生见到蔡大愚在校长室中失声痛哭,顿足大骂袁世凯断送了民国。1916 年春节,他在住宅门口张贴了亲笔书写的对联,上联是"探卢、孟以为学",下联为"羡巢、由而立行",横批是"此之谓年"。①公开表明自己的思想和志向。袁世凯在举国反对中死去后,张广建率文武官员在庆祝宫追悼,②伏地恸哭,如丧考妣。蔡大愚曾写对联讽刺,云:"庆祝宫开追悼会,一等子作不孝男"。1916 年,黄兴、蔡锷相继去世,兰州各界在左公祠集会公祭追悼,蔡大愚亲书"星落半球暗,天荒两柱摧"挽联,率法政学校学生前往致祭。这些活动引起了张广建的注意和忌恨,1917 年 6 月,省政府发布公告,明令禁止蔡大愚在公开场合宣传演讲。就在这年冬季,蔡大愚先生发动了旨在推翻张广建专制统治的"甘肃护法运动"。

甘肃护法运动是孙中山先生领导,广东军政府组织发动的护法运动的组成部分之一,直接组织领导者是蔡大愚先生。

在宣传民主思想、抨击张广建专制统治的同时,蔡大愚先生与法政学校教务主任赵学普、教员杨希尧、学生师世昌(字仲五)等人结为同志,秘密联络甘肃军政方面的进步人士和不满张广建专制统治的地方实力派,策划倒张运动,并事先与孙中山先生取得了直接联系,得到了广东军政府的支持。

甘肃护法运动的参加者回族将领马培清的回忆录中说,当时在

---

①卢、孟即卢梭、孟德斯鸠,欧洲民主思想家。巢、由即巢父、许由,是我国古代隐居不仕、道德高尚的贤人,《汉书·鲍宣传》云:"尧、舜在上,下有巢、由"。

②原名万寿宫,因张广建受封为一等子爵时在此宫召开庆祝会,故又称庆祝宫。

北京任总统府侍从武官的马廷勷对张广建压制其父马安良不满,革命党人蓝天蔚针对这种情况,运动马廷勷返回甘肃,介绍他与在兰州策划护法运动的蔡大愚联系,"共策进行"护法倒张活动。护法运动的另一参加者法政学校教师杨希尧的回忆录中说,马廷勷于1917年5月间"由北京驰至兰州"。这表明此前蔡大愚在兰州已经秘密策划多时,并与北京等地的革命党人保持着密切联系。马廷勷返回兰州与蔡大愚等人密商后,即赶回河州(今临夏),"说服马安良赞成护法"。与此同时,蔡大愚先生"即差该校毕业生狄道人师仲五专程赴广州谒孙中山"。

1917年7月,孙中山先生自上海抵广州,组织广州军政府,发动护法运动。当时"各省均派有工作人员,惟甘肃没有"。法政学校学生师世昌适于此时到达广州,受到孙中山先生的重视。孙中山先生对师世昌报告的甘肃护法拟"先从下层入手,联络士兵,组织可靠的武装,发动事变"的计划予以肯定,"除勉励外,并发给秘电本、路费,还允许在必要时帮助款械"。师世昌自广州返回后,蔡大愚等人加紧联络各方的工作。这一工作进展顺利,共策进行护法运动的有兰州、狄道(今临洮)、河州三个方面。

兰州方面,蔡大愚先生以法政学校为总部,在城内官升巷设"二阳公寓",作为秘密联络省城各方的据点,开展工作。据朱绍良《甘肃党务整理委员会报告》载:"当时军政学界思想新颖之分子,无论加入与否,均表赞成"。

狄道方面,是张广建的军事主力新建右军的驻地,由当地人师世昌、赵学普负责联络。师世昌通过新建右军中的同乡郑瑞青,秘密联络了该军中思想进步并参加过辛亥革命的青年军事教官焦桐琴、胡登云、樊政、王法、郭成埙等人。赵学普联络其舅父哥老会党人边永福及绅士秦钟岳等人,在城内太子寺开一酒馆,作为联络各方的据点。

河州方面,马廷勷说服其父马安良支持护法倒张,并在循化组织了撒拉族八工武装千余人,准备以武力配合狄道新建右军起事。

策划活动大致就绪后,蔡大愚先生再派师世昌赴广州,"向孙中山先生报告策划起义详情,并请求机宜,要求发给款、械、委状"。师世昌到广州后,"领到了委状,他因事在粤延搁,先派王德一将委状送来"。委状的详细内容我们已无从得知,只见到《甘肃省临洮县乡贤名宦调查表》中载有:"边永福……奉孙大元帅令,任为甘肃革命军第二师师长","赵学普……奉孙大元帅令,委为甘肃革命军总参议"。除此之外,据《孙中山全集》第四卷《大元帅府简任人员职员姓名录》载:1917年12月19日,孙中山先生"任命师世昌为大元帅府参议",任状号为960号。这些记载表明,蔡大愚先生组织的此次护法运动是在孙中山先生广州军政府的直接领导之下进行的。

1917年11月初,蔡大愚邀请河州马廷勷、狄道焦桐琴等人来兰,在法政学校召开秘密会议,准备起事。此次会议的与会者还有赵学普、杨希尧二人。据杨希尧回忆,会议制订了详细的起事计划:决定以焦桐琴负责发动的狄道新建右军和马廷勷负责指挥的循化撒拉族武装为主体,组成甘肃护法军;撒拉族武装在冬至节前赶至狄道,扼守洮河河沿,在冬至节与新建右军同时行动,攻占狄道,然后向兰州进军;起事后,通电全国,宣布甘肃独立,响应孙中山先生北伐;起事后,政治方面由蔡大愚先生负责;为壮大实力,由赵学普和边永福联络狄道地方力量,由杨希尧发动循化隆务寺十二昂欠起兵,响应护法军;制定《简明军纪三条》:一、不抢劫掳掠,二、不妄杀一人,三、不各自为政。计划确定后,焦桐琴、马廷勷分赴狄道、河州,准备起事。

然而,在此关键时刻,马廷勷开始态度暧昧,思想动摇。蔡大愚率赵学普、杨希尧赴大河家探视,"马廷勷避不见面,蔡等几往接头,始得会晤"。据马培清回忆,蔡大愚还曾率赵学普、秦钟岳等十余人赴河州与马安良会谈。马安良答应届时派所部西军精锐军配合行动,但又提出,西军精锐军先开至洮河边,待狄道起事得手后,再开始行动,理由是:"恐引起汉人误会,说又造反了"。实际上,此时马安良父子都对起事抱观望态度。紧接着,狄道新建右军中,"有尹、洪二位班长因酒醉走漏消息,被人向统领吴桐仁告密。吴当即下紧急命令,收去各营士兵子弹,派亲信四路防守,洮河浮桥也派重兵把守,邮电、交通完全断绝"。蔡大愚得知此讯,并未畏惧,决心按计划强行起事。

冬至节前,蔡大愚率赵学普、马培清等人潜至狄道西部二十里铺,决定派赵学普进城与新建右军及地方力量联系,在冬至节按期起事,夺取狄道后,"再请蔡入城,主持大计"。冬至节前一天晚上,赵学普、边永福秘密行动,欲潜赴城内,结果被城外埋伏的守军阻止,因不能回答口令,被枪杀于洮河浮桥边。焦桐琴在城内听到枪声,误认为是河州军队和撒拉族武装已到达城外的信号,急忙登上营墙开枪联系。枪声引起分统刘忠荩的怀疑,急召焦桐琴询问。焦在匆忙中当机立断,枪杀刘忠荩及连长张承让,急呼部下起事。因事起仓促,士兵畏惧,集合不起,焦桐琴被迫只身逃走。此时,在兰州近郊阿干镇驻防的右军营副胡登云也按计划起事,率部向狄道进军,在中铺与守军发生激战,伤亡数十人后也遭到失败。当夜 12 时,蔡大愚在二十里铺得知事败情况,知已无力挽回,遂与马培清等人退回河州。马廷勷等人听到起事失败的消息,"立即转变态度,按兵不动"。按计划在武都率部起事的郑瑞青,也未能成功。杨希尧率隆务寺藏族武装数千人取道夏河直趋狄道,中途被张广建派出的军队击溃。

蔡大愚先生等十余人退至河州后,藏身于马安良家中。因张广建通缉紧急,由马安良派营长马有禄带兵护送,经松潘藏区前往四川,投奔熊克武处。后来,蔡大愚先生的夫人马氏也离兰返回四川。①

1918 年初,蔡大愚先生返回四川,据说在熊克武处任职。自此,他离开了教育界,成为职业革命家。同年,孙中山先生因受桂系军阀和政学系的挟制,被迫辞去广州护法军政府大元帅职,前往上海闲居,专心著书立说。在四川的蔡大愚先生深切怀念着甘肃护法运动中牺牲的赵学普、边永福、胡登云及被捕入狱的郑瑞青、秦钟岳诸同志,他致书孙中山先生,告以拟来上海一晤,并请给这些同志的家属以经济抚恤。1919 年初,孙中山先生所著《孙文学说》一书问世,蔡大愚先生在四川得知后,于 5 月 31 日再次致书孙中山先生,询问著述要旨。孙中山先生于 6 月 18 日复书答复,全文云:

冰若吾兄:顷接五月卅一日手书,备悉。文著书之意,本在纠正国民思想上之谬误,使之有所觉悟,急起直追,共匡国难,所注目之处,正在现在而不在将来也。试观数月来全国学生之奋起,何莫非新思想鼓荡陶熔之功!故文以为灌输学识,表示吾党根本之主张于全国,使国民有普遍之觉悟,异日时机既熟,一致奋起,除旧布新,此即吾党主义之大成功也。

至前兄请来沪一行,文以近既不问外事,兄来亦徒劳跋涉,并非相拒也。其抚恤陇上诸同志事,俟大局稍有解决,自当尽力设法,尚冀谅之。

此复 并颂近祉。

孙文②

---

①甘肃护法运动的有关经过记载主要有:杨希尧《甘肃组织护法运动的经过》、郑瑞青《一九一七年临洮护法运动纪略》、马培清《狄河护法运动的回忆》等三篇回忆录。后两篇刊于《甘肃文史资料选辑》,1962(1)。但在刊出时略有修正,本文所引不注出处者均取自此三篇回忆录的原稿。

②《复蔡冰若函》,《孙中山全集》第五卷,中华书局,1985 年。

此书表明，甘肃护法运动失败后，蔡大愚先生进行民主革命的决心并未动摇，他关心着中国的命运和前途，关心着民主革命运动。同时，此书也表明了蔡大愚先生与孙中山先生等民主革命领袖之间的密切关系。1919年爆发的"五·四"青年爱国运动，使孙中山等资产阶级民主革命领袖进一步认识到了民众的力量，思想开始转变。1920年11月，孙中山先生返回广州，重组革命政府。1921年5月，广州举行的国会非常会议选举孙中山先生为中华民国非常大总统。10月，非常国会通过北伐案，决定大举北伐，以武力统一全国。就在民主革命再度进入高潮时期，蔡大愚先生来到广州，追随孙中山先生投身北伐革命运动。12月4日，孙中山先生抵达桂林成立北伐大本营，据《大本营公报》第1号，12月19日孙中山先生即有"任命蔡大愚职务令"发布，全文云：

"陆海军大元帅令：任命蔡大愚为大本营谘议。此令。中华民国10年12月19日。"①

蔡大愚先生参加了北伐革命运动。蔡大愚先生的同乡、原甘肃省政府参事室参事谭季纯先生在北伐期间与他多有交往。据谭季纯先生介绍，蔡大愚先生曾给参加北伐的四川青年们讲述甘肃的风土民情，并曾谈到甘肃护法运动失败的原因是兰州方面内部有人向张广建告密。北伐结束后，蔡大愚先生在南京政府中担任一般官员，谭季纯先生在南京曾见到过他。②据成都市伊斯兰教协会杨次安先生和杨沛之阿訇介绍，抗战开始前后，蔡大愚先生离开了南京国民政府，返回成都，当时家境已经败落，而他又是性格倔强的人，不愿接受在国

---

① 此令收于《孙中山全集》第六卷，中华书局，1985年，第47页。

② 据甘肃省文史馆馆员张令瑄介绍。原甘肃省参事室参事、蔡大愚先生在北伐军和南京国民政府中的同事谭季纯先生，生前曾多次与张令瑄先生谈及。

民政府中任职的同事、同学和学生的接济,后来竟至穷困潦倒。抗战后期,蔡大愚先生常在皇城坝一带的茶馆中饮茶食饼度日,大约于1945 年前后去世,墓地在成都南门外土桥乡。①

三

蔡大愚先生出生于伊斯兰宗教职业者家庭,其父是成都皇城坝回族聚居区有影响的阿訇。由于从小受到伊斯兰教经堂教育熏陶,他熟知穆圣经典,是一个虔诚的穆斯林。在接受当时世界上的各种先进学说后,他对民族宗教产生了新的认识,开始思考中国回族的前途和命运,提出通过普及教育、提高回族整体学识等途径,来振兴回族的思想和主张。他的这一思想和主张,集中体现在他于 1908 年撰写的《留东清真教育会序》一文中,此文刊载在同年底日本东京出版的《醒回篇》杂志上。②

《醒回篇》是我国回族历史上的第一个自办刊物。1907 年夏,国内 14 省留学日本的 36 名回族青年学生,在东京发起组织"留东清真教育会",收到驻日公使杨枢(字星垣,广东回族)的支持资助。③1908 年春,留东清真教育会决议编辑刊物,输入国内,推动内地回族的教育普及和宗教改良运动,并将刊物定名为《醒回篇》。同年秋,任留东清真教育会书记的四川留日学生杨光灿(字芸叔,毕业于日本法政大学)回国,途经安徽时与蔡大愚相遇。蔡大愚先生记此事云:"大愚秋间过皖,闻于湘丞、芸叔昆仲,道及族东同人发起清真教育会,不禁欢

①据四川大学历史系钱安靖老师介绍。

②王希隆校注:《醒回篇》,兰州大学出版社,1988 年,第 53—56 页。

③杨枢事迹见王希隆:《清末回族外交官杨枢》,《中国回族研究》,1991 年第 1 期。

忻鼓舞者久之"。①激动之余,他欣然命笔,写下了《留东清真教育会序》一文,寄往东京。这篇文章在同年 12 月出版的《醒回篇》第 1 号中刊出,它集中体现了蔡大愚先生的民族宗教思想。在《留东清真教育会序》中,蔡大愚先生首先阐明了圣人以神道设教以行教化的道理。他说:"执进化主义而迷信宗教,陋也;驭神权社会而排斥谶纬,拙也。宁处一时固陋,而不受千秋议拙者,古圣人其有所不得已乎!夫人,形气中物也,灵明未辟,则多恐怖;智识既进,则多欲望。相习相演,而失其本性。故常为嗜欲戾气所驱使而不自知。教于人理,既不能开悟于一旦;听其自为,又必谲行诈作而致害群。势不得不有绵邈空灵可以系希望,而不必终有其事之一物,以维持其间而利用之。此神诞鬼怪所由兴,而宗教家言所以遍大陆也。"他指出,孔子、耶稣、释迦牟尼,"各为其地之英雄,行教化于一隅",其礼俗、政教深入其地人心,为其地人民所崇拜。但在各个时代,宗教所起的作用不同,因此,应随时代的发展而变革。他说:"图腾社会,多鬼多怪,非宗教则无以图治安;升平时代,尚智论才,非宗教则无以谋进取;至法治之世,不尚贤,不使能,人人贯彻群学群理而自治,又非群宗教而化合之不为功。是宗教为驾驭社会之利器,而当随宜以递变者也。"他举例说明此道理云:"故耶氏独尊天父,赫胥黎则变之以物竞天择,路德、卢梭又变之以人权天赋,孟德斯鸠于人权之中,再变之以三权并立,故其政教一贯,而国以强。婆罗门尊其教族,奴隶庸众,当其以神道束缚人心,较诸专制政体,尤为酷烈。故释迦悯之,以无人无我,普度众生,破除旧习,其民群因得入自由平等之天,而生存始遂。中国自黄帝、尧、舜相传之礼俗政教,虽天人备赅,孔子犹虑迂阔,故改述其制。今其道虽未通行,而大同范围,亦百世可知也。"他进而指出,伊斯兰教义,博大精深,"《可

---

①王希隆校注:《醒回篇》,第 53—56 页。

兰》一经,纯言真宰相同万物之理,化化生生之道,无不体用备赅。其宏博精微,较之儒、释,或更过之……独嫌解经者既少发明之能,而从事者又乏履行之实,以故遗讥于世"。他还特别指出,各民族日演而日强,不断向前发展,"惟吾回教,自创建以来,循守旧律,门户异同,辄流血以相争,相生相养,或置而不问。至近世,土耳其既窘于列强,而中土之奉其教者,犹涣散而无统系。其学识程度,多居下级,诚与囿习拘墟者类。而淘汰之患,与各教相形,则殆哉岌岌有不可终日之势矣"。他认为,要改变落后局面,振兴回族,只有实行普及教育,提高回族的整体学识程度。他疾呼道:"经纬族类者何? 教育普及是也。"

蔡大愚先生对留东清真教育会寄予很高的期望,他说:"中国自创于庚子联军之后,青年志士,负笈担簦于文明早进之邦,以求所谓普通、专门学者,将以万计。吾教人虽落落,亦达数十。至是欲得通才而任教育者,固已不难。其所难者,乃在涣散而无团体耳",认为留东清真教育会的设立,必将促进国内回族的教育普及事业,起到振兴回族的作用,"他日教育普及,扶衰救弊,必有异于吾乡所云者,当额手预为同胞贺也"。另外,他还指出诸圣之创教,旨在利益民众,"如儒、释、回、耶,鼎鼎大名之群圣,岌岌惶惶,殚毕生精力而为之者,均为人道生存而立法耳。假使群圣复出今日,苟有利于吾民者,必不判畛域,虽摩项放踵为之,又何有于诮谤之施受也哉"。

蔡大愚先生在 20 世纪初提出以普及教育的方法来振兴回族的主张以及他的宗教思想,不仅在当时起了振聋发聩的作用,在我国回族人民中产生了不小的反响,而且,至今仍为我国回族知识分子们所推崇,认为这是回族思想宝库中的精华,意义重大。①蔡大愚先生不仅

①关于这一认识我国回族学者马寿千、马通、马汝邻、罗万寿、马明达等都有专文论及,这里不一一枚举。

主张实行普及教育以振兴回族,而且身体力行,将这一主张付诸自己的行动。早在来甘肃之前,他在北京回族聚居区就创办过"北京清真第五小学"。1912 年来甘肃后,他又曾为兰州回族的教育普及作出过重要贡献。

兰州是回汉民族杂居地区,这里的回族教育长期以经堂教育为主。1912 年以前,兰州的新式教育虽已开始起步发展,但愿入新学者并不多,而在回族中更是寥寥无几。1912 年底,马邻翼来兰任甘肃提学使,目睹这种状况后,深以为虑。他与当地回族绅士们商酌,多方筹划经费,着手在回族中开展新式教育普及活动。1913 年 5 月,在马邻翼、马安良等人主持下,设立了"兰州回民劝学所",作为兰州回族普及教育机关,下设清真高小一所、初小四所。①自此开兰州回族新式教育之先河。劝学所成立之初,所长为甘肃回族绅士马麟(字玉清),不久,马麟赴甘州任镇守使,即请蔡大愚先生任所长。

蔡大愚先生担任兰州回民劝学所所长达四年多时间(1913 年秋—1917 年冬),他热心回族教育普及工作,在法政学校公务之余全力主持劝学所工作。他常至各清真小学视察、听课,多方设法给各小学增添设备,改善办学条件。他亲自面试教员,对教员提出要求,以保证教学质量。他还提倡各小学参加兰州教育界举行的各种社会活动,使回族学生了解社会,增长见识。在他主持劝学所工作期间,各清真小学培养出了不少优秀学生,其中有一些以后进入大学,成为甘肃回

①清真高小和第四初小在今酒泉路清真寺旁,第一初小在今华亭街清真寺旁,第二初小在解放路原清真寺内,第三初小在黄河北兰州坊清真寺内。1935 年一律改为私立学校,清真高小和第四初小改为清华小学,第一初小改为明德小学,第二初小改为进德小学,第三初小改为尚德小学。中华人民共和国成立后,清华高小改为酒泉路回民小学,明德小学改为华亭街回民小学,尚德小学改为金城关回民小学。

族中的第一批具有新思想的知识分子。原甘肃省政协常委马廷秀先生(1900—1997)即当时的清真高小学生,以后,他以优异成绩进入兰州一中、北京法政大学。据马廷秀先生介绍,当年在清真高小学习期间,常见到蔡大愚先生前来视察、听课。当年的蔡大愚先生身着西装革履,头戴德国太阳帽盔,蓄仁丹胡,提文明杖,学生向他鞠躬后,他还以注目礼。因他穿着特殊,举止异常,兰州回民背后称他为"蔡洋人"。但又因他是虔诚的穆斯林,平时常至各清真寺中做礼拜,而且曾留学于日本,又担任法政学校校长,是回族中少有的饱学之士,故兰州回民又都十分敬重他。马廷秀先生1921年考入北京法政大学,在京学习期间(1921年—1924年),大约是1923年秋季,某日外出,在前门一带与蔡大愚先生相遇。蔡大愚先生得知马廷秀是自己在兰州工作时培养出的回族学生后,甚感高兴。但当时蔡大愚先生行色匆匆,似有要事在身,未及细谈,即与马廷秀告别。据此推测,当时任广州北伐大本营谘议的蔡大愚先生出现在北京,很可能负有广州革命政府的某种使命。

四

研究历史人物,要求占有丰富而可靠的资料。为蔡大愚先生作传,我们所占有的资料应该说还是有限的。但是,通过现有的这些资料,我们已大致可以看出,蔡大愚先生是民主革命时期的一位以教育救国、以民主革命、以振兴回族为己任的先进知识分子,是当时著名的教育家、民主革命家和思想家。他致力于教育救国,向往民主政体,不屈服于军阀的专制统治,追随孙中山先生,领导和参加反军阀统治的革命斗争,是当时时代的先行者。然而,北伐革命结束之后,中国并未出现一个进步繁荣的局面,接之而来的是新军阀的混战和内忧外患的加剧。大概由于奋斗的目标与所得的结果相去太远,理想和现实的反差太大,最终导致了他离开南京国民政府,晚年落魄,在贫困中离开人世的结局。

附记:此文写成于二十余年前,当时限于资料,有不准确之处。2016 年 6 月 22 日至 24 日笔者有机会在成都访问蔡大愚堂外甥、时年 92 岁的马明辉先生和四川省民族宗教委员会秘书长郭嵩明先生,获益匪浅。期间,马明辉先生长子马泽园、次子马泽林二先生提供了《蓉档》复印件。同年 11 月 21 日郭嵩明先生发来《申报》所刊蔡大愚先生逝世的讣告,其后得知此讣告为中南民族大学苏杰博士查阅《申报》时发现。据此得知甘肃护法运动失败后蔡大愚先生返回成都后脱离教育界,成为职业革命家。他先后担任四川爱国会会长、四川国民大会主任,投身于四川的民主革命运动。特别是在五四反帝爱国运动爆发后,他在成都积极组织发动群众,开展宣传鼓动工作,为四川的民主革命运动作出了自己的贡献,产生了很大的影响。又据《申报》所刊讣告,蔡大愚先生于民国 21 年 3 月 29 日夜间病故于上海。详见王希隆、雍赟:《五四运动中蔡大愚在成都的爱国活动及其下落》,《兰州大学学报(社会科学版)》,2019 年第 5 期。

(原载《兰州大学学报(社会科学版)》,1999 年第 3 期)

关于清代新疆军府制的几个问题

　　清朝统一新疆之后,在当地长期实行军府管理制。新疆军府制以乾隆二十七年(1762)伊犁将军府的设立为始,至光绪十年(1884)新疆建省告终。同治三年(1864)《中俄勘分西北界约记》签订之前,新疆面积达二百多万平方公里,在当时各边疆军政区划中面积首屈一指。新疆不仅地域辽阔,而且民族众多。因此,清代新疆军府制的内容丰富而复杂,只有深入了解其内容,才能更好地认识清朝的边疆管理制度和民族政策,了解清朝治理和开发新疆的政策与措施。

　　对于新疆军府制的研究,20世纪40年代丁实存先生的《伊犁将军设置之起因与其职权》是一力作,①其后冯锡时先生《清代总统伊犁等处将军的设置及其意义》②和赵云田先生《清代新疆的军府建制》③都进行了一定程度的探讨,台湾林恩显先生在其《清朝在新疆的汉回隔离政策》一书中也有一些专门的论述。④

---

①载《边政公论》第3卷4期,1944年8月。

②载《新疆大学学报》1977年2期。

③载《中国社会科学院研究生院学报》1992年2期。

④林恩显《清朝在新疆的汉回隔离政策》第2章,台湾商务印书馆,1988年。此外,这一方面的研究,还有台湾政治大学林恩显先生的研究生翟玉树的硕士论文《清代新疆驻防兵制的研究》(完成于1974年),南京大学魏良弢先生的研究生管守新的博士论文《清代新疆军府制研究》(完成于1997年),两篇论文都从不同的角度进行了探讨,后一篇在某些方面与笔者有一定共识。

应该说,对此问题的研究,虽已有一些成果,但深层次的研究仍然不够。本文主要探讨伊犁将军在新疆的实际行使权限,伊犁参赞大臣无定制之事实与原因,并进而提出清代新疆的军府建制实为两个军府的初步认识,希望得到指正。

一、伊犁将军在新疆的实际行使权限

伊犁将军是清代地方驻防将军之一。清制,驻防将军为武职从一品,与加尚书衔之总督同秩,例以满人专任。将军以驻防地名为号,乾隆朝定制为十四员缺,即绥远将军、江宁将军、成都将军、西安将军、宁夏将军、荆州将军、杭州将军、福州将军、广州将军、盛京将军、吉林将军、黑龙江将军、乌里雅苏台将军、伊犁将军。

驻防将军任内地与任边疆(或任不设督抚地区),权限又有不同。内地驻防将军任事简略,专辖本地各驻防八旗,掌防守、训练、旗务等事,不与民事,不节制绿营,与本地之督抚、绿营各成系统,互不统属。但若会同奏事,则列名于总督之前,以示尊崇。边疆驻防将军,如东北之奉天、吉林、黑龙江,北方之喀尔喀蒙古,西北之新疆,因不设督抚,驻防将军为本区之最高军政长官。

伊犁将军为边疆驻防将军之一,但与东北、喀尔喀蒙古等地设立之驻防将军相比较,其权限又有过之。这从伊犁将军独一无二的名号全称上即可看出。研究伊犁将军者,似乎都没有对其名号全称予以专门的关注。伊犁将军名号之前,冠有"总统"二字,其全称是"总统伊犁等处将军",这见于清代多种文献记载。

《皇舆西域图志》卷二九《官制》载:

> 总统伊犁等处将军一员,乾隆二十七年设,统辖天山南北各新疆地方驻防官兵调遣事务。

《钦定新疆识略》卷五《官制兵额》载:

总统伊犁等处将军一员……二十七年八月阿桂进京,参
赞大臣明瑞自乌鲁木齐至伊犁办事。是年十月奉上谕……即
以明瑞作为伊犁等处总统将军。

《清朝通典》卷三六《职官十四》载:

总统伊犁将军一人,统掌新疆之军政,山北、山南皆听
节制。

《西陲总统事略》《西陲总统事略叙》载:

设将军于伊犁,为南北总统。

乾隆五十五年(1790),永保署任伊犁将军,曾将任内所办诸事宜
汇辑一册,名之为《总统伊犁事宜》,其《官制兵额》称:

总统伊犁等处将军一员。

在驻防地名和官名之前冠以"总统"二字,不仅在清代内地驻防
将军中所无,而且在边疆驻防将军中也为仅有。如黑龙江将军全称为
"镇守黑龙江等处将军",吉林将军全称为"镇守吉林等处将军",盛京
将军全称为"镇守盛京等处将军",乌里雅苏台将军全称为"乌里雅苏
台定边左副将军",[1]均与"总统伊犁等处将军"有别。冠以"总统"二
字,突出了伊犁将军在新疆的最高军政长官地位,反映出清代新疆军
政体制的特点。

伊犁将军统辖地域之辽阔、军队之众多,受其节制的军政官员之
多、官职之高,在清代全国驻防将军中,甚至就是在边疆驻防将军中,
也是独一无二的。正因为如此,清朝曾有伊犁将军"责任重大,视内地
督抚倍之的说法"。[2]

---

①详见牛平汉主编:《清代政区沿革综表》,中国地图出版社,1990 年,第 79、
99、110、486 页。

②《清仁宗实录》卷二〇八,嘉庆十四年三月甲申,中华书局,1986 年缩印本。

考察伊犁将军总统新疆的权限,主要体现在三个方面。

1. 节制统辖各军政区都统、参赞大臣等军政长官

清代新疆,建省之前,实行军政合一的军府管理体制,全疆划分为伊犁、乌鲁木齐、塔尔巴哈台、喀什噶尔四大军政区。

伊犁军政区,东北与塔尔巴哈台军政区接界,西北到达巴尔喀什湖、楚河一带,东与乌鲁木齐军政区之库尔喀喇乌苏、晶河接界,南与喀什噶尔军政区之阿克苏、乌什相邻,"为天山南北总汇之区"。①这里建有九城,移驻有二万余员名携眷官兵以及从事屯田的六千多户维吾尔人。②伊犁军政区是伊犁将军的直辖区,同时设有伊犁参赞大臣。

乌鲁木齐军政区,该区东达巴里坤、哈密,与喀尔喀蒙古、甘肃接界,西与伊犁军政区相邻,北与塔尔巴哈台军政区接界,南达吐鲁番一带。该区先后移驻有近二万员名携眷官兵。当地也是移民垦区,有内地移民二十余万人,设有道、府、州、县等行政机构。原设有参赞大臣为最高军政长官,乾隆三十八年改乌鲁木齐参赞大臣为乌鲁木齐都统。

天山北路塔尔巴哈台"西联哈萨克,北扼鄂罗斯,环山带河,广袤数千里",③有土尔扈特、哈萨克等部落游牧。当地驻有从伊犁和陕甘驻军中派出的换防官兵二千余员名。乾隆二十九年(1764)设参赞大臣一员,为塔尔巴哈台最高军政长官。

喀什噶尔军政区西至帕米尔,东与甘肃、青海接界,南与西藏以喀喇昆仑山相隔。该区维吾尔人居住的喀喇沙尔、库车、乌什、阿克苏、叶尔羌、和阗、英吉沙尔、喀什噶尔等南八城,实行伯克官制。驻军

---

① 《钦定新疆识略》卷四《伊犁舆图》,道光元年武英殿刊本。

② 据《钦定新疆识略》卷四《伊犁舆图》载,道光初年,伊犁在籍军民达到十四万余口,尚不包括部分民户。

③ 永保:《塔尔巴哈台事宜》《序》,《边疆丛书》续编之四,吴丰培校订油印本。

是从伊犁、乌鲁木齐和陕甘驻军中派出的三千余员名换防官兵。各城设办事大臣理诸务,统之于喀什噶尔参赞大臣。

伊犁将军"统掌新疆之军政,山北、山南皆听节制","为南北总统",是四大军政区的最高军政长官。从表面形式上看,伊犁将军总统四大军政区之关系可图示如下:

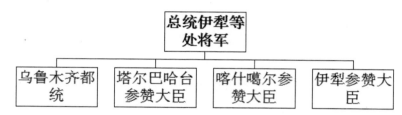

清朝确立伊犁将军对都统、参赞大臣的节制统辖权之后的数十年里,新疆社会处于相对稳定的发展之中。道光年间天山南路发生和卓后裔张格尔之乱,廷议加强对南路各城办事大臣的考察,又曾再次强调伊犁将军在新疆的总统权限及其对各军政区官员的节制统辖关系。道光八年(1285)上谕云:

> "新疆西南两路,分设大臣驻扎,皆受伊犁将军节制,自应分隶考察,以期抚驭得宜。著照托津等所议,嗣后哈密办事大臣与吐鲁番、巴里坤、古城、库尔喀喇乌苏归乌鲁木齐都统专辖,喀喇沙尔、库车、阿克苏、乌什、叶尔羌、和阗、英吉沙尔等七城归喀什噶尔参赞专辖。均属于伊犁将军统辖。"①

道光十二年(1832)清朝筹划喀什噶尔等西四城驻军屯田事,上谕又曾强调将军与参赞大臣各自的专责,指出:

> "玉麟系伊犁将军,有统辖之责;壁昌系叶尔羌参赞大臣,有总理八城之任。必应随时认真稽查,遇有训练不精,耕

---

① 《清宣宗实录》卷一三二,道光八年正月乙丑。

作不力,即据实严参惩办。倘扶同隐饰,经朕别有访闻,则惟玉麟、璧昌等是问。"①

上引谕旨对伊犁将军节制统辖南北两路的权限,以及将军与都统、参赞大臣之间的关系进一步作了说明,由此可见伊犁将军在新疆各区军政长官中的最高总统地位。

2. 总统调遣天山南北两路驻防官兵

乾隆二十七年(1762)十月,伊犁将军设立,军机大臣奉命酌定其职掌成规时,即有明确之说明:

> "军机大臣等奏:伊犁当勘定之初,为新疆总汇,奉旨设立将军,一切管辖地方,调遣官兵,自应酌定成规。臣等谨议:凡乌鲁木齐、巴里坤所有满洲、索伦、察哈尔、绿旗官兵,应听将军总统调遣;至回部与伊犁相通,自叶尔羌、喀什噶尔至哈密等处驻扎官兵,亦归将军兼管,其地方事务,仍令各处驻扎大臣照旧办理,如有应调伊犁官兵之处,亦准咨商将军,就近调拨。开明职掌,载入敕书。从之。"②

载入敕书之职掌成规,确立了伊犁将军总统调遣天山南北两路驻防官兵的地位和权限。从以后的有关记载来看,当新疆境内发生局部地区的起事、动乱之时,即由将军总统新疆驻军前往平定并查办起事、动乱缘由,办理善后。

如乾隆三十年(1765)初,乌什办事大臣素诚与阿奇木伯克阿布都拉扰害维吾尔人,激起民愤。维吾尔人群起将其杀死,并劫夺官库,占据乌什。阿克苏办事大臣塔海、喀什噶尔参赞大臣纳世通等先后带兵赶赴

---

① 《清宣宗实录》卷二〇六,道光十二年二月庚子。此时,喀什噶尔参赞大臣已移驻于叶尔羌,称叶尔羌参赞大臣。

② 《清高宗实录》卷六七三,乾隆二十七年十月壬子。

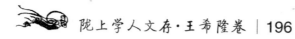

乌什。伊犁将军明瑞闻报,先派领队大臣观音保领兵赴乌什,继带军亲赴乌什应援。乾隆帝特颁谕旨,强调明瑞的总统地位与节制权限:

> "此次进剿乌什逆回,各城大臣,俱领兵汇合,但必号令归一,方克有济……明瑞一至,伊本系将军,自应节制各城官兵。"①

明瑞赴乌什途中,各城官兵已齐集乌什城下,喀什噶尔参赞大臣纳世通"视办理乌什事甚易,恐明瑞与其分功",行文阻止明瑞前来。乾隆帝闻奏,斥其错谬,指出:

> "明瑞系节制各城将军,遇此等情事,理应前往查办,纳世通行文阻止,甚属错谬。"②

纳世通在乌什办事专擅,仅知会明瑞。乾隆帝闻知,责其妄自尊大,并再次申明伊犁将军总统之权:

> "明瑞系总统回部将军,纳世通不过参赞大臣,各城一应事宜,当听将军查办,岂有参赞大臣专主一事,仅知会将军同办之理?"③

明瑞统兵剿办乌什起事,同时负有监察当地各官员,了解乌什维吾尔人起事缘由的职责。上谕指出:

> "兹命明瑞前往,非专为剿贼,特令其详察起衅情由。大臣等驻扎新疆,平日失于抚驭,惟偏护内地人等,恣意扰害回人,及偾事后,又复张皇失措,为若辈所轻视。明瑞此行,固不宜轻纵回人,亦不可偏护官兵,务得其实情,加以惩创,始于地方有益。"④

①《清高宗实录》卷七三〇,乾隆三十年闰二月庚申。
②《清高宗实录》卷七三二,乾隆三十年三月丙子。
③《清高宗实录》卷七三五,乾隆三十年四月戊辰。
④《清高宗实录》卷七三〇,乾隆三十年闰二月丁巳。

六月,塔海、纳世通扰害维吾尔人、攻城不力等情由被查明,明瑞奉旨将二人于军前正法。八月,乌什城破,明瑞主持办理善后。他留驻乌什两月,详察南路各城弊端,上《回部善后事宜八条》,①对南路各城的旧制提出改革方案,经军机处议复如所请,付诸实施后方统军返回伊犁。

再如,道光六年(1826)流亡于中亚的白山派和卓后裔张格尔伙同浩罕军队犯境,攻陷喀什噶尔,参赞大臣庆祥自缢殉职,英吉沙尔、叶尔羌、和阗也相继陷落。当伊犁将军长龄得知张格尔犯境消息后,即派领队大臣穆克登布等率伊犁驻军二千前往防剿。接到喀什噶尔被围咨报后,长龄再从伊犁派兵二千,并咨调乌鲁木齐官兵四千,星驰赴援。时西四城陷落,贼势大振,张格尔东进至阿克苏一带,长龄以新疆兵力不足,奏请调取关内驻军。清朝令从陕甘、黑龙江、吉林等处调派精兵前往征讨,并授长龄为扬威将军,节制各路征军,任命署陕甘总督杨遇春、山东巡抚武隆阿为参赞大臣,参赞军务。此次出征,清朝调集的官兵"不下四万名",加之丁役,共有五万名之多。②其中除伊犁、乌鲁木齐先后派往的八千名之外,主要是关内驻军。大军云集阿克苏等地后,军营大小官员,悉听扬威将军长龄指挥。在长龄的统一指挥下,各军奋力杀敌,击败张格尔匪帮,将西四城次第收复。

以上事例表明,当新疆境内发生起事、动乱时,伊犁将军总统调遣境内各路军队前往征讨。当发生大规模动乱,新疆兵力不敷使用,需从关内调集大军时,以伊犁将军总统关内外征军则超出了权限,不符体制,须按大规模出征的传统,任命出征统帅,总统关内外各路征军,伊

---

① 《清高宗实录》卷七四六,乾隆三十年十月癸丑。
② 《清宣宗实录》卷一〇七,道光六年十月辛亥。

犁将军长龄出任扬威将军即这种情况。这也从另一个方面反映了伊犁将军总统调遣天山南北两路驻军的权限及其在新疆的最高军政地位。

3. 受命处理新疆与邻国之间的外交事务

乾隆二十五年（1760）清朝统一天山南北后，新疆西北的边界走向是：从铿格尔图喇跨额尔齐斯河往西南，越过喀尔满岭，沿爱古斯河到巴尔喀什湖，再从巴尔喀什湖的北岸到塔拉斯河的西端，又东南沿塔拉斯西南的哈喇布拉岭，到纳林河。①这一边界之外，自东而西主要是哈萨克中帐、大帐二汗国和浩罕汗国。在清朝统一新疆的过程中，哈萨克中帐汗阿布赉、大帐汗阿布勒比斯、浩罕伯克额尔德尼等先后遣使奉表贡赴京朝觐，与清朝建立了藩属宗主关系，②双方在边境地区的往来贸易也开始发展。

哈萨克汗国、浩罕汗国与清朝的贸易，主要集中在塔尔巴哈台、伊犁和喀什噶尔三地，分别由塔尔巴哈台参赞大臣、伊犁将军和喀什噶尔参赞大臣管理。其他一般性交往事务也分别由将军、参赞分别办理。一些较大的事务，则由伊犁将军统一奏报并处理。如乾隆二十九年（1764）将军明瑞闻知哈萨克中帐汗阿布赉交通浩罕，恐为害边境，即行文喀什噶尔参赞大臣纳世通，"侦探信息，即行知会"。纳世通向明瑞报告侦探到的浩罕情形后，明瑞即行奏报朝廷。再如哈萨克大、中帐汗王子弟赴京朝觐，也统一"俱由伊犁派员护送，事竣仍回伊犁，即由伊犁回该部落"。③其汗王死去，爵位的承袭、赐奠亦均由伊犁将

①《沙俄侵略中国西北边疆史》第1章第1节、人民出版社，1979年。

②参见王希隆《乾嘉时期清政府与哈萨克之政策与关系》，载《新疆大学学报》1984年1期；潘志平《中亚浩罕汗国与清代新疆》第2章，中国社会科学出版社，1991年。

③《塔尔巴哈台事宜》卷四《荒服》。

军奏报办理。

新疆地方与俄国的交涉事务,也由清朝授命伊犁将军办理。中俄两国雍正年间签订《恰克图条约》,规定恰克图为中俄贸易口岸。道光三十年(1850)俄国向清朝提出"请于恰克图之外,准其在伊犁、塔尔巴哈台、喀什噶尔三处添设贸易,一并通商"。清朝授命伊犁将军萨迎阿酌量新疆情形,奏明是否可行。萨迎阿奏称伊、塔二地通商尚可,喀什噶尔则窒碍难行。清朝即命其"通知该国,拣派大员,前来会议"。①咸丰元年(1851)夏,俄国代表科瓦列夫斯基赴伊犁,与伊犁将军奕山等谈判,签订《中俄伊犁、塔尔巴哈台通商章程》。咸丰五年(1855),因塔尔巴哈台俄国领事塔塔林诺夫残杀当地开矿民人,激起抗俄斗争,俄国在塔尔巴哈台的贸易圈被焚毁,清朝命伊犁将军扎拉芬泰派员查办,并命扎拉芬泰与俄国代表谈判会办该案。②

以上三个方面体现出了伊犁将军总统新疆之最高地位与职权。

丁实存先生指出:"伊犁将军之权限,实包括军事、经济、交通、司法、民政与边防六项,而每项又各分数方面。"他将军事分为平时与战时,平时又分为统率、驻防、换防、征补、训练、军饷、军械、牧政、建筑诸端,战时又分为调遣与作战;经济分为垦牧、矿铸、贸易、赋税四方面;交通分为军台、营塘、驿站三方面;司法分为复核讼狱、查办案件两方面;边防分为设卡定界、抚绥两方面。③其实,他所列举的不少权

①《清文宗实录》卷七,道光三十年四月乙丑。

②《清代中俄关系档案史料选编》第 3 编上册,中华书局,1979 年,第 171、150、215、254 页。

③丁实存:《伊犁将军设置之起因与其职权》,载《边政公论》第 3 卷 4 期,1944 年 8 月。

限是伊犁将军在其直辖的伊犁军政区内的职掌,在乌鲁木齐、塔尔巴哈台、喀什噶尔三大军政区,都统、参赞大臣也各自有上列的大部分职掌权限。在行使职权办理一般性事务时,都统、参赞大臣独当一面,并不行知将军,有一定的自主权和相对的独立性。

正因为如此,道光元年(1821)修成的《钦定新疆识略》记载伊犁将军之权限职掌为:节制南北两路,统辖外夷部落,操阅营伍,广辟屯田。应办事件,印房、营务处、粮饷处、驼马处及文武各员分司之。①

此处之"节制"、"统辖"两项为将军总统新疆之权限,显示出将军在新疆之最高地位;至于"操阅营务、广辟屯田"则是将军在直辖的伊犁军政区之职掌。

需要指出的是,当伊犁将军设立之时,塔尔巴哈台、乌鲁木齐两大军政区的建设正在进行之中,建制尚未齐备规范。因此,当地驻军屯田等具体事务由伊犁将军主持或过问,并统一奏报朝廷。如,将军明瑞曾全盘筹办塔尔巴哈台驻军、设卡、屯田事宜,曾奏报乌鲁木齐钦差副都统咨取屯田所需牛只及办理结果等。但在塔尔巴哈台参赞大臣、乌鲁木齐都统设立之后,与喀什噶尔军政区一样,其军政区内的此类一般具体事务,由参赞大臣、都统独当一面,自行办理,将军不再过问。可见,新疆四大军政区的建制规范之前后,伊犁将军的总统权限是有一定不同的。建制规范之前,伊犁将军在新疆的总统权限要比后来大得多;建制规范之后,其总统权限在很大程度上只是名义而已。

二、伊犁参赞大臣无定制之事实及原因

伊犁军政区是伊犁将军的驻地,也是新疆四大军政区之一。与

---

①《钦定新疆识略》卷五《官制兵额》。

塔尔巴哈台、喀什噶尔军政区一样,伊犁军政区也设有一员参赞大臣。

参赞大臣之设,始于清代,有临时和常设两种类型。清代命将出征,往往在主将之下设有参赞大臣,协助将军,赞襄军务,有如副帅或后来之参谋长。如,乾隆二十二年(1757),清朝任命兆惠为定边将军,率军平定大小和卓叛乱,因札萨克贝勒额敏和卓"熟悉回部情况,人亦果毅",任命为参赞大臣,"在前队行走"。①又如,乾隆朝被誉为"武臣之冠"的勇将海兰察,在平定金川、平定甘肃撒拉族起义、平定台湾林爽文起义、反击廓尔喀人侵西藏等军事远征中,都曾在主将阿桂、福康安麾下担任过参赞大臣。②这种参赞大臣在战争结束之后,即回原任办事,属于临时性质。

清代常设之参赞大臣,在乌里雅苏台将军统辖的喀尔喀蒙古地区设有乌里雅苏台参赞大臣和科布多参赞大臣。在新疆则设有塔尔巴哈台、喀什噶尔、伊犁三员参赞大臣。喀尔喀蒙古、新疆为边疆地区,将军是最高军政长官,其下设参赞大臣,体现了军政合一的建制性质与特点。这是清代边疆军政制度的一种类型。新疆所设的三员参赞大臣中,伊犁参赞大臣的补缺制度与塔尔巴哈台、喀什噶尔参赞大臣有别。塔尔巴哈台、喀什噶尔参赞大臣出缺即补,而伊犁参赞大臣补授无定制。为说明这一问题,以下将伊犁参赞大臣设立后一百余年中之补缺情况作一梳理。③

①《清高宗实录》卷五五三,乾隆二十二年十二月癸未。
②见王希隆《清代索伦部名将海兰察》,载《西北民族研究》2000年第2期。
③关于历任伊犁参赞大臣,《清史稿》卷二〇六《疆臣年表》所载,疏漏、并误之处较多。章伯锋《清代各地将军都统大臣年表》只对嘉庆以后有所厘正,且仍有不确之处。本文限于篇幅,只根据所见文献,逐一梳理。另有《〈清史稿·疆臣年表〉勘误》一文,作专门考证。

伊犁参赞大臣的设立早于伊犁将军,而且起初设有两员。乾隆二十五年(1760)初,参赞大臣阿桂从阿克苏带兵至伊犁镇守屯田,"是伊犁设官之始"。①乾隆二十七年(1762)十月,伊犁将军设立,将军之下设有参赞大臣两员,以副都统爱隆阿、伊勒图二人补授。乾隆二十九年(1764)伊勒图奉命进京,遗缺未补,故《钦定新疆识略》云:"时初设参赞大臣系二员,至二十九年正月伊勒图进京始为一员"。②乾隆二十九年,伊犁参赞大臣改定为一员。两年后,爱隆阿卒于任,领队大臣乌勒登升任参赞大臣。乌勒登任职只有三个月,即奉命与雅尔参赞大臣阿桂对调。但因将军明瑞赴京,阿桂至伊犁后署任将军,不久即实授。直至三十二年(1767)五月,阿桂请旨简放参赞大臣,始奉命以伊勒图补授原缺。但伊勒图受命不过两月,即调任喀什噶尔参赞大臣。

伊勒图调任喀什噶尔后的十年间,即乾隆三十二年(1767)至四十二年(1777),伊犁参赞大臣已经补授无定制。乾隆三十三年(1768)伊勒图署任将军后曾奏请:"伊犁现无参赞大臣,请于该处领队大臣内简派一员,协同办事",得旨:"不必另设参赞"。③但乾隆三十六年(1771)八月有巴图济尔噶勒任伊犁参赞大臣,次年底卒于任。三十八年(1773)正月将军舒赫德奏报:"参赞大臣兼内大臣副都统巴图济尔噶勒在伊犁病故。"④清朝令"侍郎副都统庆桂,著补授伊犁参赞大臣,

---

①《钦定新疆识略》卷五,《官制兵额》。同书称阿桂"至伊犁为办事大臣",但考之《清高宗实录》,阿桂在伊犁期间是以参赞大臣衔奏事。见《清高宗实录》卷六二一,乾隆二十五年九月辛未;卷六二七,乾隆二十五年十二月丙申;卷六三九,乾隆二十六年六月癸未;卷六四六,乾隆二十六年十月己巳;卷六五八,乾隆二十七年四月甲戌;卷六七〇,乾隆二十七年九月辛未等。

②《钦定新疆识略》卷五,《官制兵额》。

③《清高宗实录》卷八一五,乾隆三十三年七月辛亥。

④《清高宗实录》卷九二五,乾隆三十八年正月丙午。

驰驿前往,协同将军舒赫德办事"。①但庆桂"四月授伊犁参赞大臣,七月调塔尔巴哈台参赞大臣",②遗缺未补,直至乾隆四十二年方有到任者。因此,乾隆三十二年(1767)至四十二年(1777)的十年间,清朝虽两次任命伊犁参赞大臣,但两员参赞大臣总共在任不到两年。

乾隆四十一年(1776)八月,清朝授超勇亲王策凌之孙拉旺多尔济为伊犁参赞大臣,令其随将军伊勒图学习操练管理兵丁。拉旺多尔济于次年八月到任,乾隆四十四年(1779)四月卸事。乾隆四十五年(1780)十一月,乌什参赞大臣申保调任为伊犁参赞大臣,次年十月卒于任。乾隆五十年(1785)三月,授西安将军永铎为伊犁参赞大臣,"协同将军学习办事"。③永铎六月到任,仅过一月,即改授为乌鲁木齐都统。八月,清朝再命明亮补授伊犁参赞大臣,十二月,明亮又被改派为乌什参赞大臣。继明亮之后出任伊犁参赞大臣的是海禄,他于五十一年三月受命,次年十二月因参奏将军奎林枉法事赴京对质。海禄之后又有舒镰于乾隆五十三年(1788)五月任此职半年,十一月即调任驻藏大臣。在舒镰调任的同时,清朝又任命了副都统恒瑞"作为伊犁参赞,帮同保宁办事"。④但他也只任职半年,五十四年(1789)五月调任为乌里雅苏台将军。可以看出,从乾隆四十二年(1777)到五十四年(1789)的十二年间,清朝虽曾七次任命伊犁参赞大臣,但任期大都很短。清制:"驻扎西北两路新疆办事将军大臣,向系三年更换。"⑤但此七任参赞大臣无一任满三年者。任职最长者如拉旺多尔济不过两年

①《清高宗实录》卷九三八,乾隆三十八年七月戊午二。

②《清史列传》卷二七《庆桂传》,上海中华书局1928年。

③《清高宗实录》卷一二二七,乾隆五十年三月戊辰。

④《清高宗实录》卷一三一四,乾隆五十三年十月癸卯。

⑤《清高宗实录》卷一二九八,乾隆五十三年二月甲辰。

半时间;短者如永铎,受命不过三月,到任只有一月,即改调他处,明亮亦是如此。这一时期,参赞大臣一职时常处于空缺状况,出缺最长达三年半时间。

自乾隆五十四年(1789)五月恒瑞调任乌里雅苏台将军之后,伊犁参赞大臣再未予补授,缺悬长达二十五年之久。直到嘉庆十九年(1814)十月,清朝又开始重视此缺,任命长龄为伊犁参赞大臣。①长龄任职也不过一年,次年十月因松筠进京补授为伊犁将军。长龄之后,参赞大臣再次空缺达四年之久。嘉庆二十四年(1819)十一月,清朝又命"乌鲁木齐都统庆祥为伊犁参赞大臣"。②但次年四月,将军晋昌进京,庆祥受命补授将军,此职又空缺达七年多时间。

自道光七年(1827)开始至同治六年(1867),伊犁参赞大臣开始按定制出缺即补。道光七年九月,容安补授此缺。十年(1830)九月,容安奉旨进京,清朝"以西宁办事大臣布彦泰为伊犁参赞大臣"。③十二年(1832)二月,"调伊犁参赞大臣布彦泰为塔尔巴哈台参赞大臣,塔尔巴哈台参赞大臣常德为伊犁参赞大臣"。④十三年十月,布彦泰奉命与常德对调。十四年,布彦泰因病解任,以右翼前锋统领苏清阿补授。十五年(1835)正月,苏清阿调任吉林将军,以塔尔巴哈台领队大臣奕山补授。十八年(1838)四月,奕山简放伊犁将军,以领队大臣湍多布补授。六月,清朝令湍多布与塔尔巴哈台参赞大臣关福对调。二十年(1840)七月,关福以参赞大臣暂署伊犁将

①《清史列传》卷三六《长龄传》;章伯锋《清代各地将军都统大臣等年表》中华书局 1977 年第 163 页。

②《清仁宗实录》卷三六四,嘉庆二十四年十一月戊子。

③《清宣宗实录》卷一七五,道光十年九月丁丑。

④《清宣宗实录》卷二〇六,道光十二年二月庚子。

军卒于任,清朝又命湍多布回任。同月,仍命湍多布为塔尔巴哈台参赞大臣,调喀什噶尔领队大臣富兴阿为伊犁参赞大臣。十二月,富兴阿调任乌什办事大臣,遗缺以察哈尔都统壁昌补授。二十二年(1842)三月,壁昌调任陕西巡抚,遗缺以巴里坤总兵庆昌补授。二十三年(1843)十二月,庆昌调任,以哈密办事大臣达洪阿补授。二十四年(1844)十月,达洪阿以病解任,以工部左侍郎舒兴阿补授。二十五年(1845)十一月,舒兴阿奉命与和阗办事大臣奕山对调。奕山任伊犁参赞大臣五年之久,期间曾出差一年多时间,由毓昌署理参赞大臣, 这种情况为清代历任伊犁参赞大臣中所仅有。三十年(1850)十一月,奕山补授伊犁将军,"调叶尔羌帮办大臣布彦泰为伊犁参赞大臣"。①咸丰三年(1853)九月,布彦泰奉命进京,"调叶尔羌帮办大臣图伽布为伊犁参赞大臣"。②五年(1854)十一月,图伽布奉命进京,"调喀什噶尔办事大臣谦亨为伊犁参赞大臣"。六年(1855)十二月,谦亨"因病解任,以叶尔羌帮办大臣法福礼为伊犁参赞大臣"。③九年(1859)十月,法福礼奉旨进京,以景廉补授。同治元年(1862)四月,景廉调任叶尔羌参赞大臣,"以镶蓝旗汉军副都统明绪为伊犁参赞大臣"。④三年(1864)十月,明绪升任伊犁将军,以联捷任参赞大臣。四年(1865)十月,联捷调任哈密办事大臣,"以伊犁厄鲁特领队大臣荣全为参赞大臣"。⑤五年(1866)初,伊犁维吾尔人起事,惠远城破,将军明绪自尽。六年(1867)四月,"调伊犁参

---

①《清文宗实录》卷二一,道光三十年十一月戊戌。
②《清文宗实录》卷一〇六,咸丰三年九月乙未。
③《清文宗实录》卷二一五,咸丰六年十二月己亥。
④《清穆宗实录》卷二五,同治元年四月壬申。
⑤《清穆宗实录》卷一五七,同治四年十月戊申。

赞大臣荣全为乌里雅苏台参赞大臣"。①其后,伊犁参赞大臣缺悬达四年之久。当荣全调任乌里雅苏台时,伊犁尚处于义军控制之下。同治十年(1871)俄国出军占领伊犁。光绪初年,左宗棠督军出关,收复新疆大部分地区。七年(1881)二月,中俄《伊犁条约》签订,清朝在作出重大让步之后收回了伊犁。是年五月,清朝任命副都统升泰为伊犁参赞大臣。升泰为末任伊犁参赞大臣。光绪十年(1884)二月,升泰调署乌鲁木齐都统。十月,新疆建省,伊犁参赞大臣一缺裁撤。

以上梳理表明,自伊犁设有参赞大臣的一百二十四年之中(1760—1884),只有四十年(1827—1867)的时间是持续按定制出缺即予补授的,其余时间时断时续,补授无定制,甚至有长达二十五年的出缺时间段。

伊犁参赞大臣补授无定制,原因即在于伊犁将军不仅是新疆的最高军政长官,而且又是伊犁军政区的最高军政长官。

如前所述,伊犁将军作为总统南北两路的最高军政长官,从表面形式上看,将军节制统辖伊犁、塔尔巴哈台、喀什噶尔三员参赞大臣和乌鲁木齐都统,将军与四大军政区之间的关系在形式上应是以上文之图构成。

但是,伊犁将军对乌鲁木齐、塔尔巴哈台、喀什噶尔三大军政区是总统关系,对这三大军政区的军政长官都统、参赞大臣更多的是节制关系,而伊犁军政区则是将军的直接辖区,因此,伊犁将军对伊犁军政区是实际的统辖。

清代边疆设立的参赞大臣虽有疆帅之称,但伊犁参赞大臣不是该区的最高军政长官,无专地可辖,只是作为伊犁将军"协同办

---

①《清穆宗实录》卷二〇一,同治六年四月丙午。

事"、①"帮同办事"、②"学习办事"③的一员副手,故这一员缺与塔尔巴哈台、喀什噶尔参赞大臣员缺有实质性的不同。塔尔巴哈台参赞大臣主持管理当地军政事务,喀什噶尔参赞大臣总领南八城,皆为本区最高军政长官,事权极重,自然不可须臾缺悬,而伊犁参赞大臣的补授则是视需要而定。

当伊犁将军设立初期,伊犁军政区开创只有两年,而塔尔巴哈台参赞大臣、乌鲁木齐都统皆尚未设立。当时,新疆各军政区建制尚未齐备,百废待兴,将军筹划全局,总统事务繁多;将军直辖的伊犁军政区的建设刚刚兴起,八旗、绿营、索伦、锡伯、察哈尔诸军相继移驻,兵屯、回屯、遣屯先后开设,驼、马、牛、羊等官牧场建立,与哈萨克汗国的贸易频繁进行,需要有参赞大臣协同处理事务。故伊犁参赞大臣不仅按期补授,而且一度设有两员。以后的数十年中,除乌什之乱外,新疆社会基本稳定发展,将军主要致力于本区的军政建设,总统事务不多;将军府设有印房、粮饷、驼马、营务等处,机构健全,运行正常;各营有领队大臣、屯镇总兵专司本营事务,直接对将军负责。这种情况下,有无协同办事之参赞大臣则无关紧要。但道光初年张格尔之乱后,南路四城的动乱持续不断,伊犁驻军接连出征;北部俄国势力南下,外交纠纷频繁,边防日益吃紧。形势变化后,将军的事务较乾嘉时期自然繁重了许多,故自道光七年(1827)开始,伊犁参赞大臣一职出缺即补,不再有空缺的情况。甚至在参赞大臣出差期间,还任命其他官员署理此缺。这充分反映出伊犁将军事务增多之后必须有一副手协同办理

---

① 《清高宗实录》卷六七四,乾隆二十七年十一月辛酉。
② 《钦定新疆识略》卷五《官制兵额》。
③ 《清高宗实录》卷一二二七,乾隆五十年三月戊辰。

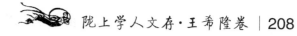

事务之新时期的开始,伊犁参赞大臣一职"补授无定制"、可有可无的局面已经结束。

伊犁参赞大臣补授无定制,还有一个原因。参赞大臣一职,地位仅次于将军,如上所述,有疆帅之称。人选不当,将军反被掣肘,不利于事权的统一,这一问题很早就已为清朝所注意。

《钦定新疆识略》卷五《官制兵额》中有乾隆三十三年(1768)补放伊犁参赞大臣的一段重要记载:

> "三十三年六月,伊勒图署伊犁将军。是年七月奏言,伊犁将军前有参赞大臣同办事务,将军明瑞回京后因无参赞大臣,经将军阿桂奏请,蒙恩将臣伊勒图补放伊犁参赞大臣。嗣臣差往喀什噶尔办事,伊犁唯有将军阿桂办理事务。今臣又蒙恩署理伊犁将军。伏思此处各营携眷官兵诸事繁杂,而教练兵丁筹画生计必须展转办理。臣年少无识,未甚经事,须得一商酌之人庶为有益。伊犁现有领队大臣绰克托曾经办事,可否令帮臣办事。奉上谕:绰克托系朕深知之人,竟与人不睦,若伊补放参赞大臣,伊勒图反被掣肘,于事无益。且惟用兵之时始分别参赞大臣、领队大臣,今各省将军等并无参赞大臣,皆副都统等同办事务。伊犁现有数员领队大臣,有事即可商酌,无庸特放参赞大臣,钦此。嗣后补放无定制。"①

伊勒图依例奏请将领队大臣绰克托补放为参赞大臣,乾隆帝深知绰克托与人难以和睦相处,若补放必于事无益,不准其奏请。这一方面反映出乾隆帝知人善用,另一方面也反映出伊犁军政区建制的特殊性。选"明白晓事"与将军配合得宜之官员任伊犁参赞大臣是一原则,

---

①《钦定新疆识略》卷五《官制兵额》。

违反这一原则就会出现问题。乾隆五十一年(1786)清朝命副都统海禄补授伊犁参赞大臣,协同将军奎林办事。海禄素以晓勇善战著名,但"刻核吏事",①不能与奎林相处,配合办事,任职不及一年,即参奏将军奎林。两人相互揭举,攻讦不休。乾隆帝只得令他们来京,特命诸皇子、军机大臣会同刑部,"将各款逐一研讯,并令海禄与奎林当面质对"。查明海禄参奏奎林诸事有属实之处,但亦有"挟嫌诬捏,情节显然"之处;且海禄亦有"向厄鲁特总管,私行换马一百余匹"之事。军机大臣、刑部依例拟将二人俱行严办,乾隆帝"因念伊二人俱曾带兵出力,尚属有用之才,不忍令其终于废弃……除奎林业经革职外,海禄著革职,免其杖流,俱罚令在上虞备用处拜唐阿上效力行走"。②此为参赞大臣与将军不能相处配合办事,最终两败俱伤之事例。

总而言之,新疆的三员参赞大臣中,惟有伊犁参赞大臣补授无定制,根本原因就在于伊犁军政区是伊犁将军的直辖区,参赞大臣仅是协同将军办事的副手,有无可视情况而定;而在塔尔巴哈台和喀什噶尔两军政区,参赞大臣为最高军政长官,不可缺悬,故补授有定制。

三、清代新疆两军府论

管守新同志在其博士论文中对丁实存先生"新疆伊犁将军之权力,有过于内地各省之总抚"的说法提出了不同看法,他认为:"说伊犁将军与乌鲁木齐都统、喀什噶尔参赞大臣的关系,'犹内地督抚分省而治'则比较恰当"。③这一看法不囿于常说,在新疆军府制研究中别开生面,有一定见地。但是,还应该看到,实际上清代新疆的军府并

①《清史稿》卷三三三,《海禄传》。
②《清高宗实录》卷一二九三,乾隆五十二年十一月乙酉;卷一二九八,乾隆五十三年二月壬寅。
③前揭《清代新疆军府制研究》。

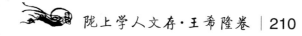

非只是一个伊犁将军府。

清代新疆长期实行军府管理制度,所谓军府,即指伊犁将军府,这在有关研究中似已成定论。①其实,这只是认识到伊犁将军有总统天山南北权限的一个方面。只要对四大军政区,特别是伊犁、乌鲁木齐军政区的建制、驻防兵力等方面进行深入的考察,对各军政区的军政制度进行深层次的考察对比,就会认识到,清朝在新疆实际上设立了两个军府,即伊犁将军府和乌鲁木齐都统府。

乌鲁木齐都统府的设立比伊犁将军府晚了十年。乾隆二十七年(1762)伊犁将军设立时,乌鲁木齐的屯田、移民等项建设已经兴起。乾隆三十六年(1771)伊犁将军舒赫德筹划乌鲁木齐移驻八旗官兵设立满营事,提出"添设参赞大臣、领队大臣各一员"。②次年三月奉命设立,并规定"俱受伊犁将军节制"。③但乾隆三十八年(1773)五月,清朝即下令改乌鲁木齐参赞大臣为都统。上谕指出:

"从前因乌鲁木齐驻防满洲、绿营兵丁,曾放参赞大臣管辖,俱听伊犁将军调遣。今乌鲁木齐所属地方宽阔,而距伊犁遥远,兵民辐辏,应办事件甚繁,将参赞大臣一缺,改为都统一员,于管辖兵丁,办理诸事,尤为有益,而与体制亦属相符。索诺木策凌……即著补授乌鲁木齐都统,嗣后作为乌鲁木齐都统缺,仍属伊犁将军节制,听其调遣,所有应奏应办之事,一面奏闻,一面知会伊犁将军。仍著交该部,另行改铸都统印信发给。"④

①前揭《伊犁将军设置之起因与职权》、《清代总统伊犁等处将军的设置及其意义》、《清代新疆的军府建制》等,以及新疆社会科学院民族研究所编著《新疆简史》,新疆人民出版社,1980年。

②《清高宗实录》卷八九六,乾隆三十六年十一月辛巳。

③《清高宗实录》卷九〇四,乾隆三十七年三月戊戌。

④《清高宗实录》卷九三五,乾隆三十八年五月丁丑。

改参赞大臣为都统，最主要的原因在于乌鲁木齐军政区与伊犁军政区一样，移驻了大批八旗官兵，建立了满营，按体制需要设立将军或都统管辖，继续实行参赞大臣制不符体制。

都统，满语作"固山额真"，为一旗之最高军政长官。都统统领地方驻防八旗，则独当一面，与驻防将军为大体相等之建制。"都统一职，与将军品级相等"，[①]都是武官从一品。清代地方驻防都统惟察哈尔、热河、乌鲁木齐三地设置。察哈尔都统驻张家口，理八旗游牧，兼辖驻防兵；热河都统驻承德，管刑名度支、围场等事务，统领驻防八旗。此两员都统之上皆没有将军节制，惟有乌鲁木齐都统"仍属伊犁将军节制，听其调遣"。这种节制关系在清代边疆建制中是独一无二的。

乾隆二十七年（1762）伊犁将军设立之时，乌鲁木齐军政区的兵力布防、屯田等事务都由伊犁将军统一筹划、奏报，对该军政区的统辖权显而易见。乾隆三十八年都统府设立，建制规范之后，都统虽受将军的节制，但在很大程度上已经是一种形式或名义，都统府与伊犁将军府一样，是一个建制完备的军府。这除了上述都统与将军都是武职从一品之外，还体现在两个军府的驻防军力量基本相等。

新疆建制规范后，塔尔巴哈台、喀什噶尔军政区的官兵都是换防军，两军政区不过五千余名；而伊犁和乌鲁木齐两军政区则是驻防军，官兵总计达到四万余名。其中，乌鲁木齐驻防满营官兵六千余名，绿营官兵近一万三千名，总数将近二万，与伊犁军政区驻防军总数大体相等。[②]两大军政区和陕甘大区共同担负着向喀什噶尔、塔尔巴哈台两军政区派遣换防军的任务。乌鲁木齐都统的职权并不局限于管

---

①章伯锋编《清代各地将军都统大臣年表》《凡例》中华书局1977年，第2页。
②这里所举乌鲁木齐官兵数，见和瑛《三州辑略》卷五《营伍》，甘肃省图书馆藏抄本；伊犁官兵数，见《钦定新疆识略》卷五《官制兵额》。

辖驻防军、督理军务方面,都统是乌鲁木齐军政区的最高军政长官,军事行政事务俱由其总理。《三州辑略》卷二《官制》中对乌鲁木齐都统的权限记载明确,兹移录如下:

> "乌鲁木齐都统,驻扎巩宁城,统辖满、汉文武官员,督理八旗、绿营军务,总办地方刑钱事件(乾隆四十年军机处议复,都统索诺木策凌具奏,乌鲁木齐所属地方命盗钱谷一切案件由该道转呈都统办理,其巴里坤地方一切事件向由该道往报总督办理。查该处距兰州省城四千余里,鞭长莫及,难免贻误。且现在巴里坤、古城、吐鲁番满营事务俱属乌鲁木齐都统总理。应将巴里坤、奇台、古城地方事务全归乌鲁木齐都统办理)。辖领队大臣五(本城一、吐鲁番一、巴里坤一、古城一、库尔喀喇乌苏一)、协领十二(本城六、外城六),节制提、镇(迪化城提标、巴里坤镇标、哈密协、玛纳斯协)、城守营一(驻扎巩宁城),所属道一(镇迪道)、府一(镇西府)、直隶州一(迪化州)、同知一(吐鲁番)、通判一(本城)、县五(昌吉、绥来、阜康、宜禾、奇台)。"

都统的权限有"统辖满、汉文武官员,督理八旗、绿营军务,总办地方刑钱事件"三个部分。与伊犁将军相比,除了没有总统南北两路的权限而外(尽管这一权限更多的是一种名义或形式),都统府与将军府的职能权限大体相等,甚至在某些方面还有过之。例如,乌鲁木齐军政区有内地移民20余万人,设有道、府、州、县等行政机构管理,隶陕甘总督府辖,但道路遥远,总督难以周及,因此,命盗钱谷等事件都由都统就近办理。这实际上是把行政建制系统归于都统的属下,成为都统的特殊权限。正是由于乌鲁木齐地方的命盗钱谷一切案件都由镇迪道转呈都统办理,都统府直接管辖钱谷事务,监督机制不足,自乾隆三十九年(1773)开始,府县官员借采买粮石之机,浮开冒销,欺上瞒下,集体贪污。四十七年(1782)案发,上自都统、道员、知府、知州,下至知县、通判、所千总,被清朝处死、发遣计20余人,都统索诺木策凌也因受贿被赐令自裁。①

乌鲁木齐都统府兼治军民,职掌权限綦重,嘉庆年间任此职的和瑛把都统与西汉设立的西域都护相比较,他认为都统的职掌与责任甚至超过了西域都护:

> "乌鲁木齐都统,即汉都护秩也。都护之设自郑吉始。宣帝神爵二年匈奴属王日逐率众降,至渠犁,吉发诸国五万人迎日逐王送京师。既降日逐,遂破车师,拜吉为护车师南北道,故号都护。中西域而立幕府,治乌垒城,督察三十六国,此汉之号令所以班于西域也。然汉之都护不过治屯行军,其地未入版图,他无职掌。我朝高宗纯皇帝平定准、回两部,天山南北置巡道府厅州县,无异直省,而以都统辖之,则是以治屯行军而兼膺民社也,责綦重焉。且分设领队大臣五,如汉戊己校尉之制。"②

和瑛的这一认识,除"其地未入版图"为不确之说而外,基本上概括了汉西域都护与清乌鲁木齐都统之职掌权限,所言甚有道理。

还应当指出,乌鲁木齐都统府与伊犁将军府、陕甘总督府为同级机构,奏事时名衔并列。首任乌鲁木齐都统索诺木策凌系钦差大臣,在与陕甘总督共同奏事时,他与伊犁将军一样,列名在总督之前。③以后都统成为额缺,这种列名次序才有了改变。

---

① 详见王希隆《关于〈乌鲁木齐政略〉的几个问题》,载《西域研究》1996年1期。
② 《三州辑略》卷二《官制》。
③ 《清高宗实录》卷一一〇三,乾隆四十五年三月丙申上谕云:"今全简同总督勒尔谨奏事,列名在前,是妄自尊大。从前索诺木策凌,曾列名在前,因系钦差大臣,自属可行。今乌鲁木齐都统已作为额缺,况各省惟将军方可列名在总督之前,都统有列名在前之理乎?今伊犁将军伊勒图列名在勒尔谨之前,乃分所当然"。

乌鲁木齐都统府是清代边疆建制中独具特色的军府。都统与军政区内的绿营系统、道府州县系统、札萨克旗制系统，以及与伊犁将军府、陕甘总督府之间的关系都比较复杂，这些关系都体现了清朝在新疆管理制度的特点。由于篇幅所限，笔者将另文论及。

四、结论

清朝统一新疆之后，设伊犁将军府为新疆最高军政建制，伊犁将军是新疆的最高军政长官。将军总统南北两路，节制统辖塔尔巴哈台、喀什噶尔参赞大臣和乌鲁木齐都统，直辖伊犁军政区，权限之大，统辖地域之广，在当时全国驻防将军中首屈一指。

伊犁将军总统新疆之权限，主要体现在非常时期，诸如四大军政区建制尚未规范之际，新疆境内有军事行动或有外交纠纷发生之时，一般情况下，其总统权限在很大程度上只是一种形式或名义而已。

伊犁将军的权限职掌，主要是管理伊犁直辖区内的军政事务。所以，清代边疆设立的参赞大臣虽有疆帅之称，但伊犁军政区设立的参赞大臣与喀什噶尔、塔尔巴哈台两军政区的参赞大臣不同，不是一个军政区的最高长官，无专地可辖，只是伊犁将军属下协同办事的官员。也正是因为如此，伊犁参赞大臣补授无定制，长期缺悬，只是在总统事务繁重时期，参赞大臣方补授有定制。

清代新疆实际设立了两个军府，即伊犁将军府和乌鲁木齐都统府。这两个军府无论长官品秩、辖区面积、驻军规模、下属军政官员品级数量、所理军政事务等方面，都基本相当。只不过伊犁将军有节制统辖南北两路的权限，尽管这一权限在很大程度上只不过是形式或名义而已。

（原载《西域研究》，2002年第1期）

顾颉刚先生与兰州大学

　　2003 年是顾颉刚先生诞辰 110 周年（1893—2003 年），同时也是顾先生发起古史辨运动 80 周年（1923—2003 年）。8 月 8 日，中国社会科学院历史研究所在京隆重召开 "纪念顾颉刚先生诞辰 110 周年学术座谈会"，[①] 纪念这位国学大师、著名历史学家。笔者有幸作为特邀代表参加了座谈会，并就 20 世纪 30—40 年代顾先生在甘肃的社会考察活动及其为兰州大学的发展作出的贡献作了发言。

　　顾颉刚先生 1920 年毕业于北京大学文科中国哲学门，留校后随胡适先生整理国故。他在中国古代史、历史文献学、历史地理学、民俗学等方面都有重要的成就，现存著述达二千多万字，是近代以来著述最多的学者。民国时期，顾先生曾在厦门大学、中山大学、燕京大学、北京大学、云南大学、齐鲁大学、中央大学、复旦大学、兰州大学、震旦大学等多所大学任教授。兰州大学不仅是他从事过教学的大学之一，也是他担任过历史系主任的三所大学（即中山大学、燕京大学、

---

　　① 20 世纪 30—40 年代，国学大师顾颉刚先生两次受聘为兰州大学教授，与兰州大学结下了不解的情结。2003 年 8 月 8 日中国社会科学院历史研究所隆重召开 "纪念顾颉刚先生诞辰 110 周年学术座谈会"，笔者作为特邀代表在座谈会上作了发言，本文是在发言内容基础上整理而成。纪念会原定在 5 月 15 日召开，因 "非典" 疫情问题，推迟到 8 月 8 日。

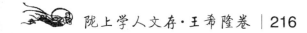

兰州大学)之一。

抗日战争爆发后,顾先生来西北考察教育,受甘肃学院(原兰州大学)朱铭心校长之聘,任文史教授。抗日战争胜利后,兰州大学辛树帜校长聘顾先生为历史系首届主任,顾先生专程来兰,主持系务工作并主讲中古史。顾先生与兰州大学有着不解的情结,曾有"吾忍不终老于此乡"的感叹。探讨顾先生来兰州和他在兰州大学的活动,对于了解顾先生的爱国精神和治学思想,对于了解兰州大学的历史,都有着重要的意义。

(一)首次来兰州与受聘于甘肃学院

1937 年 9 月 29 日,顾颉刚先生首次来到兰州。

顾先生首次来兰州的身份是管理中英庚款董事会补助西北教育设计委员。王树民先生云:"在三十年代中期,管理中英庚子赔款董事会有逐年补助甘肃、青海、宁夏、绥远四省教育设备费二十万元之议,顾先生受该会委托,到兰州筹划此事。"①但前来兰州实际之背景,则是顾先生在北平宣传抗日,七七事变后为日本驻华北军方通缉,被迫出走。他先南下返回苏州老家,拟在家中读书,继而八一三沪战起,苏州受到日军威胁,又不能安居。在此背景下,他遂接受管理中英庚子赔款董事会的委托,与王渭珍、陶孟和、戴乐仁赴西北考察教育。因此,首次西行,实为避难。顾先生自云:"予遂不得不出走,走则至甘肃。"②

七七事变后,兰州成为抗战的后方重镇,苏联军援由此运往前

---

①王树民《甘青闻见记前言》载《甘肃文史资料选辑》第 28 辑,甘肃人民出版社 1988 年。

②顾颉刚《顾颉刚读书记·皋兰读书记》台湾:联经事业出版公司 1990 年。

方,政治、军事地位突出。8 月 25 日,"八路军驻兰办事处"成立,谢觉哉、彭家伦、伍修权等人代表中共中央和八路军驻兰办事。与此同时,国民党政府加紧控制舆论,统一思想,限制抗日流亡团体的活动。国共两党名为合作,实际斗争并未放松。

9 月 29 日,顾先生和王渭珍到达兰州,与先期抵兰的陶孟和、戴乐仁相会,并参观甘肃省图书馆及各大专院校。因临洮学校之多为甘肃之最,10 月 2 日顾、戴二人赴临洮考察,14 日返回兰州。22 日又赴西宁考察,11 月 1 日返回兰州。

从 11 月 1 日到 1938 年 1 月 3 日近两个月, 是顾先生首次来甘肃在兰州居住最长的一段时间。这段时间中, 由于原定 3 个月的西北教育考察工作于西宁之行结束后即告一段落, 管理庚款董事会聘请的四位考察设计委员中,陶孟和、戴乐仁、王渭珍三人先后离去,只有顾先生一人决定留居兰州。除继续进行教育考察设计未尽事宜之外,他留居于兰州主要有两个方面的原因。

当时作为后方的兰州抗日救亡运动高涨, 顾先生自述云:"西北青年亦乐于与予相接近,省外留学生抗战团、省妇女慰劳会、青年抗战会、伊斯兰学会等团体并见聘为顾问或指导员"。特别是北平陷落后,顾先生创办的《老百姓》通俗读物停刊,编刊社工作人员听到顾先生在兰州的消息,"群度六盘山而至,故社址亦移兰州",继续出版通俗读物进行抗战宣传工作。《老百姓》刊物在兰州出版,在当时有很大影响。12 月 15 日,八路军驻兰办事处彭家伦、谢觉哉两人"往会顾颉刚,谈通俗读物事"。① 兰州抗日宣传工作开展顺利,故顾先生亦作久居之计。

---

① 甘肃省政协文史资料编委会《谢老在兰州·谢觉哉日记》,甘肃人民出版社 1985 年。

顾先生原任燕京大学教授,北平陷落后他与燕大关系自然中断。到兰州之后又有甘肃学院(原兰州大学)院长朱铭心和云南大学熊迪之校长出面聘请。顾先生答熊迪之校长信云:"此间事又待主持,一时固不能行。"他接受了朱铭心院长之聘,担任该院文史教授。这是他留居兰州的又一重要原因。受聘后他即开始备课。11月间日记载:"点读皮鹿门《五经通论》,抄《左传》以试编《国语原本》,备讲学之用。"《皋兰读书记》也记到:"其时甘肃学院院长朱君聘予为教授,予方谋治《左传》以应校课。"当时在兰州的王树民先生回忆说:"大约在十一月间……先生住在城内贤后街四十五号,我住在东关,一日晚饭后前去拜会时,见先生正在灯下点读《左传》。"这是顾先生首次受聘为兰州大学(甘肃学院)文史教授。

但是,就在顾先生决定久居兰州、编辑抗日通俗读物、任教甘肃学院之际,兰州的政治局势发生了变化。11月26日,甘肃省政府主席贺耀祖以"防共不严"被调任,朱绍良抵兰接任主席。朱绍良以省抗敌后援会名义,归并各抗日救亡团体,集中领导,加强舆论监督,思想控制。1月4日,顾先生应邀赴临洮讲学,受聘为临洮小学教员寒假讲习会会长。在此期间,王自治被任命为甘肃学院院长,朱铭心去职,引发了甘肃学院的学生运动。2月22日,王自治在武装警察的护卫下进入甘肃学院,被学生围困,发生冲突,学院秩序大乱。同时,顾先生主持的《老百姓》旬刊社被封禁。新任教育厅长葛武棨到任后创办西北训练团,对教育界进行整顿,要顾先生主持教务,为顾先生拒绝。拒绝西北训练团教务长之聘,惹恼葛武棨,引起了麻烦。顾先生《皋兰读书记》记此事云:

"其时甘肃学院院长朱君聘予为教授,予方谋治《左传》以应校课,而院中易长风潮突作。予迁居临洮,教育厅长葛武棨以予得青年心,与之立老百姓旬刊社,复以通俗读物编

刊社中出有《平型关大战》诸书,为共产党张目,控予于国民
党中央政府。"

《西北考察日记》记云:

　　"教厅长葛君非但攻讦予于董事会,且以谰言达中央,
加予以红帽子……于是予以避网罗,远陷阱,盘桓于洮、岷、
河诸邑,迟迟不回省垣。"

受聘甘肃学院后,因兰州风潮突变,顾先生转而在河、洮、岷之间
进行社会考察八个月之久。1938 年 9 月他离开甘肃,赴云南大学。首
次受聘虽未能开课,但这是顾先生与兰州大学情结关系的开始。

(二)辛树帜校长与顾颉刚先生

1946 年,在上海生活工作的顾颉刚先生,受兰州大学校长辛树
帜之聘,担任了兰州大学历史系首届系主任。

1946 年 3 月,国民政府行政院会议决定在甘肃学院基础上成立
"国立兰州大学",任命著名教育家辛树帜先生为校长。

辛树帜(1894—1977 年),湖南临澧人,早年留学于英国伦敦大
学、德国柏林大学,专攻生物学。他是我国著名的生物学家,也是农史
专家,又兼治先秦诸子,对老子、庄子、管子之学都有一定研究。曾任
中山大学生物系主任、国立编译馆馆长、西北农林专科学校校长。20
年代他任中山大学生物系主任时, 即与主任中大历史系的顾颉刚先
生成为至交。顾先生首次来甘肃,途经西安时,专程冒雨赴武功西北
农林专科学校访辛树帜先生。1937 年 9 月 24 日日记载:"终日雨。伴
质庭到西北农林专校,乘西行慢车,九时开行,下午二时到武功。道路
泥泞,兼以上坡,几不能举步。天气骤寒,降至六十余度,所穿衣亦感
不足。到校,访辛校长树帜。"1938 年 9 月,顾先生赴重庆途中,在成
都与辛树帜相遇,日记载:"武功农校,部令改为西北农学院。树帜南

来接洽,适与予同寓,欣然相见,因同包汽车赴重庆"。由此可知两人交往之深。

辛树帜主长兰州大学后,高瞻远瞩,设置院系,并积极争取教育部巨额经费,购置图书仪器,进行基础建设。1946 年 8 月 1 日,国立兰州大学正式成立,设有法学院(法律、司法、经济、政治、政治经济、银行会计六个系)、文学院(中文、历史、英文、俄文、边疆语文五个系)、理学院(数学、物理、化学、动物、植物、地理六个系)、医学院、兽医学院五大学院。辛树帜校长以办学重在人才,利用自己在教育界的声望,出面延聘了一大批国内著名教授担任院长、系主任。在辛校长的积极努力下,兰州大学的院系设置、校舍扩建、教授延聘、图书资料、设备购置都有了空前的发展,成为西北地区规模最大的一所高等学府。是年,兰大在兰州、西安、武汉、南京四地设立考区,首次面向全国招生。

兰大历史系即在此时设立。在设立历史系时,辛树帜首先想到的是著名国学大师、历史学家、老友顾颉刚先生。他聘请顾先生担任首届系主任,请他来兰州主持系务。此时顾先生在上海生活工作,接受聘请后,因事不能西行,乃请史念海先生代行主任事。后经辛树帜校长力请,顾先生于 1948 年 6 月来到兰州大学就职讲学。

(三)顾颉刚先生的学术造诣及其在兰大之教学活动

顾颉刚先生在中国古代史、历史文献学、历史地理学、民俗学等方面都有重要的成就。

顾先生是近代以来著述最为丰富的国学大师,古史辨学派的创立者。1920 年代初期,他在北京大学研究所国学门随胡适、钱玄同整理国故,接受了"历史演进"的治学方法,继承和发扬我国学者实事求是、辨伪存真的优良传统,考辨古史古籍。1923 年,他在《努力周刊》上发表《致钱玄同先生论古史书》，提出"层累地造成中国古史"的著名论点。他认为：1、时代愈后，传说的古史期愈长；2、时代愈后，传说中的中心人物愈放愈大；3、我们在这上，即使不能知道某一件事的真确的状况，至少可以知道那件事在传说中的最早的状况。这一论点提出后，震动了学术界，引发了一场关于古代史料真伪的讨论。顾先生把这些讨论成果编为《古史辨》第一册，于1926年出版。胡适先生评论说："这是中国史学界的一部革命的书，又是一部讨论史学方法的书。此书可以解放人的思想，可以指示做学问的途径，可以提倡那'深澈猛烈的真实'的精神。治历史的人，想真实地做学问的人，都应该读这本有趣味的书。"此后直至1940年代初期，顾先生编辑出版《古史辨》计七册，三百万字，从而奠定了"层累说"在史学研究中的坚实地位。

顾先生又是我国现代历史地理学的奠基人。在研究中国古代史和古代史文献的过程中，顾先生特别留意古代地理问题。30年代，他在燕京大学和北京大学开设"中国古代历史地理沿革史"课程，以研究《尚书·禹贡》为始，发起成立禹贡学会，创办《禹贡半月刊》，推动了历史地理学研究的发展。九一八事变后，随着民族危机日益加深，顾先生与禹贡学会同仁把研究方向转向东北和西北的边疆地理与民族问题，《禹贡半月刊》也出版这方面研究的专号，刊出了许多重要的成果。通过禹贡学会和《禹贡半月刊》的学术活动，培养了谭其骧、侯仁之、史念海等一批著名的历史地理学家，奠定了中国历史地理学发展的坚实基础。

顾先生还是我国著名的民俗学家。他注重以民俗学资料来印证古史，重视社会考察，重视田野调查资料。他在北大期间，编辑《歌谣周刊》，整理出版《吴歌甲集》。研究孟姜女故事，发表《孟姜女故事的转变》等论文。1925年，他带领同仁数人，赴离京西40公里的妙峰山，对妙峰山庙会进行了为期三天的民俗考察，《京报副刊》连续六期刊出妙

峰山进香专号,推动了对妙峰山庙会民俗的研究。七七事变后,他来到甘肃考察西北教育,在汉、回、藏等民族杂居地区进行社会考察,历时八个月,足迹遍及河、湟、洮、岷间,对这一地区的民族教育、民族关系、藏传佛教、伊斯兰教进行了全面细致的考察,收集了大量资料。

经辛树帜校长力邀,顾先生于 1948 年 6 月抵达兰州。十年前顾先生为甘肃学院朱铭心院长聘为文史教授,虽因故未能开课,但当时他已经做了部分备课工作。《兰课杂记》中记到:"此一九三七年秋,予至兰州,甘肃学院朱院长聘任讲座,预备功课之册也。其后院中风潮起,予竟未授课,故所书不多。一九四八年,即以此册作读书笔记焉。"他在兰州大学半年时间的这次讲学主要集中在中国古代史研究领域。

来到兰大的当月,他即在历史系开课,主讲中国古代史。此次主讲的内容,是顾先生三十年来中古史研究心得的系统整理。他在序论中讲道:

"我从事中国古代史的研究工作,已经三十年,这次来兰大,想把三十年来研究的心得,作一番系统的讲述与检讨,不过三十年来所致力的,大半偏重于零碎问题的考据与研讨,整个的来做一番系统的研究,这还是第一次尝试。"

这一系统研究的尝试,是在 6 月 21 日至 12 月 2 日集中讲授了235 个课时的中国古代史专题讲座。日记载讲授专题及课时安排如下:

序论(四个时代),6 月 21 日至 24 日,8 课时。

中国古代史料概述,6 月 25 日至 7 月 3 日,14 课时。

《诗经》,7 月 6 日至 10 日,10 课时。

《楚辞》,7 月 13 日至 21 日,14 课时。

《尚书》篇目及汉魏古文,7 月 22 日至 31 日,17 课时。

《尧典》、《禹贡》、《皋陶谟》、《洪范》,8 月 3 日至 12 月 2 日,172课时。

分州说,8月3日至4日,4课时。

五服说,8月5日,2课时。

四宅说,8月6日至11日,5课时。

五岳说,8月11日至14日,7课时。

任贤说,8月19日至20日,3课时。

禅让说,8月17日至25日,10课时。

道统说,8月25日至10月22日,82课时。

五伦说,9月10日至11日,2课时。

五行说,10月29日至12月2日,57课时

调和、相胜、相生说,10月22日至23日,3课时。

《洪范》及灾异说,10月26日及29日,7课时。

明堂说,10月29日至11月2日,4课时。

气候说,11月2日至5日,6课时。

顺时布政说,11月5日至9日,4课时。

五帝五神说,11月9日至16日,8课时。

月令,11月16日至18日,4课时。

三王、五帝、三皇说,11月18日至20日,5课时。

五德终始说及三统说,11月23日至12月2日,16课时。

从上列讲授专题可以看出,此次讲课内容极其丰富,凡上古史研究中的主要问题无不涉及。此次讲授的内容,是他集中研究中国古代史的系统成果。具体内容目前公开发表的有辛树帜长女辛毓南记录的《中国古代史料概述》和李得贤记录的《中国古代史研究序论》。①

---

①见《文史》第53辑、61辑,中华书局2000年、2002年。辛毓南为国立兰州大学历史系首届学生。李得贤即李文实,曾师从顾颉刚先生,时在兰州大学历史系任教。

中国古代史为历史系本科学生基础课，今日各重点高校历史系中国古代史学时安排，最多每学期不过 72 课时，以三学期计，不过 216 课时。顾先生以半年时间，集中讲授 235 课时，其讲授内容之丰富，涉及内容之重要，时间跨度之大，非数十年潜心学术的大师级教授难以完成。可知顾先生将三十年研究心得系统化的说法确非虚语。

当年系统听过顾先生此次讲课的张季琚女士曾告诉笔者，当时听课者除了中文、历史两系学生外，还有不少教师，大家为顾先生丰富的知识和认真的钻研精神所折服，多少年以后顾先生讲课时的音容笑貌还留在她的脑海里。①

（四）顾颉刚先生与兰州大学的不解情结

顾颉刚先生两次受聘于兰州大学，尤其是 1948 年就职讲学，与兰州大学结下了不解的情结。

1948 年 6 月顾先生到达兰州时，在辛树帜校长的积极努力下，兰州大学正在进入空前发展时期。兰州大学起源于 1909 年成立的甘肃法政学堂，1913 年经北京政府教育部批准在法政学堂基础上成立甘肃公立法政专门学校。1928 年在此基础上成立兰州中山大学，旋改名为甘肃大学、省立甘肃学院。1944 年甘肃学院改为国立。由于甘肃为西北偏僻之地，经济发展落后，在这 35 年时间里，学校历尽艰难险阻，发展缓慢，无论是基础建设还是师资力量，与国内其他同时期建立的大学不能相比。1946 年国民政府行政院会议决定成立国立兰州大学，任命辛树帜为校长后，兰州大学进入了空前发展时期。

顾先生对发展中的兰州大学，尤其是建立不久的历史系，寄予很

---

① 张维鸿汀先生三女，国立兰州大学首届历史系学生，原甘肃省考古文物研究所研究员。

高的期望。1946 年他受聘为历史系主任,虽未到任,但对历史系建立后的发展方向提出了规划建议,认为兰大历史系地处西北,当以西北各民族及国防为研究之对象。1948 年,他在兰大讲学期间,正值兰大新校舍、新图书馆落成,辛树帜校长采用顾先生建议,名新校舍为"昆仑堂",名新图书馆为"积石堂",顾先生亲撰《昆仑堂记》、《积石堂记》,以记其事。他在《积石堂记》中追溯了兰大图书馆的发展史,高度评价了辛树帜先生的建设功绩,对兰大的发展提出高度期望:

> "当左文襄公之创建贡院也,至公堂后,越方池成观成堂……民国十六年,马鹤天先生任甘肃教育厅长,于斯立中山大学,设礼堂于至公堂,改观成堂为图书馆……是后甘肃学院因之。至三十五年,中央政府因学院之旧,立兰州大学,命辛树帜先生长校。先生高瞻远瞩,知树人大计必以师资及图书仪器为先,既慎选师资,广罗仪器,更竭其全力于购置图书,京沪陇海道上,轮毂奔驰,捆载西来者大椟数百事。未几,战祸突兴,陆行阻绝,又以飞机运之。二年之间,积书至十五万册,卓然为西北巨藏也。于是以至公堂为阅览室,尽辟观成堂后小屋二十为书库,犹感不足。相其地宜,各房科旧屋历年久,虞倾圮,乃于三十七年夏拆除之,即其基址建藏书楼二座……两楼所容,计可三十万册。后楼之北尚有余地,他年海内承平……则将增筑书库,其为八十万册之储。其规模之闳,致力之锐,所以推动西北文化者,岂不伟欤!"

接着,他感叹道:

> "颉刚自抗战以来,流离播迁,虽备员大学,曾未能一日安居,书本之荒久矣。年日长而学日疏,思之常悚叹。今夏来此讲学,得览藏书,左右逢源,重度十余年前之钻研生活,目怡心开,恍若渴骥之奔泉,力不可抑而止,是以家人屡促其

归,而迟迟其行也。使采储八十万册者,吾忍不终老此乡! "

顾先生早在此十年前就已存有于甘肃定居之愿。1938 年 6 月 6 日日记载:"予游西北,最爱卓尼,友人劝留居,怂恿置屋。今日看屋一所,凡十四间,价四百元。"十年后,他又有"吾忍不终老此乡"的感叹。甘肃藏区的秀丽山水和兰州大学的藏书曾使得这位国学大师流连忘返,迟迟不归。

在谈到顾颉刚先生与兰州大学不解情结的同时,应当着重指出,一代国学大师接受兰州大学的聘任,来兰大就职讲学,是与辛树帜校长先进的办学指导思想紧密相关的。兰大学生形象地赞扬他说:"辛校长办学有三宝,图书、仪器、顾颉老。""顾颉老"即指以顾颉刚先生为首的一批著名教授专家。

(原载《兰州大学学报(社会科学版)》,2003 年第 6 期)

赛因诺颜部贵族与清朝
——兼论清朝的北方民族政策

　　赛因诺颜部原为喀尔喀蒙古土谢图汗属部，[①]其始祖图蒙肯以护持黄教著名。顺治年间，清朝令图蒙肯子丹津喇嘛"岁贡九白，如三汗例"，赐"遵文顺义号"。康熙年间，丹津喇嘛孙善巴以军功劳绩晋爵和硕亲王。雍正三年，善巴再从弟策凌奉命率赛因诺颜部十九札萨克从土谢图汗属下析出，自成一部。从此，喀尔喀蒙古由原先的三大部改为四大部，而四部中唯赛因诺颜部封有两位亲王。在稳定北部疆域，抵御与平定准噶尔的战争中，赛因诺颜部是清朝"倚为长城"的一支中坚力量。

　　对赛因诺颜部贵族与清朝关系的考察，不仅可以深入了解喀尔喀蒙古内部的诸多问题，也可以加深对清朝北部边疆民族政策的认识与理解。大陆学者杜家骥、台湾学者李毓澍，苏联学者沙斯季娜，日本学者若松宽、冈洋树等人，在赛因诺颜部研究方面已有一些很好的成果。[②]本文拟在已有的研究基础上，对赛因诺颜部的崛起及其贵族

---

　　①赛因诺颜自成一部之前，达赖喇嘛授赛因诺颜号"令所部奉之如三汗"，故亦称之为部。

　　②见杜家骥《皇室勋戚策凌家族与清廷的边疆治理》，《北方民族》，1992 年第 3 期；《清朝满蒙联姻研究》，北京，人民出版社，2003 年 9 月。李毓澍《定边左副将军建制考》，载《外蒙政教制度考》（台北）1962 年；《蒙事论丛》（台北）1990 年。沙

与清朝的关系作一考察述论，并就赛因诺颜部自成一部等问题提出自己的认识。

一、图蒙肯及其后裔丹津喇嘛、善巴的活动和他们与清朝的关系

1. 赛因诺颜部始祖图蒙肯护持黄教的活动

赛因诺颜部始祖图蒙肯是成吉思汗后裔，也是著名的喀尔喀黄教护法王。

明中期，元太祖十五世孙达延车臣汗统一大漠南北，诸子徙漠南，唯幼子格埒森札札赉尔珲台吉留漠北，"号所部曰喀尔喀，析其众万余为七旗，授子七人领之，分左、右翼"。①格埒森札札赉尔第三子诺诺和，掌管喀尔喀左翼，号伟徵诺颜。诺诺和生有五子，长子名阿巴岱，即土谢图汗衮布之祖父；四子即图蒙肯。

图蒙肯，号昆都仑楚琥尔，生年不详，他的活动记载时期是在明万历至崇祯年间。万历年间，三世达赖索南嘉措赴漠南蒙古弘扬佛法，驻锡归化城，图蒙肯长兄阿巴岱前往谒见。《蒙古游牧记》记此事云：

> "格埒森札第三子诺诺和掌左翼，号伟徵诺颜。子五：长阿巴岱，赴唐古特谒达赖喇嘛，迎经典归，为众所服，始称

斯季娜《十七世纪的蒙古编年史〈阿萨拉克齐史〉》，余大钧译文，载内蒙古大学蒙古史研究所编《蒙古史研究参考资料》，总第57、58辑，1984年5月。冈洋树《定边左副将军的权力回收问题》，载《史观》，第一一九册，昭和六十三年；《定边左副将军成衮扎布及其立场——清朝统治喀尔喀蒙古研究导论》，载《早稻田大学大学院文学研究科纪要》，别册，第十三集，史学哲学编，1986年。

①张穆《蒙古游牧记》卷七，《外蒙古喀尔喀四部总叙》，山西人民出版社，1991年。

汗,号斡齐赉巴图。"①

阿巴岱"迎经典归",在喀尔喀蒙古地区建立了首座藏传佛教寺院额尔德尼昭（汉名光显寺）。但当时喀尔喀蒙古尚未独尊黄教,图蒙肯为确立黄教在喀尔喀蒙古的独尊地位不遗余力,发挥了重要作用,受到黄教领袖达赖喇嘛的赞赏与重视。《蒙古游牧记》又载:

> "初喀尔喀有所谓红教者,与黄教争。伟徵诺颜诺诺和第四子图蒙肯尊黄教,为之护持。唐古特达赖喇嘛贤之,授赛音诺颜号,令所部奉之视三汗。"②

"赛因"意为好;"诺颜"意为长官。此为赛因诺颜部名号之起源。这里所说的"唐古特达赖喇嘛",当为四世达赖云丹嘉措。云丹嘉措生于万历十七年(1589),被确认为三世达赖索南嘉措的转世灵童后,于万历三十一年(1603)经西藏三大寺代表迎请,入藏坐床,万历四十四年(1616)底圆寂于拉萨哲蚌寺。

图蒙肯是喀尔喀蒙古王公中最为著名的黄教护法王,据说:

> "这位大诺颜,除了没有汗号外,勇武贤智备具。醉心于七和硕的政教合一,首先开创了西藏巡礼的惯例。参拜了两释迦像和班禅仁波且、善巴钦波、德茂化身等,以盛大的供物,供养色拉、哲蚌、甘丹三寺和扎什伦布寺等大小寺院的

---

①《蒙古游牧记》卷七,《外蒙古喀尔喀阿林盟游牧所在·土谢图汗部》。按三世达赖索南嘉措自万历五年(1577)离开西藏至万历十六年(1588)年圆寂,主要生活在青海、甘肃、西康及漠南蒙古,阿巴岱"赴唐古特谒达赖喇嘛",当为赴归化城谒三世达赖。又,或说阿巴岱谒达赖喇嘛事在万历十五年(1587),见牙含章《达赖喇嘛传》,北京,人民出版社,1984年,页20。

②《钦定外藩蒙古回部王公表传》,卷六十九,《喀尔喀赛因诺颜部总传》,《景印文渊阁四库全书》,台北商务印书馆,1982年。

众僧。当建立一切智者云丹嘉措的银舍利塔时,奉献了一万
两银子,迎请(达赖四世云丹嘉措)尊贵的帽子作为供养,由
于成为银舍利塔的施主,班禅大一切智者给予'法王无忧苦
者昆都仑楚琥尔'的名号,刻有这一名号的银印被放在释迦
佛像的供物内三日后取出。"①

如果"首先开创了西藏巡礼的惯例"的说法确实,图蒙肯自应是
喀尔喀蒙古贵族中最先赴西藏朝觐礼佛的王公。关于这次入藏的时
间,据说是在云丹嘉措圆寂后的第二年(万历三十二年,1617年,藏
历火蛇年秋季)。时当藏巴汗禁止达赖转世,西藏黄教处于危急之时。
图蒙肯与土默特台吉罗卜藏丹津联合率军进藏,修建灵塔,举行葬
礼,并将云丹嘉措的舍利迎回喀尔喀供养。②这一活动在西藏和喀尔
喀蒙古地区产生了重要影响,图蒙肯因此得到了"昆都仑楚琥尔"的
称号,进一步受到黄教领袖们的重视。

图蒙肯大约卒于崇祯十四年(1641)。经四世班禅确认,次年
(1642)在与杭爱山相接的哈苏地方呼吉勒图出生的一世札雅格
根罗布桑普棱,其前世即"被颂为勇武和贤智的诺颜昆都仑楚
琥尔"。换言之,一世札雅格根即图蒙肯的化身。由此形成了黄
教在喀尔喀的三大活佛系统之一——札雅格根也即札雅班智达
转世系统(另两个为温杜尔格根也即哲布尊丹巴呼图克图,额
尔德尼班智达也即喇嘛音格根转世系统)。这三个活佛转世系
统历久不衰,在喀尔喀蒙古家喻户晓,有着重要影响。光绪十八

①罗布桑普棱列《自传》,引自若松宽《札雅葛根事迹考》,见薄音湖译文,载
内蒙古社会科学院情报研究所《蒙古学资料与情报》,1987年第3期,页2。
②(韩)金成修《16、17世纪格鲁派在喀尔喀蒙古传教新探》,载内蒙古社会科
学院《蒙古学信息》,1999年第2期,页21。

年（1892）进入喀尔喀蒙古的俄国皇家地理学会考察家波兹德涅
耶夫记到：

> "在喀尔喀各个系统的呼毕勒罕中，只有少数的几位
> 呼毕勒罕受到了世界的注意……如果您问喀尔喀人，蒙
> 古的呼毕勒罕中哪几位地位最高？他会告诉您：'察罕格
> 哩图汗——哲布尊丹巴，沙拉格哩图汗——札雅班第达，
> 哈拉格哩图汗——喇嘛音格根。'即白帐汗哲布尊丹巴，
> 黄帐汗札雅班第达、黑帐汗喇嘛音格根。这三位胡图克图
> 的膳房（其中执役的大多为平民）确实盖着上述颜色的毡
> 子：哲布尊丹巴用白色，札雅班第达用黄色，喇嘛音格根
> 用黑色。"①

万历年间，经过三世达赖索南嘉措的不懈努力，黄教在漠南蒙
古深入人心，并传入漠北喀尔喀蒙古地区。与此同时，在漠北喀尔
喀蒙古左翼贵族阿巴岱和图蒙肯的倡导下，各部贵族相继皈依黄
教，并从黄教领袖达赖那里得到了梵封汗号。左翼称汗者有二，右
翼称汗者有一，形成土谢图汗、车臣汗、札萨克图汗三汗部。赛因
诺颜部隶于左翼土谢图汗部，其始祖图蒙肯虽无汗号，但由于他
居于喀尔喀蒙古护法王的地位，具有尊崇护持黄教的重大影响，
故四世达赖"令所部视之如三汗"。四世班禅则认定札雅格根一世
是图蒙肯的化身。在喀尔喀蒙古各部以尊崇护持黄教、弘扬佛法
来扩大影响，提高本部地位的过程中，图蒙肯积极而出色的护法
活动使赛因诺颜部在喀尔喀蒙古中居于独特的地位，为该部的发
展奠定了基础。

---

①波兹德涅佐夫《蒙古与蒙古人》，第一卷，圣彼得堡，1896 年。

2. 丹津喇嘛的宗教活动及其政治动向

图蒙肯有子十三，①他卒后赛因诺颜部由次子丹津喇嘛统领。丹津喇嘛继承了其父尊崇护持黄教的传统事业，据说：

"（他）穿着喇嘛和诺颜的衣服，为了二规（世间和宗教的规律）很好地保持了法的事业和政治的一致，是常人智慧所达不到的。五次去卫藏，给胜者父子（达赖与班禅）以莫大的赠品，供养色拉、哲蚌、甘丹三寺与扎什伦布寺等大小寺院的众多的僧人。在蒙古，修建了如甘丹纳姆吉勒斯和达西群培的华丽房舍等，以善行和经世之举，在全体喀尔喀有着很大的权力。"②

继四世达赖云丹嘉措赠予图蒙肯赛因诺颜号之后，丹津喇嘛又从五世达赖罗桑嘉措那里得到了"诺们汗"的梵封名号。

丹津喇嘛与其父的化身一世札雅格根罗布桑普稜结为善缘。顺治十七年（1660），罗布桑普稜首次赴西藏学经，行前拜谒了丹津喇嘛，他的《自传》中提到：

"庚子年（1660），去拜谒诺们汗，报告去西藏等事，甚是欢喜，得到了僧服一套、银壶、以五匹西藏马为首的良马四十四、骆驼十头、蒙古茶十包等赠物。然后到哲布尊丹巴身

---

①图蒙肯长子名卓特巴，号车臣诺颜；次子即丹津喇嘛，号诺们汗；三子名车稜；四子名罗雅克；五子济雅克，号伟徵诺颜；六子名扎木本；七子名察斯喜布，号昆都稜；八子名丹津，号班珠尔；九子名毕玛里吉哩啼，号巴图尔额尔德尼诺颜；十子名锡纳喇克萨特，号珲台吉；十一子名桑噶尔扎，号伊勒登和硕齐；十二子名扣肯，号巴扎尔；十三子名衮布，号昆都伦博硕克图。除三子车稜、四子罗雅克无嗣，六子扎木本，其裔不列札萨克外，其余诸子以及图蒙肯弟巴赉（伟徵诺颜诺诺和第五子）之子噶尔玛，他们的后裔分领赛因诺颜部各札萨克。

②《听闻记》卷四，引自若松宽《札雅葛根事迹考》，见薄音湖译文，载内蒙古社会科学院情报研究所《蒙古学资料与情报》，1987年第3期，页3。

旁接受了按手礼,被允许到西藏去。"①

一世札雅格根罗布桑普稜是一世哲布尊丹巴的弟子, 去西藏之前,他曾三次接受一世哲布尊丹巴的按手礼,受到长寿灌顶。丹津喇嘛资助一世札雅格根赴西藏学经修行, 对于提高札雅格根一世在喀尔喀蒙古黄教僧侣中的地位, 以及扩大赛因诺颜部的影响有着积极意义。

据说丹津喇嘛在第五次赴西藏熬茶途中,病逝于拉萨,他不久也有了化身,在扎什伦布寺修行。②

丹津喇嘛统领赛因诺颜部时期,正是明清交替之际。历经努尔哈赤、皇太极两代的经营,大清政权在东北建立,影响远及于喀尔喀蒙古。崇德三年(1638),喀尔喀土谢图汗、车臣汗、札萨克图汗向清朝进"九白之贡",建立了政治联系。《钦定外藩蒙古回部王公表传》中提到丹津喇嘛也参与了这次政治活动:"遣使通贡,优赍遣归。"③这次通贡很可能是以三汗的名义,由七和硕代表共同组成的一个喀尔喀使团。

喀尔喀蒙古与清朝的政治联系建立后,又经历了一些波折。顺治三年(1646),因漠南蒙古苏尼特部腾机斯叛逃漠北,土谢图、车臣二部援腾机斯,为豫亲王多铎所败,土谢图汗部属又掳掠漠南蒙古巴林部人畜。喀尔喀蒙古与清朝一度失和,至顺治十二年(1655)方恢复关系。《钦定外藩蒙古回部王公表传》中记载了丹津喇嘛在这一时期的政治动向:

---

①罗布桑普稜列《自传》,引自若松宽《札雅葛根事迹考》,见薄音湖译文,载内蒙古社会科学院情报研究所《蒙古学资料与情报》,1987年第3期,页3。

②《听闻记》卷四,引自若松宽《札雅葛根事迹考》,见薄音湖译文,载内蒙古社会科学院情报研究所《蒙古学资料与情报》,1987年第3期,页3。

③《钦定外藩蒙古回部王公表传》卷六十九,《喀尔喀赛因诺颜部总传》。

"顺治四年,以偕其族土谢图汗衮布等合兵援苏尼特部叛人腾机思,诘责之。七年,遣子额尔德尼诺木齐上书乞好,诏偕衮布约誓定议。十一年额尔德尼诺木齐复奉表至,谕曰:尔奏言喀尔喀左翼四旗皆尔统摄,凡有敕谕罔弗遵行,今即如所请,可速饬尔部长遣子弟来朝,有不遵者即行奏闻。"①

额尔德尼诺木齐两次出使活动,反映出喀尔喀三汗与清朝失和后,丹津喇嘛争取与清朝恢复和好关系的政治动向。顺治十二年,喀尔喀三汗及赛音诺颜部部长丹津喇嘛,各遣子弟来朝乞盟。诏赐盟宗人府,设八札萨克,仍分左、右翼,"命丹津喇嘛领左翼札萨克之一,岁贡九白,如三汗例。十八年,赐遵文顺义号,给之印"。②

顺治十二年会盟,是喀尔喀三部与清朝政治关系恢复的标志,也是双方政治关系进一步发展的起点。会盟前土谢图汗衮布刚刚去世,其子察珲多尔济继长左翼,当时尚为一青年。③丹津喇嘛为察珲多尔济之祖父辈,④在喀尔喀左翼中居于元老的地位,其政治动向当对察珲多尔济有直接的影响。换言之,丹津喇嘛的政治动向和活动对促成此次会盟起到了积极的作用。清朝赐丹津喇嘛遵文顺义之号,是对其政治动向与活动的肯定。

---

①《钦定外藩蒙古回部王公表传》卷六十九,《喀尔喀赛因诺颜部总传》。
②《钦定外藩蒙古回部王公表传》卷六十九,《喀尔喀赛因诺颜部总传》。
③衮布生有三子:察珲多尔济居长,生年不详;次子即哲布尊丹巴一世,生于崇祯八年(1635);三子西第什哩。按哲布尊丹巴生年推之,顺治十二年(1655)察珲多尔济当为二十岁出头之青年。
④丹津喇嘛为元太祖成吉思汗之十九世孙,格埒森扎扎赉尔之三世孙;察珲多尔济为元太祖之二十一世孙,格埒森扎扎赉尔之五世孙。

3. 亲王善巴及其在平准战争中的贡献

顺治年间,清朝赐丹津喇嘛遵文顺义号,命"岁贡九白,如三汗例"。时赛因诺颜部为喀尔喀八札萨克之一,仍隶于左翼土谢图汗属下。康熙初年,丹津喇嘛卒,子塔斯希布继任赛因诺颜部长,不久即卒。塔斯希布之子善巴继任札萨克后,诏赐善巴信顺额尔克岱青号。①

善巴博学多识,文武兼备,是当时喀尔喀蒙古贵族中的杰出人物。善巴对本民族的历史尤为关注,于康熙十六年(1677)完成了《阿萨格拉齐史》。这部著作从成吉思汗的先世写起,截至 17 世纪中期,记载了 5 个世纪中发生的事件,被列为 17 世纪蒙古族学者们完成的 5 部蒙古编年史之一。值得注意的是,当时,由于黄教在蒙古各部广为传播,蒙古诸汗起源于印度和西藏的说法风行一时,而善巴却不囿于俗说。苏联学者沙斯季娜对《阿萨格拉齐史》评论说:"善巴有时却写出了对当时所确立的蒙古史学观念的独特的批评性意见,正是这个情况使他的著作特别引人注意。善巴在蒙古史学上头一个对蒙古诸汗起源于印度和西藏的说法的正确性表示怀疑。"②

善巴继承了祖父丹津喇嘛的政治立场和原则,长期与清朝保持着密切联系。特别是在康熙朝中期与准噶尔部的战争中,善巴的政治

①《听闻记》记丹津喇嘛康熙七年病逝于拉萨。《钦定外藩蒙古回部王公表传》卷六十九,《喀尔喀赛因诺颜部总传》记丹津喇嘛卒,塔斯希布袭、卒,善巴袭,均在康熙三年条下。

②另外四部即:无名氏撰于后金天聪元年(1627)的《黄金史纲》,鄂尔多斯编年史学家萨囊彻辰于康熙元年(1662)完成的《蒙古源流》,无名氏完成于十七世纪中期的《黄史》,喇嘛学者罗卜藏丹津完成于顺治十二年(1655)的《黄金史》。见余大钧译:沙斯季娜著《十七世纪的蒙古编年史〈阿萨拉克齐史〉》,载内蒙古大学蒙古史研究所编《蒙古史研究参考资料》,总第五十七、五十八辑,1984 年 5 月。

立场和活动对赛因诺颜部的发展起到了重要作用。

准噶尔博硕克图汗噶尔丹早有兼并喀尔喀蒙古的图谋。康熙二十七年(1688)五月,趁喀尔喀左、右翼内讧之机,噶尔丹率军 3 万,越杭爱山大掠喀尔喀牧地。土谢图汗长子噶尔旦多尔济率军迎击,在忒木尔地方被准军击败,噶尔旦多尔济弃军先逃,随从生还者仅有 8 人。①噶尔丹乘胜麾军进击哲布尊丹巴驻地,焚毁其坐床寺庙额尔德尼昭。"折卜尊丹巴携土谢图汗妻与子媳及喇嘛班第等,共三百余人夜遁。喀尔喀通国各弃其庐帐、器物、马驼牛羊等,纷纷南窜,昼夜不绝。"②

土谢图汗整顿部属迎击,善巴率赛因诺颜部众从征,与准军激战于鄂罗会诺尔。关于此次战役之经过,史载:

> "八月初三、四等日相遇于鄂罗会诺尔之地,鏖战三日,厄鲁特兵夜袭善巴额尔克带青之营,破之。喀尔喀属下诸台吉星散,土谢图汗独身力弱,乃越瀚海,奔至折卜尊丹巴所。"③

这一记载虽很是简略,但从中已能看出:持续了三天之久的鄂罗会诺尔战役极其激烈;土谢图汗方面,善巴所属敢战,是一支中坚力量,只是在准军夜袭善巴军营成功之后,"诸台吉星散",才成败局,表明善巴及其所率的赛因诺颜部众在此次会战中的重要地位。不仅如此,当噶尔丹自杭爱山转掠克鲁伦时,喀尔喀各部多已溃走,而善巴之从弟托多额尔德尼"独拒战,杀伤略相当,贼众稍衰,有两人共一骑

---

①温达《亲征平定朔漠方略》卷四,康熙二十七年六月癸丑,《中国西北文献丛书》,兰州古籍出版社,1990 年影印本。

②《亲征平定朔漠方略》卷四,康熙二十七年六月庚申。

③《亲征平定朔漠方略》卷四,康熙二十七年八月丁卯。

及削木为杖者"。①这是噶尔丹进军喀尔喀初期,在连战连胜、气势最盛时遭到的一次少有的打击。

康熙三十年(1691)多伦诺尔会盟,善巴受封多罗郡王,仍兼札萨克,领赛因诺颜部,管北路右翼中军事。多罗郡王是赛因诺颜部贵族最早得到的封爵。

康熙三十五年(1696),出塞清军在昭莫多尽歼噶尔丹主力,叙功,善巴晋封和硕亲王。《亲征平定朔漠方略》记载善巴的军功劳绩云:

"理藩院奏曰:喀尔喀郡王善巴,擒解噶尔丹伊喇古克三库图克图所差煽惑六鄂罗斯之奸细尼尔巴格隆;又向噶尔丹使人博喇特和卓问明噶尔丹事情来报;又遣其人德得黑舍津,于库克纳他喇纳侦探,收获旺舒克部落巴图达等五户来解;又遣其副都统扎尔等,至库伦拜尔齐尔侦探;又善巴之诸子,自巴尔哈苏台地方以外,遣人侦探;且善巴奏言,不可容留噶尔丹在克鲁伦;是役效劳于西路大军中,尽出所有马匹,给军士乘用……上命以郡王善巴为亲王……其原封善巴信顺之号……应仍存之。"②

《皇朝藩部要略》卷4,《外蒙古喀尔喀部要略二》康熙三十五年五月条记到:

"先是善巴遣属札勒等赴库抡伯勒齐尔侦贼踪,比还,报噶尔丹党博罗特和卓潜入界,善巴捕获之。奏噶尔丹若久居巴颜乌兰,必窥塞肆掠,请敕大军速剿,上韪其言。及大军行,谕所属选兵千,善巴增选千五百赴调,以健马给官兵,且

———

①祁韵士《皇朝藩部要略》卷四,《外蒙古喀尔喀部要略二》,《中国西北文献丛书》,兰州古籍出版社,1990年影印本。

②《亲征平定朔漠方略》卷二十六,康熙三十五年六月甲午。

献羊助食。昭莫多之战捷,降其众五百五十九,军旋……晋封和硕亲王,仍留信顺旧号。"

综合两种记载,善巴晋爵亲王的功绩有四:多次遣人侦探了解敌情,使清朝及时掌握了噶尔丹的动向;充分认识到噶尔丹盘踞漠北的危害,力请迅速出军剿灭;尽调所部兵丁1500名从征,并助出征清军羊只、健马;昭莫多之战,多有俘获,建有军功。这些功绩表明,多伦会盟后,善巴以其坚定的政治立场、超众的远见卓识及积极的军事活动,在诸多喀尔喀蒙古王公中居于突出的地位,正如沙斯季娜所说:"善巴札萨克以一个全心全意倾向于满清的封建主出现在我们面前"。①

时喀尔喀蒙古诸部晋爵亲王者,除善巴外,只有扎萨克图汗部的策旺扎卜。善巴受封亲王,所领之赛因诺颜部虽仍隶于土谢图汗属下,但随着部长晋封亲王爵位,该部之政治地位显然已有提高。善巴卒于康熙四十六年(1707),长子达什敦多布"袭札萨克和硕亲王,寻授盟长",②领赛因诺颜部。但赛因诺颜部地位的进一步提高,是在善巴再从弟策凌崛起之后。

二、清朝培养并倚为长城的超勇亲王额驸策凌

1. 策凌生年与尚公主诸问题考

策凌之祖父为图蒙肯第八子丹津,号班珠尔。父纳木札勒,号约苏图伟徵阿海。纳木札勒生有二子,长子即策凌,次子名恭格喇布坦。

康熙二十七年(1688),噶尔丹率军攻入喀尔喀蒙古牧地。善巴率

---

①《十七世纪的蒙古编年史〈阿萨拉克齐史〉》。
②《钦定外藩蒙古回部王公表传》卷六十九,《喀尔喀赛因诺颜部总传》。

赛因诺颜部众随土谢图汗抵御准军，在鄂罗会诺尔会战中遭准军袭击并溃逃漠南之时，策凌尚年幼。其牧地塔米尔遭准军攻掠后，家族残破，牲畜尽失，辗转流徙。康熙三十一年（1692 年），在祖母格楚勒哈屯的带领下，①策凌兄弟及裔属一百三十余户南下投奔清朝。

策凌随祖母投奔清朝时有多大年龄？由于策凌生年不见记载，只能根据相关史料进行推测。就笔者所见，学界唯蔡家艺、杜家骥二先生提出过自己的看法。

蔡家艺先生据《啸亭杂录》卷二《超勇亲王》条中"王时弱冠，负祖母单骑叩关降"的记载，认为："'弱冠'，古时男子二十岁之称谓。策凌偕祖母投奔清朝事在康熙三十一年（1692 年），以此类推，可知其生于康熙十二年"。②

杜家骥先生认为："策凌兄弟二人由其祖母携至北京依附清廷……当时他们大约都不到 10 岁。"③

蔡、杜二先生所言都有一定之道理，但笔者倾向于后一种认识。笔者梳理有关记载，进一步补充说明如下：

1.《蒙古游牧记》卷八，《外蒙古喀尔喀齐齐尔里克盟游牧所在·喀尔喀赛因诺颜部》载乾隆帝悼策凌《御制长律》，有"丁年尚主令名闻"句，丁年可理解为二十余岁之青年。策凌尚公主之年为康熙四十五年（1706），如以康熙十二年（1673）为生年，尚公主时已34 岁。

---

① 即班珠尔丹津之妻、约苏图伟徵阿海纳木札勒之母。《亲征平定朔漠方略》作格楚儿喀屯，《清圣祖实录》作格楚尔喀屯。《皇朝藩部要略》、《钦定外藩蒙古回部王公表传》作格楚勒哈屯，从之。

② 张捷夫主编《清代人物传稿》，上编，第九卷，上海中华书局 1997 年，页 243 注释 1。

③ 杜家骥《清朝满蒙联姻研究》，北京，人民出版社，2003 年，页 144—145。

2.《皇朝藩部要略》卷四,《外蒙古喀尔喀部要略二》载,策凌兄弟至京时,康熙帝"念其幼",按"幼",当不过 10 岁,但这是对其兄弟二人笼统的说法,或恭格拉布坦尚不足 10 岁,而策凌已经 10 岁或已 10 岁出头。

3.《啸亭杂录》卷二,《超勇亲王》条载:"王时弱冠,负祖母单骑叩关降",似策凌携其祖母赴京。但《亲征平定朔漠方略》卷十二,康熙三十一年七月己巳条载:"格楚儿喀屯以属裔来归……应将格楚儿喀屯及其两孙并属裔一佐领,附于镶黄蒙古旗下"。而且《皇朝藩部要略》等书中提到格楚勒哈屯携两孙来归,都有康熙帝"念其幼"的记载。如果我们把昭梿关于策凌的几条笔记内容与《亲征平定朔漠方略》、《平定准噶尔方略》中的相关记载作一比较,显然昭梿笔记多带有文学色彩,不实之处甚多。

4.《皇朝藩部要略》卷五,《外蒙古喀尔喀要略三》载,乾隆六年(1741),"寻以策凌年老,谕移军营于塔米尔"。古时之"老",有各种解释,但是年策凌当不会小于 60 岁。

据此,笔者认为,策凌生年应当在康熙二十二年(1683)前后,如以康熙二十二年为生年,三十一年(1692 年)策凌随祖母格楚勒哈屯自塔米尔来归时年已 10 岁,四十五年(1706 年)尚公主时为 24 岁,乾隆十五年(1750 年)卒时年已 68 岁。

满蒙联姻是清朝长期奉行的国策。康熙中期以前,清皇室主要与漠南蒙古贵族联姻。康熙三十年(1691)多伦会盟后,出于巩固北部疆域的政治目的,清皇室开始关注与喀尔喀蒙古贵族的联姻。与此同时,康熙帝创设了教养内廷制度,即将蒙古王公贵族子弟收养于宫中,与诸皇子一起接受严格而系统的教育。这种制度下培养出来的蒙古王公贵族子弟,不仅具有很高的满汉文化和骑射勇武素质,而且对清朝有着很强的向心力,与清皇室习俗相近,情感密切,是皇室公主、格格联姻的首选对象。据杜家骥先生研究,最早与诸皇子接受内廷教养的蒙古贵族子弟即策凌与其弟恭格喇布坦。[1]

康熙三十一年(1692)七月,策凌兄弟随祖母至京,康熙帝"念其幼,为图蒙肯嫡嗣,故施恩尤渥",[2]"诏授策凌三等轻车都尉,赐居京师,教养内廷"。[3]策凌与诸皇子一起受到了良好的皇室教育,他"禀性朴诚,赋质沈毅",有大器之才,加之为喀尔喀黄教护法王图蒙肯之后,"裔本名藩",[4]更为康熙帝看重。四十五年(1706)九月,康熙帝以第十女纯悫公主下嫁策凌,[5]并授和硕额驸,不久,又赐贝子品级。这是继土谢图汗察珲多尔济之孙敦多布多尔济尚康熙帝第六女恪靖公主之后,[6]清皇室与喀尔喀蒙古贵族的又一次重要联姻。与策凌一同教养于内廷的恭格喇布坦,也尚皇长子允禔第三女,授固山额驸,居于京师。

纯悫公主下嫁策凌后,"令仪益茂,式著贤声",但享年不永,只与策凌共同生活了三年半时间,就于四十九年(1710)三月薨于京师,时年仅26岁。康熙帝感伤不已,特命"抚遗孤于京邸……卜葬于

---

①《清朝满蒙联姻研究》,页341。

②《皇朝藩部要略》卷四,《外蒙古喀尔喀部要略二》。

③《钦定外藩蒙古回部王公表传》,卷七〇,《札萨克和硕超勇襄亲王策凌列传》。

④张穆《蒙古游牧记》卷八,《外蒙古喀尔喀齐齐尔里克盟游牧所在·喀尔喀赛音诺颜部》,陕西人民出版社点校本,1991年。

⑤和硕纯悫公主,为康熙帝第十女,不计殇,称六公主,母贵人纳喇氏,监生常素保女,雍正二年尊封为皇考通嫔。公主生于康熙二十四年二月十六日,四十五年下嫁策凌,薨于四十九年三月二十四日。又,公主下嫁时间,据《康熙朝满文朱批奏折全译》载:康熙四十五年八月二十四日,允祉等奏:"窃九月初三日,系六公主下嫁喜日"。

⑥不计殇,为四公主。康熙三十六年(1697)十一月下嫁敦多布多尔济。

近郊"。①策凌则奉命返回漠北塔米尔牧地。

策凌与公主生有子嗣,这从康熙帝特命"抚遗孤于京邸"可以得到证实。策凌生子八人,列谱者六。长子成衮札布,次子车布登札布,三子苏巴什里,四子札木禅多尔济,五子额琳沁多尔济,六子西勒格图呼图克图。另有二子,为其妾所生,后为准噶尔掠去,不传名。列谱之六子中,成衮扎布、车布登扎布二人也非公主所生。满文朱批奏折档案中记有:

"康熙四十五年八月二十四日,允祉等奏:窃九月初三日,系六公主下嫁喜日。臣等查前诸公主下嫁例,未有臣等亲送之处,只俟下嫁之后,臣等经奏准看望公主。今于十三日应否臣等亲送,再公主下嫁后,臣等亲去看望公主之处,伏请皇父谕旨。朱批:不必去。"②

这里所说的六公主即康熙帝之第十女纯愨公主,不计殇,为第六女。据此,策凌与公主成婚之时间为康熙四十五年九月初三日。策凌之次子车布登扎布生于康熙四十四年,③与其兄成衮扎布自非公主所生。换言之,策凌在尚公主以前已有一妻,并已生子。因此,公主所生之子很可能为第三子苏巴什里。

2. 赛因诺颜自成一部与策凌在喀尔喀蒙古王公中之地位

当策凌返回塔米尔牧地时,赛因诺颜部部长、亲王善巴已卒,④其

①《蒙古游牧记》卷八,《外蒙古喀尔喀齐齐尔里克盟游牧所在·喀尔喀赛因诺颜部》,《御赐公主圹志》。

②中国第一历史档案馆编《康熙朝满文朱批奏折全译》,北京,中国社会科学出版社,1996年,页460。

③据《钦定外藩蒙古回部王公表传》卷七十一,《札萨克多罗郡王车布登扎布列传》载"(乾隆)三十九年,车布登扎布年七十,赐无量寿佛及珊瑚朝珠、四团龙服。"以此推算,他当生于康熙四十四年。

④善巴卒于康熙四十六年(1707)。

长子达什敦多布"袭札萨克和硕亲王,寻授盟长",①领赛因诺颜部。但数年后,善巴后裔领赛因诺颜部的情况发生了变化。

康熙五十四年(1715)春,策妄阿拉布坦犯哈密,清准战事再起。九月,策凌来朝,奉命赴北路军营防御策妄。五十九年(1720)七月,策凌与土谢图汗部辅国公巴海、札萨克图汗部贝勒诺尔布班第和札萨克伊达木札布等,随振武将军傅尔丹进击准噶尔。清军出布拉罕,至格尔额尔格,擒准噶尔宰桑贝坤,斩杀、俘获近七百人,并焚毁准军屯集于乌兰呼济尔的粮草,回师途中,又设伏于哈达青吉勒,再次重创尾追准军。②此次出击,策凌首建军功,次年(1721),授札萨克。

雍正帝即位,为加强阿尔泰一线防务,倚重策凌,特封为多罗郡王。附牧于察哈尔蒙古镶黄旗下的策凌属裔佐领,也奉命调往北路军营,随策凌效力。③雍正帝又特封策凌弟恭格喇布坦为多罗贝勒,命赴北路军营,随兄驻防,但他不幸卒于途中。④雍正二年(1724)初,策凌等入觐,时策妄遣使议和,廷议撤回北路大军,雍正帝谕王大臣等:"额驸策凌、贝勒博贝,俱在阿尔泰驻扎年久,地方情形,皆所悉知,现皆在京,可详询阿尔泰一路兵丁如何撤回,及驻防兵丁应于何处安设之处,确议具奏"。后议定阿尔泰留喀尔喀蒙古札萨克兵二千名驻防,由策凌及土谢图汗部郡王丹津多尔济、札萨克图汗部贝勒博贝统领调遣,三人分别被任命为管辖喀尔喀中路、左翼、右翼兵丁副将军,各

①《钦定外藩蒙古回部王公表传》卷六十九,《喀尔喀赛因诺颜部总传》。
②傅恒《平定准噶尔方略》前编,卷七,康熙五十九年九月壬午,《中国西北文献丛书》,兰州,古籍出版社,1990 年影印本,页 37、38。
③《清世宗实录》卷三,雍正元年正月庚子,北京,中华书局,1985 年影印本。
④《皇朝藩部要略》卷四,《外蒙古喀尔喀部要略二》。

授印信。①值得注意的有两点:喀尔喀蒙古旧分左翼土谢图汗部、车臣汗部,右翼为扎萨克图汗部,并无中路之设,这里首次将赛因诺颜部兵丁作为中路兵丁;喀尔喀各部旧无副将军,"所部有副将军自此始"。②不久,诏命三将军所统兵隶上三旗,策凌军用正黄旗纛,丹津多尔济、博贝军分用镶黄、正白旗纛,更突出了赛因诺颜部之地位。

雍正三年(1725),清朝正式令策凌率赛因诺颜部近族亲王等十九札萨克,自成一部,称喀尔喀中路。《钦定外藩蒙古回部王公表传》云:

"雍正三年,上以所部系出赛因诺颜,较三汗裔繁衍,而额驸策凌自简任副将军,劳绩懋著,命率近族亲王达什敦多布,贝勒纳木札勒、齐素咙,贝子策旺诺尔布,辅国公阿努哩、敦多布额琳沁、札木禅、旺札勒,台吉格木丕勒、齐旺、锡喇札布、达尔济雅、根敦、车布登、巴朗、延达博第、呢玛、特克什、诺尔布札布,凡十九札萨克,别为一部,以其赛因诺颜号冠之,称喀尔喀中路,不复隶土谢图汗。喀尔喀有四部,自此始。"③

这是清朝对喀尔喀蒙古旧制的重要变革,其意义有二:一是自此赛因诺颜部不再是土谢图汗属部,而是与土谢图、车臣、扎萨克图三部地位相等,喀尔喀蒙古自此由原来的三大部改为四大部(或称四盟);二是善巴长子达什敦多布自康熙四十六年(1707)"袭札萨克和硕亲王,寻授盟长",④但正式以赛因诺颜部为喀尔喀中路时,却是令

①《清世宗实录》卷十六,雍正元年二月戊午。
②《皇朝藩部要略》卷四,《外蒙古喀尔喀部要略二》。
③《钦定外藩蒙古回部王公表传》卷六十九,《喀尔喀赛因诺颜部总传》。
④《钦定外藩蒙古回部王公表传》卷六十九,《札萨克和硕亲王善巴列传》。

策凌领赛因诺颜十九札萨克,达什敦多布的盟长地位名存实亡。次年
(1726),达什敦多布以年迈为名乞休,清朝命其长子喇嘛扎布袭亲王
爵。①

雍正三年分设喀尔喀中路之后,策凌虽尚为郡王爵位,而实际上
已成为喀尔喀四部中最受朝廷倚任的王公。雍正五年(1727)五月,中
俄恰克图会谈,隆科多、策凌、四格、图理琛等奉命赴楚库河与俄使萨
瓦议界,是清朝谈判代表中唯一的一位喀尔喀王公。俄国使臣萨瓦抵
达边界布连斯奇河畔时,见到"中国朝廷派往处理边境事务的两位大
臣(第三名大臣图理琛是与使臣同来的),一位是蒙古王公、将军、博
格德汗的驸马策凌郡王,他属下约有五千蒙古人,另一名是皇帝的舅
舅隆科多"。②中俄双方会议八次,未有结果,③而隆科多私抄玉牒事
发,逮京治罪,改由策凌担任首席谈判代表。④策凌与萨瓦划定东起额
尔古纳河,西至沙毕纳彦岭之中俄中段边界,奏准立石定界。关于此
次谈判中策凌之功过,学界多有评论,这里不作赘述,但仅以担任首

①《钦定外藩蒙古回部王公表传》卷六十九,《札萨克和硕亲王善巴列传》。

②见尼古拉·班蒂什·卡缅斯基编著《俄中两国外交文献汇编 1619—1792》,
北京,商务印书馆,1982 年,页 165。

③见尼古拉·班蒂什·卡缅斯基编著《俄中两国外交文献汇编 1619—1792》,
页 165。又,满文朱批奏折·雍正五年七月十八日《策凌奏与俄使会议边界情形折》
载:"至七月初一日,总共会议七次"。见中国第一历史档案馆编《清代中俄关系档
案史料选编》第一编,下册,北京,中华书局,1982 年,页 515。

④俄人记载:"傲慢的隆科多于 8 月 8 日夜间突然被捕,并被严加监禁,押送
北京。"见尼古拉·班蒂什·卡缅斯基编著《俄中两国外交文献汇编 1619—1792》,
上海,商务印书馆 1982 年译本,页 166。满文朱批奏折《策凌奏与俄使会议边界情
形折》载:"(七月)初三日隆科多奉召返京。初四日,侍郎图理琛来奴才驻地……
奴才等与俄罗斯使臣萨瓦会议两次。于本月十五日,已共同议结边界事务。"《清
代中俄关系档案史料选编》,第一编,下册,页 515、516。

席谈判代表而言，可见朝廷对其之倚重程度及其在喀尔喀蒙古王公中之特殊地位。

3. 策凌建立之奇功与出任赛因诺颜部长

策凌善用兵，忠而勇，具大将之才。他针对准噶尔骑兵善于驰突，而喀尔喀部众无军纪约束，临战易溃败的弱点，对部下严加训练，"每游猎及止营，皆以阵法部勒，万众森严如对垒，由是赛音诺颜一军雄漠北"，[1]成为喀尔喀蒙古中的一支劲旅，在抵御准军，护卫喀尔喀牧地的战役中建立了奇功。

噶尔丹策零即位后，准噶尔部进入全盛时期。雍正八年（1730）冬，清准战事再起，准军声东击西，掠西路科舍图卡伦，围鲁克沁等城，其主力则集中于北路。九年（1731）夏，靖边大将军傅尔丹冒进，被准军围困于和通淖尔，万余官兵退回科布多大营者仅十分之二。秋，准军乘胜自和通淖尔进窥图垒、茂海诸界，策凌奉命偕翁牛特部贝子罗卜藏等率兵迎击。此时，准部名将大、小策凌敦多卜率军三万进取喀尔喀，得知科布多、察罕廋尔驻有重兵，防守严密，遂屯军于苏克阿勒达呼，命部将海伦、曼济各领兵三千，分道劫掠喀尔喀游牧。振武将军顺承亲王锡保命策凌与土谢图汗部亲王丹津多尔济率喀尔喀蒙古官兵攻击苏克阿勒达呼准军大营。据锡保折奏：

> "九月二十日，臣令王丹津多尔济、额驸策凌等合兵邀
> 击贼于苏克阿勒达呼。二十一日至鄂登楚勒，遣台吉巴海等
> 领兵六百名，夜入大策零敦多卜贼营，擒贼三人而还。大策
> 零敦多卜遣贼将衮楚扎卜、锡喇巴图鲁率兵三千来追，巴海
> 等诱至鄂登楚勒大营。二十二日，王丹津多尔济、策凌列阵

---

①魏源《圣武记》卷三，《国朝绥服蒙古记二·外四盟蒙古》，道光二十二年刻本。

力战,自辰至午,斩贼将喀喇巴图鲁,其锡喇等俱负重伤,率贼败遁。我兵复擒杀数百余贼。是夜策零敦多卜等即移营台西里山。二十五日贼将曼济亦败北归营,俱自哈卜塔克拜塔克一路遁去。"①

锡保选满洲蒙古兵四千名,令丹津多尔济、策凌等分路追击,至登达勒毕山,准军已逾阿尔泰山而去。鄂登楚勒之战重挫准军锐锋,时称北征第一战功。②诏晋封策凌和硕亲王,赏银万两,"寻授喀尔喀大札萨克"。③关于喀尔喀大札萨克一职,杜家骥先生认为,指统辖赛因诺颜部24旗的大札萨克,在清代蒙古的诸部中也是独一无二的。这一认识是很有道理的。问题在于为何要设大札萨克?笔者认为,以赛因诺颜部为喀尔喀中路时,令策凌领赛因诺颜十九札萨克,达什敦多布的盟长地位已名存实亡,但清朝并未明确策凌为盟长。故任命策凌为大札萨克,实际上进一步强调了策凌在赛因诺颜部的统领地位。

准军锐锋受挫,但主力未受重创。雍正十年(1732)六月,小策零敦多卜率军三万自奇兰进至额尔德毕喇色钦,策凌偕将军塔尔岱赴本博图山迎击。准军转掠克尔森齐老,策凌偕塔尔岱复赶往截杀,奋战二日。小策凌敦多卜恨鄂登楚勒之战败于策凌,分兵袭击策凌牧地塔米尔,掠其妾及二子,收其牲畜而去。策凌闻讯大愤,回军追击。时准军主力深入喀尔喀牧地,进趋额尔德尼昭,欲劫夺哲布尊丹巴呼图

---

①《平定准噶尔方略》前编,卷二十七,雍正九年十月乙卯。

②昭梿《啸亭杂录》卷二,《超勇亲王》,北京,中华书局,1980 年标点本,页406。

③《钦定外藩蒙古回部王公表传》卷七〇,《札萨克和硕超勇襄亲王策凌列传》。

克图。策凌偕丹津多尔济等率领满洲、蒙古、索伦、喀尔喀等兵二万余人，奋勇尾追，途中败敌十余次。八月五日，在额尔德尼昭附近之鄂尔坤河畔追及准军主力。小策零敦多卜退踞杭爱山麓，逼鄂尔坤河列阵。策凌令满洲兵背水列阵河南诱敌，蒙古诸军列阵河北，亲率万人伏山侧待战。满洲兵接战即退，准军追逐，策凌率伏军起，迎头痛击，"杀贼万余，尸满山谷"。小策凌敦多卜督余众渡河，蒙古兵趁其半渡时进击，准军大多毙于水中，"河流尽赤"，小策凌敦多卜及残余准军"悉负伤大奔"，三万准军被歼灭大半，清军"所获器械驼马牛羊无算"。①此战被称为"光显寺大捷"，策凌"勇冠诸藩"，②居首功，赐号"超勇"。因戚属、牲畜被掠，诏给策凌马二千、牛千、羊五千、银五万，令察赈所属失业者，并命他在塔米尔筑城，建造宫室。是年冬，诏授策凌固伦额驸，追赠纯悫公主为固伦长公主。

当策凌等于鄂登楚勒大败准军时，大策凌敦多卜遣被俘之赛因诺颜部人送信与亲王喇嘛扎布，欲行策反，被策凌截获。据被擒之送信人供称：

> "大策零敦多卜等，付噶尔丹策零寄我王喇嘛札卜之书，并云我等原在一处居住，甚相和好，因噶尔丹博硕克图汗与尔等不睦，各自散居，后尔等投顺中国，当差纳贡，深为尔等憾之。尔等系成吉思汗之后裔，并非人之属下，何不将游牧仍移于阿尔泰，与我会居一处，共享安乐，以联旧好，如有兵戎，协力相拒等语。"③

①《平定准噶尔方略》前编，卷三十一，雍正十年八月癸酉。

②《蒙古游牧记》卷八，《外蒙古喀尔喀齐齐尔里克盟游牧所在·喀尔喀赛音诺颜部》。

③《清世宗实录》卷一一一，雍正九年十月丁巳。

这里虽未录噶尔丹策零给喇嘛扎布书信之内容，但噶尔丹策零为何选择赛因诺颜部长喇嘛扎布为策反之对象，值得注意。其后，克尔森齐老之战，"喇嘛扎卜弃军归牧，议削爵论死"，雍正帝念其祖善巴军功劳绩，命削爵免死永远监禁，札萨克亲王爵改授其弟德沁扎布，并撤还一佐领给策凌。①善巴后裔的地位因此事受到很大影响。就在次年，策凌配定边左副将军印，进屯科布多，"寻授盟长"。而善巴后裔德沁扎布于"乾隆十六年授所部副将军，寻授副盟长"。②赛因诺颜部部长由善巴家族转入善巴再从弟策凌家族。

4. 任定边左副将军之策凌及其卒后之赐典

乌里雅苏台定边左副将军，设立于雍正十一年（1733）正月，初名靖边左副将军。雍正七年（1729）三月，设靖边大将军统北路大军征讨准噶尔，由领侍卫内大臣三等公傅尔丹出任。③九年（1731）十一月，改任顺承亲王锡保。④经雍正八年（1730）鄂登楚勒之战，十年（1732）克尔森齐老、额尔德尼昭之战，策凌威名大震。十一年（1733）正月，"命铸靖边左、右副将军印二颗，交大将军收贮，以备额驸策凌等调遣满洲蒙古兵丁之用"。⑤五月，策凌奉命掌管靖边左副将军印信。⑥不久，锡保获罪革职，多罗平郡王福彭出任大将军，"靖边"名号改为"定边"。十月，定边大将军多罗平郡王福彭折奏：

"本月十九日，臣遵旨将定边左副将军印信，交额驸策

①《钦定外藩蒙古回部王公表传》卷六九，《喀尔喀赛因诺颜部总传》。

②《钦定外藩蒙古回部王公表传》卷七〇，《札萨克和硕超勇襄亲王策凌列传》；卷六十九，《喀尔喀赛因诺颜部总传》。

③《清世宗实录》卷七十九，雍正七年三月丙辰。

④《清世宗实录》卷一一二，雍正九年十一月辛未。

⑤《清世宗实录》卷一二七，雍正十一年正月壬寅。

⑥《清世宗实录》卷一三一，雍正十一年五月乙亥。

凌掌管,由乌里雅苏泰起程,前赴科布多,其定边右副将军
印信,亦交额驸策凌带往。"①

这是策凌出任定边左副将军的最早记载,由此还可得知,副将军
初设时为两员,策凌尚带有定边右副将军印。

策凌任定边左副将军之后,清、准之间进入议和时期。噶尔丹策
零提出阿尔泰原为厄鲁特牧地, 请由哲尔格西喇呼鲁苏至巴里坤划
界分守。雍正帝命征询策凌意见定夺。策凌提出:"至厄鲁特游牧,应
以额尔齐斯为止……策妄阿喇布坦在时,其游牧原在河泊克萨里、察
罕胡济尔以西,数年以来,渐越额尔齐斯……使伊游牧相逼太近,则
防守实难,断勿令过阿尔泰岭,方为善策。"②噶尔丹策零不遵,事未定
而清朝帝位交替。

乾隆帝即位,元年(1736)正月,定议北路大军撤回,定边大将军
庆复回京。诏设参赞大臣二员,协同定边左副将军策凌办理事务,统
喀尔喀蒙古官兵驻乌里雅苏台,分防鄂尔坤。自此,定边左副将军已
非定边大将军之副职,而成为喀尔喀最高军政建制。凡喀尔喀一切军
政事务,朝廷皆询策凌意见为定夺。因策凌久在喀尔喀军营,母居京
师,不得朝夕定省,乾隆帝特命策凌第三子苏巴什里将祖母"送归游
牧,用慰孝思,并赐治装银五千两"。③

乾隆二年(1737)四月,噶尔丹策零遣使来京议划地,先致书策
凌,称之为车臣汗,求仍游牧于阿尔泰。策凌献书于朝廷,奉命复书驳
噶尔丹策零。策凌书云:

①《清世宗实录》卷一三六,雍正十一年十月戊辰。

②《清世宗实录》卷一五三,雍正十三年三月己亥。

③《钦定外藩蒙古回部王公表传》卷七〇,《札萨克和硕超勇襄亲王策凌列
传》。

"阿尔台乃天定交界,尔父珲台吉时,阿尔台以南原无厄鲁特游牧,自灭噶尔丹博什克图以来,我等建城驻兵其地,众所共知。其不令尔众游牧者,原欲以此为闲地,两不相取,彼此隔远,庶永相和好,不起争端耳。今台吉反云难以让给,试思阿尔台果系谁地? 谁能让给……台吉尚尔饰说,是不愿休息众生也……尔诚遵旨定议,我兵必不为祸始,亦不复向科卜多居住。倘尔复造衅端,我惟坐待其来,并不烦内地兵,惟尽我喀尔喀之力,上报主恩。"①

十一月,准噶尔使达什、博吉尔至,召策凌驰驿来京主持议和。因噶尔丹策零未指明地界,三年(1738)三月,侍郎阿克敦等与达什、博吉尔赴准噶尔再议。十二月,准噶尔使哈柳随阿克敦等奉表至,乾隆帝再召策凌来京主其议。哈柳提出"循布延图河,南以博尔济昂吉勒图、乌克克岭、噶克察等处,北以逊多尔库奎、多尔多辉库奎至哈尔奇喇、博木、喀喇巴尔楚克等处为界,准噶尔人仍在阿尔泰山后游牧"。此议与策凌提出之原则相合。但哈柳复求托尔和、布延图两卡伦内移,"诏弗允"。②四年(1739)二月,哈柳还伊犁与噶尔丹策零议。十月复至京,请按原议,不复提内移卡伦事。

自与准噶尔议界,策凌三至京师,始定和议。期间哈柳送还策凌供养之大喇嘛罗卜藏西瓦,③转达噶尔丹策零欲送还掠去之策凌妾及二子之意。策凌断然拒绝,上奏称:"臣世世受恩深重,前准贼入我游牧,掳二子及使婢一人而去,若等应即自尽,以报国恩。苟且

---

① 《平定准噶尔方略》前编,卷四三,乾隆二年四月壬午。
② 《钦定外藩蒙古回部王公表传》卷七〇,《札萨克和硕超勇襄亲王策凌列传》。
③ 《平定准噶尔方略》前编,卷四四,乾隆四年十一月癸亥。

偷生,至今尚在彼处居住,全不知耻。臣欲得此不肖之子何用?且与国事何益?噶尔丹策零性本诡诈,臣若欲得二子,彼必不论可否,妄行干请,所关非小。国事为重,臣断无念子之意"。乾隆帝览奏后谕军机大臣等:"夫父子之道关乎天性,额驸策凌感激皇祖皇考及朕之恩,止图裨益于国家,顾惜大义,不思复与其子相见,朕心深为恻然,思有以奖之。其长子成衮扎布,汉仗好,在军前亦颇效力,著加恩封为世子。"①

策凌不仅以忠勇著称,被朝廷"倚为长城",②且勤于军政事务,出任定边左副将军后,多有建树。议和期间,在喀尔喀边界严密布防巡查,以防准军突袭。划界事定后,奉旨勘定喀尔喀游牧,约束各部,与准噶尔各守定界。自大军撤回,乌里雅苏台及鄂尔坤专用喀尔喀兵驻防。策凌总统四部官兵,每年分派参赞大臣赴各部检阅,军容严整者奏明奖赏,军纪散弛者予以严饬。六年,策凌年已老,仍亲往检阅驻防鄂尔昆之喀尔喀四千官兵,奏报称:"器械旗帜俱甚整齐,排列阵式,放枪射箭,俱已熟练……酌议以军营预备奖赏之锦段布匹等加赏"。③七年,副将军青衮杂卜所部防秋兵,"所属兵丁器械全不整饬,又将伊本身开入军营行走之列,希图双俸",④经策凌察出后除名。

乾隆十二年(1747),策凌最后一次从塔米尔来京朝觐。十五年(1750),病重,次子车布登扎布奉命回塔米尔服侍。二月初五日薨。

①《平定准噶尔方略》前编,卷四四,乾隆四年十二月癸酉。

②《蒙古游牧记》卷八,《外蒙古喀尔喀齐齐尔里克盟游牧所在···喀尔喀赛音诺颜部》。

③《平定准噶尔方略》前编,卷四十六,乾隆六年八月乙卯。

④《皇朝藩部要略》卷六,《外蒙古喀尔喀部要略四》。

早在雍正朝出征时，策凌即奏明："愿于殁身后仍归京师，合葬大长公主园寝"。①他的遗言中再次请准归京师，与公主合葬。乾隆帝伤感不已，准合葬公主园寝，令赐银万两治丧，照宗室亲王例考谥建碑，并特命配享太庙，崇祀贤良祠，谥曰"襄"。昭梿称："外藩得预侑食者，惟王一人"。②《御制往清河赐奠诗》曰：

"灵舆肃肃驻河滨，归殡佳城别塞云。即此始终怀大义，果然卓荦轶前闻。中年自是伤哀乐，此日何堪哭戚勋。见说漠陲将发引，犹教血泪洒三军。"③

《御赐八贤良祠祭文》赞曰：

"名标竹帛，书崇元祀之文；绩著边陲，礼纪大丞之典。持干戈以卫社稷，夙奇股肱；有凡筵而荐馨香，式彰忠荩。尔定边左副将军固伦额驸和硕超勇襄亲王策凌，禀性朴诚，赋质沈毅。贵为懿戚，两朝之宠遇弥隆；勇冠诸藩，一代之鸿猷克壮。图丹青于麟阁，倚重长城；靖烽燧于龙庭，威行绝塞。英姿飒爽，授旌钺以犹新；大树萧森，叹弓刀之倏谢。"④

策凌所获赐典之重，评价之高，为有清一代蒙古王公中所罕见，可见清朝对他的倚重之程度。但策凌卒后，清朝在喀尔喀构建之长城并未因此而受到影响。父死子代，兄卒弟及，成衮扎布、车布登扎布兄弟二人先后出任定边左副将军，继承其父遗志，为稳定喀尔喀

---

①《蒙古游牧记》卷八，《外蒙古喀尔喀齐齐尔里克盟游牧所在·喀尔喀赛音诺颜部》，《御制往清河赐奠诗》。

②《啸亭杂录》卷二，《超勇亲王》。

③《蒙古游牧记》卷八，《外蒙古喀尔喀齐齐尔里克盟游牧所在·喀尔喀赛音诺颜部》，《御制往清河赐奠诗》。

④《蒙古游牧记》卷八，《外蒙古喀尔喀齐齐尔里克盟游牧所在·喀尔喀赛音诺颜部》，《御赐八贤良祠祭文》。

蒙古统一局面,为平定准噶尔部与最终全部统一新疆,作出了重要贡献。

三、成衮扎布、车布登扎布兄弟的军事活动与建树

1. 成衮扎布一生之活动与建树

策凌卒后,其长子成衮扎布袭札萨克和硕亲王爵,继任定边左副将军。乾隆帝谕军机大臣云:

> "额驸策凌为国家竭诚宣力,是以皇考加恩封至亲王,授以定边左副将军重任。额驸谋勇之名,准夷莫不慑服,训兵饬备,使喀尔喀宁静无事,实为国家勋戚重臣,不意患病溘逝,其定边左副将军之任,甚属紧要,简任务在得人。伊长子扎萨克和硕亲王成衮札布,前在军营,著有劳绩,其才具实堪胜任,虽左副将军非世袭之职,而由才器使,有所弗拘,著将成衮扎布授为定边左副将军,其务矢忠勤,效法伊父,训练兵众,安靖地方,以副朕任用之意。"①

这里强调指出,定边左副将军"非世袭之职",简任成衮扎布,是因其"前在军营,著有劳绩,其才具实堪胜任",符合任此职之条件。成衮扎布自康熙晚年清准战事再起,随父从征,效力疆场,在军旅生涯中已得到很好的磨炼。康熙五十九年(1720)七月,振武将军傅尔丹统北路大军出击,焚准军囤积粮草,擒宰桑贝坤,多有斩获。雍正十年(1732)八月,策凌率军激战额尔德尼昭,将三万准军歼灭大半,扭转战局。两战,成衮扎布皆有功,授一等台吉。乾隆元年(1736),封固山贝子,授赛因诺颜部副将军。乾隆帝因策凌置被准噶尔掠去之妻、子于不顾,坚持以阿尔泰为准噶尔、喀尔喀之瓯脱地,为之感动,

---

① 《平定准噶尔方略》前编,卷五十二,乾隆十五年六月丙子。

"思有以奖之",因成衮扎布"汉仗好,在军前亦颇效力,著加恩封为世子"。①清制,宗室亲王始封世子,外藩亲王封世子者极少。②八年(1743),成衮扎布"扈驾诣盛京,赐杏黄辔"。③

成衮扎布就任定边左副将军后,整饬军备,巡查汛界,并查出和托辉特贝勒青衮杂卜等与准噶尔私行贸易,欠账致争等事,奏报朝廷。时准噶尔接连内讧,战乱频繁,部众离心。成衮扎布严防汛界,探察其内乱信息,及时奏报朝廷,并根据朝廷指示,接纳、接济来投的准噶尔部众。十八年(1753),杜尔伯特部台吉车凌、车凌乌巴什等,率所部三千余户来投,成衮扎布奉命"动用官项牛羊,赏给伊等,以为接济"。④准噶尔守边宰桑祚木特率兵二百来追车凌,擅入卡内,"上谕勿纵祚木特还巢",但成衮扎布未能及时采取措施,致祚木特逸去,受到乾隆帝诘责。不久,额琳沁等蒙古王公不听调遣,成衮扎布未能及时参奏,查问时又意存姑息,乾隆帝震怒,令革去定边左副将军,授为喀尔喀副将军。⑤

乾隆二十年(1755)初,大军西征准噶尔,成衮扎布请随征,奉命偕护军统领塔尔玛善赴额尔齐斯督屯田。四月,屯田兵由额尔齐斯移驻伊苏图铿格尔。是年夏,达瓦齐就擒,屯田兵撤回。准噶尔包沁总管阿克珠勒等叛遁,成衮扎布偕塔尔玛善沿途剿擒,在乌隆古等地击斩肯哲颜达什、巴雅尔图等多人,还驻乌里雅苏台。

阿睦尔撒纳蓄谋反叛,喀尔喀副将军、和托辉特郡王青衮杂卜为

---

① 《平定准噶尔方略》前编,卷四十四,乾隆四年十二月癸酉朔。

② 此前,唯有土谢图汗部亲王丹津多尔济之子多尔济色布腾封为世子。见《钦定外藩蒙古回部王公表传》卷四九,《札萨克多罗贝勒西第什哩列传》。

③ 《钦定外藩蒙古回部王公表传》卷七〇,《扎萨克超勇亲王策凌列传》。

④ 《清高宗实录》卷四四一,乾隆十八年十一月甲戌。

⑤ 《清高宗实录》卷四六〇,乾隆十九年四月庚寅。

其暗通消息,"逢迎怂恿"。①阿睦尔撒纳逃逸后,乾隆帝因土谢图汗部亲王额琳沁多尔济未能及时采取行动,令其自尽,致使喀尔喀各部"众心疑惧"。二十一年(1756)五月,青衮杂卜擅自从军前撤回牧地,并派人至乌里雅苏台军中煽惑。一时喀尔喀地区骚乱蜂起,北路驿站被掠,羽书中断,形势急转直下。八月,乾隆帝起用成衮扎布,仍任为定边左副将军,命率军擒拿青衮杂卜。九月二十六日,成衮扎布驰至乌里雅苏台,查阅军营官兵,筹划进剿事宜。针对喀尔喀各部的不同动向,成衮扎布采取了分化、安抚和重点打击的策略。先派遣官员,"晓谕附逆贼青衮杂卜之札萨克等,并和托辉特所属人等,令其协同擒献"。同时,遣人传谕移入青衮杂卜附近地方居住的赤伦、察达克子弟等,"明白开导,晓以利害",并遣亲信人等往谕与青衮杂卜乌梁海连界居住的贝子朋楚克、公丹拜等,以"翦其羽翼",②断其归路。接着,他亲率官兵进击,长途奔驰,军锋所指,青衮杂卜余党及受其煽惑者,接踵归降。青衮扎卜势穷,逃往俄罗斯边界。十一月二十八日,青衮扎卜在与俄罗斯交界的杭哈奖噶斯地方被清军追及擒获。捷报传来,乾隆帝以成衮扎布"实心协力,迅速奏功,甚属可嘉,著加恩赏给黄带,封伊子一人为世子,以奖忠勤"。③

是时,厄鲁特四部台吉宰桑噶勒藏多尔济、巴雅尔、扎那噶尔布、哈萨克锡喇、车布登多尔济、尼玛、巴图尔乌巴什等先后反叛并相互攻杀,阿睦尔撒纳趁机自哈萨克返回,与诸台吉宰桑会盟于博罗塔拉,自立为总台吉,势复大振。

乾隆二十二年(1757)初,西路大军再次集结于巴里坤,而"将军

①《清高宗实录》卷四九六,乾隆二十年九月丁丑。
②《清高宗实录》卷五二二,乾隆二十一年闰九月癸卯。
③《清高宗实录》卷五二八,乾隆二十一年十二月戊寅。

重任,甚难其人"。乾隆帝以"成衮扎布熟悉蒙古事务",①特选任为定边将军,赐整装银五千两,命带领索伦兵丁,驰往巴里坤军营,率军西征,定边左副将军一职由其弟车布登扎布暂为署理。

　　成衮扎布就任定边将军后立即布置进兵。二月十一日,大军分路进击,成衮扎布与参赞大臣舒赫德由珠勒都斯前进,定边右副将军兆惠与参赞大臣富德由额林哈毕尔噶前进。成衮扎布吸取前次进军之教训,沿途察看吐鲁番地理形势后上奏:"臣详看吐鲁番,直通伊犁,兼与回城声息相通,应即于吐鲁番派兵屯种"。②同时,他还提议由副将阎相师管辖吐鲁番屯田,额敏和卓父子协同防守,以稳定后方,获准实行。大军长驱直入,深入准噶尔牧地,满洲、蒙古、索伦官兵奋勇剿杀,势不可挡,先后擒获车布登多尔济、巴雅尔、尼玛,噶勒藏多尔济、扎那噶尔布为部众所杀。为防止阿睦尔撒纳再次逃入哈萨克,成衮扎布奉命选派侍卫衮布等先赴哈萨克汗部宣谕,"开示利害,令其擒献"。③六月十九日,阿睦尔撒纳等二十余人逃入哈萨克中帐,中帐汗阿布赉收其马匹,阿睦尔撒纳惊觉逃逸,渡额尔齐斯河投奔俄罗斯,不久,病死于俄罗斯托博尔斯克要塞。

　　进军天山北路途中,成衮扎布已侦得霍集占兄弟在天山南路反叛及副都统阿敏道被害的确讯,奏请:"俟大兵至伊犁,即前往回城剿灭"。④收复伊犁等地后,他再次奏请:"阿逆现已穷蹙,不日即可就擒,所有回人霍集占等,应即领兵擒拿"。⑤但乾隆帝认为,成衮扎布系喀

---

①《清高宗实录》卷五三〇,乾隆二十二年正月甲午。
②《清高宗实录》卷五三六,乾隆二十二年四月甲戌。
③《清高宗实录》卷五三八,乾隆二十二年五月癸卯。
④《清高宗实录》卷五三九,乾隆二十二年五月丁未。
⑤《清高宗实录》卷五四〇,乾隆二十二年六月壬申。

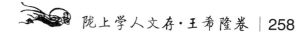

尔喀最高军政长官,该地区的防守重任非其莫属,办理天山南路,当另简大员统兵,谕令成衮扎布"于十二月初十以内,来京请训"。①

成衮扎布赴京请训后,于二十三年(1758)三月返回乌里雅苏台,复任定边左副将军。再次主持喀尔喀军政事务期间,成衮扎布勤于政务,多有建树。

新疆统一后,经济凋敝,百废待兴,成衮扎布多次奉命从喀尔喀筹集大批牲畜、物资运往新疆,接济驻军,支援建设。二十六年(1761)三月,他令长子额尔克沙喇解送驼千峰、牛三千只、羊二万只、各色布五万六千匹、茶四万四千斤,驼屉八百副等赴伊犁。②九月,他再奏准从乌里雅苏台牧场拨马四、五千匹,送巴里坤牧放备用。③二十九年(1764),他又遵旨从乌里雅苏台解送伊犁羊一万五千只,次年再奉命办理牛千只,解送伊犁备用。④

原喀尔喀边卡,安设至阿尔泰山梁。乾隆二十六年,成衮扎布以新疆"俱入版图,向时戍守之区,俱成内地",奏请"将扎哈沁、乌梁海、喀尔喀等卡座展拓,庶耕牧有资",并遵旨派员查勘,提出以百里为率,自巴颜珠尔克卡至乌拉克沁伯勒齐尔及乌鲁木齐,可设卡十五处。经军机大臣会议,乌尔图布拉克、赛音塔喇、纳哩特、吉木萨四卡,由乌鲁木齐派出官兵驻扎;苏伯昂阿至乌拉克沁伯勒齐尔十一卡,复查后,将奈曼、明安等旧卡移驻,由成衮扎布督领。同时,经成衮扎布奏准,乌里雅苏台至乌鲁木齐,新设台站十八处,将递送西路一应事件,俱由乌鲁木齐分发,并裁撤旧设萨拉布拉克、巴里坤等台站二十

①《清高宗实录》卷五四八,乾隆二十二年十月辛未。
②《清高宗实录》卷六三六,乾隆二十六年五月己酉。
③《清高宗实录》卷六四五,乾隆二十六年九月己未。
④《清高宗实录》卷七二八,乾隆三十年二月庚辰。

四处。①

科布多位处喀尔喀西北，与塔尔巴哈台、额尔齐斯，互为犄角，地理位置重要。经成衮扎布奏准，设立参赞大臣，调派绿营兵开设屯田、修筑城堡。所开屯田积贮日丰，自三十一年（1766）始，科布多至索郭克展放卡座台吉兵丁及台站兵丁所需粮米，停止从乌里雅苏台挽运，就近由科布多屯田积贮屯粮支给。②

乌里雅苏台城建于雍正年间，乾隆二十九年（1764）春，城倾圮。因当地土性松浮，难兴版筑，成衮扎布查勘地形后，提出规划："在齐格尔苏特、乌里雅苏台二河之间，照旧造木城，加高一丈六尺，厚一丈，周围共五百丈，内外排树木栅，中实以土，东、西、南三面有门，北面近河，掘沟引水，以环三面，即以沟中余土筑城"，③奏准兴工。

喀尔喀地邻俄国，常有交涉事务。乾隆二十六年秋，玛哈沁色布腾等一百六十余人顺额尔齐斯河从铿格尔图喇逃入俄国，成衮扎布派出官兵追至铿格尔图喇，按条约规定向俄国边防官玛玉尔（майор，意为少校）交涉引渡，终使玛玉尔将色布腾等一百余人及军器马匹等物全行送出。④次年初，他再次成功引渡逃入俄国喀喇萨尼雅尔地方的二百余名乌梁海逃人。⑤二十八年（1763），成衮扎布侦得"俄罗斯等

①《清高宗实录》卷六三二，乾隆二十六年三月戊申；卷六三九，乾隆二十六年六月乙酉。《钦定外藩蒙古回部王公表传》卷七〇，《扎萨克和硕超勇亲王策凌列传》。

②《清高宗实录》卷七五五，乾隆三十一年二月戊辰。

③《清高宗实录》卷七一〇，乾隆二十九年五月甲寅；卷七二三，乾隆二十九年十一月己巳。

④《清高宗实录》卷六四六，乾隆二十六年十月丙子；卷六四七，乾隆二十六年十月丁亥。

⑤《清高宗实录》卷六五五，乾隆二十七年二月乙酉。

在卫满河源布克图尔玛库克乌苏地方,造屋树栅",上报朝廷。随后,他奉命派出官兵,"前往库克乌苏、色必等地方,将俄罗斯木栅屋宇,尽行撤毁"。①恰克图闭关期间,"桑斋多尔济、丑达,私遣人于恰克图贸易牟利",三十年(1765),经成衮扎布查明具奏,将二人严加惩办。②

成衮扎布复任乌里雅苏台定边左副将军计十三年,喀尔喀地方安定无事。三十六年(1771)夏,他因患病不能办理事务,乾隆帝命其子德勒克多尔济、拉旺多尔济带同御医沙成玺驰驿前往诊视,并命其弟车布登扎布由游牧地赶往乌里雅苏台帮办将军事务。八月十一日,成衮扎布薨。乾隆帝赐银千两治丧,③命拉旺多尔济袭札萨克和硕亲王,车布登扎布补授乌里雅苏台定边左副将军。

成衮扎布有七子:长子额尔克沙喇,封贝子品级辅国公,掌札萨克,乾隆三十一年卒;次子伊什扎木楚,袭辅国公,代掌札萨克;三子敏珠尔多尔济,封公品级;四子占楚布多尔济,封世子;五子纳玛恺多尔济,授一等台吉;六子德埒克多尔济,封辅国公;七子次拉旺多尔济,尚固伦和静公主,授固伦额驸,赐双眼孔雀翎,占楚布多尔济卒,封世子,命御前行走,三十六年袭札萨克和硕亲王,四十六年诏世袭罔替。④

2. 以军功赐号超勇的郡王车布登扎布

策凌次子车布登扎布生于康熙四十四年(1705)。车布登扎布天性勇往,有胆略,敢战。康熙晚年,清准战事再起,车布登扎布与兄成衮扎布随父从征,授一等台吉。雍正九年(1731)秋,车布登扎布随策

---

①《清高宗实录》卷六九二,乾隆二十八年八月乙酉。
②《清高宗实录》卷七三八,乾隆三十年六月丁巳。
③《清高宗实录》卷八九一,乾隆三十六年八月戊子、八月己丑。
④《钦定外藩蒙古回部王公表传》卷七〇,《札萨克和硕超勇亲王策凌列传》。

凌攻击准军大营于苏克阿勒达呼,在鄂登楚勒设伏取胜,重挫准军锐锋,赐冠服。次年(1732)夏,额尔德尼昭之战,车布登扎布"力战被创,诏封辅国公,赐双眼花翎,命乾清门行走"。①

乾隆帝即位,策凌时任乌里雅苏台定边左副将军,被倚为喀尔喀中坚,家族倍受亲信。乾隆七年(1742),车布登扎布奉命御前行走。十五年(1750),策凌病重,车布登扎布回塔米尔服侍。不久,策凌薨,成衮扎布袭亲王爵位,出任定边左副将军,车布登扎布任赛因诺颜部副将军参赞,为成衮扎布之有力助手。十七年(1752),成衮扎布奏准,将自己所属部分部落分出,交与车布登扎布管辖,自成一旗,别授札萨克。

是时,准噶尔内乱,杜尔伯特台吉车凌乌巴什等携众来归,车布登扎布等随成衮扎布赴乌里雅苏台防准噶尔追兵。十九年(1754)七月,他偕同部贝子车木楚克扎布剿抚乌梁海,在察罕乌苏击败乌梁海宰桑察达克。十月,获宰桑车根及厄鲁特台吉齐木库尔,降其众。复随参赞大臣萨拉尔擒准噶尔宰桑库克辛祃木特及通祃木特。十二月,叙功,赐贝子品级。②

大军首次进击伊犁,车布登扎布随征。二十年(1755)五月,招降达瓦齐属下统领兵丁驻守额贝诺尔地方之台吉和通额默根,诏授为贝子。③由察罕呼济尔率轻骑三百驰至集赛,擒获准噶尔宰桑齐巴汉。侦知达瓦齐聚众于格登山,夺船急渡。达瓦齐遁走,偕达勒党阿

①《钦定外藩蒙古回部王公表传》卷七十一,《札萨克多罗郡王车布登扎布列传》。
②《钦定外藩蒙古回部王公表传》卷七十一,《札萨克多罗郡王车布登扎布列传》。
③《清高宗实录》卷四八八,乾隆二十年五月壬午。

追至奎鲁克岭。伊犁平定,将军班第奏表车布登扎布军功,诏晋封多罗贝勒。

阿睦尔撒纳图谋不轨,阴与亲信纳噶察行文哈萨克汗阿布赉,自称统领大兵来伊犁,不提受命西征。车布登扎布严斥纳噶察云:"尔等匿奉天子命,反若自统兵至,可乎?"纳噶察不从,车布登扎布立即向将军班第报告,并密陈阿睦尔撒纳擅夺宰桑鄂勒锥驼马,藉称防御哈萨克及布鲁特,私调兵九千兵驻各路等狂悖情状。班第具以奏闻。是时,阿睦尔撒纳谋逆之事,同事者尚多未察觉,独有车布登扎布首先揭发其奸状。①

阿睦尔撒纳反叛,二十一年(1756)春,乌里雅苏台定边左副将军哈达哈奉命从北路出兵夹攻,乾隆帝以"贝勒车布登扎布,人甚奋勉,著传谕哈达哈等,进兵时带同前往"。②有奇尔吉斯宰桑古尔班和卓等,受阿睦尔撒纳煽惑,带领部属八千余人渡伊犁河北移,欲往乌梁海,西路大军堵截未果。五月,车布登扎布随哈达哈办理乌梁海事竣后率大军赴哈萨克,经济尔玛台,适遇古尔班和卓等率部属潜赴乌梁海。他乘其不备,率军掩杀,擒获古尔班和卓。乾隆帝以其奋勇可嘉,诏晋封多罗郡王。③青衮杂卜反叛,成衮扎布受命出任乌里雅苏台定边左副将军,率军讨伐。车布登扎布还驻乌里雅苏台协理军务,复奉命赴郭勒卓辉击叛属。冬十月回师,赐三眼花翎。

翌年初,成衮扎布奉命赴巴里坤军营任定边将军,定边左副将军

① 《清高宗实录》卷四九一,乾隆二十年六月戊午。《钦定外藩蒙古王公表传》卷七十一,《札萨克多罗郡王车布登扎布列传》。

② 《清高宗实录》卷五〇四,乾隆二十一年正月庚午。

③ 《清高宗实录》卷五一六,乾隆二十一年七月壬申。《钦定外藩蒙古回部王公表传》卷七十一,《扎萨克多罗郡王车布登扎布列传》。

印务交由车布登扎布暂行署理。①车布登扎布护理印务期间,分派官兵缉拿散逃各部落之青衮杂卜党徒,堵截窜往额尔齐斯一带之哈萨克锡喇,招抚乌梁海部落,加强驿站管理,抚绥达什达瓦部落。乾隆帝认为,车布登扎布"办理诸事,皆合机宜,较从前大有进益"。②十月,廷议来年进剿阿睦尔撒纳事,定议以兆惠代成衮扎布为定边将军,车布登扎布出任定边右副将军,赏银二千两整装,命驰驿来京请训。

　　乾隆二十三年(1758)正月,诏授定边右副将军,随将军兆惠进剿准噶尔。三月,兵至伊犁,时阿睦尔撒纳窜死,余党阿巴噶斯、哈丹、舍楞、布库察罕、哈萨克锡喇等未擒获。车布登扎布率兵搜捕,哈萨克锡喇及宰桑鄂哲特等潜遁和落霍斯,见追兵至,聚众据高岗迎战,侍卫玛琥等以所领兵少,畏惧不前。车布登扎布身先士卒,奋勇冲击,生擒鄂哲特,斩获颇多,哈萨克锡喇仅以身免。捷闻,乾隆帝以其天性勇往,有父风,诏以其父超勇之号赐予车布登扎布。七月,侍卫玛琥解送鄂哲特等至京,乾隆帝亲询战况,甚为嘉悦,加恩赏系黄金带。③是月,车布登扎布穷追舍楞至古尔班察尔,探知舍楞已逃入俄罗斯,遂率兵进屯阿布勒噶尔。阿布赉缚献逃入哈萨克之布库察罕,阿睦尔撒纳余党基本肃清。是时,靖逆将军雅尔哈善围攻库车失机,致小和卓霍集占逃脱,兆惠受命办理霍集占,车布登扎布请随兆惠赴天山南路效力。乾隆帝谕云:"车布登扎布向哈萨克索取布库察罕解京,又请前赴兆惠军营,甚属奋勉,著加恩晋封亲王品级。"④不久,以他在军营效力

---

　　①《清高宗实录》卷五三〇,乾隆二十二年正月甲午。

　　②《清高宗实录》卷五四八,乾隆二十二年十月辛未。

　　③《清高宗实录》卷五六〇,乾隆二十三年四月丁巳;卷五六六,乾隆二十三年七月乙酉。

　　④《清高宗实录》卷五六七,乾隆二十三年七月庚戌。

已久,命回喀尔喀游牧地休息。

乾隆二十四年(1759)四月,车布登扎布奉命率兵千名越阿尔泰搜捕玛哈沁,并赴特穆尔图诺尔堵截霍集占。八月,行至伊犁,分兵搜捕玛哈沁。霍集占西逃巴达克山,诏车布登扎布由阿尔泰回军喀尔喀牧地。十二月,入觐,赐宴遣归,寻授所部副将军。二十五年(1760),新疆全部平定,命图形紫光阁,御制赞曰:"拍马弯弓,无敌所向。不曾读书,如古名将。和落霍斯,少胜众彼。超勇亲王,额驸之子"。①

七世达赖噶桑嘉措圆寂后,在后藏托结地方寻得转世灵童,名强巴嘉措。二十七年(1762)正月,乾隆帝命车布登扎布赴藏,主持八世达赖强巴嘉措坐床典礼。②

乾隆三十三年(1768),车布登扎布入觐,诏赐第京师。三十六年(1771)夏,成衮扎布患病不能办事,乾隆帝以"定边左副将军员缺紧要,著车布登扎布即由游牧地方起程,速往乌里雅苏台,帮办将军事务"。③八月十一日,成衮扎布薨,④世子拉旺多尔济袭札萨克和硕亲王,车布登扎布受命接任定边左副将军。⑤三十八年(1773)五月,车布登扎布奉诏来京陛见,拉旺多尔济受命赴乌里雅苏台署理将军印务。⑥

车布登扎布到京后不过两月,同部亲王善巴次子、贝子品级齐旺多尔布控告其擅权牟利,乾隆帝命大臣查办,同时下令解除车布登扎布将军职务,并令瑚图灵阿署理将军印务,拉旺多尔济来京。十

---

①《钦定外藩蒙古回部王公表传》卷七十一,《扎萨克多罗郡王车布登扎布列传》。

②《清高宗实录》卷六五二,乾隆二十七年正月丁酉。

③《清高宗实录》卷八九一,乾隆三十六年八月戊子。

④《清高宗实录》卷八九一,乾隆三十六年八月戊子、八月己丑。

⑤《清高宗实录》卷九二一,乾隆三十七年十一月乙卯。

⑥《清高宗实录》卷九三五,乾隆三十八年五月癸未。

月，经军机大臣会同理藩院审讯后上奏："车布登扎布以乌里雅苏台库内发出旧烂棉甲、弓箭军器，希图便宜换易马牛，并将多换羊只存留伊旗。将伊所属，派补别部兵缺，甚为卑鄙不合，请将车布登扎布将军、亲王职衔一并革去"。乾隆帝决定："本应照议斥革，但年前在军营颇著劳绩，若全行议革，朕心有所不忍，著加恩仍留亲王职衔。至擢用将军，原因额驸策凌及伊兄弟为国宣劳，是以简任，非世世承袭者可比。著不必留将军之任。"①此后，策凌后裔不再担任乌里雅苏台定边左副将军。

乾隆四十五年（1780），担任定边左副将军的漠南蒙古巴林王公巴图与车布登扎布等，合请将札萨克图汗部牧地向西展至杜尔伯特、土尔扈特等游牧之阿勒泰，札萨克图汗部空出之东部牧地由赛因诺颜部展牧，因"擅请展牧界"获罪，巴图被免职，车布登扎布被削去亲王品级。同时，乾隆帝令制定"将军、参赞、盟长、副将军办理事务章程"，规定喀尔喀四部游牧事务由理藩院、盟长及札萨克直接管理。②

车布登扎布虽受到革去将军、削去亲王品级的处分，但宠信未衰，屡受恩典。三十九年（1774），车布登扎布七十寿辰，诏赐无量寿佛及珊瑚朝珠、四团龙服。四十四年（1779），授议政大臣，乾隆帝追念其和落霍斯奋勇击敌战功，令绘图赏赐。四十六年（1781），乾隆帝又追念其战功懋著，由台吉浒封郡王，著恩予世袭罔替。③

乾隆四十七年（1782）夏，车布登扎布病笃，乾隆帝遣拉旺多尔济并乾清门侍卫台费英阿带领御医前往诊视。八月，车布登扎布病逝，

---

①《清高宗实录》卷九四五，乾隆三十八年十月己酉。

②《清高宗实录》卷一一一七，乾隆四十五年十月戊辰。

③《钦定外藩蒙古回部王公表传》卷七十一，《札萨克多罗郡王车布登扎布列传》。

乾隆帝令赏给陀罗被并银一千两办理丧事。①此后,车布登扎布长子三丕勒多尔济袭札萨克多罗郡王。

四、论清朝的北部边疆民族政策与边吏政策

1. 从赛因诺颜部的崛起来看清朝的北部边疆民族政策

以上,我们对赛因诺颜诸贵族图蒙肯、丹津喇嘛、善巴、策凌、成衮扎布、车布登扎布的宗教、政治、军事等活动及其与清朝的关系进行了考察。从中可以看出,赛因诺颜部从土谢图汗属部之一,逐步崛起,自成一部,与其贵族顺应当时蒙古各部皈依黄教的趋势,大力护持黄教的活动有关,但更重要的则是与其贵族顺应当时的历史发展趋势,不断加强与新兴的清朝之间的联系,在喀尔喀蒙古贵族中最具向心力,在清朝奠定北部疆域的过程中发挥积极作用的结果。这是赛因诺颜部贵族的主动方面。另一方面,我们不能不赞叹清朝前期诸帝根据喀尔喀蒙古当时的实际情况,所实行的具有前瞻性的北方边疆民族政策。赛因诺颜部崛起过程中其贵族与清朝的关系,充分体现了清朝实行尊黄教以联络蒙古、满蒙联姻、分而治之等北方边疆民族政策的成功。

尊黄教以联络蒙古是清朝长期奉行的边疆民族宗教政策。自万历年间漠南蒙古土默特部首领俺答汗迎请三世达赖索南嘉措至青海讲经并皈依黄教之后,黄教逐步传入蒙古地区,为漠南、漠北、漠西蒙古诸部所共同信仰。以达赖为首的黄教首领在蒙古草原上具有重大影响,诸部王公以尊黄教为荣,以获得黄教首领赠予的名号为贵,喀尔喀蒙古诸汗王、额鲁特蒙古诸汗王名号无不得之于西藏黄教首领。当噶尔丹获得五世达赖赠予的博硕克图汗号后,即作为大

---

①《清高宗实录》卷一一六三,乾隆四十七年八月丁亥。

事向清朝通报。蒙古贵族与西藏黄教上层之间保持着密切的政治、经济、宗教联系,诸王公赴藏朝觐,大量布施,以提高自己的地位,并送去子弟,拜黄教首领为师,为僧学经。蒙古诸部之间的争执,往往借用护法的旗号,如噶尔丹进犯喀尔喀蒙古,借口土谢图汗、哲布尊丹巴不尊五世达赖之代表,称其为"乃坏宗喀巴教之人",①以使出师有名。蒙古诸部之间平息纠纷,举行会盟,亦往往以黄教首领代表的出面为重要,如康熙二十五年五世达赖高徒噶尔亶西勒图出席枯泠白齐尔会盟,喀尔喀蒙古诸首领当噶尔亶西勒图、哲布尊丹巴之面,跪拜佛像前宣誓,以示郑重。清朝定鼎北京前后,在与蒙古诸部的交往中,对蒙古诸部尊崇黄教、黄教在蒙古诸部中的重大影响与作用有着清楚的认识。

　　基于这一认识,清朝奉行尊黄教以安抚诸蒙古的民族宗教政策,优遇蒙、藏黄教高僧。如五世达赖应顺治帝邀请至京,乘坐金顶黄轿入城,接待规格之高,空前未有。清朝在处理蒙古问题时也往往会同西藏黄教代表,尊重西藏黄教领袖的意见,站在护法的立场上行使号令。赛因诺颜部始祖图蒙肯在喀尔喀蒙古居于黄教护法王的地位,在蒙古与西藏都具有很大影响,清朝与喀尔喀蒙古诸部接触之初,自然有所了解,赛因诺颜部护持黄教的光环,必然引起清朝的特别关注。顺治十二年,清朝与喀尔喀诸首领会盟宗人府,即命赛因诺颜部首领丹津喇嘛岁贡九白,如三汗例,并赐遵文顺义号,以后累封善巴郡王、亲王爵位, 这当然是由于丹津喇嘛、善巴具有倾向于清朝的政治立场, 在喀尔喀蒙古归附清朝并共同平定噶尔丹的过程中有过重要贡献,但清朝对其特别关注并予以特别扶持,也包含有他们是喀尔喀黄教护法王图蒙肯之后裔的因素在内。康熙三十一年,策凌兄弟随祖母

---

　　①《亲征平定朔漠方略》卷五,康熙二十七年十一月甲申。

至京,康熙帝"念其幼,为图蒙肯嫡嗣,故施恩尤渥",即为明证。①清朝赐策凌居住京师,教养内廷,以后率十九札萨克自成一部,都带有尊黄教护法王图蒙肯,扶持其后裔的因素在内。

满蒙联姻是清朝的既定国策。入关之前,清朝皇室已与漠南蒙古科尔沁等部多次联姻,入关后清朝与漠南蒙古的联姻活动更为频繁,而且逐渐扩大到漠西蒙古(阿拉善和硕特部)和漠北蒙古。漠北蒙古中与清皇室联姻的主要是土谢图汗部和赛因诺颜部。康熙三十一年(1692)七月,策凌兄弟随祖母至京,当时兄弟二人尚在幼年,而康熙帝以其"为图蒙肯嫡嗣,故施恩尤渥",②诏赐居京师,教养内廷。后来以第十女纯悫公主下嫁策凌,并授和硕额驸,赐贝子品级,策凌弟恭格喇布坦也尚皇长子允禔第三女,授固山额驸。以后,策凌不负康熙帝期望,在清准战争的关键时刻,建立了奇功。

如果说策凌兄弟二人尚公主、格格是康熙帝出于培养忠实于清朝的喀尔喀蒙古王公的目的,那么,策凌家族与清皇室的又一次联姻则是在喀尔喀蒙古局势处于动荡的非常时期,乾隆帝起用成衮扎布,为使其效命疆场,以稳定喀尔喀局势为目的的一次联姻。乾隆十八年(1753)成衮扎布一度失宠,被革去定边左副将军之职。次年,阿睦尔撒纳归清,受到宠信,封为亲王。二十年(1755)初,清军西征,阿睦尔撒纳任定边左副将军。但收取伊犁后阿睦尔撒纳反叛。次年五月,喀尔喀蒙古喀尔喀副将军和托辉特郡王青衮杂卜为其暗通消息,"逢迎怂恿"。③青衮杂卜擅自从军前撤回牧地,并派人至乌里雅苏台军中煽惑。一时喀尔喀地区骚乱蜂起,北路驿站被掠,羽书中断,形势急转直

①《皇朝藩部要略》卷四,《外蒙古喀尔喀部要略二》。
②《皇朝藩部要略》卷四,《外蒙古喀尔喀部要略二》。
③《清高宗实录》卷四九六,乾隆二十年九月丁丑。

下。八月，乾隆帝起用成衮扎布，仍任为定边左副将军，命率军擒拿青衮杂卜。九月二十六日，成衮扎布驰至乌里雅苏台，查阅军营官兵，筹划进剿事宜。与此同时，乾隆帝将尚在襁褓中的第七女（后封和静公主）指婚与成衮扎布尚在幼年的第七子拉旺多尔济。成衮扎布不负期望，迅速出军，擒拿青衮杂卜，稳定了喀尔喀局势。

此后，经内廷教养成长起来的拉旺多尔济成为嘉庆朝最受器重的蒙古王公。他忠贞耿介，被比作西汉霍光、金日碑。经满蒙联姻与内廷教养，蒙古王公与清皇室的关系更为紧密。在内廷教育下长期培养的有姻亲关系的蒙古王公，于出任北部蒙古边疆地区的大员时，既熟悉蒙古地区的社会情况，又能领会清朝治理边疆的意图，不仅能在巩固边疆统一局面，稳定边疆局势中发挥作用，更是能够忠贞于朝廷，与朝廷荣辱与共。策凌及其二子成衮扎布、车布登扎布相继出任清朝在喀尔喀蒙古的最高军政官员——乌里雅苏台定边左副将军，在四十年的时间中屡建功勋，忠贞不贰，正是满蒙联姻等政策重要作用的典型案例。

众建以分其势，是历代大一统封建王朝治理边疆的传统民族政策。众建，可以削弱边疆民族中大的势力，使之势力分散，防止边疆民族中大的势力对中央政权构成威胁；众建，可以培植具有向心力、忠实于中央政权的边疆民族势力，以维护边疆地区的稳定。清朝入关前虽与喀尔喀蒙古建立了政治联系，但入关后却因土谢图汗为首的喀尔喀蒙古左翼援助叛逃漠北的漠南蒙古苏尼特部腾机斯事件，致使双方失和。在恢复政治联系期间，赛因诺颜部首领丹津喇嘛发挥了重要作用。"岁贡九白，如三汗例"，表明清朝对赛因诺颜部的重视；"赐遵文顺义号"，[1]则表明清朝对赛因诺颜部寄予的期望。

以后，当噶尔丹大举入侵喀尔喀牧地时，喀尔喀诸部溃不成军，

---

①《钦定外藩蒙古回部王公表传》卷六十九，《喀尔喀赛因诺颜部总传》。

惟善巴所属赛因诺颜部敢战,成为土谢图汗营垒的中坚力量,也成为噶尔丹重点打击的对象。甚至善巴之从弟托多额尔德尼在土谢图汗败走后,依旧能够孤军力战。赛因诺颜部的敢战表现与其余诸部一战即溃的状况形成强烈反差,必然进一步引起清朝对赛因诺颜部的重视。多伦会盟,善巴封爵郡王,他不负清朝的期望,在平定噶尔丹的艰苦战役中,建言献策,奋勉效力,其军功劳绩在喀尔喀蒙古诸部中居于首位,因之晋爵亲王。与此同时,土谢图汗察珲多尔济袭汗位以来,夺占右翼扎萨克图汗属下部众,不顾清朝与达赖喇嘛令其归还部众的劝告,引起北部边疆地区动乱。尤其是枯泠白齐尔会盟,当清朝代表和西藏黄教代表以及喀尔喀诸部首领之面, 他宣立重誓:"自今以往,当永远和协"。①但实际上却阳奉阴违,言而无信,不顾清朝劝告,首先发兵执杀札萨克图汗沙喇等,追斩噶尔丹之弟多尔济扎布,使噶尔丹寻得出军借口。而当噶尔丹大举进犯之时,他又不能集众抵御,稳定局势。这些作为,自然令清朝失望。清朝不能不在安抚土谢图汗部的同时,开始在喀尔喀蒙古中寻找与扶持一支中坚力量。

自丹津喇嘛以至善巴对清朝的向心力以及该部的敢战精神,使得赛因诺颜部成为清朝首选的扶持对象。康熙帝见到丹津妻格楚勒哈屯携往京师的策凌兄弟,以其系出名藩之后,令赐居京师,教养内廷,重点培养。其后雍正三年命郡王策凌领十九札萨克自成一部,集中体现了清朝众建以分其势的边疆民族统治政策:势力最大的土谢图汗部被削弱;析出的赛因诺颜部,其贵族为喀尔喀蒙古黄教护法王图蒙肯的后裔,且自清初以来最具向心力。其后,赛因诺颜部首领策凌在雍正、乾隆年间对准噶尔的战争中,不负清朝期望,率军抗击噶

①《亲征平定朔漠方略》卷三,康熙二十五年十月戊午。

尔丹策凌,扭转清准战局,发挥了重要作用。这无疑与清朝对赛因诺颜部的大力扶持密不可分。

2. 从定边左副将军的任用看清朝的边吏政策

清朝任用官员,有地区回避、亲族回避、师生回避等规定。任用边吏,特别是新疆、喀尔喀蒙古等重要边疆民族地区,父子兄弟连任一重要军政职务之情况极为少见。策凌父子三人任定边左副将军,父死子代,兄死弟及,几四十年之久,反映了清朝在特殊的历史背景下,采取了一种非常规的任用边吏政策。也反映出清朝对喀尔喀蒙古的管辖,经历了一个逐步完善、逐步正规化的过程。雍正十一年,定边左副将军设立之初的情况与以后的定制尚有很大的区别,存在一个逐步完善的过程。

按定边左副将军,以后全称为乌里雅苏台定边左副将军,也称乌里雅苏台将军,是清代地方常设驻防将军之一。清制,驻防将军为武职从一品,与加尚书衔之总督同秩,例以满人专任。将军以驻防地名为号,乾隆朝定员缺为14员,即绥远将军、江宁将军、成都将军、西安将军、宁夏将军、荆州将军、杭州将军、福州将军、广州将军、盛京将军、吉林将军、黑龙江将军、乌里雅苏台将军、伊犁将军。

驻防将军任内地与任边疆(或任不设督抚地区),权限又有不同。

内地驻防将军任事简略,专辖本地各驻防八旗,掌防守、训练、旗务等事,不与民事,不节制绿营,与本地之督抚、绿营各成系统,互不统属。但若会同奏事,则列名于总督之前,以示尊崇。

边疆驻防将军,如东北之奉天、吉林、黑龙江,北方之喀尔喀蒙古,西北之新疆,不设督抚,驻防将军为本区之最高军政长官。

但定边左副将军初设时非常规建制。雍正七年(1729)三月,设靖边大将军统北路大军征讨准噶尔, 由领侍卫内大臣三等公傅尔丹出

任。①九年(1731)十一月,改任顺承亲王锡保。②经雍正八年(1730)鄂
登楚勒之战,十年(1732)克尔森齐老、额尔德尼昭之战,策凌威名大
震,为朝廷所倚重。十一年(1733)正月,"命铸靖边左、右副将军印二
颗,交大将军收贮,以备额驸策凌等调遣满洲蒙古兵丁之用"。③不久,
锡保获罪,革去大将军亲王,多罗平郡王福彭出任大将军,并改"靖
边"名号为"定边"。十月,"定边大将军多罗平郡王福彭折奏,本月十
九日,臣遵旨将定边左副将军印信,交额驸策凌掌管,由乌里雅苏泰
起程,前赴科布多,其定边右副将军印信,亦交额驸策凌带往"。④这是
策凌出任定边左副将军的最早记载。由此还可得知:其一,副将军初
设时为两员,策凌尚带有定边右副将军印;其二,副将军之印信,为策
凌调遣满洲、蒙古兵丁之用。其后清准议和,定边大将军回京缴印,策
凌留守喀尔喀。应该说,自此时起,定边左副将军实际已成为喀尔喀
最高军政建制。

定边左副将军虽已成为喀尔喀最高军政建制,但乾隆十五年策
凌卒,却并未任命策凌家族外之人,以符亲族回避之例。在任命成衮
扎布时,乾隆帝指出,定边左副将军"非世袭之职",简任成衮扎布,
是因"其才具实堪胜任"。这一方面反映出当时很难找出比成衮扎布
更具条件的人选可以倚任;另一方面也反映出当时处于非常时期,
不能不打破选任官员的常规行事。以后,出军新疆之前,成衮扎布一
度遭到罢免,由阿睦尔撒纳出任定边左副将军,率军西征。但不久阿
睦尔撒纳反叛,喀尔喀和托辉特部郡王副将军青衮杂卜乘势发动

①《清世宗实录》卷七十九,雍正七年三月丙辰。
②《清世宗实录》卷一一二,雍正九年十一月辛未。
③《清世宗实录》卷一二七,雍正十一年正月壬寅。
④《清世宗实录》卷一三六,雍正十一年十月戊辰。

"撤驿之变",一时喀尔喀地区骚乱蜂起,北路羽书中断。在极其严重的局势中,乾隆二十一年(1756)八月,乾隆帝起用成衮扎布,仍任为定边左副将军。成衮扎布不负期望,迅速平定动乱,擒获青衮杂卜,稳定了局势,充分证明清朝长期培养起来的策凌家族在关键时刻是可堪倚任的。

然而,任用喀尔喀蒙古一家族之父子兄弟长期掌握喀尔喀军政事务,有世袭之嫌,不符清朝任用官员亲族回避的常规。为此乾隆帝曾多次强调:"以六额驸原属副将军,即令为左副将军。至成衮扎布、车布登扎布等,或以人材去得,劳绩可嘉,节此补授,并非世袭之职也。"①更为重要的是,这也不符地方回避的常规,日久则必有弊端出现。三十八年(1773)五月,车布登扎布奉诏来京陛见,成衮扎布之子拉旺多尔济受命赴乌里雅苏台署理将军印务。②不久,同部亲王善巴次子、贝子品级齐旺多尔布控告车布登扎布擅权牟利。乾隆帝令解除车布登扎布将军职务,并指出:"至擢用将军,原因额驸策凌及伊兄弟为国宣劳,是以简任,非世世承袭者可比"。③自此,策凌家族担任乌里雅苏台定边左副将军的历史宣告结束,而亲族回避、地方回避等任官常规才得以落实。

至乾隆四十五年(1780),担任定边左副将军的漠南蒙古巴林王公巴图与车布登扎布等,合请将扎萨克图汗部牧地向西展至杜尔伯特、土尔扈特等游牧之阿勒泰,扎萨克图汗部空出之东部牧地由赛因诺颜部展牧。可是,二人却因"擅请展牧界"同时获罪,巴图被免职,车布登扎布被削去亲王品级。此后,朝廷制定将军、参赞、盟长、副将军

①《清高宗实录》卷一一一八,乾隆四十五年十一月甲申。
②《清高宗实录》卷九三五,乾隆三十八年五月癸未。
③《清高宗实录》卷九四五,乾隆三十八年十月己酉。

办理事务章程,规定喀尔喀四部游牧事务由理藩院、盟长及札萨克直接管理,①对定边左副将军的权限作出了明确规定。关于这一问题,日本学者冈洋树在《定边左副将军的权力回收问题》一文中已有比较翔实的论述,这里不再赘述。

（原载《法国汉学（第 12 辑）·边臣与疆吏》,中华书局,2007 年）

---

①《清高宗实录》卷一一一七,乾隆四十五年十月戊辰。

额敏和卓后裔与清代新疆

乾隆二十五年（1760），新疆全部统一，前 50 名功臣图形紫光阁，额敏和卓名列第 12 位。乾隆帝御制赞云："吐鲁番族，早年归正。命赞军务，以识回性。知无不言，言无不宜。其心匪石，不可转移。"①额敏和卓获得清朝高度评价的同时，也奠定了其家族在新疆的特殊地位。额敏和卓长子素赉璊实为次子，其长子努尔迈哈默特不列诸子谱系可能有政治因素；有清一代，额敏和卓后裔为清朝所倚任，吐鲁番札萨克郡王爵位世袭罔替历传 9 任，至民国初年又晋爵亲王；清朝虽有新疆各城阿奇木伯克不得世袭之规定，但额敏和卓后裔被任为喀什噶尔（或叶尔羌）、伊犁阿奇木伯克，管理维吾尔人事务，父死子代，兄死弟及，并未按规定严加限制；额敏和卓后裔多能秉承其祖上对朝廷的忠诚，为新疆社会的稳定和经济的发展献计献策，奋勉效力，甚至临危不惧，为国捐躯；吐鲁番札萨克郡王属下 1 旗 15 佐领维吾尔人为新疆的统一和稳定作出过重要的贡献，但在札萨克制社会组织形式下，落后的生产关系阻挠了社会的向前发展；札萨克郡王家族独领吐鲁番盆地的局面引起了清朝的不安和关注，清朝防患于未然，借第二代札萨克郡王素赉璊获罪之机，断然下令撤去其部分领地和属民，削弱其势力，并对吐鲁番盆地加强了军事控制。本文在梳理相关资料的基础上，探讨以上问题，并提出自己的认识。

①傅恒等《钦定皇域西域图志》卷首，《天章四·紫光阁五十功臣像赞》。

一、额敏和卓诸子及爵位之承袭

1. 额敏和卓实有八子而非七子

关于额敏和卓诸子,乾隆六十年成书之官修史籍《钦定外藩蒙古回部王公表传》卷111,《札萨克多罗郡王额敏和卓列传》中记到:

"(额敏和卓)子七:长素赉璊袭郡王,以罪削;次茂萨封辅国公,以非世爵,不立传;次鄂啰木咱卜,授一等台吉,别有传;次色普拉,授协理二等台吉;次伊斯堪达尔,继袭郡王;次丕尔敦,授二等台吉,别有传;次拜拉木,授二等台吉。"

这里所列额敏和卓共有七子,明确记载额敏和卓长子为后来承袭郡王爵位又被削爵的素赉璊。《钦定外藩蒙古回部王公表传》为乾隆朝奉敕官修要籍,其根据当为各王公报呈理藩院之家族档案。换言之,这一记载的根据应为额敏和卓自己向理藩院的呈报。

素赉璊在文献中出现之初,并未明确其为额敏和卓长子。《清高宗实录》卷529,乾隆二十一年十二月辛巳条载:

"据黄廷桂奏称: 额敏和卓遣子素赉璊至哈密请兵救援,伊保护游牧,与贼相拒,静候大兵前往等语。额敏和卓拒贼固守,甚可嘉予,著加恩封授贝子,伊子素赉璊著赏给公品级,以示奖励。"

这里只是提到素赉璊为额敏和卓之子,并未有长子之称。但至迟在乾隆二十六年(1761),素赉璊由"伊子"改称为"伊长子"。《清高宗实录》卷642,乾隆二十六年八月癸酉条载:

"又谕曰:额敏和卓数年办事军前,伊长子素赉璊、次子茂萨俱承办公事,其吐鲁番等处事务系伊第三子鄂啰木咱布管理。"

但素赍璊确非额敏和卓之长子,而是次子。嘉庆九年(1804)喀什噶尔参赞大臣和宁纂修的《回疆通志》卷12,《回族·额敏和卓》中明确记载:

"(额敏和卓)以军功封郡王。生子八人:

长曰努尔迈哈墨特。生子二:长迈穆特,现任喀什噶尔伊什罕伯克,二品顶翎,伊子密尔哈色木六品顶戴,密尔台卜七品顶戴,俱在喀什噶尔;次台尔,已故,无嗣。

二曰苏赖满,袭郡王,以罪革职,作为头等侍卫,已故。生子三:长爱哈特巴克伊,现任札库鲁克齐伯克,二品顶戴,在吐鲁番;次台玛特克伊,现任伊犁五品哈孜伯克;三札翰巴克伊,现住伊犁。

三曰茅萨,原任辅国公,无嗣。

四曰鄂啰木杂卜,现任公衔,伊犁阿奇木伯克。生子六:长密里克杂特,现任五品噶杂纳齐伯克,伊子和西那札什、努尔杂特,俱在伊犁;次密喇诺什,五品空顶花翎,伊子罕吉杂特、尼库杂特;三克伊库毕特,无嗣;四霍什奈瓦斯,五诺什杂特,六阿里什尔,俱在伊犁。

五曰色伊普拉,原二等台吉。生子四:长札哈格尔,已故,子迈哈墨特阿第;次密孜喇卜,子帕鲁克纳札特;三拜哈杂特,子迈哈穆特巴锡;俱在吐鲁番;四阿布色伊特,已故,无嗣。

六曰伊斯堪达尔,现袭郡王,任喀什噶尔三品阿奇木伯克……生子二:长玉努斯,头等台吉,现任四品噶杂纳齐伯克;次伊斯玛依勒,现任六品伯克。

七曰丕尔敦,头等台吉,署理吐鲁番札萨克。生子二:长丕鲁纳杂特,子迈哈穆特锡哩卜,次迈玛特塞伊特,俱在吐鲁番。

八曰拜喇木,二等台吉。生子四:长额穆特,次阿布勒迈哈穆特,三迈哈穆特阿萨木,四迈哈穆特玛萨木,俱在吐鲁番。"

上引《回疆通志》中关于额敏和卓子孙之记载,较之《钦定外藩蒙

古回部王公表传》，要详实许多。所记额敏和卓长子为努尔迈哈默特，且记其子孙各有名有职衔，言之凿凿，自非虚语。据此，额敏和卓实有八子，素赉瑞为次子。

2. 对额敏和卓以次子为长子原因之认识

素赉瑞为额敏和卓之次子，努尔迈哈默特实为额敏和卓之长子的事实，已经为一些研究者注意到了。对额敏和卓以次子为长子的原因，由于没有相关资料可以佐证，目前尚都处于推测之中。苏北海、黄建华《哈密吐鲁番维吾尔王历史》认为："素赉满是额敏和卓的次子，长子为奴尔迈哈默特，可能因有某种残疾而早逝。"[①]田卫疆《吐鲁番史》提到："长子奴尔迈哈默特，因病早逝，留下迈玛特尔与台尔二子。由于奴尔迈哈默特一生无大作为，清代汉文献中几乎未提到他，以致造成不少史书说额敏和卓只有七个儿子，没把他计算在内。"[②]

问题在于：如果努尔迈哈默特确有残疾无作为且早逝，额敏和卓完全可以实事求是地按序呈报，这对让次子素赉瑞作为自己爵位的继承者不会产生影响；而且素赉瑞很早就已在诸子中崭露头角，因军功获得了公品级的爵位，即使将素赉瑞以次子上报，也不会对朝廷批准素赉瑞继承爵位产生不利的影响。而将次子呈报为长子，不论其有何种隐情，显然还须冒负欺骗朝廷罪名的危险。

额敏和卓为何将长子努尔迈哈默特不列诸子谱系？目前笔者没有见到直接的资料可以予以说明，也还只是处于推测的地步。但残疾无作为且早逝的说法似不能成立。笔者揣测，不能排除另外一种可能，即额敏和卓率其家人和近万名维吾尔人东迁瓜州时，努尔迈哈默

---

①苏北海、黄建华《哈密、吐鲁番维吾尔王历史》第 185 页，新疆大学出版社 1993 年。

②田卫疆《吐鲁番史》第 442 页，新疆人民出版社 2004 年。

特没能随同前往瓜州，而是因某种原因留居于准噶尔统治下的吐鲁番或南疆其他地方。根据吐鲁番额敏塔（苏公塔）碑文记载，额敏和卓应该是出生于康熙三十三年（1694）。①雍正十年（1732）率领吐鲁番维吾尔人东迁时，他已经是近四十岁的中年人了。按当时一般成婚生子年龄推算，努尔迈哈默特当已是 20 岁出头具有独立活动能力的青年人了。如果他当时随同东迁，在清朝对东迁维吾尔人进行户口登记及编设旗制之时，即使患有残疾，也应列名于额敏和卓家人之中，以后额敏和卓即使偏爱次子，也不好向理藩院隐报长子。如果努尔迈哈默特未随同东迁，则当时清朝与准噶尔处于对峙状态，东迁瓜州的额敏和卓与留居准噶尔统治区的努尔迈哈默特分属两个对峙的阵营，联系中断达二十余年。处于这样一个背景下，额敏和卓不提有长子努尔迈哈默特，不将其列于诸子谱系，就不难理解了。乾隆二十一年（1756），年已 63 岁的额敏和卓率维吾尔人返回吐鲁番故乡时，可能努尔迈哈默特或已经不在世了，倘若他还在世，也已经 45 岁左右。无论他在世不在世，额敏和卓都已没有必要再将他呈报清朝列于诸子谱系。这或许就是《钦定外藩蒙古回部王公表传》中记额敏和卓有七

---

　　①吐鲁番额敏塔（又称苏公塔）有一石碑，其汉字铭文云："大清乾隆皇帝旧仆吐鲁番郡王额敏和卓率□札萨克苏来曼答念额敏和卓自受命以来寿享八旬三岁□□上天福庇并无纤息灾难保佑群生因此报答天恩虔修塔一座费银七千两整爱立碑记以垂永远可为名教恭报天恩于万一矣□乾隆四十□年端月谨立"。此碑文说明，苏公塔建成时，额敏和卓已经 83 岁。额敏和卓卒于乾隆四十二年（1777）秋，按碑铭"乾隆四十□年"的记载，该塔应修成于乾隆四十一年（1776）或四十二年（1777），也即此年额敏和卓 83 岁。塔修成之当年或第二年，额敏和卓卒。根据碑文"额敏和卓自受命以来寿享八旬三岁□□上天福庇并无纤息灾难"的记载，额敏和卓应在塔修成时尚康健无病。很可能该塔修成于乾隆四十一（1776），额敏和卓在塔修成之第二年也即乾隆四十二年（1777）年卒，享年 84 岁，其生年当为康熙三十三年（1694）。

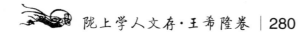

子,不将其长子努尔迈哈默特列诸子谱系的原因。

额敏和卓及其子伊斯堪达尔先后以郡王身份驻扎喀什噶尔办事,努尔迈哈默特的长子地位虽然已被其弟素赉璊所取代,不列名于诸子谱系之内,但其子孙却因具有额敏和卓长子支系的这种亲情关系,受到了额敏和卓和伊斯堪达尔的关照。努尔迈哈默特长子迈穆特任喀什噶尔伊什罕伯克戴二品顶翎,其孙密尔哈色木、密尔台卜分别有六品、七品顶戴,居于喀什噶尔的事实,充分证明了这一点。

3. 额敏和卓后裔承袭郡王爵位之情况

额敏和卓生前已因军功劳绩晋爵郡王。额敏和卓之后,郡王爵位由其次子素赉璊、六子伊斯堪达尔、七子丕尔敦分别承袭,然后由丕尔敦后裔承袭直至民国时期。

乾隆四十二年(1777)秋,额敏和卓病卒。按例其爵位应降等承袭,但乾隆帝特命:"著加恩,令伊子素赉璊仍袭郡王"。[1]素赉璊随父征战,亦建有不少军功,早在乾隆二十一年即已获得公品级爵位。曾赴京朝觐,在乾清门行走。其一生最著之传世活动,即耗费7000两白银,于乾隆四十一年(1776)正月在吐鲁番鲁克沁建成一座宏伟而精美的砖塔,以祝贺额敏和卓83岁寿辰并感激皇帝的恩典。此塔至今完好,被称为"苏公塔"。但素赉璊承袭郡王爵位仅一年时间,就因"科敛银两,挑选幼女",且"阉割家人,复致于死"[2]等罪状,被解京审讯,革去郡王爵位,授为一等侍卫,留京居住。四十五年(1780),素赉璊卒,归葬吐鲁

---

[1]《清高宗实录》卷一〇四二,乾隆四十二年十月戊戌;卷一〇四三,乾隆四十二年十月乙卯。

[2]《清高宗实录》卷一〇七一,乾隆四十三年十一月癸卯;卷一〇七六,乾隆四十四年二月戊辰。

番。①其子艾哈特巴克伊等，以罪人之子，不得承袭爵位。

乾隆帝感念额敏和卓之军功劳绩，命其第六子伊斯堪达尔袭郡王爵位，管理吐鲁番札萨克旗务。四十八年，诏郡王爵位世袭罔替。②嘉庆十六年（1811）春，伊斯堪达尔卒，其长子玉努斯承袭郡王爵位。嘉庆十九年（1814）玉努斯获罪革爵，被送往伊犁监禁。③其子迈玛特玛哈苏特也因系罪人之子，按例不准袭位。

嘉庆二十年（1815）三月，理藩院以吐鲁番郡王爵位空缺，或袭或汰，应行定夺，并进呈额敏和卓家谱。嘉庆帝以此爵位为额敏和卓军功所封，乾隆年间又曾奉旨世袭罔替，令再从额敏和卓之子中选一人承袭。六月，选定额敏和卓第七子丕尔敦承袭郡王爵位。丕尔敦袭爵之当年即卒于吐鲁番，遗有二子，长子丕鲁纳杂特已卒，次子迈玛特萨伊特袭爵。道光六年（1826），迈玛特萨伊特被白山派叛众杀害，④其子阿克拉依都承袭郡王爵位。同治三年（1864），阿克拉依都被阿古柏俘去处死，⑤其子玛木特流亡南疆。光绪七年（1881），玛木特辗转返回吐鲁番，经刘锦棠奏准承袭郡王爵位。⑥玛木特卒于光绪二十六年（1900），其子叶明和卓承袭郡王爵位，⑦民国初年，晋爵亲王。民国二十一年（1932）叶明和卓卒于吐鲁番，其子木汗买沙伊提掌亲王印，以沙亲王自称。盛世才时期，木汗买沙伊提任新疆省代表会议代表，吴忠信时期任新疆

　　①《清高宗实录》卷一〇七六，乾隆四十四年二月戊辰。《钦定外藩蒙古回部王公表传》卷一一一，《札萨克多罗郡王额敏和卓列传》。

　　②《钦定外藩蒙古回部王公表传》卷一一一，《札萨克多罗郡王额敏和卓列传》。

　　③《清仁宗实录》卷二八六，嘉庆十九年闰二月甲戌。

　　④《清宣宗实录》卷一一六，道光七年四月辛酉。

　　⑤陶保廉《辛卯侍行记》卷六。光绪丁酉养树山房刊本。

　　⑥《辛卯侍行记》卷六；杨增新《补过斋文牍》壬集上。

　　⑦《清德宗实录》卷五七〇，光绪三十三年二月庚寅。

省政府顾问并参加军统任二处情报员,1948 年被选为国大代表赴南京参加国大会议,1951 年以反革命罪被鄯善县人民法院判处死刑。①

额敏和卓后裔及郡王承袭表:

名	家族关系	爵位	任期
额敏和卓		郡王	乾隆二十四—四十二年
素赉璊	额敏和卓次子	郡王	乾隆四十二—四十三年
伊斯堪达尔	额敏和卓六子	郡王	乾隆四十四—嘉庆十六年
玉努斯	伊斯堪达尔子	郡王	嘉庆十六年—十九年
丕尔敦	额敏和卓第七子	郡王	嘉庆二十年
迈玛特萨伊特	丕尔敦次子	郡王	嘉庆二十一年—道光六年
阿克拉依都	迈玛特萨伊特子	郡王	道光七年—同治三年
玛木特	阿克拉依都子	郡王	光绪七年—二十六年
叶敏和卓	玛木特子	郡王 民国初年晋爵亲王	光绪二十六年—民国二十一年
木罕买沙伊提	叶敏和卓子	民国二十一年掌亲王印,1951年处死	民国二十一年—三十六年

二、在喀什噶尔(叶尔羌)、伊犁任职的额敏和卓后裔

1. 在喀什噶尔(叶尔羌)任职的额敏和卓后裔

喀什噶尔、叶尔羌为天山以南大城,乾隆二十二年(1757)大、小和卓反叛,靖逆将军雅尔哈善、定边将军兆惠先后率军前往讨伐,额

---

①《哈密、吐鲁番维吾尔王历史》第 197 页。

敏和卓皆任参赞大臣。二十五年(1760),新疆全部统一,百废待兴,额敏和卓以多罗郡王、参赞大臣名义驻扎喀什噶尔办事多年,众伯克皆怀敬畏之心,不敢玩忽职守;藩属巴达克山之酋长苏勒坦沙敬畏额敏和卓,至称之为父。①四十二年(1777)秋,额敏和卓病卒,库车贝勒鄂斯璊补授喀什噶尔阿奇木伯克,驻扎办事。五十三年(1788)鄂斯璊病卒。是时,额敏和卓第六子伊斯堪达尔已袭郡王爵位,在乾清门行走,乾隆帝"观其材具,尚堪造就",令他出任喀什噶尔阿奇木伯克。②此后,又有其子玉努斯,及丕尔敦子迈玛特萨伊特、孙阿克拉依都等,先后出任喀什噶尔阿奇木伯克。

额敏和卓后裔不仅多次出任喀什噶尔(叶尔羌)阿奇木伯克,而且也有担任其他名目之伯克者。伊什罕伯克品级仅次于阿奇木伯克,《钦定皇舆西域图志》载:"阿奇木伯克,统理城村大小事务,职繁权重,为诸伯克之冠。伊沙噶(伊什罕)伯克,协同阿奇木以办理庶务,职任亦重,位即次焉"。③当伊斯堪达尔任喀什噶尔阿奇木伯克和喀什噶尔协办大臣期间,担任喀什噶尔伊什罕伯克的即其侄迈穆特,迈穆特之父即额敏和卓不列谱系的长子努尔迈哈默特。而且,迈穆特之子密尔哈色木、密尔台布都在喀什噶尔,有着六品、七品顶戴,很可能他们后来也担任了当地的中下级伯克。

在喀什噶尔担任过各级伯克的额敏和卓后裔应该还有一些人。例如,伊斯堪达尔任职喀什噶尔期间,其长子玉努斯担任喀什噶尔四品噶杂纳齐伯克,管理地亩田赋事务,次子伊斯玛依勒任六品伯克。④

---

①《清高宗实录》卷七二五,乾隆二十九年十二月癸卯。
②《清高宗实录》卷一二九六,乾隆五十三年正月丁卯。
③《钦定皇舆西域图志》卷三十,《官制二》。
④和宁《回疆通志》卷十二,《回族·额敏和卓》。

由于我们不掌握其全部的家族谱系,只能就所见任职情况列出。

额敏和卓家族后裔在喀什噶尔任职表:

名	家族关系	爵位(品级)职掌	任　期
额敏和卓		郡王　叶尔羌、喀什噶尔参赞大臣	乾隆二十五—三十七年
伊斯堪达尔	额敏和卓第六子	郡王 喀什噶尔阿奇木伯克	乾隆五十三年—嘉庆十六年
玉努斯	伊斯堪达尔子	郡王 喀什噶尔阿奇木伯克	嘉庆十六年—十九年
迈玛特萨伊特	丕尔敦子	郡王 喀什噶尔阿奇木伯克	道光元年—六年
阿克拉依都	丕尔敦孙	郡王　叶尔羌阿奇木伯克	咸丰二年—同治元年
迈穆特	努尔迈哈默特子	喀什噶尔伊什罕伯克,二品顶翎	嘉庆九年在任
密尔哈色木	努尔迈哈默特孙	六品顶戴,居喀什噶尔	嘉庆九年在任
密尔台卜	努尔迈哈默特孙	七品顶戴,居喀什噶尔	嘉庆九年在任
玉努斯	伊斯堪达尔子	喀什噶尔噶杂纳齐伯克	嘉庆十六年前

额敏和卓及其后裔在喀什噶尔任职期间,忠于朝廷,奋勉办事,为喀什噶尔地区的稳定和发展作出了重要贡献。其贡献至关重要者,即严加防范伊斯兰教白山派和卓后裔的活动,力争根除这一隐患,甚至因此为国捐躯。

自叶尔羌汗国时期,伊斯兰教白山派和卓以圣裔名义在喀什噶尔、叶尔羌进行活动,在当地社会中有着重大影响。其后,白山派大小和卓以这一地区为根据地,发动反清叛乱,清军历尽艰险,始将其平定。大小和卓失败后西窜巴达克山，经清朝交涉，巴达克山素勒坦沙将二人杀死,函首清朝,但大和卓妻子及随行摩罗(毛拉)们漏网逸去,这成为威胁清朝在新疆统治的一个重大隐患。额敏和卓及其后裔对维吾尔人社会问题的认识,特别是对此隐患的认识,较之清朝官员更为深刻。因此,他们在任职期间高度关注,严加防范,主动设法,以求根除此隐患。

大小和卓被杀之后, 额敏和卓侦知大和卓之妻妾和幼子等逃匿派租阿巴特地方之确讯,奏报朝廷,奉命派人赴巴达克山交涉。二十八年(1763)初,大和卓妻妾及三幼子和卓阿斯玛、阿布都哈里克、和卓巴哈敦共15人被解送至叶尔羌。①额敏和卓又侦知,尚有波罗尼都幼子萨木萨克漏网,由其乳母携往巴达克山,在珲都斯地方居住。于是,他设计拣派商人,借贸易为名,取道巴达克山,前往珲都斯,欲将萨木萨克诱执而来,②但此举未能奏效。

伊斯堪达尔任喀什噶尔阿奇木伯克时期,萨木萨克因生计无着,求乞度日,派人潜赴喀什噶尔、叶尔羌科敛财物。五十五年(1790),伊斯堪达尔将萨木萨克遣来敛财之巴喇特等8人拿获,断绝了萨木萨克之财源,受到嘉奖。③嘉庆十六年(1811),伊斯堪达尔之长子玉努斯袭郡王爵位,出任喀什噶尔阿奇木伯克。是时,萨木萨克已卒,所遗玉素普、张格尔、巴布顶三子仍与喀什噶尔白山派信徒暗中勾结敛财。玉努斯上任伊始,即了解到当地白山派信徒暗中接济在布噶尔(布哈拉)念经为生的玉素普,④当即禀报参赞大臣铁保。继而奉命派人以清查回庄为名,前往搜查,经"悉心访拿,搜获各项字迹",并将"案内首

①傅恒《平定准噶尔方略》续编,卷二十一,乾隆二十八年三月戊午。
②《清高宗实录》卷八三五,乾隆三十四年五月癸卯。
③《清高宗实录》卷一三五一,乾隆五十五年三月壬寅。
④曹振镛《钦定平定回疆剿擒逆裔方略》卷五十一,道光七年十月丙子。

从各犯,全数拿获,办理甚为妥速"。①经铁保奏明,将毛拉素皮、乌舒尔、艾玛尔、沙朵斯等4人捕获正法。②

玉努斯对和卓后裔活动的危害性有足够的认识,为根除这一隐患,他遣人赴浩罕,向浩罕汗爱玛尔送礼通好,要求协助查拿玉素甫。这些做法自然会引起当地白山派的仇恨,加之他可能有一些假公济私的行为,于是当地有人告发玉努斯营私取利,苦累回民。嘉庆十九年(1814)初,伊犁将军松筠奉旨前往查办。途中又接到喀什噶尔参赞大臣恩长咨告,浩罕伯克爱玛尔遣使,请在喀什噶尔添设哈子伯克,自行办理安集延商人事务。松筠至喀什噶尔后,奏称玉努斯率自遣人赴浩罕,送礼通好,查访大和卓后裔玉素甫下落,致使爱玛尔轻视,遂有设哈子伯克之请。③松筠进而上奏,嘉庆十六年(1811)毛拉素皮接济玉素甫一案系冤案,查获之钱财、书信皆为玉努斯所出之伪证,供词为酷刑逼取,称玉努斯邀功捏报,妄杀四命,抬价卖粮苦累回众,事实确凿,请予以正法。松筠不顾事实,上奏中先称并无萨木萨克其人,④又称"讯明并无萨木萨克有子之说"。⑤嘉庆帝以玉努斯妄行,系受其妻色奇纳蛊惑,并念额敏和卓、伊斯堪达尔宣力边陲多年,特加恩免玉努斯死刑,令解送伊犁,永远监禁。⑥关于此案,聂红萍同志《嘉庆朝新疆"玉努斯案"》⑦一文已详加论证是一冤案,笔者认为有一定之道理,

①《清仁宗实录》卷二四七,嘉庆十六年八月己未。

②《清史列传》卷三十二,《铁保传》,上海中华书局1928年12月。《清仁宗实录》卷二八五,嘉庆十九年二月丙辰。

③《清仁宗实录》卷二八四,嘉庆十九年二月戊戌。

④中国第一历史档案馆藏:军机处录副奏折,民族事务类,8050—31。

⑤《清仁宗实录》卷二八四,嘉庆十九年二月戊戌。

⑥《清仁宗实录》卷二八六,嘉庆十九年闰二月甲戌。

⑦该文载于《中国边疆史地研究》2007年1期。

这里不再赘述。

玉努斯被查办之前后，正是玉素甫、张格尔活动猖獗之时。嘉庆十八年（1813），喀什噶尔维吾尔人莫洛（或译毛拉、摩罗）巴依莫特与弟伊布拉伊木潜至布噶尔拜谒玉素普，充当仆人。二十一年（1816），二人携带玉素普亲交图记信件、发辫信物等，假冒安集延人返回喀什噶尔，与看守玉素普祖先坟墓之白山派教徒取得联系，敛取普尔钱 75 串，购买货物潜运至布噶尔交给玉素普。①二十五年（1820）七月，玉素普之弟张格尔串通喀什噶尔阿尔图什庄白山派教徒作乱，戕害官兵，烧毁图舒克塔什卡伦城池。此时，清朝始确知萨木萨克有玉素普、张格尔、巴布顶弟兄三子，喀什噶尔白山派教徒暗中敛财供给和卓后裔由来已久。②玉努斯被革职查办后，清朝失去了解和卓后裔真实情况的耳目，失去解决和卓后裔问题的契机，最终酿成和卓后裔纠众作乱的严重后果。

嘉庆二十一年（1816）初，迈玛特萨伊特承袭其父丕尔敦郡王爵位，道光元年（1820），补授喀什噶尔阿奇木伯克，携眷赴任。时喀什噶尔白山派已由敛财接济和卓后裔发展为配合和卓后裔发动反清叛乱。迈玛特萨伊特办事奋勉谨慎，将暗中为和卓后裔传信敛财之喀什噶尔白山派教徒侦明捕获。③道光四年，张格尔纠合二百余人，自阿赖地方潜至乌鲁克卡伦烧杀抢掠。迈玛萨伊特闻讯，立即传集布鲁特各部落首领及各城乡伯克，带领布鲁特、维吾尔兵丁，赶赴伊尔古楚卡外，协力堵截，并及时预备接济进剿官兵乌拉马匹。④六

①《钦定平定回疆擒剿逆夷方略》卷四，道光四年七月戊申。
②《钦定平定回疆剿擒逆裔方略》卷二，嘉庆二十五年十一月庚辰。
③《清宣宗实录》卷五十九，道光三年九月辛卯。
④《清宣宗实录》卷七十四，道光四年十月乙丑。

年,张格尔纠集叛众万余,大举进犯,喀什噶尔、英吉沙尔、叶尔羌、和阗四城相继陷落,参赞大臣庆祥自杀殉国,官兵、民众损失惨重。迈玛特萨伊特深明大义,喀什噶尔城被围期间,亲率维吾尔兵丁阻击叛众,冒死守城。白山派教徒深恨迈玛特萨伊特忠于清朝,城陷时将其用棍棒击杀。①

当张格尔作乱之际,道光帝忽想起玉努斯因查访萨木萨克之子被黜之事,谕令赏给玉努斯五品顶戴,随参赞大臣庆祥赴喀什噶尔办事,设法诱擒张格尔。②玉努斯临危受命,不计个人安危,赶赴喀什噶尔效力。张格尔率叛众攻陷喀什噶尔,玉努斯即被白山派叛众杀害。事闻,道光帝令赏给一品职衔,照头等台吉赐卹。③

喀什噶尔城陷,迈玛特萨伊特之子阿克拉依都年仅4岁,一黑山派阿訇将阿克拉依都母子藏匿。清军收复喀什噶尔,阿克拉依都母子投出,袭封郡王,返回吐鲁番居住。④二十七年(1847),张格尔侄迈买的明等七和卓纠众进犯,喀什噶尔再度陷落。阿克拉依都闻讯,愤慨不已,恳请赴军营效力,以报国仇家恨。未得朝廷允准,即在吐鲁番办理兵差车辆,著有劳绩,奉旨议叙。⑤咸丰二年(1853),阿克拉依都偕侄苏布尔年班赴京朝觐,奉旨出任叶尔羌阿奇木伯克。七年,张格尔侄倭里罕率叛众又围喀什噶尔、叶尔羌等城,阿克拉依都率领维吾尔兵丁会同清军坚守叶尔羌城,有功,授御前行走。⑥同治三年,新疆爆

①《清宣宗实录》卷一一六,道光七年四月辛酉。
②《清宣宗实录》卷九十,道光五年十月己未。
③《清宣宗实录》卷一一〇,道光六年十一月丙申。
④《清宣宗实录》卷一一六,道光七年四月辛酉。
⑤《清宣宗实录》卷四四七,道光二十七年九月己丑;卷四五四,道光二十八年四月癸丑。
⑥《清文宗实录》卷二三六,咸丰七年九月乙未。

发反清起义,浩罕军官阿古柏乘机入侵。阿克拉依都时任叶尔羌阿奇木伯克,率众守城御敌。城破后被阿古柏俘去,监押于库车,又转徙于喀什噶尔,大约在同治十一年(1872)被阿古柏处死。①

2. 在伊犁回屯任职的额敏和卓后裔

清朝统一天山南北之后,以伊犁为新疆都会,设将军总统天山南北。伊犁驻军数万,所需军粮皆就地生产供给。伊犁屯田有兵屯、旗屯、遣屯、户屯、回屯等多种类型。②回屯共有维吾尔人六千三百余户,每年提供定额屯粮十万余石,供给惠远、惠宁两满城八旗官兵。此项屯粮占两满营官兵用粮的百分之六十以上,③回屯之重要性由此可见。回屯实行伯克管理制,如同喀什噶尔等城,设阿奇木等伯克管理屯田维吾尔人。额敏和卓后裔是回屯阿奇木等伯克的首选对象。

伊犁回屯首任阿奇木伯克是额敏和卓第三子茂萨。茂萨在额敏和卓随军西征大小和卓时已任协理伯克,与兄素赉璊在喀喇沙尔、库尔勒安置流民、捐助马匹。④二十四年(1759)六月,大小和卓外逃,茂萨奉命先行驰往喀什噶尔安抚维吾尔人,查勘地亩。因能奋勉急公,勇往任事,谕令加恩赏给公品级。⑤七月,将军兆惠奏请由茂萨暂行署理喀什噶尔阿奇木伯克。⑥二十五年(1760)春,伊犁兴

---

① 《辛卯侍行记》卷六。

② 参见王希隆《清代西北屯田研究》,兰州大学出版社 1990 年。

③ 参见王希隆《清代伊犁回屯研究中的几个问题》,载《中国边疆史地研究》1992 年 2 期。

④ 《清高宗实录》卷五七八,乾隆二十四年正月戊子;《钦定外藩蒙古回部王公表传》卷一一一,《札萨克多罗郡王额敏和卓列传》。

⑤ 《清高宗实录》卷五九三,乾隆二十四年七月己酉。

⑥ 《清高宗实录》卷五九二,乾隆二十四年七月庚午。

办回屯,茂萨被任命为三品阿奇木伯克,仍以公品级管事。①赴伊犁之前,喀什噶尔白山派信徒作乱,茂萨率官兵进击,事闻,封公爵。自次年(1761)开始,茂萨督率维吾尔人在伊犁开垦地亩,屯田纳粮。茂萨任伊犁回屯阿奇木伯克期间,每年都有维吾尔人从天山以南各城迁往伊犁,回屯规模不断扩大,组织管理制度日渐完善。三十年(1765)二月,乌什维吾尔人起事,茂萨与兄素赉瑚随将军明瑞进讨,兄弟二人"领援兵横冲贼阵,追至险阻之地,大败贼人"。②因劳累过度,茂萨于次年夏季病逝于伊犁。乾隆帝特命授其弟鄂罗木杂布头等台吉,补放伊犁阿奇木伯克。时额敏和卓年逾古稀,老年丧子,伤悼不已。乾隆帝传谕慰问云:"伊系年老之人,不必过恸,惟期永受朕恩,善自调摄。朕施恩将伊第三子鄂啰木扎布授为头等台吉,补放阿奇木。"③

鄂罗木杂布早在乾隆二十六年(1761)就以在吐鲁番"办理游牧,约束属人,俱甚妥协",得到赏戴二品顶戴的奖励。④三十一年(1766)九月,他奉命赴伊犁,授一等台吉,任伊犁三品阿奇木伯克。时回屯维吾尔人已有6383户,⑤而内地移驻的满蒙八旗官兵六千五百余户也陆续到达伊犁。驻防八旗官兵用粮主要依靠回屯供给,屯田维吾尔人能否多纳屯粮,关系甚重。三十八年(1773),鄂罗木杂布相度水源、地亩,会同伊犁将军伊勒图,议定分屯和定额纳粮制度,将六千余户维吾尔人分为9屯,除部分燕齐维吾尔人供众伯克役使外,其余6千户

---

① 《清高宗实录》卷六一〇,乾隆二十五年四月戊子。
② 《清高宗实录》卷七三八,乾隆三十年六月丁巳。
③ 《清高宗实录》卷七六八,乾隆三十一年九月辛巳。
④ 《清高宗实录》卷六四二,乾隆二十六年八月癸酉。
⑤ 详见王希隆《清代西北屯田研究》第6章《回屯》,兰州大学出版社1990年,第209页。

维吾尔人每户定制纳粮 16 石,每年共纳 9 万 6 千石屯粮。①他督率维吾尔人,尽力耕耘,数年间皆能按时完成定额粮数,多次受到奖励。四十七年(1782),因办理屯务成效显著,乾隆帝下令赏给其子密里克杂特五品顶戴花翎。②

回屯维吾尔人都是携眷移驻,日久生齿繁庶,成丁增加。五十四年(1789),鄂罗木杂布率众伯克奏请,将已成丁能耕种者,俱分地屯田,每年于应交之粮 9 万 6 千石之外,增交粮 4 千石。伊犁将军保宁据以奏报,乾隆帝以鄂罗木杂布等实心效力,令赏给缎匹,并谕令:"嗣后遇有歉收之年,不必增缴,以示体恤"。③次年(1790),鄂罗木杂布年班赴京,与蒙古、新疆诸王公伯克于卷阿胜境觐见,乾隆帝谕云:"从前额敏和卓宣力有年,现今伊斯堪达尔又勤妥奋勉,著加恩鄂啰木咱布作为公品级一等台吉,以示鼓励"。④

至嘉庆九年(1804),回屯开办已历四十余年,屯田维吾尔人人口倍增,而原有屯地面积没有扩大,应交纳之定额屯租为驻军粮源,无减免之可能。为使增添人口生计有着,鄂罗木杂布多方设法,寻找可耕地亩。伊犁额鲁特营官兵擅长游牧,不习耕作,分拨之可耕地亩闲置已久。经鄂罗木杂布与额鲁特营总管相商,借得部分额鲁特营闲置地亩开垦屯种。同时,鄂罗木杂布仍遍觅水源,集众建渠,开垦戈壁旷土。伊犁有不少地亩,划给内地发来遣犯耕种,称"遣屯。"由于遣犯流动性强,劳动积极性不高等原因,遣屯有名无实,哈什河南遣屯地亩

①松筠《钦定新疆识略》卷六,《屯务··回屯》。道光元年刊本。
②《清高宗实录》卷一一六八,乾隆四十七年十一月乙未。
③《清高宗实录》卷一三二二,乾隆五十四年二月己亥。《钦定新疆识略》卷六,《屯务回屯》。
④《清高宗实录》卷一三五八,乾隆五十五年七月丁亥。

长期闲置。此外,春稽地方也有可垦地二千余亩。鄂罗木杂布将此情况呈报伊犁将军松筠转奏朝廷并提出建议,奉旨将借种额鲁特营地亩、哈什河南遣屯地亩、春稽地方可垦地亩一并拨给伊犁维吾尔人耕种。①屯地增多,提高了回屯维吾尔人的生产积极性,当年,虽雨水过多,收成稍歉,而回屯应纳之粮十万石,全数交纳。跟随鄂罗木杂布管理回屯的其长子密里克杂特、次子迈尔诺什、侄色莫特伯柯依皆获得加一级、赏用四品顶戴的奖励。②五十三年(1788),诏以一等台吉世袭罔替。五十五年(1790),晋公品级。

鄂罗木杂布任伊犁阿奇木伯克达四十年之久,卒于嘉庆十年(1805)。时,其长子密里克杂特任回屯五品噶杂纳齐伯克,子和西那札什、努尔杂特亦俱在伊犁;次子密喇诺什,已有四品顶戴,与子罕集杂特、尼库杂特也居住伊犁;三子克伊库毕特,四子霍什奈瓦斯,五子诺什杂特,六子阿里什尔也俱居住伊犁;侄色莫特伯科依也在回屯任职。伊犁将军松筠奏准以其长子密里克杂特承袭头等台吉,补放伊犁回屯阿奇木伯克。

鄂罗木杂布之兄素赍瑞也曾在伊犁回屯任职。当鄂罗木杂布接任阿奇木伯克之时,素赍瑞正在伊犁回屯办事,因伊什罕伯克阿克伯克尚未到任,将军阿桂欲暂留素赍瑞协助其弟办理屯田事务。素赍瑞以屯田事务紧要,当即答应留伊犁协理屯务一、二年。③以后素赍瑞返回吐鲁番,但其次子台玛特克伊曾任伊犁五品哈孜伯克,三子札翰巴克伊也在伊犁。④

①《钦定新疆识略》卷六,《屯务回屯》。
②《钦定新疆识略》卷六,《屯务回屯》。
③《清高宗实录》卷八〇四,乾隆三十三年二月己巳。
④《回疆通志》卷十二,《回族·额敏和卓》。

伊犁回屯之额敏和卓后裔表：

名	家族关系	爵位(品级) 职掌	任 期
茂萨	额敏和卓第三子	辅国公 伊犁回屯阿奇木伯克	乾隆二十五—三十一年
鄂罗木扎布	额敏和卓第四子	头等台吉 伊犁回屯阿奇木伯克	乾隆三十一年—嘉庆十年
密里克杂特	鄂罗木扎布长子	头等台吉 伊犁回屯阿奇木伯克	嘉庆十年—? 年
和西那扎什	密里克杂特长子	在伊犁回屯居住	嘉庆九年前后
努尔杂特	密里克杂特次子	在伊犁回屯居住	嘉庆九年前后
密喇诺什	鄂罗木扎布次子	伊犁回屯四品顶戴	嘉庆九年前后
罕集杂特	密喇诺什长子	在伊犁回屯居住	嘉庆九年前后
尼库杂特	密喇诺什次子	在伊犁回屯居住	嘉庆九年前后
克伊库毕特	鄂罗木杂特三子	在伊犁回屯居住	嘉庆九年前后
霍什奈瓦斯	鄂罗木杂特四子	在伊犁回屯居住	嘉庆九年前后
诺什杂特	鄂罗木杂特五子	在伊犁回屯居住	嘉庆九年前后
阿里什尔	鄂罗木杂特六子	在伊犁回屯居住	嘉庆九年前后
色莫特伯科依	鄂罗木杂特之侄	伊犁回屯四品顶戴	嘉庆十年
素赍璊	额敏和卓次子	公品级 协理伊犁回屯事务	乾隆三十三年二月—? 年
台玛特克伊	素赍璊次子	伊犁回屯五品哈孜伯克	嘉庆九年前后
札翰巴克伊	素赍璊三子	在伊犁回屯居住	嘉庆九年前后

三、吐鲁番的札萨克旗制与札萨克郡王家族势力的削弱

1. 吐鲁番的札萨克旗制

吐鲁番为额敏和卓及其后裔之领地。清代新疆维吾尔人"惟哈密、吐鲁番治以札萨克"。①札萨克一词为蒙语音译,源出札萨(或译札撒,意为政令、法令),意为"执政官"。札萨克总管一旗的军事、行政、司法、税收等事务,操一旗之大权。札萨克旗制是清朝根据八旗制度的组织原则,在蒙古原有的社会制度基础上建立的统治制度,这种制度下的社会组织属于军政合一的性质。对哈密、吐鲁番二地维吾尔人实行札萨克旗制,是出于统一新疆的需要,同时,也体现了清朝对早期归附的维吾尔人上层的政治优遇。

札萨克旗制在新疆维吾尔人中实行,始自康熙三十七年(1698)。当时,哈密达尔汉伯克额贝都拉乘噶尔丹败亡,脱离准噶尔汗国归附清朝,理藩院遣官赴哈密,会同额贝都拉照蒙古札萨克旗制定例分编旗队。哈密 6 城万余维吾尔人,建制为 1 旗,旗下分设 13 个佐领(满语为牛录,蒙语为苏木);②额贝都拉任札萨克,其子郭帕伯克、白奇伯克,任协理台吉(蒙语作图撒拉克齐台吉),下设管旗章京(汉语作都统,满语作固山额真)、副章京(汉语作副都统,满语作梅勒章京)、参领(满语作甲喇章京)、佐领、骁骑校等员。③

吐鲁番札萨克旗制的设立比哈密要晚,而且,从封授札萨克到正

①嘉庆朝《大清会典》《徕远清吏司·回众》。

②常钧《敦煌随笔》卷上,《哈密》(禹贡学会印本,1937 年)载:"(哈密)分为十三箭,每箭头目一员,管领壮丁百五十人⋯⋯现今男妇大小共一万三千二百余人"。

③温达等《亲征平定朔漠方略》卷四十六,康熙三十六年十月乙酉。

式编旗设领经历了二十余年的过程。雍正十年(1732)冬,额敏和卓率
吐鲁番近万名维吾尔人东迁瓜州,清朝封额敏和卓为札萨克辅国公,①
管理东迁维吾尔人,但此时尚未正式对东迁维吾尔人编设佐领。直至
乾隆十九年(1754),准备出军新疆之际,出于军事行动的需要,清朝
派理藩院官员赴瓜州五堡,编设旗队,设置管旗章京、副管旗章京、参
领、佐领、骁骑校各员,"如哈密例"。②吐鲁番札萨克旗正式确立。札萨
克旗之基本组织单位为佐领,按佐领数设置官员。吐鲁番一旗共编有
15个佐领,据《钦定皇舆西域图志》卷30,《官制二》载,札萨克下除设
有协理回务图撒拉克齐2员之外,还设有都统1员、副都统2员、参
领2员、佐领15员、骁骑校15员。按照札萨克旗"每百五十丁编为佐
领,设佐领一人,骁骑校一人……每六佐领,设参领一人"的编设原
则,1佐领有150户(丁),15佐领当有2250户。《重修肃州新志》载,
雍正十一年抵达瓜州的维吾尔人实数为2387户、8116口,③这与编
设15佐领所需之户数基本相符。两年后,札萨克镇国公额敏和卓率
领瓜州维吾尔人返回吐鲁番。

按清代札萨克旗定制,旗内每三年编审丁口,凡"年六十以下,十
八岁以上者,皆编入丁册,有疾者除之。每三丁共一骁骑,遇有出征等
事,以二丁差遣,一丁留家"。④每遇征战,札萨克、图撒拉克齐台吉等
拣率旗丁出征。乾隆二十年(1755),大军西征准噶尔,额敏和卓率旗
丁300名担任向导,"直抵伊犁,甚属奋勉"。⑤二十三年(1758),清军

①《清世宗实录》卷一二五,雍正十年十一月乙未。

②祁韵士《皇朝藩部要略》卷十五,《回部要略一》。

③《重修肃州新志》《安西·瓜州事宜》。

④乾隆朝内府抄本《理藩院则例》《录勋清吏司下·比丁》。

⑤《皇朝藩部要略》卷十五,《回部要略一》。

西征大小和卓,额敏和卓又选带旗丁随征,"以备差遣"。①大军进围库车,素赉瑚奉命巡查库尔勒一路台站,途中与准噶尔逃窜人等相遇。素赉瑚率旗丁穷追,直至库车,因大雪迷失方向,奉命返回吐鲁番。②三十年(1765)初,乌什事变,将军明瑞亲率大军围城,茂萨与兄苏赉瑚率旗丁随征。两军相持之际,素赉瑚、茂萨领援兵横冲敌阵,追至险阻之地,大败敌军。③道光年间,张格尔作乱,内地大军出关西征,吐鲁番旗丁或转运军事物资,或随军出征,多有劳绩。

编设为佐领的维吾尔人,对札萨克的人身隶属关系十分紧密。札萨克掌有对所属维吾尔人的司法权,凡旗内维吾尔人之间案件,"交札萨克公自行经管"。④第二任札萨克郡王素赉瑚曾凭借特权,对属下为所欲为。四十三年(1778),有维吾尔人密赖里木向地方官府控告,素赉瑚向属下"科敛银两,挑选幼女",且"阉割家人,复致于死"。⑤经会审俱属事实,素赉瑚为此被革去郡王爵位。此案虽为一特例,但从一个方面反映出札萨克郡王在吐鲁番领地上的特殊地位与权力以及属下维吾尔人遭受欺压与奴役的程度。

札萨克旗制下的生产关系属于农奴制性质。旗下维吾尔人不向国家缴纳赋税,只向札萨克郡王纳租服役,其身份实为札萨克郡王之农奴。椿园七十一曾记哈密札萨克郡王品级贝勒伊萨克与属下维吾尔人之关系云:"所有回户皆伊萨克之阿拉巴图(奴也)","伊萨克之阿

①《清高宗实录》卷五五四,乾隆二十三年正月庚寅、辛卯。

②《清高宗实录》卷五七一,乾隆二十三年九月丁未。《钦定外藩蒙古回部王公表传》卷一一一,《札萨克多罗郡王额敏和卓列传》。

③《清高宗实录》卷七三八,乾隆三十年六月丁巳。

④常钧《敦煌杂钞》卷上,《安西厅》。禹贡学会印本,1937年。

⑤《清高宗实录》卷一○七一,乾隆四十三年十一月癸卯;卷一○七六,乾隆四十四年二月戊辰。

拉巴图服役行走,任其意之所为,不敢与较"。①札萨克旗制废除之前,哈密王府拥有土地近 4 万亩, 羊 15 万只, 旗下维吾尔人每月服役 7 天,王府设有卫兵、法庭、监狱。②吐鲁番札萨克旗制下的农奴制生产关系与哈密的这种情况相同。这种落后的生产关系自然严重影响到当地社会经济的发展。光绪十年(1884),新疆建省,吐鲁番改土归流,札萨克旗制废除,额敏和卓后裔玛木特虽袭郡王,但"无阿奇木伯克可兼,而廉俸无几,卯粮寅支,负债既深,拮据万状"。③其子叶明和卓袭郡王后,因特权尽失,曾呈文理藩部,称:"旗属田赋,归县收取,无以糊口",④请求赏还租赋,恢复其特权。

2. 札萨克郡王家族势力的削弱与清朝对吐鲁番控制的加强

额敏和卓出身于吐鲁番一宗教职业者家庭,"祖素丕和卓,为喀喇和卓阿珲;父呢雅斯和卓,为吐鲁番大阿珲。额敏和卓嗣,聚族居鲁克沁"。⑤据说,清军进入吐鲁番盆地之前,额敏和卓还担任辟展城阿奇木伯克。⑥但当时他只是当地诸多上层人物之一,同一时期,属于吐鲁番统治阶层,有姓名、职掌可查者还有不少人物,如阿克苏尔坦、总管头目沙克扎拍尔、阿里穆和涿、头目托克托玛木特、吐鲁番头目阿济斯和卓、吐鲁番总管达尔汉伯克莽噶里克、察合台后裔吐鲁番旧头目莽苏尔等。⑦这些人物或为土著头目,或为宗教首领,或为汗王后裔,他

①椿园《西域闻见录》卷一,《哈密》;卷六,《乌什叛乱纪略》。

②参见拙作《论哈密达尔汉伯克额贝都拉》,载《民族研究》1997 年 3 期。

③刘锦棠《刘襄勤公奏稿》卷十五,页 11。光绪二十四年长沙刻本。

④《清德宗实录》卷五七〇,光绪三十三年二月庚寅。

⑤《钦定外藩蒙古回部王公表传》卷一一一,《札萨克多罗郡王额敏和卓列传》。

⑥《回疆通志》卷十二,《回族·额敏和卓》。

⑦详见拙作《清前期吐鲁番维吾尔人迁居瓜州的几个问题》,载《兰州大学学报》1989 年 4 期。

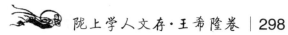

们与额敏和卓同样,都是准噶尔汗国统治下的吐鲁番社会上层。

当额敏和卓率瓜州维吾尔人返回吐鲁番时,当地的另一重要人物达尔汉伯克莽噶里克同样受到了清朝重视。乾隆二十一年(1756),额敏和卓与莽噶里克划定各自地界:吐鲁番东界,自辟展至喀喇和卓,由额敏和卓管辖;其西界,自伊拉里克至阿斯塔克,由莽噶里克管辖。①但为时不久,莽噶里克反叛,额敏和卓暗中报信,配合清军平定了动乱。为此,莽噶里克所属伊拉里克至阿斯塔克之地被划给额敏和卓管辖,额敏和卓家族领地扩大到整个吐鲁番盆地。此时,额敏和卓家族势力的发展达到了顶峰。四十一年(1776)素赉璊为祝贺额敏和卓83岁寿辰并感激皇帝的恩典,花费7千两白银,在鲁克沁建成高达44米、宏伟而精美的"苏公塔",可以想见当年其家族的经济实力和影响。苏公塔可以说是该家族顶峰时期的见证。

吐鲁番地当进入天山南路的要隘,又临近新疆军政重地乌鲁木齐,战略地位极其重要。清军统一新疆的过程中,准噶尔首领阿睦尔撒纳、白山派和卓博罗尼在归清后皆得到重用,委以重任,却先后率众反叛,这不能不使清朝警惕当地土著势力。因此,在倚任额敏和卓及其后裔的同时,清朝对其家族独领吐鲁番维吾尔人的状况也感到不安,已有防患于未然,削弱其家族势力之考虑。乾隆四十三年素赉璊获罪,乾隆帝上谕中接连指出:

"况吐鲁番系回城冲要,令伊等世守,难保无事,今素赉璊既经获罪,即当乘机办理。"②

"朕以吐鲁番等处,为通乌鲁木齐扼要之区,彼处回民众多,若令素赉璊管领,延及世世,所领回民益多,非经久之

①《清高宗实录》卷五一九,乾隆二十一年八月戊午。
②《清高宗实录》卷一〇七三,乾隆四十三年十二月甲申。

计。素赍瑅现既获咎,应乘此事整顿。"①

此次整顿,旨在削弱札萨克郡王家族在吐鲁番的势力,加强对吐鲁番这一通道要隘的控制。为此,札萨克郡王的部分领地与属民遭到裁撤。乾隆帝指出:

> "因思额敏和卓自康熙年间归顺,安插瓜州,后以军功封爵,令回原游牧居住,其从瓜州随往之人,乃伊真正属下。至吐鲁番,本系准噶尔地方,属莽噶里克管辖,后莽噶里克被杀,始归额敏和卓,此皆国家兵力威福,与伊无涉……朕意将额敏和卓地方旧日属人,仍令管辖,其余地方,俱令彻出,另放阿奇木伯克。"②

但在具体办理时,发现莽噶里克所属维吾尔人多已移驻伊犁,编入札萨克郡王佐领者只有 19 户。乾隆帝又提出:"素赍瑅现管回户,虽非莽噶里克属回,然系节次施恩著额敏和卓管领者,并非素赍瑅正项属人,即彻出分拨,亦无不可",③坚持裁去其部分属民。这次裁撤的结果在《三州辑略》中有具体记载:

> "乾隆四十四年将吐鲁番回人分别居处,中立界址。自哈喇和卓迤东回人一千六百余户,归额敏和卓之子管束,吐鲁番领队大臣统辖;自吐鲁番迤西回人七百五十余户,归札奇鲁克齐呼达巴尔第管束,吐鲁番领队大臣专管。"④

据此,札萨克郡王属下人口失去了将近三分之一,领地也随之缩小,其势力被大大削弱。

---

①《清高宗实录》卷一〇七六,乾隆四十四年二月甲子。
②《清高宗实录》卷一〇七三,乾隆四十三年十二月甲申。
③《清高宗实录》卷一〇七六,乾隆四十四年正月甲子。
④和瑛《三州辑略》卷二,《官制门·吐鲁番回部》。

不仅如此,清朝还借削弱札萨克郡王势力的机会,向吐鲁番派驻八旗、绿营官兵,筑城开屯,以加强军事防卫力量。吐鲁番原驻有办事大臣一员,并未设有驻防官兵。当素赉瑚被解京审讯之时,乌鲁木齐都统索诺木策凌等遵旨议定,裁改办事大臣为领队大臣,在吐鲁番筑建满城,拣选乌鲁木齐满营官兵500名,携眷移驻吐鲁番,长期驻防。同时,先期从陕甘各提镇标营调取绿营官兵700名,赴吐鲁番修筑满城。并议定,将裁撤札萨克郡王之领地中可耕地二万一千余亩,于满城修筑完毕之后,"应即作为屯田,将修城之七百兵丁,分编七屯,令其耕种"。[①]

四十五年(1780)秋,吐鲁番满城建成,御赐名为"广安"。首任领队大臣图思义率八旗官兵移驻该城,与此同时,绿营官兵分地开屯。自此,札萨克郡王家族独领吐鲁番盆地达二十余年的局面结束,满、汉官兵与维吾尔人共居吐鲁番盆地的新格局形成,清朝对吐鲁番盆地的军事控制得到加强。

四、结语

清代官修史书中记额敏和卓有子7人,长子为素赉瑚。私家撰述中却记为8人,长子为努尔迈哈默特,且记有其子孙任职事;素赉瑚为次子。笔者推测,这很可能是由于努尔迈哈默特未能随同其父东迁瓜州,由于父子分属清朝与准噶尔汗国两个阵营达二十余年,额敏和卓在向理藩院上报诸子谱系时未列努尔迈哈默特,而以次子素赉瑚为长子。这或是官修史书中记额敏和卓有7子,素赉瑚为其长子之原因。额敏和卓归附清朝,奠定了其家族后裔在新疆维吾尔人上层中的特殊地位。有清一代,额敏和卓后裔恩宠不衰,札萨克郡王爵位世袭

①《清高宗实录》卷一〇八五,乾隆四十四年六月己卯。

罔替,至民国又晋爵亲王,王爵历传九任。

新疆统一之后,清朝对维吾尔人原有的伯克管理制度进行了改革。因总领一城之阿奇木伯克向系世袭,位高权重,多有弊端。乾隆二十四年(1759)上谕指出:"即办事之阿奇木等员,亦应如各省大臣之例,遇缺补授。或缘事革退,则开缺另补……阿奇木伯克,不过办事大员,毋许自称诺颜,私收贡赋。即阿奇木等缺出,亦拣选贤员,或以伊什罕升补,不准世袭。"①然而,虽有不准世袭之规定,乾、嘉、道三朝,喀什噶尔(叶尔羌)阿奇木伯克、伊犁回屯阿奇木伯克,却出现了由额敏和卓后裔父死子代,兄死弟及的非常规任用情况。这种情况一方面反映出额敏和卓后裔受到清朝超常规信任与倚任的事实,另一方面也反映出额敏和卓后裔多能秉承其祖上对清朝忠心耿耿,"知无不言,言无不宜,其心匪石,不可转移"的传统,且多有办事能力,能尽职尽责,奋勉效力的事实。

对吐鲁番维吾尔人实行札萨克旗制,是清朝统一新疆的需要,也是清朝给予额敏和卓家族的政治优遇。札萨克旗制下的社会组织具有军政合一的性质,其实行对于巩固统一局面具有一定积极意义。但札萨克旗制下的维吾尔人社会带有农奴制性质,札萨克郡王领地上长期维持着落后的生产关系,不利于当地社会的进步。额敏和卓家族独领吐鲁番盆地的状况一度引起清朝的不安。清朝防患于未然,以额敏和卓后裔素赉璊获罪革黜为契机,裁撤其部分领地与属民,削弱了札萨克郡王家族的势力,并向吐鲁番移驻八旗、绿营官兵,加强了对吐鲁番盆地的控制。

(原载《中国边疆史地研究》,2009 年第 2 期)

---

①《清高宗实录》卷五九七,乾隆二十四年九月甲戌。

李文实先生述略
——以《顾颉刚日记》
《顾颉刚书信集》相关记载为中心

　　2014 年 9 月 20 日,青海民族大学举办"李文实先生诞辰一百周年纪念座谈会",提前专函邀我参加会议并做发言。作为文实先生曾经工作过的兰州大学历史文化学院的受邀代表,在很高兴接受邀请参加这次座谈会的同时,我又深有一些感慨与遗憾:文实先生在兰大历史系担任过代系主任和教授,为兰大历史学科的发展作出过自己的贡献,但兰大校史中对他几乎没有记载;对他一生的活动与境遇,现在兰大历史学科的老师们也几乎无人知道。我自己也只是在以前阅读《顾颉刚日记》等书的过程中对文实先生稍有了解,在座谈会上发言自然难免挂一漏万。为了准备会上的发言,我又仔细阅读了《顾颉刚先生全集》中的《日记》与《书信集》中的相关部分,对文实先生的身世与学术经历才有了比较完全的了解。

　　文实先生毕业于南京蒙藏学校和齐鲁大学社会历史学系,其后即追随顾颉刚先生在成都、重庆从事学术研究尤其是边疆民族史地研究,又由顾先生介绍前往徐州女子师范主持教务,复至兰州大学历史系任讲师、副教授,1948 年至 1949 年间任兰州大学历史系代主任,后任上海诚明文学院教授。1951 年蒙冤遭囹圄之灾,失去自由近三十年。1979 年保外就医,落实政策后任青海民族学院(今青海民族大学)教授。文实先生一生中与国学大师顾颉刚先生有着很深的交往情结。2007 年《顾颉刚日记》约六百万字由台湾联经出版事业公司出版。2010 年 12 月《顾颉刚全集》由中华书局出版,计 8 集,62 册,2500万字,其中包括上述《顾颉刚日记》和一千八百余通书信。据统计,在顾先生的日记中,与文实先生的交往活动记载有近二百处之多。在顾先生的书信集中,收有顾先生给文实先生的书信 4 通及文实先生给顾先生的书信 1 通;在顾先生给家人等的书信中,也多处提及文实先生与自己的交往活动。上述材料是了解文实先生活动与境遇以及他与顾先生交往的最重要的依据,弥足珍贵。

参加文实先生纪念座谈会后,我在发言稿的基础上,再参考文实先生、顾颉刚先生女公子顾潮教授、顾先生助手王煦华先生、前兰大历史系代主任史念海先生以及文实先生诸弟子的回忆文章,予以补充,完成此文,试图以粗线条勾画出文实先生一生活动之脉络,以期为进一步的研究作一前期基础。

一、在南京、西宁结识顾颉刚先生

李文实先生,名得贤,字文实,青海化隆县甘都镇人,出生于1914 年。化隆为回、汉、藏、撒拉等多民族聚居之地,民族文化丰富多彩。文实先生生于斯地,受生活环境影响,"幼年时期,也稍懂得一点藏族和撒拉族的语言,后来在上高中时,学了两年藏文",[①]对西北回、藏等民族的生活习俗、宗教信仰有着深刻的感受与认识。

青年时期文实先生赴南京蒙藏学校读书。1937 年 2 月 1 日,顾颉刚先生赴南京蒙藏学校参加开学式,两人初识即源于此时。据文实先生回忆:"我认识顾先生,便是从此开始的。他以我为西北青年,热情给以鼓励,并嘱我为民俗学会收集有关民俗资料,和徐芳与方纪生

---

① 李文实《西陲古地与羌藏文化》《自序》,青海人民出版社 2003 年。

联系。"①《顾颉刚年谱》载：1937 年 2 月 1 日,"与马松亭同到位于南京晓庄之蒙藏学校,出席开学典礼,作讲演,并参观……始识该校学生李文实,嘱彼为民俗学会搜集西北之资料"。②时年文实先生 24 岁,顾先生 45 岁。自此,两人开始了长达四十余年的交往。

从南京蒙藏学校毕业后,文实先生返回西宁,在青海回教促进会立高中任教。同年 7 月,抗日战争全面爆发,在北平燕京大学任教的顾先生本着"于义当不入沦陷区"的立身原则,离开北京,辗转来到兰州,受聘为兰州大学前身甘肃学院的讲座教授,但他主要在从事庚款补助西北教育计划的考察活动。在甘肃生活工作的一年期间,③顾先生曾两次赴西宁考察教育,与在青海回教促进会立高中任教的文实先生又有数次交往。《顾颉刚日记》1937 年 10 月 30 日、31日记到:

"李得贤来谈青海政学界情形。到回教促进会立高中吃饭,饭后作短讲。"④

"李得贤,南京蒙藏学校毕业,文实、化隆,回中教员。"⑤

1938 年 8 月,顾颉刚先生再次来西宁考察。《日记》1938 年 8 月

---

①李得贤《顾颉刚先生与西北》载王煦华编《顾颉刚先生学行录》第 226—232 页,中华书局 2006 年。1937 年 2 月 1 日为农历 1936 年 12 月 20 日,文实先生回忆此事在"卢沟桥事变前一年",当是按照农历计算。

②顾潮编著《顾颉刚年谱》(增订本),中华书局 2011 年,第 302 页。

③见拙作《顾颉刚先生与兰州大学》载《兰州大学学报》2003 年 6 期;《顾颉刚先生西北考察述论》载《中国边疆史地研究》2005 年 4 期;《顾颉刚先生未刊书信两通释述》载《兰州大学学报》2013 年 1 期。

④顾颉刚《顾颉刚日记》第 3 卷,第 716 页。台湾,台北联经出版事业公司2007 年。

⑤《顾颉刚日记》卷三,第 718 页。

21 日、26 记有：

"牛浈、李得贤来。"①

"李得贤、魏国桢、祁邦彦来。"②

据文实先生回忆，顾先生等人到西宁后，曾在青海文化教育界欢迎大会上作讲演，"阐述了青海在中国历史上的战略地位和抗日战争中的重要性，是青海建省后第一次接待专家学者的讲学，为青年学生们开拓了眼界"，③在青海文化教育界产生了很大反响。文实先生作为青海教育界的青年教师代表，先后两次前往顾先生下榻处拜访请教，与之交谈，深受启发和鼓舞。顾先生曾为其书写"万山不隔中秋月，百年复见黄河清"对联一副相赠，这副对联后在"文革"中被毁。④

二、在齐鲁大学学习及顾先生的评价

1940 年，青海省保送四十余名学生，赴四川、云南报考大学和边疆学校及训练班等，文实先生是此次报考学生之一。他报考金陵大学，联考后录取到齐鲁大学文学院社会历史学系。⑤齐鲁大学是民国年间国内著名的教会大学，与燕京大学并享盛誉，有"北燕南齐"之称。抗战开始后该校搬迁至成都华西坝，与华西协合大学、中央大学医学院、金陵大学、金陵女子文理学院及燕京大学联合办学，继续招收学生。顾先生于 1939 年 9 月、1945 年 11 月两度受聘为齐鲁大学

---

①《顾颉刚日记》卷四，第 121 页。

②《顾颉刚日记》卷四，第 123 页。

③李得贤《顾颉刚先生与西北》，载王煦华编《顾颉刚先生学行录》中华书局 2006 年，第 226—232 页。

④《顾颉刚先生与西北》，载《顾颉刚先生学行录》中华书局 2006 年，第 226—232 页。

⑤《顾颉刚先生与西北》。

国学研究所主任,在成都任教,讲授《中国古代史》、《古代史实习》、《目录学》、《中国边疆地理沿革史》等课程,并创办《齐大国学季刊》。①当青海四十余名学生到达成都之后,即与顾先生相会于成都华西坝。

这次会面是在金陵大学研究所举办的欢迎青海学生茶话会上。顾先生与翁独健先生前往欢迎青海学生并会餐。《日记》1940年6月1日记:

> "与独健同赴金大研究所茶会,到研究所待青海学生……青海学生四十余人至,开一简单欢迎会,到校中食堂吃饭……今晚同席……李得贤等四十余人。"②

应该说,来到成都考取齐鲁大学后,文实先生真正开始走上了追随顾先生从事学术研究的道路。在校期间他选修了顾先生开设的多门课程,并参与顾先生开展的学术研究工作,很快就成为顾先生的得意门生。

据《日记》1944年12月31日记,顾先生在重庆编辑《文史杂志》时,将收集西北史地稿件和西藏稿件的工作交属文实先生与李安宅先生。③1945年初,顾先生在给华西协和大学博物馆馆长郑德坤教授的信中称赞"史社系四年级生李得贤、方诗铭两君,学识博洽,文笔流畅"。④在1945年5月31日记有顾先生给选修《中国地理沿革史》学生作业的打分:

> "齐大学生分数:中国地理沿革史九人,李得贤九十五分,方诗铭九十二分,计瑞兰八十九分,田汉文八十分,宋先

---

①顾潮编《顾颉刚学记》,第494页,三联书店2002年。
②《顾颉刚日记》卷四,第383页。
③《顾颉刚日记》卷五,第388页。
④《顾颉刚全集》《顾颉刚书信集》卷二,第489页,《致郑德坤》。

树八十分,杨殿甲七十八分,陈家蕙七十分,沈仲常七十分,
张锦芳七十分。"①

文实先生的《中国地理沿革史》在同选学生中分数最高,由此可知他在齐鲁大学读书时之用功及其青年时期即已致力于历史地理的学术方向。由于同在一校,文实先生方便向顾先生讨教,而顾先生也极信任文实先生,师生之间时相过从,往来亲密。如《日记》1940 年 7 月 15 日记:

"到校,布置卧室。李得贤来。访校长不遇,与得贤等同
到江村吃茶饭……到得贤公寓中,还校,访校长又不遇……
今午同席,李得贤、南溟(客),予与自珍(主)。"②

大约在 1941 年 6 月,顾先生前往重庆,先后在文史杂志社主编《文史杂志》,在重庆中央大学等校兼课,在大中国图书公司史地图表编纂所主编《中国名人传》,在北碚复旦大学史地系教授课程,③更多的时间是居住在陪都重庆,直至 1946 年移居上海。但这五六年时间里,文实先生与顾先生的交往不仅没有中断,而且日益密切,顾先生视文实先生为助手且亲同家人,《日记》中有文实先生多次赴重庆拜访顾先生,顾先生与之长谈、与之出访、同进餐、共开会的记载。如 1942 年 7 月 8 日记:

"(自明、自珍)二女到渝,由李得贤君伴行。"④

1943 年 2 月 9 日记:

"得贤来,同到艺术系访岑学恭、王惠英,到中渡口吃

①《顾颉刚日记》卷五,第 473—474 页。
②《顾颉刚日记》卷四,第 402 页。
③《顾颉刚学记》,第 494、495 页。
④《顾颉刚日记》卷四,第 706 页。

茶,翻看《国语》……得贤等来,同到甜园吃饭……今晚同
席:李得贤、岑学恭、王惠英(以上客),予(主)。"

1943年2月10日记:

"上课一小时,与得贤同到沙坪坝吃点,同游南开中学,
看三友路梅花……得贤来……与得贤同到四五六吃饭。"

1943年2月12日记:

"与得贤、克宽同到陈叔谅处访宾四……今晚同席:……
得贤、克宽。"

1943年2月14日记:

"与鸿盦、得贤同饭于广东味……与李得贤同访朱延丰
并晤其夫人。"①

《日记》中还有顾先生审阅修订文实先生所写《左宝贵传》、《义和
团》、《五十年来中国史学》等稿件的记载,②以及顾先生写《文实信》、
《得贤信》的诸多记载。1945年文实先生毕业之际,顾先生代理边疆
语文编译会副主任委员,以文实先生任该会干事。③

文实先生对顾先生的学术研究成就有很深的认识,他在1944年
夏给顾先生的信中谈道:

"先生研究古史,怀疑古籍,考订旧籍,独开风气,有造
于民国以来史学者不可谓不大……就生所知者言,先生考
据之作,论《易》如《周易卦爻辞中的故事》,论《诗》如《诗
经在春秋战国间的地位》《论诗经所录全为乐歌》,论《老
子》如《从吕氏春秋推测老子成书年代》,论经今古文如

①以上记载见《顾颉刚日记》卷五,第25—27页。

②《顾颉刚日记》卷五,第335、484、393页。

③《顾颉刚全集》《顾颉刚书信集》卷三,第219页,《致李文实》。

《五德终始说下之政治与历史》诸文，均体大思精，卓绝千古，而生尤私爱《禅让传说起于墨家考》及《墨子姓氏辨》二文，以为巨眼烛照，为古史揭此迷蒙，唐虞禅让之为假托，自有此说方为定论，此岂卫聚贤、胡怀琛等所能道，而世人之病考据者辄以先生与之同列者何哉！此固由于中国学术环境之不够严肃，学者之私心盛气，然旧说未扫，怪论纷话，后生学子转而从彼，是先生发蒙振聩之功未竟也。考据定谳，而一般之述说仍旧，是先生系统整理之事未竟也。尊作未尝单独印行，购求不易，无由瞭解，是先生倡说宣扬之事未竟也。盖先生所振者为鸿纲，而世俗所议者为末节，摧此讥诮，息此末议，与其深责于人，毋宁返求诸己。至祈先生稍拒社会应酬，俾得专力完此盛业，不胜切盼。"①

以在读本科学生论当时的学界泰斗之学术，若无厚实之基础，仔细之阅读，深刻之领会，全面之认识，自然难以有中的之评论。文实先生正是在对顾先生的考据学术贡献有了全面而深刻的认识之后，才能提出"发蒙振聩之功未竟"、"倡说宣扬之事未竟"的评论，提出"稍拒社会应酬，俾得专力完此盛业"的建议。顾先生阅此信后即记云："此论甚是……文集之编固不容缓也"，并在复文实信中提到：

"史学书局欲为刚编印一文集，已许之。王树民兄来碚，本交之编辑，无如彼精神颓惫，竟不能为，只得由刚自己动手矣。此书印出，当可使人见刚之整个面目。至于刚理想之成就则远不止此，而十年以来人事纷耘，不但无暇作文，亦复无暇读书，终日所忙者惟见客与写信，开会与赴宴，上课

_____

①《顾颉刚全集》《顾颉刚书信集》卷三，第 219 页，《李得贤君来书》。

与改卷,此实为刚致命之伤,表面上是得到社会地位,而实际上则是失却社会地位,此不可不改弦易辙者。然今日手头无钱,不能罗致人才,作一事业的组织,以分刚之责任。将来倘有所凭借,第一即当从事于此,庶刚可以腾出时间,继续从前之研究生涯,不为百世以下所痛惜。兄知我,幸他日助我成之。"①

由此可知,作为本科四年级学生的文实先生在顾先生的眼中已成为可以助其完成考据文集的合适人选。我们知道,顾先生对自己学术研究助手的选任要求非常之高,后来能够胜任者不过刘起釪、童书业、王煦华数人,而当文实先生尚在大学读书之时,即为顾先生所看重,欲托其完成考据文集,此不可不谓文实先生的学术功底与见识在大学时期即已达到了相当高的水平。

顾先生很早就关注历史地理,尤其是边疆历史地理沿革与民族问题。1934年,他曾在北平创办《禹贡》半月刊,抗战开始后被迫停刊。在齐鲁大学任教期间,面对日本侵华战争的不断加剧,顾先生开始筹划成立"中国边疆学会",致力于推动边疆民族问题的研究。《日记》1940年12月31日记有顾先生提出当时国内包括文实先生在内的边疆工作可用人才共计41人,其中后来成为著名学者或名人的有:江应梁、王树民、白寿彝、费孝通、谭惕吾、韩儒林、张维华、冯家昇、吴玉年、黎劲修、李安宅、刘曼卿、辛树帜、纳忠、杨生华、黄文弼等人。②1941年3月1日,中国边疆学会在成都成立,选举顾先生为理事长,文实先生与王树民、韩儒林、张维华等85人参加了成立大会。③

①《顾颉刚全集》第4卷,第218—219页,《致李文实》。

②《顾颉刚日记》第4卷,第466页。

③《顾颉刚日记》第4卷,第497页。

1945 年抗战胜利,同年文实先生毕业于齐鲁大学。当时顾先生尚担任齐鲁大学国学研究所主任,并在重庆主持北碚修志委员会工作,他邀文实先生赴北碚工作,担任助手。顾先生的另一助手即著名历史地理学家史念海先生。史先生晚年回忆说:

> "文实先生与不佞同出于顾颉刚先生门下,订交在六十年前。在未识文实先生之时,已数数闻颉刚先生道及。颉刚先生门下学侣辈出,颉刚先生独多称道文实先生,已知其不凡。一日相晤于嘉陵江畔,获聆其娓娓言辞,仿佛泉涌,而又头头是道,不禁为之心折。人事倥偬,每苦于不常相过从。虽天各一方,时蒙见赐佳作,辄以先读为快。"①

从以上记载中可以清楚地看到文实先生在齐鲁大学读书期间逐渐步入历史学与边疆史地学学者行列的足迹。

在齐鲁大学期间,文实先生勤奋学习并热衷于学术研究工作,尤其是在顾先生的指导下他已经打下了很好的史学研究基础,顾先生也对他寄予了很高的期望。1946 年,中央通讯社记者蒋星煜采访顾先生, 在回答蒋星煜所提"你觉得中国现在有哪些优秀的青年史学家"问题时,顾先生将史学分为断代史(以时代划分)、专门史和区域史三个领域,历数当时史学各领域之才俊,他说:

> "(一)以时代为标准:治古代史之中央研究院张政烺,华西大学教授黄少荃,光华大学教授杨宽,上海博物馆童书业。治两汉南北朝史之中央研究院严耕望与劳榦,北京大学教授王毓瑚,刻在美国之蒙思明。治隋唐五代史之中央研究院全汉昇。治宋辽金元之中央研究院傅乐焕,燕京大学教授翁独健,中央大学教授韩儒林,金陵大学研究有刘叔遂。治

---

① 李文实《西陲古地与羌藏文化》《史念海序》,青海人民出版社 2003 年。

明清史之中央研究院王崇武,齐鲁大学教授李得贤,金陵女子文理学院教授沈鉴与王栻,清华大学教授吴晗。(二)以专门史为标准:治政治史之曾资生,治经济史之中央干校教授傅筑夫,治社会史之华西大学教授冯汉骥,金陵大学教授马长寿,李石增之子李宗侗著有《中国古代社会史论》,从图腾制度研究姓氏之起源,尤为名贵。治中西交通史之齐鲁大学教授方诗铭,辅仁大学教授方豪,燕京大学刻在英伦侯仁之。治疆域史之国立编译馆史念海……治宗教史之云南大学教授白寿彝为回教史专家,岭南大学教授李镜池为道教史专家,方豪为天主教史专家。治艺术史之中央博物院王振铎,上海博物馆童书业、傅振伦。治学术思想史之北京大学教授容肇祖。(三)以区域为标准:治东北史之冯家昇,治西北史之齐鲁大学教授李得贤,治西南史之云南大学教授方国瑜。"①

由此可知,在顾先生眼中,文实先生已进入当时的史学才俊之列,而且被列入了明清史与区域史两个史学领域之中。应该说,文实先生当时所具有的文献功底、文字功夫、研究方法,尤其是他对西北历史地理及掌故的熟知,得到了学界泰斗的认可,他已跻身于当时的中国史学新秀之列。

三、在徐州女子师范、兰州大学与上海诚明文学院任教

1946年春,顾先生离重庆飞北平整理藏书,此后即安家于上海,出任大中国图书局总经理,并兼任苏州社会教育学院与复旦大学教授。顾先生在重庆期间,夫人殷履安女士病殁,经萧一山等先生介绍,

①《顾颉刚全集》《宝树园文存》卷二,《学术编下》,第343页。

与张静秋女士结为伉俪。张静秋女士毕业于北平女子师范大学,热心
家乡教育事业。抗战胜利后,她受聘担任家乡徐州女子师范的校长,
但因家务所累,难以顾及,亟需得力之人代理校务工作。顾先生夫妇
首先想到的合适之人即文实先生。

抗战胜利后,齐鲁大学迁回济南。1946 年初,顾先生夫妇即有请
文实先生赴徐州女师代理教务之举。①是年 10 月 30 日《日记》载:"得
李得贤书,知已到沪,不日来苏转徐,静秋闻之喜,甚望因彼之来,使
静秋得轻其责任也。"②11 月 1 日《日记》载:"李得贤自青海来,谈,留
宿。"③师生二人再度相会于上海,做竟夜之谈。次日,又同游怡园、妙
玄观等处,晚饭后,又长谈。3 日,文实先生赴徐州就任教务主任职。④

文实先生在徐州女师主持教务的工作持续了约 9 个月时间,大概
这一工作与他情趣不合,次年初秋他即决意辞职。顾先生之意请他至
苏州大学教授近代史和边疆史,⑤但文实先生欲回西北,赴兰州大学
历史系任教。⑥《日记》载,1947 年 10 月 6 日"文实赴京转兰"。行前,顾
先生写信给兰大校长辛树帜、历史系代主任史念海,托其转致。⑦随后
文实先生即开始了在兰大历史系教书的生涯。⑧

1946 年 3 月,国民政府行政院决议在原国立甘肃学院基础上,合

————————

①《顾颉刚全集》《顾颉刚书信集》卷五,《致张静秋》,第 35 页。
②《顾颉刚日记》卷五,第 738 页。
③《顾颉刚日记》卷五,第 739 页。
④《顾颉刚日记》卷五,第 740 页。
⑤《顾颉刚全集》《顾颉刚书信集》卷五,《致张静秋》,第 95 页。
⑥《顾颉刚全集》《顾颉刚书信集》卷五,《致张静秋》,第 118 页。
⑦《顾颉刚日记》卷六,第 138、133 页。
⑧《顾颉刚全集》《顾颉刚书信集》卷五,《致张静秋》,第 127 页。据载,文实先
生于 1947 年 9 月 18 日赴南京购票,当为购返回兰州机票。

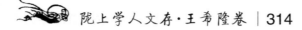

并西北医学院兰州分院等院校成立国立兰州大学，委任辛树帜先生
担任校长。经辛树帜校长的精心筹划，兰州大学初成规模，设有文、
理、法、医四大学院，[①]文学院下设有中文、历史、英文、俄文、边疆语文
五个系。辛校长动用各种关系，积极延揽国内著名专家教授来兰大任
教。当历史系成立之初，他即聘请顾颉刚先生担任系主任。顾先生因
上海事务过多难以脱身，即推荐史念海先生前往兰大代理历史系主
任。文实先生与史先生及辛校长早有过从，相知甚深，故也应聘来兰
大任教。

文实先生在兰大历史系任教期间，1948 年 5 月历史系本省籍学
生与外省籍学生发生冲突，继而引发兰大学潮，致医学院学生刘德让
伤重身亡，历史系代主任史念海、理学院院长程启宇被殴伤，文实先
生幸能及时躲藏，得免于祸。[②]时辛校长在南京国民政府教育部开会，
闻讯后火速乘飞机赶回兰州平息事端，而教育部也急派督学钟道赞
赴兰州调查处理。

此次兰大学潮有着很复杂的背景原因。辛校长采取了息事宁人
的态度，以恢复学校正常教学秩序，将学生的注意力引导到正常的学
习轨道上来逐步平息事端。他的做法之一，即促成当时已荣膺中央研
究院首届院士的顾先生来兰大历史系履职与讲学。而文实先生配合
辛校长，为此做了不少工作。他数次写信给顾先生，介绍兰大学潮情
况，请其早日莅兰讲学。顾先生告诉夫人张静秋："兰州之行不该再
迟。李德贤来信说，学生等急了，再迟又要攻击辛校长开空头支票

---

①初设文理、法学、医学、兽医四学院，其后兽医学院从兰州大学划出，独立
为"国立西北兽医学院"，文理学院分为文学院、理学院。
②详见杨林坤《顾颉刚先生在兰州大学讲学活动考实（上）》，载《兰州大学学
报》2012 年 6 期。

了。"①同时,辛校长也告顾先生"学校已恢复上课,仍盼台驾赴兰讲学,不特可以广育人才,且可予学校一甚大之安定力"。②

1948年6月17日顾先生飞抵兰州,主持系务与讲学半年时间。③此半年时间,是文实先生跟随顾先生进一步系统梳理中国古史的重要时期。顾先生每周讲课十余课时,"听者二百余人,校内教员及校外人士亦有来听者,辛校长更是必到之一"。④讲课笔记,"交得贤整理"。⑤当时文实先生整理的《中国古代史研究序论》后刊于中华书局《文史》杂志第53辑。⑥顾先生住教员第四宿舍,与文实先生为近邻,一日三餐即由文实先生夫人整备,"早晨一盘新鲜牛奶,一个鸡蛋。午晚两餐都是要面食,菜味甚好"。⑦在此期间文实先生长子出生,满月时,顾先生为其起名维皋,号鹤九。⑧

1948年12月7日,顾先生讲学结束,此时史念海先生已受聘西北大学历史系主任,赴西安任职,经顾先生提议,由文实先生代理兰大历史系主任。顾先生离开兰州之前一日深夜,尚伏案"写嘱文实诸事"。⑨

顾先生赴上海之后,文实先生在兰大任教并代理历史系主任,两人通信不断,联系紧密。一年半之后,1950年5月两人再度相会于上海。

①《顾颉刚全集》《顾颉刚书信集》卷五,《致张静秋》,第212页。
②《顾颉刚全集》《顾颉刚书信集》卷五,《致张静秋》,第216页。
③详见杨林坤《顾颉刚先生在兰州大学讲学活动考实》载于《兰州大学学报》2012年6期、2013年1期。
④《顾颉刚全集》《顾颉刚书信集》卷五,《致张静秋》,第223页。
⑤《顾颉刚全集》《顾颉刚书信集》卷五,《致张静秋》,第226页。
⑥顾颉刚《中国古代史研究序论》载《文史》第53辑,2002年。
⑦《顾颉刚全集》《顾颉刚书信集》卷五,《致张静秋》,第222页。
⑧《顾颉刚全集》《顾颉刚书信集》卷五,《致张静秋》,第247页。
⑨《顾颉刚日记》卷六,第386页。

1949 年 5 月、8 月，上海、兰州相继解放。新政权建立过程中，文实先生返回了西宁。《日记》载，1950 年 2 月，"得贤来函，知其住西宁，思东行"。5 月 10 日记："李文实自西宁来。"①据文实先生回忆，此次赴上海，是因为"一九五〇年，顾先生在上海写一本有关西北古代历史的专著，来信约我去上海帮他整理材料"。②顾先生在其《昆仑传说与羌戎文化》的《引言》中也提到："尤其高兴的，李得贤君来到上海，帮助我搜集和整理材料，他是青海化隆人，记得那边的历史、地理、语言和风俗特别多，给我以不少的启发，使我不致冥行迷路。"③两人再度相会于上海，谈及兰州学界诸友情况，当得知甘肃旧友、著名学者张鸿汀"于两月前自杀，以其任甘肃省党部主任委员二年，被派公债一万分，且予斗争，故至此"，兰大历史系青年教师、中共地下党员魏郁"在兰州解放前数日为国特所杀"，顾先生惋惜不已，"为之浩叹"。④

　　经历了激烈的新旧政权的政治变动过程之后，文实先生欲闭门读书，埋首于学术研究工作。顾先生时任诚明文学院中文系教授、系主任，教授"传记研究"、"校勘学"、"史汉比较研究"、"尚书研究"等课。文实先生当时也在诚明文学院任教授。这段时间是文实先生跟随顾先生从事学术研究的重要时期。据《日记》载，这一时期文实先生经常在上海顾先生家中讨论学术问题。1950 年 5 月 23 日，顾先生"将文实所补大小金川节写入〈羌戎〉文，又添千字"。5 月 28 日，"看丕绳来信及文实代为之《程楚润传》"。 11 月 14 日，"校文实所抄《昆仑四

　　①《顾颉刚日记》卷六，第 598 页。

　　②李得贤《顾颉刚先生与西北》，载《顾颉刚先生学行录》，第 232 页。

　　③《顾颉刚全集》《顾颉刚古史论文集》卷六，《昆仑传说与羌戎文化》，第 196 页。

　　④《顾颉刚日记》卷六，第 632 页。

水》迄"。 12 月 28 日,"看文实新作之《木兰辞时代考》,与谈"。[1]由此可见文实先生当时从事学术研究之一斑。

四、蒙冤及平反后的学术活动

(一)被捕经过与原因

正当文实先生热衷于西北民族学术研究工作之际,1951 年 7 月 6 日他被苏州市公安局逮捕,自此身陷囹圄,直至 1979 年才得以保外就医。

文实先生被捕之前,为利用顾先生家藏书籍从事研究,居住在苏州顾先生家中。关于文实先生被捕经过,顾先生《日记》1951 年 7 月 10 日载:

> "11 时到苏州……今日一归家,则吴大姊即摇手,不令入室,询之则李文实于六日上午赴观前时为公安局捕去,且派有警士二人在家监视李太太及崔冷秋也。予本欲不进,而出门时警士适当门,恐不进反为所疑,故即进与之谈。渠谓政府注意文实已年余,今证据确实,故捕之也。文实籍青海,不能与马家无关系,然齐大毕业后马步芳令其任教厅长而不为,宁为徐女师及兰大教员,其无心仕宦可见。去年渠到沪后,曾两次到港,注意之端或即在此。今年渠到苏,极欲闭门读书,而政府竟不许之,未免可惜。"[2]

顾先生与文实先生相知甚深,这里说到的"文实籍青海,不能与马家无关系……去年渠到沪后,曾两次到港,注意之端或即在此",即为文实先生被捕之原因。此外,还应该注意到,文实先生乐于助人的

---

① 《顾颉刚日记》卷六,第 637 页、638、692、709 页。
② 《顾颉刚日记》卷七,第 84 页。

好性格使得他此次得祸有一定的必然性。顾先生在兰大时于给其夫人张静秋的信中提到：

> "说起得贤，他在此简直和我在苏州一样。此地的青海同乡，常围着他；回青海的人经过兰州，要访他；青海出来的人，又要访他。交际费和时间的浪费太多了，真不容易自己读书。前天，青海驻兰州办事处处长赵珑，他和太太吵架，太太一气出走，赵处长来请他协助寻觅，跑了一夜没睡觉，昨天又寻，今天又占卜，但还找不到，说不定跳了黄河了。像出了这种事情，又要拉得贤的差，就因他为人太好，肯帮人家，所以事情更多。'好人难做'，如何如何！"①

"他为人太好，肯帮人家"，是顾先生对文实先生的评价。《日记》中还载有一件事：

> "张文清，齐鲁历史系毕业，甚肯读书，以其为地主，故毕业后乡居。现在四川虽尚未土改，而要地主还清佃户押款，且加利息。渠无法得现款，李文实樽节日用寄与之。"②

为乡居的同学还押款，"樽节日用寄与之"，可知顾先生说文实先生"为人太好，肯帮人家"，并非虚语。

身为青海籍，文实先生有不少同乡，其中包括一些青海军政官员，上引文中提到的其好友青海驻兰州办事处处长赵珑，在 1949 年马步芳出任西北军政长官时曾被委任为兰州城防警备司令。西宁解放前夕，青海的国民党军政人员仓皇外逃至香港者不少。文实先生不可能与这些人没有瓜葛，而他"为人太好，肯帮人家"的本性，决定了

---

① 《顾颉刚全集》《顾颉刚书信集》卷五，《致张静秋》，第 270 页。
② 《顾颉刚日记》卷七，第 35 页。

他的命运。

　　文实先生至上海两月后即赴香港一次。据《日记》1950 年 7 月 3 日，"送李文实赴粤"。①此次赴港，可能时间较长，《日记》中再次出现"文实来，同饭"②的记载，是在 4 个月后的 11 月 6 日。半月后他再次赴港，11 月 22 日《日记》记："文实今日又赴港，送拜夫人也"。③这次赴港时间较短，12 月 15 日《日记》载，"文实自港归，谈时局"。翌年 4 月 24 日《日记》载，"文实去年曾送某太太至港，今闻送某太太至沪之人已被捕，故彼情绪甚不安"。④

　　文实先生两次赴港及被捕的缘由，所送"拜夫人"为何人之夫人，笔者参加青海民族大学纪念座谈会期间，曾向与会的文实先生哲嗣李维皋先生询及。据维皋先生说，其父赴港是奉有王震将军之命联系在港的青海军政人员，而拜夫人似与外逃的兰州城防警备司令赵珑有关。而文实先生也提到，自己得以落实政策是全国政协副主席刘澜涛与国家副主席王震过问的结果。⑤文实先生的学生青海民族大学马成俊教授提到，被捕是青海马振武案牵连所致，先被判处无期徒刑，1967 年改判为有期徒刑 20 年。⑥此外，文实先生致顾先生女公子顾潮

---

①《顾颉刚日记》卷六，第 654 页。
②《顾颉刚日记》卷六，第 689 页。
③《顾颉刚日记》卷六，第 696 页。
④《顾颉刚日记》卷七，第 50 页。
⑤《西陲古地与羌藏文化》《自序》。
⑥马成俊《温柔敦厚 古今文章——写在李文实先生诞辰一百周年之际》，载《李文实先生诞辰 100 周年纪念会暨西北文史研究专题研讨会论文集》。马振武为马步芳外甥，国民党 82 军 190 师少将师长，率部起义后受命赴新疆，为新疆和平解放作出过贡献，但在 1951 年被错判死刑，1983 年平反恢复起义将领名誉。文实先生与马振武为密友。

教授信中提到:"是年七月初我去香港,钱宾四师正在那里办新亚书院,问我愿不愿留在那里……我都未考虑,一心想回沪从刚师从事羌戎文化研究"。①这是我们目前看到的文实先生赴港及被捕缘由和他当时想法的一些材料。当然,要搞清楚这一问题,尚须看到相关的公安档案材料。

(二)平反后的学术活动

文实先生告别学术研究,在青海劳改农场等地的囹圄生涯漫漫长夜中几达三十年之久。直至1978年原被押国民党县团级人员获释,文实先生仍被押在香日德劳改农场。他赋诗"闻到上林花早发,春风总不到天涯",寄予史念海先生,史先生在参加全国政协会议时将此诗转交刘澜涛副主席,这才引起了有关方面的关注。

1979年文实先生因病保外赴西宁就医,时年他已66岁。在不断向法院申请平反的同时,他致信顾先生告诉自己近三十年的苦难经历,希望余生能够继续跟随顾先生从事学术研究工作。4月14日,年已87岁的顾先生复以长信,云:"接来书,为之怃然,你的命运太不好了,我分当为你出力"。顾先生深知文实先生的学术功底,介绍与推荐他整理补订钱海岳先生的《南明史稿》,称"做这一工作的莫如你最胜任",期望通过完成这一学术成果,为文实先生解决生活问题,同时进一步为调其到中国社会科学院工作创造条件。②5月15日,顾先生再复信,告以整理《南明史稿》事"得中华书局开会通过",对文实先生承担此工作寄以很高期望,称:"《南明史稿》得

①引自顾潮教授《李文实先生与顾颉刚先生的交谊——纪念李文实先生百年诞辰》,载《李文实先生诞辰100周年纪念会暨西北文史研究专题研讨会论文集》,青海民族大学2014年9月。

②《顾颉刚全集》《顾颉刚书信集》卷三,《致李文实》,第220页。

君整理,成书不难,匪特钱家夫妇生死感戴,后世学者获见全帙,在历史学上亦不朽之盛业也",并告以"我与刘起釪同志合作,对《尚书》一经作一彻底整理,只望我年登九十,足以实现此一志愿矣"。①然而,翌年年底顾先生逝世,由他介绍文实先生整理《南明史稿》一事也作罢。

文实先生保外就医后,尽管冤案尚未得到平反,但凭借他的学识与声望,青海民族学院(今青海民族大学)聘请他到该校任教。虽然他的冤案直至 1984 年才得到彻底的平反,但他从 1979 年就已经重操旧业,开始教学与学术研究工作。直至 1990 年 8 月,他在青海民族学院汉语言文学系任教,先后承担汉语言文学系本科生中国文学史、少语系硕士研究生中国古典文学课程及辅导讲座,并编写了几十万字的《中国古典文学作品选读辅导讲话》《中国史籍举要》《诗经》《楚辞》等讲稿。特别是对西北的历史、文化、地理、风俗的考察和对青海地方史志的整理编纂作出了突出贡献。自 1980 年以来,他先后在《青海社会科学》《青海民族学院学报》等刊物上发表《读〈青海地方史略〉琐议》《再谈〈青海地方史略〉》《青海地方史札记》《吐谷浑族与吐谷浑国》《有关吐谷浑历史上几个问题的探讨》《西陲古地甄微》《黄河九曲新考》等著作、论文。其中,《西宁府新志与杨应琚》一文,获青海省哲学社会科学优秀成果二等奖,《西陲古地与羌藏文化》获青海省第六次哲学社会科学优秀成果一等奖。1985 年,文实先生获中共青海省委宣传部、统战部颁发的青海民族问题五种丛书荣誉奖,1986 年被全国总工会授予"五一劳动奖章"。1990 年 9 月,文实先生退休。2004年 3 月 8 日,文实先生在化隆甘都逝世,享年 91 岁。

---

①《顾颉刚全集》《顾颉刚书信集》卷三,《致李文实》,第 220 页。

五、余论

青海为我国成立较迟的省级建置。1929年初,国民政府析甘肃西宁道属之西宁、大通、乐都、循化、巴燕、丹噶尔、贵德等海东府县地,在此基础上成立青海省。青海偏处西北,民国时期虽为省级建置,但交通不便,与内地的联系受到阻碍,社会经济、文化教育的发展相对滞后。民国时期,青海是全国各省中没有设置大学的为数不多的省份之一。但是,民国时期青海籍的青年学生负笈东行,在内地各大学深造成才者为数不少,其中一些人供职大学,在各自的学术研究领域中处于领先地位,尤其是一些学者在西北民族历史、西北地理沿革以及西北民族语言方面的研究,在当时国内处于领先地位,李文实先生即其中的佼佼者。

这里还应提到兰州大学建立初期曾担任边疆语文学系主任、教授的杨质夫先生与同时担任边疆语文学系教授的吴钧先生。他们与李文实先生遭遇基本相同,而且,杨质夫先生的遭遇更为悲惨。

杨质夫先生(1907—1961),藏语名贤泽珠桑,青海互助县人。1924年毕业于蒙番师范后留校任教,并参加《藏汉大辞典》编纂工作,曾担任蒙藏委员会翻译,作为西藏巡礼团团员赴拉萨,拜喜饶嘉措为师,学习佛教经典。后来喜饶嘉措大师在南京、北平讲学,杨质夫先生担任翻译。抗战期间,协助喜饶嘉措组织抗日宣传团,深入青康牧区、寺院等处宣传抗日救国,曾受到国民政府的褒奖。抗战胜利后担任国立西宁师范学校校长,受聘兰州大学边疆语文学系。他曾参加边疆学会,深受顾颉刚先生器重。其夫人格桑雀珍(汉名冯云仙)是西康藏族,毕业于南京蒙藏学校,曾任国大代表、国民政府蒙藏委员会委员、监察院监察委员,创办青海省玉树师范学校。杨质夫先生于1950年被捕入狱,在狱中先后奉命翻译《中国共产党党章教程》《谁是最可爱的人》

等汉文文献以及《格萨尔王传·英雄诞生》等藏文文献 20 余册,并创制了被称为新生体,填补国内印刷行业空白的第一套完整的 1—7 号正楷、草书、黑体三种藏文字模,提出后缀带点法、连串字方法,提高藏文排字工效 30%以上,推行全国,至今使用。杨质夫先生毕生致力于《藏汉大辞典》的编纂工作,入狱时将保存的两木箱《藏汉大辞典》原稿带至狱中随身保管,进行修订,去世后原稿竟不知去向。①

　　吴均先生(1913—2009),藏语名阿旺曲哲,青海循化人,自幼喜爱藏语文,师范毕业后进入青海隆务寺学习佛教经典数年,获得"柔艾巴"学位,精通藏语文,1948 年受聘兰州大学边疆语文学系,教授藏文。后入狱,在狱中曾从事《岭·格萨尔王传》的大部分翻译。1977 年平反后,他在青海民族学院、青海师范大学担任地方史、藏族史教授,培养了一批研究生,完成了《岭·格萨尔王传》《安多政教史》《察罕呼图克图衮噶嘉勒赞传》等著名藏文文献的翻译工作,发表了一系列论文,指导了一大批研究生。世人评论吴钧先生如果未曾 27 年身陷囹圄,其成就当会远远超过日本学者佐藤长。

　　行文至此,扼腕叹息。民国时期,青海较之他省,教育发展滞后,本省籍学者不多,而李文实、杨质夫、吴钧诸先生在各自的专业领域中都是当时国内的佼佼者,倘若他们能终生从事各自喜爱的研究工作,其成就自当不至于此。然而,在特殊的历史背景下,他们却都是在囹圄中度过了最好的年华,中断了自己的学术研究道路,这不能不使我们深深地感到遗憾。

(原载《兰州大学学报(社会科学版)》,2015 年第 4 期)

---

① 吴钧《记藏学家杨质夫》,载《西宁文史资料》第九辑,1990 年。

论第巴达孜巴

达孜巴本名拉杰饶丹,属吉雪噶丹巴族系,西藏达孜贵族,故人称达孜巴、吉雪达孜台吉。清朝文献多写作达克杂或达克咱。康熙五十六(1717)年,准噶尔部入据西藏,达孜巴被任命为西藏地方政府的行政长官第巴,因而后世又称其为第巴达孜巴。康熙五十九(1720)年清军入藏驱逐准噶尔军,达孜巴被清朝官员处死。

关于达孜巴,学界的相关研究似乎已经形成了定论。如著名意大利藏学家伯戴克认为:"策凌敦多布在拉萨组织了一个以切热地方的达孜巴·拉加绕旦为首的西藏傀儡政府。"[①]夏格巴指出:"达孜巴的第巴职位只是表象,在他的权威下实施的所有行动都是出于准噶尔人的命令。"[②]我国著名藏学家东嘎·洛桑赤列也认为:"准噶尔人虽然在表面上委任了七十多岁的第巴达孜哇拉嘉热丹为西藏的第悉,但实际上全部权力都掌握在准噶尔人的手中。"[③]其后王辅仁、陈庆英两先生也持同样的观点,他们指出:"达孜巴被他们(准噶尔人——笔者

[①]伯戴克:《十八世纪前期的中原和西藏》,周秋有译,拉萨:西藏人民出版社,1987年,第69页。

[②]Tsepon Wangchuk Deden Shakabpa, *One Hundred Thousand Moons:An Advanced Political History of Tibet, Volume* 1,Trans.Derek F.Maher,Leiden·Boston: BRILL, 2010,p.435.

[③]东嘎·洛桑赤列:《论西藏政教合一制度·藏文文献目录学》,陈庆英译,北京:中国藏学出版社,2001年,第62页。

注)委任为第巴,由他出面组织了一个傀儡政权……在名义上主管准噶尔部建立的地方政权。"①

近年来,学界的这一观点似乎并未有所变化。如宝音特古斯认为达孜巴是个"心地善良、耿直虔诚的老人",他所主持的"是一个名副其实的傀儡政府"。②李占魁也认为:"西藏实权掌控于准噶尔蒙古首领策零敦多布等人手中,第巴及其众噶伦只是准噶尔蒙古首领控制下的例行公事的藏族专职人员,达孜瓦显然是精力不济,完全不能过问政事。"③

以上,我们可以看出,学界对此已经基本形成了共识,即达孜巴为第巴的西藏地方政府是准噶尔人统治下的一个傀儡政权,达孜巴是准噶尔人所立的傀儡。近年来持这种认识的研究成果还有很多,这里不再一一赘述。

策仁旺杰所著《颇罗鼐传》中达孜巴的形象是"年老无能"、"善良"、"单纯"的,他不过是准噶尔人任命的"傀儡"。通过对诸多著作、论文的分析,笔者发现前辈学者之所以得出达孜巴"仅仅是准噶尔的傀儡"的结论,很大程度上是受策仁旺杰的影响。而与策仁旺杰的描述相反,多种文字的其他史料却有着不同的记载。下面,笔者将依据不同来源的多种文献史料与《颇罗鼐传》等书中的相关记载进行比对,就这一问题提出一些新的看法,望各位方家批评指正。

---

①王辅仁、陈庆英:《蒙藏民族关系史略》,北京:中国社会科学出版社,1985年,第187—188页。

②宝音特古斯:《十八世纪初期卫拉特、西藏、清朝关系研究——以"六世达赖喇嘛事件"为中心》,内蒙古大学博士论文,2009年,第88—89页。

③李占魁:《准噶尔蒙古在西藏的统治述论》,《甘肃社会科学》,2009年第4期,第188页。

一、截然相反的描述

《颇罗鼐传》中是这样描述达孜巴的:

> "达孜台吉出身于宏扬文殊怙主法王之教的噶丹派世系,已是年迈老人。头发白得像一簇白邬波罗花,眼皮下垂,牙齿脱落,步态蹒跚,口齿不清,耳朵半聋。虽然不堪称心合意,但是名义上,却被扶上统治的宝座。"①

策仁旺杰不仅认为达孜巴已经"年迈力衰",更指出他"秉性善良,不论敌友,一视同仁,认为人人都像他一样心善,从不多疑。"②康熙五十九年,清军入藏驱逐准噶尔军,达孜巴的下场是悲剧性的,他被清方处决。如果依据策仁旺杰的描述来看,这样一个老态龙钟且心地善良的人,被准噶尔推为傀儡,后来更是因此而丧命,这确实值得同情。但事实果真是这样吗?

与策仁旺杰对达孜巴的描述截然相反,准噶尔军入藏之时身处西藏的天主教传教士德西迪利是这样描述达孜巴的:

> "他天生残忍,野蛮,我们从几年前发生的一件事情可以看出来。那时,他唯一的儿子曾经受过良好的教育和训练,聪明,有知识,受到人们的热爱,所以引起了拉藏汗王的注意,对待他就像对待自己的儿子一样,并把他带进宫廷。但是德巴达孜没有为儿子的好运高兴欢喜,反而因为嫉妒而充满了痛苦,担心儿子会阻碍他的冒险大业。一天晚上,在愉快的晚餐时,他悄悄给儿子下了毒。看到儿子中毒后脸

---

① 多卡夏仲·策仁旺杰:《颇罗鼐传》,汤池安译,拉萨:西藏人民出版社,1988年,第155页。

② 多卡夏仲·策仁旺杰:《颇罗鼐传》,汤池安译,第194页。

色惨白,倒地而死时,他自己未滴半点泪水,泰然自若。"①

据此可知,在德西迪立看来,达孜巴并不像策仁旺杰所言那样单纯且善良。

准噶尔军入藏,拉藏汗出于对局势的担心,安排其次子苏尔扎逃走。但苏尔扎却在逃亡时被准噶尔人抓获。关于这一事件,策仁旺杰是这样说的:

> "达孜瓦王在位时,拉藏汗的小公子苏尔扎被达孜的老百姓非法捉去。达孜瓦王虽然没有参与这一罪恶勾当,而今却有人向北京诸大将军言道:公子被抓,交给了准噶尔人,这是达孜瓦王干的事情。"②

也就是说,策仁旺杰认为达孜巴并没有背叛拉藏汗,将苏尔扎交给准噶尔人。事实果真是策仁旺杰所说的这样吗?答案是否定的。

实际上,达孜巴对拉藏汗的仇视由来已久。早在康熙四十四(1705)年,也就是拉藏汗与桑结嘉措决战的这一年,"拉藏汗王妃却吉打算派蒙古兵来捣毁寺院。为了使寺院及百姓们不受害,(班禅——笔者注)特派格勒炯乃给却吉王妃送去一封信和厚礼,恳求宽恕 6 月间被王妃所关押的德巴达巴等人。王妃收信后释放了关押人。"③可知,达孜巴曾被拉藏汗王妃关押,其后由于班禅的求情,才被释放。另据德西迪立记载"他(达孜巴——笔者注)出身名门,是拉藏汗杀死的西藏前藏王的亲戚。行政长官德巴达孜一直希望恢复王位,

①依波利多·德西迪利:《德西迪立西藏纪行》,杨民译,拉萨:西藏人民出版社,2004 年,第 139 页。

②多卡夏仲·策仁旺杰:《颇罗鼐传》,汤池安译,1988 年,第 200 页。

③丹珠昂奔主编:《历辈达赖喇嘛与班禅额尔德尼年谱》,北京:中央民族大学出版社,1998 年,第 457 页。

因为王位原本属于他亲戚的。"①也就是说,达孜巴不仅曾被拉藏汗方面关押,且在桑杰嘉措败亡后,也没有得到其觊觎已久的第巴职位。这就在达孜巴心中埋下了仇视拉藏汗的种子。虽然其后拉藏汗很尊重达孜巴,以"兄礼"敬之,与其"坐则一床,食则同桌,"②并令其担任重要职务。③但是一待时机成熟,达孜巴就会对拉藏汗做出无情的报复,实现自己成为藏王的野心。准噶尔部入藏正为达孜巴报复拉藏汗创造了绝佳的机会。

据清朝方面记载,苏尔扎系被达孜巴出卖。年羹尧曾上奏:

> "臣等自川省备兵以来,凡西藏情形信息无不留心体察。向闻达则哇地方虽系西藏所属,其碟吧名大克咱者,素与拉藏不合,上年车陵董罗布领兵至彼,拉藏退保布达拉城内,原可坚守以俟救援,而达则哇之人叛主,开北门延敌入城,以致拉藏被害,即苏尔扎逃出之时,亦系达则哇之人拿获交与大克咱,大克咱转交车陵董罗布解送侧旺阿喇布坦处。"④

清朝中央高级官员对于年羹尧的奏折,有这样的认识:"据此供词,则非特从前之传说属真,而拉藏之被害明系大克咱之卖主。"⑤可见,他们此前已经听闻过一些传闻,此次年羹尧的奏书更让他们确认

①依波利多·德西迪利:《德西迪立西藏纪行》,杨民译,第 139 页。

②《审讯为准噶尔办事第巴达克册等五人处死折》,康熙六十年正月二十二日,引自吴丰培编纂:《抚远大将军允禵奏稿》,北京:全国图书馆文献微缩复制中心,1991 年,卷 12 第 21 页。

③王辅仁、陈庆英:《蒙藏民族关系史略》,第 188 页。

④《奏陈独日结洛丁供西藏情形折》,康熙五十七年闰八月二十四日,引自季永海等译校:《年羹尧满汉奏折译编》,天津:天津古籍出版社,1995 年,第 198 页。

⑤同上。

了苏尔扎是被达孜巴出卖。与此相同,康熙皇帝也认为达孜巴"乃执拉藏之子苏尔杂而交给策凌敦多布之人,然而擅坐第巴之床。"①

不仅清朝得出了达孜巴背弃拉藏汗,出卖苏尔扎的结论,传教士德西迪立也有着同样的认识。据他记载,苏尔扎等人出逃后,来到达孜巴家中。当达孜巴"得知这3位客人睡觉之后,就派人告诉泽仁顿珠(策凌敦多布——笔者注)将军说,那3位逃犯现在他的控制之下。泽仁顿珠将军派了一对〔队〕武装士兵过来,立刻就逮捕了3个人,将他们带到了将军那里。"②

清王朝与外国传教士依据他们各自的信息来源,都得出了达孜巴背叛拉藏汗,出卖苏尔扎的结论。准噶尔部入藏,隐忍多时的达孜巴不仅报复了拉藏汗,也获得了觊觎已久的"藏王"之位,实现了其野心,不可不谓是颇有谋略。策仁旺杰所谓"秉性善良"、"从不多疑"等等描述,所谓苏尔扎是被"达孜的老百姓非法捉去","达孜瓦王没有参与这一罪恶勾当"之语,显然并非历史事实。

据策仁旺杰记载:"阳铁鼠(1720)年,达孜第司在桑鸢寺顶堂,向佛像献上了首饰、顶饰和耳饰。他是作为施主去参加开光典礼的。这时,达赖喇嘛的随行扎西贝惹娃的群则从山南秘密地来到此地。如果正式请达孜娃大人向达赖喇嘛尊前呈禀情况,恐怕不好办,才决定由维噶济仲佛爷和我本人及管家欧珠郭杰等三人商量讨论以后,对于准噶尔蒙古部侵藏事件的前前后后,作了一致的解释,并写了封信,偷偷盖上摄政王的图章,力图呈报上去,但这封信未能上交到达赖喇

---

① 《理藩院寄密旨与署理将军事务额伦特等之咨文》,康熙五十七年八月十四日,引自中国第一历史档案馆编:《康熙朝满文朱批奏折全译》,北京:中国社会科学出版社,1996年,第1318页。

② 依波利多·德西迪利:《德西迪立西藏纪行》,杨民译,第139页。

嘛手中。"①在这里，策仁旺杰似乎暗示，清军入藏以前，达孜巴并没有与身处青海的噶桑嘉措集团有过联系，未曾向其解释过西藏的局势。甚至到了清朝大军入藏之际，噶桑嘉措的使者前来，西藏僧俗高层向其报告情况，也仅是达孜巴属下之人，未经其同意，而私自在报告情况的信件上盖上图章的。但是事实果真如此吗？

实际上，达孜巴甚至早在拉藏汗统治时期，就与噶桑嘉措建立了联系。②噶桑嘉措派回西藏的艾巴罗桑贡却主仆在西藏的隐蔽活动，也正是由于达孜巴的"热心善巧协助"，才得以顺利完成。达孜巴还虔诚地向噶桑嘉措奉献了供养品。③也就是说，达孜巴与噶桑嘉措为代表的势力集团早就保持着密切的联系。

达孜巴不仅与噶桑嘉措集团来往密切，还鉴于形势，与清朝有着亲疏不定的联系。据卓尼土司杨如松属下喇嘛称："我至第巴拉克巴前交递文书。第巴拉克巴阅文，本欲率所有唐古特众，归降我等大军。后见我军力单薄，准噶尔军力强大，乃止降。"④由此看出，达孜巴本来有意投靠清朝，但是通过对局势的判断，他没有将这种想法付诸实践。清军第一次入藏以失败告终，清朝是否会克服种种困难，再次派兵入藏，这并不确定。如果达孜巴此时向清朝投诚，是很危险的。他正确地估计了形势，没有倒向清王朝，从而继续保持着自己的

①多喀尔·夏仲策仁旺杰：《噶伦传》，周秋有译，常凤玄校，拉萨：西藏人民出版社，1986年，第7—8页。

②Tsepon Wangchuk Deden Shakabpa, *One Hundred Thousand Moons: An Advanced Political History of Tibet*, p.423.

③章嘉·若贝多杰：《七世达赖喇嘛传》，蒲文成译，北京：中国藏学出版社，2006年，第41页。

④《胤祯奏闻于理塘巴塘等处探取信息折》，康熙五十八年七月初九日，引自《康熙朝满文朱批奏折全译》，第1411页。

第巴职位。

虽然达孜巴暂时没有投向清朝，但他还是向清朝做出了示好的举动。清军第一次入藏战败，士兵死亡甚多，仅剩五百余人为准噶尔俘获。其后，准噶尔出于多方面的考虑，欲将这些清军士兵送归清朝。于是，"第巴达克匝咨文巴塘称，策凌敦多布执进藏大军五百人以去，留于藏地，兹将自巴尔喀木等地送至打箭炉。"①清朝官员认为，"西藏之第巴达克匝，乃策凌敦多布之信用之人，与贼合谋奸计，不问便可得知。自西宁进剿之军，理应送回西宁，且由此路交付达克匝送来，此盖为日后保全达克匝。"②可见，清朝官员认为，达孜巴主持送还被俘的清军士兵，有向清朝示好的考虑。

清军入藏后，达孜巴又鉴于形势，抛弃了准噶尔人。定西将军噶尔弼派遣官员劝降达孜巴。达孜巴随即投向清军，并聚集皮船，协助清军渡河。③其后，他更是积极向清朝献言献策。据史料记载："三庙坎布，尽擒各庙所在准噶尔喇嘛凡一百一人以献。其中首恶喇嘛五人。据第巴达克咱及三庙坎布等言，五人者，并受策零敦多卜逆命为总管，即取五人斩之。"④清朝第二次派兵入藏之际，达孜巴对局势的判断依旧是正确的，他再次站在了胜利者一边，为胜利者效劳。

通过上文的分析比对，我们可以认识到，策仁旺杰所描述的"年

①《议政大臣议奏招抚巴塘里塘等事折》，引自《康熙朝满文朱批奏折全译》，第1656页。

②同上。

③《圣祖仁皇帝实录（三）》，康熙五十九年十月庚戌条，北京：中华书局，1985年，第815—816页。

④傅恒等纂：《平定准噶尔方略》，前编卷8第2页，海口：海南出版社，2000年影印本，第1册第157页。

老无能"、"善良"、"单纯"的达孜巴形象是值得怀疑的。其他方面的史料证明,达孜巴并不是一个年老无能的庸碌之人,而是一位颇有谋略的野心家。他有着很深的政治智慧,对于政治形势具有正确而敏锐的判断,并能根据具体情况随机应变。那么,策仁旺杰所谓达孜巴是准噶尔人所立的没有权力的傀儡之语,又是否可信呢?下文中笔者将提出自己的认识。

二、身份尊贵,威望极高

达孜巴属吉雪噶丹巴族系。五世达赖喇嘛称其先祖甘丹巴索南杰布为"法王松赞干布臣噶尔氏之裔也",[①]"噶尔氏"也就是我们熟悉的禄东赞。其家族先是被任命为"德庆所属机雪南北两岸之总管。"[②]其后,因吉日达孜绝嗣,他的家族与达孜合为一家,继承了德庆达孜巴的世家,势力进一步扩大,成为卫藏中心拉萨地区的大贵族世家。[③]

达孜巴家族是格鲁派的坚定支持者,曾"于甘丹寺银塔献珠宝作门严;修造拉萨神变殿之金顶",五世达赖对此有着极高的评价,称其"所作之清净善业犹如月光,朗照福德之白莲花苑,而使香花盛开……其美德声名,如同妙乐,响彻天界。[④]五世达赖与这一家族的联系非常密切,不仅经常会见其成员,还就政教事务与其商讨。对出身于这个格鲁派大施主家族的达孜巴,五世达赖更是青眼相加。五世达赖曾多次宴请达孜巴及一些僧俗贵族,某次达孜巴拜访达赖喇嘛,达赖

①五世达赖喇嘛:《西藏王臣记》,刘立千译注,拉萨:西藏人民出版社,1992年,第115页。
②五世达赖喇嘛:《西藏王臣记》,刘立千译注,第116页。
③同上。
④五世达赖喇嘛:《西藏王臣记》,刘立千译注,第117页。

喇嘛还特意为其单独设宴。[①]五世达赖不仅曾多次为达孜巴说法、灌顶,[②]甚至还不辞辛劳,单独为其"仔细讲授了《三要义往生所缘论》,历时两天。"[③]在藏区的重大典礼中,达孜巴同样扮演着重要角色。如洛桑土登就任第巴时,"首位献礼者为名字吉祥的达孜第巴拉嘉热丹。"[④]而和硕特丹增达赖汗继承王位,献礼的第一人,同样是达孜巴。[⑤]以上我们可以看出,在以五世达赖为首的西藏上层的心目中,达孜巴具有何等重要的地位。

凭借着其高贵身份,达孜巴积极地参与藏地政教事务。康熙四十三(1704)年,达孜巴与三大寺的总管,共同写信要求班禅派代表赴拉萨调解拉藏汗与桑结嘉措的矛盾。[⑥]拉藏汗统治时期,达孜巴的地位也是很高的,他曾任拉藏汗政府的噶伦。在准噶尔部入藏与拉藏汗战斗之际,他还作为主导者之一,迎请班禅调解双方矛盾。[⑦]达孜巴不仅身份、地位尊贵,且在藏人中也颇有威信。定西将军噶尔弼入藏,就曾发现"唐古忒俱甚是恭敬第巴,凡事俱遵第巴达克扎指示行事。"[⑧]

---

①五世达赖喇嘛阿旺洛桑嘉措:《五世达赖喇嘛传·下册》,陈庆英、马连龙、马林译,北京:中国藏学出版社,2006年,第214页。

②五世达赖喇嘛阿旺洛桑嘉措:《五世达赖喇嘛传》,陈庆英、马连龙、马林译,上册第315、319页,下册第61、93、224。

③五世达赖喇嘛阿旺洛桑嘉措:《五世达赖喇嘛传·下册》,陈庆英、马连龙、马林译,第370页。

④五世达赖喇嘛阿旺洛桑嘉措:《五世达赖喇嘛传·下册》,陈庆英、马连龙、马林译,第31页。

⑤五世达赖喇嘛阿旺洛桑嘉措:《五世达赖喇嘛传·下册》,陈庆英、马连龙、马林译,第55页。

⑥丹珠昂奔主编:《历辈达赖喇嘛与班禅额尔德尼年谱》,第457页。

⑦丹珠昂奔主编:《历辈达赖喇嘛与班禅额尔德尼年谱》,第461页。

⑧《西藏志·卫藏通志》,拉萨:西藏人民出版社,1982年,第349页。

据以上所述可知,达孜巴不仅具有高贵的身份,颇有权威,且熟于处理政教事务。其后,曾背弃清朝支持的拉藏汗而投靠准噶尔部的达孜巴,依旧被第二次入藏的清军视为藏区地位最为尊贵的贵族之一。《七世达赖喇嘛传》中记载了噶桑嘉措坐床仪式的盛况:"喇嘛莲足登上无畏雄狮承举的按照历算经典而设面朝东方的高广大金座。左侧是两位大将军为首的皇帝之官员、第悉达孜哇拉加拉旦等仲科和亲属;右侧是土观呼图克图、甘珠尔大喇嘛、喀尔喀和青海的诸王族首领、各大寺院主持法座的诸位活佛、善大知识、本群则、总管、引经师、僧官等。"①从中可以看出,达孜巴此时的地位依旧是很高的,他与清朝高官同立于噶桑嘉措左侧,在他们的右侧则是身份尊贵的高僧与蒙古诸部的首领。

综上可知,达孜巴在藏区有着很高的地位与权威,正如策仁旺杰所言:"这位噶丹派的王爷,世世代代弘扬佛教,那令人起敬的名声,人人称颂四处远扬。"②如果准噶尔人想要建立一个没什么权力的傀儡政府,任命一个唯唯诺诺、事事皆以准噶尔人马首是瞻的傀儡藏王,那么达孜巴并不是一个很好的选择。达孜巴这样一个身份尊贵,"行政经验丰富",③怀有野心,富有谋略,机智善变,且藏人"凡事俱遵其指示行事"的极有权威的大贵族,并不是很好控制的。实际上,拉藏汗在消灭第巴桑结嘉措后,并没有委任深孚众望的达孜巴为第巴,这也正是由于达孜巴威望颇高、精明干练、难以控制,与拉藏汗集中权力于和硕特汗庭的要求不符。那么,准噶尔人又是出于何种考虑而选择了达孜巴呢?笔者认为,准噶尔人任命达孜巴为"藏王",正是看中

---

①章嘉·若贝多杰:《七世达赖喇嘛传》,蒲文成译,第50页。
②多卡夏仲·策仁旺杰:《颇罗鼐传》,汤池安译,第203页。
③伯戴克:《十八世纪前期的中原和西藏》,周秋有译,第69页。

了他的权威与能力。以达孜巴领导西藏地方政府,可以帮助准噶尔稳定动荡的西藏局势。正是由于准噶尔人需要以达孜巴为代表的西藏僧俗高层的帮助,所以他们并不介意任用颇有威望的达孜巴,也不介意向他让渡一定的权力。在某种意义上来说,准噶尔人与达孜巴的关系,更像是合作而不是主人与傀儡。下面,笔者将论证这一观点。

三、傀儡抑或是君王

在策仁旺杰笔下,作为西藏地方政府第巴的达孜巴"完全不能过问政事",仅仅是"名义上的藏王"。但是综合考察其他史料,笔者却发现事实并不是如此。康熙末年清朝、西藏、准噶尔部等方面的人们对达孜巴的地位,有着近乎一致的认识。值得注意的是,他们的看法与策仁旺杰的描述完全相反。

早在康熙五十七年闰八月,料理军务都统法喇、四川巡抚年羹尧的上奏中就指出:"车陵董罗布已将大克咱立为藏王,现在管事。"[1]也就是说,清朝封疆大吏认为,达孜巴并不是没有权力的傀儡,而是"管事"的"藏王"。

又据千总何元及丽江土司知府穆兴所派的衙役何德禀报:"第叶巴达杰属下人,连同彭祖达吉之随从共九人,来中甸地方贸易。惟第叶巴达杰乃降策妄喇布坦,为藏之副王之人,故拘留彭祖达吉等看押。"[2]可见,清朝下级军官及云南土官,均认为达孜巴为投靠准噶尔部的"藏之副王",并因此而捉拿其派出的人员。

---

① 《奏陈独日结洛丁供西藏情形折》,康熙五十七年闰八月二十四日,季永海等译校:《年羹尧满汉奏折译编》,第 198 页。

② 《议政大臣巴珲德奏为将西藏贸易人解来京城折》,康熙五十七年十月三十日,引自《康熙朝满文朱批奏折全译》,第 1337 页。

以上二则是清朝方面的认识。那么准噶尔人与藏人又是如何看待达孜巴的呢？据达孜巴派往打箭炉的属下称："藏内诸事现系大克咱管理，是车陵董罗布立他做藏王……拉藏原管印的叫坡拉呢〔尼〕，拉藏被害，坡拉尼不肯交出印来。是车陵董罗布要杀他，才将印交与车陵董罗布，就转交与大克咱。平常小事不曾用印，因为竹巴地方营官用印一次。达赖喇嘛的印也是车陵董罗布夺去，交与大克咱了。"①可见，达孜巴下属的藏人，并不认为达孜巴是傀儡，而是指出"藏内诸事现系大克咱管理"。更值得注意的是，达孜巴还掌有拉藏汗与达赖喇嘛的印信，在以印信作为权力象征的古代社会，这很能说明问题。

又据出逃的准噶尔军人萨木坦称："第巴台吉今同我车凌敦多布好似一人。惟因由下属唐古特人征官赋甚重，众唐古特无不怨愤。"②可见，准噶尔军人也认为达孜巴与大策凌敦多布之间相处融洽，并不是傀儡与主人的关系。

被准噶尔俘获的清军士兵于二与曾保护他逃出藏地的藏人谈甲固吉二人，对达孜巴与大策凌敦多布的关系也有同样的认识。据他们所言："车凌端多布尊重第巴达克册。放第巴时，现第巴达克册等闻得与车凌端多布等好。"③

以上，我们可以看出，那个时代分属不同集团的人们，无论是清朝方面的大小官员，或者是藏人、准噶尔军人，都认为准噶尔人与达

①《奏陈独日结洛丁供西藏情形折》，康熙五十七年闰八月二十四日，季永海等译校：《年羹尧满汉奏折译编》，第198页。
②《胤禛奏报归降之准噶尔萨木坦口供折》，康熙五十八年七月初九日，引自《康熙朝满文朱批奏折全译》，第1414页。
③《审讯由藏逃出人员述说藏情折》，康熙五十九年五月二十一日，引自《抚远大将军允禵奏稿》，卷7第22页。

孜巴相处得颇为融洽,达孜巴并不是准噶尔部属下没有权力的傀儡,
而是名副其实的管理西藏事务的"藏王"。

客观地来说,达孜巴是准噶尔盘踞西藏时期,西藏地方政府的
实际领导者。在很大程度上,孤军深入的准噶尔人正是依靠达孜巴
领导下的西藏地方政府,才得以在卫藏地区盘踞近三年之久。这一
时期,达孜巴领导的西藏地方政府,在人力、物力、财力等诸多方
面,给予准噶尔人以帮助。如就军需物资而言,达孜巴曾向"喀木方
面之众每户收银一两,五十户取骡一头,交与准噶尔人。"①达孜巴
不仅为准噶尔军队筹措军需补给,也为其提供人力与军队。清朝官
员就指出他"处处行文,自始至终助逆……又处处调兵迎攻我兵,
钤印行文。"②以上可见,达孜巴利用其威望与权力,为入藏的准噶
尔人提供了相当程度的帮助,这恐怕不是一个无能的傀儡所能办
到的。

伯戴克曾称:"策凌敦多布统治西藏的唯一方式就是军事占
领,全靠他那占优势的武装力量对人民实行恐怖统治。"③他的这一
观点影响深远。但是笔者认为,这种笼统的概括是不全面的,甚至
是错误的。

准噶尔部共计派出军队五千多人,号称六千人。④经过藏北进

①《胤祯奏闻于理塘巴塘等处探取信息折》,康熙五十八年七月初九日,引自
《康熙朝满文朱批奏折全译》,第1412页。

②《审讯为准噶尔办事第巴达克册等五人处死折》,康熙六十年正月二十二
日,引自《抚远大将军允禵奏稿》,卷12第25页。

③伯戴克:《十八世纪前期的中原和西藏》,周秋有译,第69页。

④《胤祯奏报归降之准噶尔萨木坦口供折》,康熙五十八年七月初九日,《胤
祯奏报讯问喇嘛纳木喀坚赞来招折》,康熙五十八年八月二十二日,分别引自《康
熙朝满文朱批奏折全译》,第1414、1434页。

军的减员，及与清军第一次入藏时的战斗，所剩最多不过三千余人。①凭借着劳师远征，补给困难的三千疲敝之师，就能够对人口乃至军队数量都远多于他们的藏地实行"军事占领"，并依靠所谓"占优势的武装力量对人民实行恐怖统治"吗？更值得注意的是，即使是这三千余人，也大部驻扎于达木及一些防御清军的战略要地。在西藏的政治、宗教中心拉萨，只有很少的驻军。据土司杨如松属下喇嘛云："准噶尔之车凌敦多布、托布齐、喇木扎木巴吹木丕勒等率三百余兵，驻扎招地。"②又据归降之准噶尔军人萨木坦言："我亲来此地时，车凌敦多布亲率百余人，驻于招地。"③喇嘛纳木喀坚赞也称："我来时，车凌敦多布、托布齐、吹木波勒率少数兵驻于招地，将其他兵交付寨桑等，驻于达木、喀喇乌苏。木鲁乌苏、诺莫浑乌巴西等处均设卡伦。"④

以上，我们可以确定的是，准噶尔军队不仅数量有限，且至少在一定时间内，曾在西藏宗教、政治中心拉萨，仅驻军百余名。这固然是出于分兵驻守战略要地、解决补给等方面的考虑。但是西藏准噶尔军队的最高统帅大策凌敦多布仅仅带领百余军队驻守西藏宗教、政治中心拉萨，难道就是靠着这百余人对西藏的中心进行"军事占领"，依靠其

①《胤祯奏报讯喇嘛敦多布加木措口供折》，康熙五十八年八月二十二日，引自《康熙朝满文朱批奏折全译》，第 1429 页。《平定准噶尔方略》，前编卷 4 第 30 页，第一册第 97 页。《奏报由西来之喇嘛及蒙古等询问藏情折》，康熙五十八年六月十三日，引自《抚远大将军允禵奏稿》，卷 2 第 26 页。

②《胤祯奏闻于理塘巴塘等处探取信息折》，康熙五十八年七月初九日，引自《康熙朝满文朱批奏折全译》，第 1412 页。

③《胤祯奏报归降之准噶尔萨木坦口供折》，康熙五十八年七月初九日，引自《康熙朝满文朱批奏折全译》，第 1413 页。

④《胤祯奏报讯问喇嘛纳木喀坚赞来招折》，康熙五十八年八月二十二日，引自《康熙朝满文朱批奏折全译》，第 1434 页。

"占优势的武装力量"来实行"恐怖统治"的吗?他难道不担心在拉萨无论是人力或是军力都远超"百余人"的藏人对他不利吗? 实际上,如果准噶尔人与达孜巴为首的西藏僧俗高层的关系不是前文描述的那样颇为融洽的话,大策凌敦多布是绝不敢仅仅率领数百人驻扎拉萨的。

准噶尔人在西藏,是否真的像某些学者所描述的那样,"除了以优势武力与恐怖策略来让人民屈服之外,别无他法"吗?①达孜巴又是否仅仅是准噶尔人"恐怖统治"之下一个没有权力的傀儡呢? 答案是否定的。实际上,准噶尔人在西藏的统治更多的是依靠以达孜巴为首的西藏僧俗高层,而不是其"三千余人"军事力量下的"恐怖统治"。正是由于准噶尔人对达孜巴信任有加,颇为倚重,并向其让渡很大的政治权力,才使得达孜巴愿意为准噶尔人"实心效力"。也正是由于达孜巴颇具威望与权力,才能够有效领导西藏地方政府,维持卫藏地区的社会稳定,并为准噶尔提供人力、物力方面的帮助,使准噶尔部能够以仅仅三千余人就较为稳固地在西藏盘踞近三年时间。换句话说,准噶尔人正是利用达孜巴来统治卫藏地区,在这一要求下,向其让渡很大的政治权力,是不可避免的。

作为一个成熟的政客,达孜巴在被准噶尔人利用,为其出力的同时,也动用手中的权力,为自身谋利益。他在继任藏王后,随即大肆安插亲信,巩固自己的权力。如"现今巴尔喀木沿途有名地方皆西海各部落交纳差事之处,碟巴大克咱将旧有之营宫、堪布,悉用心腹之人替换。"②更值

---

①K.Dhondup,The Water Horse and Other Years:A History of 17th and 18th Century Tibet,2nd Edition,Dharamsala:Library of Tibetan Works & Archives, 2003,p.65.

②《预备进藏兵数折》,康熙五十八年正月十三日,季永海等译校:《年羹尧满汉奏折译编》,第 203 页。

得注意的是,达孜巴的下人,其"世代奴仆"阿昭拉,作为一个"极微贱小人",甚至也因达孜巴的"重用"被委任为噶伦。[①]试问如果达孜巴仅仅是一个没什么权力的傀儡,他是否有条件将自己的奴仆任命为身负重任的高级官员噶伦呢?

虽然达孜巴要为准噶尔人出力,但他并不是唯唯诺诺地对准噶尔人俯首听命。如达孜巴曾援救了因屡屡与准噶尔人作对而被关押的颇罗鼐。[②]其后,颇罗鼐派人向达孜巴送去呈文,更是获得了旺登河谷地区的税务之职。[③]达孜巴还再三宣称:"浑台吉尔若有弘扬土伯特佛教,安抚众生之念,应将居古木布木庙小灵童,尽力请至招地。此请之时,皇上大圣主同我等青海之众台吉一心聘请外,既然并无他策,皇上大圣主同青海众台吉,以妥善相会为佳。若不能将此小灵童由古木布木庙请之,三年内土伯特人并无余资,必将财尽库虚。"[④]虽然准噶尔人出于多方面原因,对清朝控制下的达赖喇嘛转世灵童"无诚意,亦无请其坐床之意",但是,他们也不得不尊重以达孜巴为代表的西藏僧俗贵族的意愿,与其世仇清朝,就迎请达赖喇嘛转世灵童事宜进行磋商。可见,达孜巴敢于出于自身利益,提出与准噶尔人相左的意见,而准噶尔人对于他的意见也颇为重视。

康熙五十九年,随着清军分两路第二次入藏讨伐占据西藏的准噶尔军,达孜巴与准噶尔人之间的合作关系最终破裂。准噶尔军名将、身经百战的大策凌敦多布鉴于"清军两路来大兵",准噶尔军队

①《审讯为准噶尔办事第巴达克册等五人处死折》,康熙六十年正月二十二日,引自《抚远大将军允禵奏稿》,卷12第24、26页。

②多卡夏仲·策仁旺杰:《颇罗鼐传》,汤池安译,第162页。

③多卡夏仲·策仁旺杰:《颇罗鼐传》,汤池安译,第179页。

④《胤禛奏闻唐古特三人所报消息折》,康熙五十八年七月初二日,引自《康熙朝满文朱批奏折全译》,第1409页。

数量有限,不能抵挡,于是决定"力归一处,承当一路之兵。"①这样,准噶尔分驻各处的军队就集中起来,由大策凌敦多布亲率开往喀喇乌苏等处,抵挡平逆将军延信所率领的北路军。关于准噶尔人的战略,需要说明的一点是,他们绝不是直接放弃西藏,而是打算先集中力量击败北路清军,其后再南下对付南路清军。如果他们要直接放弃西藏,那么就没有必要三次偷袭北路延信大营,大可以直接逃走。因其聚集北路的战略,准噶尔人不得不将其在藏地的"根基"与"巢穴"拉萨地区,留给第巴达孜巴看守,而他们所需的军需粮饷、物资,也"俱系第巴达克扎自昭地攒凑过去"②。可以说准噶尔人在一定程度上将自己的安危系于他们所信任的达孜巴及其领导下的西藏地方政府。可悲的是,曾经背弃拉藏汗的达孜巴,又背弃了准噶尔人。达孜巴眼见形势堪忧,投靠了南路定西将军噶尔弼,并运用其第巴之大权,帮助噶尔弼"兵不血刃"地进据拉萨。随后,噶尔弼更是利用达孜巴的权力与威望,"为唐古忒字样,用第巴达克扎印信,将策凌敦多布处所有唐古忒之兵,暗地差人前去,令其各散"。③就达孜巴在清军第二次入藏中的所作所为而言,绝不是一个无能的傀儡所能够做到的。

不可否认的是,达孜巴在一些问题上要听命于准噶尔部,为其出力。例如他要为准噶尔军筹措军饷,征集藏地人力等等。但是,以达孜巴为首的西藏僧俗高层的出力是有前提的。这个前提就是准噶尔部铲除了因废除六世达赖喇嘛,而在藏地招致广泛不满的拉藏汗。且在

---

① 《移队前行遇贼诛杀俘获得悉贼情折》,康熙五十九年八月二十九日,引自《抚远大将军允禵奏稿》,卷10第15页。
② 《西藏志·卫藏通志》,第349页。
③ 《西藏志·卫藏通志》,第350页。

拉藏汗覆灭后，准噶尔人也不像拉藏汗那样尽可能地将所有权力高度集中于自身。前文已经提到，如果没有藏人高层僧俗势力的默许与合作，没有第巴达孜巴领导下的西藏地方政府的配合与支持，准噶尔部根本无法在西藏立足，更无法在西藏实行有效统治。而如果没有准噶尔部入藏，西藏的僧俗高层也没有实力铲除无论在政治上，还是在宗教上，都令他们极度不满的拉藏汗政权。简单来说，即是达孜巴等人利用准噶尔部的力量铲除拉藏汗集团，而准噶尔部利用达孜巴等西藏僧俗高层，帮助自己统治西藏这个藏传佛教的心脏地带，从而借助格鲁派旗帜，实现准噶尔部进一步扩张的野心。可以说，准噶尔人与达孜巴之间并不是主人与傀儡的关系。达孜巴也不是简单地隶属与服从准噶尔人。他们之间的关系，本质上是合作与相互利用。这就决定了准噶尔人不得不向达孜巴让渡很大的政治权力。而由达孜巴这样一个颇有威望与权力的大贵族来高效地领导西藏地方政府，也正是准噶尔人所需要的。实际上，达孜巴是名副其实的"藏王"，而非没有实权的傀儡。以往学术界往往认为达孜巴仅仅是准噶尔统治下"完全不能过问政事"的"名义上的藏王"，这一观点是值得商榷的。

四、遭到处决

康熙五十九年清军第二次入藏，顺利地驱逐了盘踞西藏的准噶尔军队。作为西藏地方政府首脑的达孜巴虽然投靠了清朝，但未能免于身首异处的悲剧。

清军入藏前夕，颇罗鼐似乎预料到了达孜巴的悲剧命运。据策仁旺杰记载："颇罗鼐台吉思忖到：'达瓦王显然是精力不济，无力处理政务。群臣被准噶尔那些精明强悍的头领所控制，完全不能过问政事。毫无疑问，达孜瓦王如此这般，不久即将遭殃。而达孜瓦王对我特别施恩，备加宠爱。为报王恩，当直言不讳。'于是，打发专使丹增达吉去送一书信,上写:'吾王钧鉴:您是怜爱众生的善人,而大家并不如此以诚相见。兹闻北京调动大军,护送雪域佛爷观世音化身而来,今吾王再无安闲之日矣。是故,吾王一方面应向雪域佛爷和北京之师躬身致敬;一方面当退往南方,隐居幽林。不如此,王必身败名裂。'"①据策仁旺杰称,颇罗鼐的这封信由于"战云密布",并未送到达孜巴手中。

前文已经论述过,达孜巴早在拉藏汗统治时期即与噶桑嘉措集团保持联系,他也曾在康熙五十八(1719)年就考虑过投靠清朝,但最终鉴于"(清朝)军力单薄,准噶尔军力强大"而作罢。其后清军第二次入藏,和众多的藏族贵族一样,达孜巴投靠了清朝,为清朝效力,大大便利了清朝在西藏的军事行动。可见,所谓颇罗鼐信中的建议,达孜巴早就付诸实践。而相较于"退往南方,隐居幽林",达孜巴抛弃准噶尔部投靠清朝,为清军平定西藏立下功劳,则更是进了一步。在噶桑嘉措入藏之际,达孜巴还带领着几乎整个西藏地方政府官员,出拉萨迎接这位新的达赖喇嘛。②但是达孜巴所做的诸多努力终究没有使他免于身首异处的悲剧,这又是何故呢?解决这一困惑,对我们认识达孜巴是否是没有权力的傀儡这一问题,具有重要意义。

据策仁旺杰记载,颇罗鼐曾为即将被处决的达孜巴求情:

"达孜瓦王年迈力衰,别说参与政事,就是自身琐事,也是糊里糊涂。除了吃、喝、睡觉,别无他求。然而命中注定,准噶尔的那些暴徒为了掩盖自己的罪恶,名议〔义〕上立了这样一位长老为藏王。若说达孜瓦王有罪,就只有他被推上王

---

①多卡夏仲·策仁旺杰:《颇罗鼐传》,汤池安译,第194页。

②Tsepon Wangchuk Deden Shakabpa, *One Hundred Thousand Moons: An Advanced Political History of Tibet*, p.426.

位的这点罪过……达孜瓦王心地善良,耿直虔诚,绝没有损人害人之心……倘(达孜巴——笔者注)遭不幸,则无天理可言,结果亦势必臭名远扬。"①

如果达孜巴真的是这样一个没有权力的善良老人,那么他被处决,确实是不公正的。但是前文已经提到,达孜巴并不是上面这段话中策仁旺杰所描述的那样。

实际上,为达孜巴求情的人还有很多。七世达赖喇嘛与五世班禅额尔德尼都曾为其求情。《七世达赖喇嘛传》记载:"此时,大皇帝的代理人将第悉达孜哇拉加拉旦正法。达孜哇出身于西藏第本的高贵族姓,特别是格鲁派的大施主,对于喇嘛亦殷勤侍候,故向皇帝的两位大将军多次开示慈悲教言,请免于死罪,但终未达目的,正如佛语中所谓业力不可抗拒者也。喇嘛以极大慈悲为他超度,虔诚祈祷三宝,并献宏大供养,颇感难受不安。"②班禅同样也"派洛杂哇拉尊罗桑炯乃同达赖喇嘛代表向平逆将军求情,请求释放被平逆将军等清军统帅逮捕的为准噶尔效过劳的三大寺的僧人、札什伦布寺的吉仲、第巴达孜鼎、噶伦扎西孜巴和阿却第,免予惩罚。"③

分析以上两条史料,我们可以发现,达赖喇嘛与班禅额尔德尼为达孜巴求情的理由主要是达孜巴及其家族是"格鲁派的大施主",这在前文已有简要论述。他们为达孜巴求情的理由中,并没有涉及其是傀儡的言论,也没有像策仁旺杰那样,大肆渲染达孜巴的年老、善良、无辜。很明显,策仁旺杰所记载的颇罗鼐为达孜巴求情的理由是不符合实际情况的开脱之词,实在是不值一驳。但不可否认的是,达孜巴

---

①多卡夏仲·策仁旺杰:《颇罗鼐传》,汤池安译,第200—201页。

②章嘉·若贝多杰:《七世达赖喇嘛传》,蒲文成译,第55页。

③丹珠昂奔主编:《历辈达赖喇嘛与班禅额尔德尼年谱》,第464页。

确实得到了很多藏人的同情。那么,为什么清方不顾众人的恳求,一定要处决达孜巴呢?

据策仁旺杰记载:"许多准噶尔喇嘛、沙门、出家人被抓出寺庙。然而,阿里首领康济鼐的随从阿旺云登和后藏统帅奴玛瓦等,还不肯善罢甘休。他们言道:'准噶尔部所宠幸的人,不论有罪无罪,都该诛杀。'"①也就是说,他认为前后藏贵族之间的矛盾,是以达孜巴为首的僧俗高层被处决的重要原因。这可以说是原因之一,但并不是最根本性的。

我们再来看一看,清朝官方如何解释处决达孜巴的原因。据康熙谕策妄喇布坦的敕书中言:"至策凌敦多布之同犯第巴达克擦、格隆扎西泽巴、阿召拉克、商上所属卓里克图鄂木布、杜拉尔台吉、托和伦达西等六人,据土伯特众人恳求曰:此六人皆依附于策凌敦多布等,迫害我土伯特人,毁坏法纪,无恶不作,罪不容留。等语。是以我将军、大臣等、青海诺颜共议不可赦,遂俱斩之。"②可以看出,达孜巴"依附于策凌敦多布","毁坏法纪,"无恶不作",是清朝对处决达孜巴给出的官方解释。

传教士德西得利给出了类似的解释:"拉萨城由于一些俗人和喇嘛的背叛,放下梯子,打开城门,引进了敌人,从而被准噶尔人占领。德巴达孜把拉藏汗的次子、扎衮泽西总督和顿珠泽仁将军这3位英雄交给了准噶尔人,我对德巴达孜的无耻背叛,也有所叙述。对这些人,清军都给予了惩办,特别是对称之为第悉或德巴达孜,因为他臣服于这个篡夺者。"③身处西藏的德西得利当局者迷,他给出

---

①多卡夏仲·策仁旺杰:《颇罗鼐传》,汤池安译,第199页。
②《谕策妄喇布坦敕书》,引自《康熙朝满文朱批奏折全译》,第1525页。
③依波利多·德西迪利:《德西迪立西藏纪行》,杨民译,第148页。

的达孜巴被处决的理由，也仅仅是表面现象。与此不同，笔者认为清朝处决达孜巴是有深刻用意的，绝不仅仅是因他曾投靠准噶尔这么简单。

值得注意的是，七世达赖喇嘛于拉萨坐床之际，达孜巴还风光地立于其身旁。但仅仅不到两个月之后，达孜巴却身首异处。为何不到两个月的时间却发生如此之大的变化呢？

我们首先需要明确的一点即是达孜巴被处决，是清朝进藏官员自作主张的先斩后奏，并未事先得到康熙皇帝同意。康熙六十年三月初十日，康熙皇帝从内地派出的官员到藏，他们向驻藏清朝官员传达的旨意中还有令第巴达孜巴离藏赴京之语，①而达孜巴早已于康熙五十九年十一月初七日被处决。②将这两个日期联系起来，我们可以清楚地看出，清朝驻藏官员并不是在得到康熙帝允许后，才处决达孜巴这个连皇帝都要慎重对待的重要人物的。处决达孜巴无疑是他们鉴于藏地局势的便宜行事。

其次，清朝曾派人招抚一度逃亡的达孜巴归顺清军，并一再令其"勿少疑惧"、"勿再妄生疑虑，畏避大兵"。③逃亡的达孜巴在会见清朝使者后，随即倒向清朝，为清朝效力。虽然尚未发现明文记载，但笔者认为清朝官员在招抚过程中至少曾向达孜巴承诺过确保其人身安全，否则达孜巴绝不会放弃逃亡。

那么，其后清朝官员又是出于何种考虑，不顾众人的求情，不惜

①《防要地其余兵将撤回并闻准噶尔内部不靖时有外敌寻仇折》，康熙六十年闰六月二十八日，引自《抚远大将军允禵奏稿》，卷18第27页。

②《撤回入藏各路兵马沿途供应充足折》，康熙六十年正月二十四日，引自《抚远大将军允禵奏稿》，卷13第2页。

③《据将军延信禀克敌大捷亲送达赖喇嘛入藏坐床并办理善后事宜及各处谢恩折》，康熙五十九年十月十二日，引自《抚远大将军允禵奏稿》，卷11第15页。

违背自己的承诺,且未经请示皇帝,就擅自处决达孜巴这样一个作为西藏地方政府首脑的重要人物呢? 通过分析当时的西藏局势,我们可以得出这一问题的答案。

藏地苦寒,出于补给方面的考虑,清方入藏的人数有限。[1]不仅兵力有限,其人员构成也相当复杂,包括满汉清军、阿拉善蒙古、青海和硕特等。其中,青海和硕特部亲王罗卜藏丹津等人恢复和硕特汗廷在西藏统治的愿望,与清朝的既定政策有所冲突,双方之间已经有着潜在的矛盾。且为了减轻藏族人民的负担,清军入藏的大部分军队,并不能在藏区驻扎太久。[2]康熙五十九年十月末,入藏清军开始陆续撤回内地,[3]这恰恰与达孜巴被处决之日期相吻合。实际上,清军主力撤出藏地,留守部队矛盾重重的复杂局势,正是清朝处决达孜巴的诱因。

前文已经论及,"唐古忒俱甚是恭敬第巴,凡事俱遵第巴达克扎指示行事。"而拉藏汗与准噶尔人的败亡,也均与达孜巴的背叛有一定关系。可以说达孜巴这个颇有谋略、灵活善变,在藏地有着很高威望与权力的政客,其个人动向,在一定程度上对西藏局势有着决定性影响。

在清军主力撤回内地,且留守部队矛盾重重的时局下,考虑到拉藏汗与准噶尔部的前车之鉴,清朝大员们不能不顾及一旦局势有变,异己势力再次与达孜巴相勾结,借助其威望与权力,动摇清朝在西藏

①详见邓锐龄:《1720 年清军进入西藏的经过》,《民族研究》,2000 年第 1 期,第 87—88 页。

② Peter C.Perdue, *China Marches West:the Qing Conquest of Central Eurasia*, Cambridge, Massachusetts:The Belknap Press of Harvard University Press, 2005, p.236.

③《准噶尔败逃情形并议撤兵事宜折》,康熙六十年二月二十三日,引自《抚远大将军允禵奏稿》,卷 14 第 8 页。

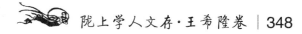

统治的可能性。这也正是清朝大员们之所以不顾诸多蒙藏贵族的恳求，不惜违背自己的承诺，未经请示康熙皇帝就迅速处决达孜巴的原因。这一点在其后清朝官员向康熙皇帝解释的奏折中，有所体现。他们指出"若不正法（达孜巴——笔者注），则日后必仍从准噶尔贼作乱"①。处死达孜巴，不仅断绝了异己势力利用其控制西藏的可能性，也杀一儆百，震慑了有着与卫拉特联合传统的西藏僧俗高层。达孜被处决后，其家族成员，甚至包括其"极幼"的孙子，均被治罪，这也是由于清朝官员认为他们"若仍留藏地，将不可测。设后再有事……再被准噶尔贼威逼，难免投从"。②可见，清朝官员对达孜巴的担心甚至延及的他的子孙。达孜巴高贵的身份与颇高的威望及权力，反而给他的后代带来灾难，这确实令人唏嘘不已。

从其后的罗卜藏丹津事件来看，清朝大员不可不谓是有先见之明。罗卜藏丹津的叛乱本已得到准噶尔部的支持，如果还能够得到威望与权力颇高的达孜巴带领下的西藏僧俗高层的援助，其后果不堪设想。

实际上，如果达孜巴真的是个没什么权力的"傀儡"第巴，那么清朝官员就不会不顾达赖喇嘛、班禅额尔德尼、青海和硕特贵族等诸方面的求情，不惜违背自己的承诺，不经请示皇帝就处决他。其后清朝废除第悉制改为噶伦制，很有可能也正是为了避免再次出现像达孜巴这样，有着很高的威望与权力，能够以一己之向背，影响西藏大局的人物出现。

---

① 《审讯为准噶尔办事第巴达克册等五人处死折》，康熙六十年正月二十二日，引自《抚远大将军允禵奏稿》，卷12第26页。

② 《据延信禀将从逆第巴达克册等六人审明录供处决折》，康熙六十年二月二十三日，引自《抚远大将军允禵奏稿》，卷15第17页。

五、结论

伯戴克认为,策仁旺杰对达孜巴"老态龙钟"、"无能"的等等反面描述,是"反对达孜巴"[①],对于这一点,笔者实不敢苟同。实际上,策仁旺杰对达孜巴的看似贬低的反面描述,正是出于为达孜巴屡屡背叛,并为准噶尔效力而开脱的考虑。经过前文的分析比对,我们可以很明显地看出,策仁旺杰对达孜巴多有回护。在有关达孜巴的问题上,他的著作难以称之为信史来作为研究的依据。笔者认为,策仁旺杰回护达孜巴主要出于以下三点原因。

首先,策仁旺杰与达孜巴关系亲密,并受其恩惠。据策仁旺杰自己说:"在准噶尔军占领西藏时,(他——笔者注)于第司达孜瓦初期当了赤古豁堆(庄园主),后又担任他的卓尼尔和仲译(迎宾官和秘书),一身任二职。"[②]策仁旺杰不仅受达孜巴赏识而任官,还与其"沾亲带故","作为随从,天天在藏王跟前。"[③]不仅策仁旺杰本人,其父阿吉旺秋扎巴也曾受达孜巴恩惠,在其政府中任职。[④]可见达孜巴不仅与策仁旺杰有着亲属关系,且于公于私,对策仁旺杰都有恩惠,他们之间的关系是非同寻常的。因而策仁旺杰在其著作中为亲者讳,对达孜巴的背叛及其为准噶尔效力的事实多有隐瞒,也就不难理解了。

其次,准噶尔被逐,达孜巴被杀,影响了策仁旺杰的仕途。随着清军进入西藏,策仁旺杰的"保护人"达孜巴被处决,他的仕途因此前功

---

①伯戴克:《十八世纪前期的中原和西藏》,周秋有译,第69页。

②多喀尔·夏仲策仁旺杰:《噶伦传》,周秋有译,常凤玄校,第57页。

③多卡夏仲·策仁旺杰:《颇罗鼐传》,汤池安译,第199页。

④高文德主编:《中国少数民族史大辞典》,长春:吉林教育出版社,1995年,第1242页。

尽弃,不得不从仲科尔从头开始其事业。①策仁旺杰不可能不对清朝有一些怨气。因此策仁旺杰大肆渲染达孜巴的"无能"、"善良"、"无辜",将其描述为一个年老的"傀儡",以此来突出处决达孜巴的清朝的不义。

最后,达孜巴背叛拉藏汗,并为准噶尔部出力,在很多藏人看来,无可厚非。在护法的旗帜下,引入外部势力来解决"毁灭佛法"的敌人,是合理的,也是合法的。四世班禅与五世达赖引入和硕特势力来弘扬格鲁派并对抗藏巴汗与噶举派,即是先例,而他们二人也并未因此背上恶名。康熙五十六年准噶尔部入藏,是与顾实汗入藏性质相同的护法运动,其打击的对象,也正是废除了深得藏人爱戴的六世达赖喇嘛仓央嘉措的拉藏汗集团。在策仁旺杰看来,投靠"护法"的准噶尔部,并为准噶尔人出力的达孜巴不仅没有过错,反而是做了正确的事情。清军入藏后,并没有什么过错的达孜巴的被杀是值得同情的。因而策仁旺杰在其著作中对达孜巴颇多回护,也就情有可原了。

虽然在达孜巴的相关问题上,策仁旺杰给后人的研究带来了很大的迷惑与困扰。但是,在其为达孜巴所作的哀歌中,他终究还是真情流露,揭示了真相:

"(达孜巴——笔者注)财富比得过毗沙门,权力大得无以复加,而今又在广寒药乡,被立为最高的君王。他天生也是不知足,终被斧子断送富贵;结果招致杀身之祸,事情本来就是如此……威慑三域力量强大,名声暄赫万众敬仰,虽然是高傲的君王,刹那之间一落千丈。"②

---

①毕达克:《西藏的贵族和政府:1728—1959》,沈卫荣、宋黎明译,北京:中国藏学出版社,2008 年,第 54 页。

②多卡夏仲·策仁旺杰:《颇罗鼐传》,汤池安译,第 203—204 页。

经过前文对史料不厌其烦的罗列、分析、比对,我们可以看出,达孜巴并不是一个"善良"、"单纯"、"无能"、"没有野心"的老人,而是一位颇有谋略的精干政客。他有很大的政治野心,且对军政形势有比较正确的估计,并能够根据其对局势的判断随机应变。在准噶尔部入藏后组织的西藏地方政府中,达孜巴作为政府首脑,作为准噶尔部高度信任的人,利用他在藏地的高度权威主导着西藏地方政府的运转,为准噶尔部在卫藏地区较为稳固的统治创造了条件。我们不能简单地将他视为"名义上的首脑"和"完全不能过问政事"的傀儡。策仁旺杰出于各种原因,对达孜巴多有回护。研究者在达孜巴的问题上,不可过于倚重《颇罗鼐传》,而是要综合多方面不同来源的史料,进行具体分析。前人诸多涉及达孜巴的研究与历史真相有所出入,正是由于过于偏信策仁旺杰所言,这一点值得反思。

(原载《中国藏学》,2016 年第 1 期)

清朝统一新疆及其历史意义

乾隆二十四年(1759年)夏,统一新疆的最后一战伊西尔库尔淖尔之役胜利告终,至此,清朝完成了平定天山南北、统一新疆的大业,改变了自明中期以后中原王朝在西北划嘉峪关而治的局促局面。清朝统一新疆,是继汉、唐、元诸朝统一新疆之后的又一次大统一,是我国历史发展的必然结果。清代以来,随着中央政府对新疆的治理不断加强与完善,新疆各民族社会不仅再度与内地社会运行在同一政治轨道之上,其与内地的联系也更加紧密,新疆进入了一个新的历史发展阶段。

自乾隆朝统一新疆以来,人们对清朝统一新疆的历史进程及历史意义的认识不断深化与发展。清代学者赵翼、徐松、魏源等人曾在《皇朝武功纪盛》、《新疆识略》、《圣武记》等著作中,探讨了清朝统一新疆的历程,并从疆域的开拓、边疆地区的稳定等角度,论述了清朝统一新疆的历史意义。民国时期,曾问吾、顾颉刚、史念海等学者也曾在《中国经营西域史》、《中国边疆沿革史》等著作中就清朝统一新疆的历史进程及历史意义等问题进行了研究与论述。20世纪80年代以来,学界更是在清朝统一新疆的相关问题上取得了一系列重要的研究成果,①从边疆理论、史实考订、历史意义等诸多方面,进一步推进与深化了人们对清朝统一新疆的认识。

---

①如新疆社会科学院民族研究所编:《新疆简史》,新疆人民出版社1980年版。准噶尔史略编写组:《准噶尔史略》,人民出版社1985年版。庄吉发:《清高宗

随着近年来党和国家提出"一带一路"合作倡议及国际局势的新发展、新变化,笔者认为有必要适应时代的需求,在乾隆朝统一新疆260周年之际,回顾清朝统一新疆的历史背景,考察康、雍、乾三朝对统一新疆的历史贡献,探讨清朝统一新疆的历史意义,并在此基础上进一步认识清朝治理边疆民族地区的政策与成效,认识多民族共同开发建设边疆地区的历史事实与深远影响,认识我们多民族大一统国家的历史发展传统与发展趋势。

一、清朝统一新疆的历史背景

清朝统一新疆,是在新疆与内地长期保持经济、政治等方面的密切联系以及汉、唐、元诸朝相继对新疆行使有效管辖的背景下,我们多民族国家历史发展的必然结果。清朝正是由于顺应了历史发展的趋势,才最终得以完成了统一新疆的大业。

新疆古称西域。[①]西汉武帝派遣张骞出使西域,联络月氏、乌孙

十全武功研究》,中华书局 1987 年版。余太山主编:《西域通史》,中州古籍出版社 1996 年版。王希隆:《清代新疆分封制的失败及其原因》,《西北史地》1998 年第 1 期。马大正主编:《中国边疆经略史》,中州古籍出版社 2000 年版。王希隆:《乾隆、嘉庆两朝对白山派和卓后裔招抚政策得失述评》,《兰州大学学报(社会科学版)》2014 年第 2 期。李大龙:《从"天下"到"中国":多民族国家疆域理论解构》,人民出版社 2015 年版。具有较高价值的相关研究专著、论文为数甚夥,由于篇幅有限,笔者不再于此一一赘述。

① 西域在我国古籍中所指之地理范围大体有三种。一为天山以南,如《汉书》卷 96《西域传》,中华书局 1975 年版,第 3871 页:"西域以孝武时始通,本三十六国,其后稍分至五十余,皆在匈奴之西,乌孙之南"。二为天山南北,如《西域图志校注》卷 1《西域全图说》,新疆人民出版社 2002 年版。三是泛指玉门关以西包括中亚、西亚在内的广大地区,如《新唐书》卷 221《西域》,中华书局 1986 年版。本文所指为第二种。此外需要说明的是,新疆自汉代以来长期被称作西域,直至清代乾隆帝统一天山南北之后始称新疆,沿用至今。本文为行文方便,主要称之为新疆。

等民族共同抗击匈奴，史称此次出使为"凿空"。其实，早在先秦三代时期新疆就已与内地保持着密切的联系。河南安阳殷墟妇好墓出土的和田玉器，证明早在张骞出使千年之前的商代武丁时期，和田的物产就已运至中原并为贵族们所喜好。而先秦文献如《穆天子传》《山海经》中对"昆仑"、"玉山"、"流沙"、"渤泽"等山水的记载，也表明当时中原人已对新疆地理有着具体的了解和比较清楚的认识。

如果以中央政府设官建制、行使有效的行政管辖作为统一的标志，相较于我国东北、北方以及西南（主要指西藏）等边疆地区，新疆则更早地统一于祖国。而之所以如此，是与这一地区在中西陆路通道上的重要战略地位密切相关联的。西汉宣帝神爵二年（公元前60年），匈奴内乱，在西域的日逐王降汉。汉朝随即任命郑吉为西域都护，开府于乌垒城（今新疆轮台县境内）。西域都护既护南道诸地，又护北道诸地，秩比二千石，是汉朝在当地的最高军政长官。其属下机构官员有戊己校尉、伊循都尉、屯田校尉等，形成了一套完整的军政管理系统。故史称自西域都护开府，则"汉之号令班西域矣"。[①]西汉一代以迄新莽，出任西域都护者计十九人，自郑吉之后，韩宣、甘延寿、段会宗、廉褒、孙建、但钦、李崇等开府西域，护理诸国，开设屯田，稳定了当地局势，维护了统一局面。后因新莽改制所引起的社会动乱，新疆复为匈奴所据。但匈奴控制新疆后"敛税重刻"，西域诸国"不堪命，建武中，皆遣使求内属，愿请都护"。[②]明帝永平年间，随着东汉北伐匈奴，中央政府再次开始经营新疆。东汉一代，新疆与中原三绝三通。当开通之时，西域都护（后改西域长史）建旌龟兹（今库车境内），

---

① 《汉书》卷70《郑吉传》，中华书局1975年版，第3006页。
② 《后汉书》卷88《西域传》，中华书局1982年版，第2909页。

属下之戊己校尉、伊吾司马等分领官兵屯田,互为犄角。东汉西域都护(西域长史)中之班超、班勇父子,不仅为维护统一局面建功立业,同时也受到当地各族人民的爱戴。

两汉对新疆的统一和长期有效的管辖,增强了新疆各民族对中原王朝的向心力,对后代产生了深远影响。曹魏时,以凉州刺史"领戊己校尉,护西域,如汉故事,至晋不改"。①这一时期,中原政权在"西域虽不能尽至",但"其大国龟兹、于阗、康居、乌孙、疏勒、月氏、鄯善、车师之属,无岁不奉朝贡,略如汉氏故事"。②其后前凉、前秦诸政权,亦曾依两汉旧制,设西域都护、西域长史、戊己校尉等职管理新疆,册封新疆各地首领并接受其朝贡。值得一提的是,新疆东部的吐鲁番盆地自汉代以来即为驻军屯田之地,汉人在此留居生聚,渐成规模。③前凉更是曾于晋咸和二年(327年)"置高昌郡,立田地县",④将郡县制度推行到新疆东部地区。至北魏时,敦煌人张孟明、金城人麹嘉等又先后于此建立了高昌政权。

继两汉之后,强盛的唐王朝对新疆的管辖与治理又达到了一个新的高峰。贞观十四年(640年)交河道总管侯君集率军平定高昌麹氏政权,郡县其地。同年,唐朝设安西都护府于西州(今吐鲁番境内)。永徽二年(651年)瑶池都督府(治所莫贺城,在今吉木萨尔西)都督阿史那贺鲁反叛,唐朝历经六年始将其平定。为加强对新疆的管辖,显庆三年(658年)唐朝移安西都护府于龟兹,并在其后

---

①《晋书》卷14《地理上》,中华书局1982年版,第433页。

②《三国志》卷30《魏书·乌丸鲜卑东夷传》,中华书局1982年版,第840页。

③《魏书》卷101《高昌传》载:"国有八城,皆有华人",中华书局1984年版,第2243页。

④徐坚:《初学记》卷8《州郡部·陇右道六》,中华书局1962年版,第1册第181页。

升格为大都护府。①武则天长安二年（702年），唐朝又设北庭都护府于庭州（今吉木萨尔）。景龙三年（709年），北庭都护府升格为大都护府。

　　较之前代，唐朝对新疆的管辖又有进一步之发展。在新疆东部，唐朝实行了与内地划一的州县制度，设立伊州（今哈密）、西州（今吐鲁番）、庭州（今吉木萨尔），下辖12个县。②中央政府在这里推行了与内地基本一致的均田制、租庸调制、府兵制、乡里制等制度。在新疆其他地区，唐朝则实行军镇与羁縻府州相结合的军政管理体制，以安西、北庭两大都护府为最高军政管理机构。安西、北庭大都护为唐朝从二品大员，其下设有副大都护、副都护、长史、司马等职，品秩自三品至五品不等。唐朝极为重视对新疆的管辖与治理，正因为如此，唐代新疆的历任主事边将如郭孝恪、王方翼、郭元振、杜暹、高仙芝等，多为才干优长的著名将领。肃宗李亨即位之前也曾遥领过安西大都护，由此更可见唐朝对新疆之重视。相较于上述由中央政府直接派遣的各级官员，两大都护府辖下的都护府、都督府等羁縻建制的长官，则主要由当地民族首领担任。如瑶池都督府都督阿史那贺鲁、昆陵都护府都护阿史那弥射、濛池都护府都护阿史那步真等均为西突厥室点密可汗后裔。为了维持新疆的稳定与丝路的通畅，唐朝还在安西、北庭辖境内要地，设有军、镇、守捉等军事机构。如其在渴盘陀地方（今塔什库尔干一带）就设立了葱岭守捉，专事扼守西行要道。唐朝在

---

　　①李大龙：《安西都护府第一次晋升为大都护府时间考》，《陕西学前师范学院学报》2015年第4期。另见，李大龙：《都护制度研究》，黑龙江教育出版社2003年版，第135—139页。

　　②伊州下辖伊吾、纳职、柔远3县，西州下辖前庭、柳中、交河、蒲昌、天山5县，庭州下辖金满、轮台、后庭、西海4县。见《新唐书》卷40《地理四》，中华书局1986版，第1046—1047页。

各要地的驻军有大、小之分,"大军万人,小军千人"。①开元中,中央政府在新疆驻军 4 万 4 千人,其中安西驻有 2 万 4 千人,北庭 2 万人。为了解决驻军用粮,各军镇广开屯田。据史料记载,安西开 20 屯、疏勒 7 屯、焉耆 7 屯、北庭 20 屯、伊吾 1 屯、天山 1 屯。②每屯以 50 顷计,亦当有近 30 万亩。盛唐的管辖与治理不仅维持了新疆的稳定与安全,也促进了新疆社会政治、经济等方面的全面发展,具有深远的历史影响。

天宝中,安史之乱爆发,唐朝调河西、新疆驻军前往平乱,吐蕃乘势而起,陷没河西,断绝安西、北庭留守官兵与唐朝的联系。尽管如此,当地官兵继续坚守,直至德宗贞元年间,安西、北庭才最终陷于吐蕃。至唐末,北方游牧民族回鹘迁居新疆,与当地土著融合。五代十国时期,新疆喀喇汗王朝、大宝于阗国、高昌回鹘等政权,皆与中原保持密切的联系。12 世纪初,辽宗室耶律大石率众西行,进入新疆并建立辽政权,史称"西辽"或"喀喇契丹"。大石称"天祐皇帝",建元"延庆",沿用辽朝旧制。③

新疆再次统一于中央政府,是在蒙元时期。13 世纪初,蒙古兴起。1218 年,蒙军攻灭西辽,追杀西辽僭主屈出律于葱岭,喀什噶尔、叶尔羌、和阗皆为蒙古所有。其后,蒙军又攻破中亚花剌子模国,收服布哈拉、撒马尔罕等中亚名城。成吉思汗定四子封地后,新疆分属其次子察合台与三子窝阔台,唯高昌回鹘亦都护归服最早,得许仍辖其地。蒙哥继大汗位后,为加强对西北诸王的控制,在中亚设阿姆河等处行尚书省,在新疆设别失八里等处(今吉木萨尔东北)行尚书省。忽

①《旧唐书》卷 196 上《吐蕃上》,中华书局 1975 年版,第 5236 页。
②《唐六典》卷 7《尚书工部·屯田郎中》,中华书局 2014 年版,第 223 页。
③《辽史》卷 30《天祚皇帝四》,中华书局 1983 版,第 357 页。

必烈即位后,不仅在阿力麻里(伊犁霍城)等处派驻军队,也在别失八里设置了镇北庭都护府。①此外,元朝还曾在新疆设立过宣慰使元帅府、北庭都元帅府等机构。元朝在新疆实行统一的军政管理和赋税制度的同时,不断调集新附军赴别失八里等处屯田,并在新疆各地设立驿站,加强其与内地的联系。②

元朝灭亡后,新疆各地大多处于察合台后裔的控制之下,他们各据一方,互不统属。明代前期,中原王朝曾在新疆东部设立了哈密卫。作为明朝在嘉峪关外直至新疆东部设立的关西七卫之一,哈密卫成为中原王朝控制新疆的前哨重地。但在天顺、成化、弘治年间,吐鲁番势力兴起,不断侵扰哈密。明朝疲于应付,遂放弃哈密,据嘉峪关以自守。此后,新疆诸地方势力与中原主要通过对明朝例行的京师朝贡贸易以及在甘肃等地进行的互市贸易保持联系。明朝对新疆的控制相对松弛,远逊于汉、唐、元诸朝。

二、清代康熙、雍正、乾隆三朝对统一新疆的历史贡献

明朝据嘉峪关通过朝贡贸易的形式控制新疆的局面,在康熙中期才被打破。而清朝统一新疆的大业,则最终完成于乾隆年间。康熙、雍正、乾隆三朝都为统一新疆作出了重大贡献。

(一)康熙朝对统一新疆的贡献

明清交替之际,新疆天山以南为察合台后裔统治下的叶尔羌汗国地方政权,天山以北则被准噶尔等卫拉特诸部所控制。当时中原动乱,道路不通,但新疆地方首领对中央政府的向心力并未减弱,他们依然力求与中原王朝保持通贡贸易。如"哈密卫畏吾国都督帖木儿卜

---

①《元史》卷 11《世祖八》,中华书局 1983 年版,第 228 页。
②详见《元史》卷 8《世祖五》、卷 11《世祖八》等。

喇等,于明季入贡,值寇乱劫去贡物敕印,寄居肃州",贫困不得归。①
不久, 叶尔羌汗国等地的统治者们得知崇祯帝自缢、清军入关的消息,即决定认庙不认神,奉清朝为正统,遣使致贺通贡。顺治二年闰六月,陕西总督孟乔芳奏报到京,称:"回回国、天方国表贺平定燕京,来贡玉石等物"。顺治帝"命察收贡物,仍谕督臣将贡使安顿馆驿,加意抚恤,以称朝廷柔远至意"。②顺治三年(1646 年),南下进入青藏高原的和硕特部固始汗与五世达赖喇嘛使人赴京入贡,准噶尔部首领巴图尔珲台吉等也联名奉表贡,"附名以达"。③次年(1647 年),准噶尔部使者赴京朝贡,顺治帝命赐宴于礼部,并遣官员宰桑古尔、侍卫乌尔滕持敕书赴准噶尔牧地,谕抚巴图尔珲台吉。④但新兴的清朝忙于对付南明与农民军联合的反清斗争以及随后爆发的三藩之乱,只是继承了前明与新疆各地方首领的贡使关系而已,尚未开始对新疆的进一步经营。

巴图尔珲台吉第六子噶尔丹继任准噶尔部首领后,不仅统一了天山以北的卫拉特诸部,还兼并了天山以南的叶尔羌汗国,使得准噶尔部的实力大为增强。当时,漠北喀尔喀蒙古内讧,势弱之札萨克图汗求助于噶尔丹,使局势更为复杂。康熙帝数次派出理藩院尚书等官员会同五世达赖喇嘛所派高僧进行调解,但未能奏效。康熙二十七年(1688 年),爆发了准噶尔部与喀尔喀蒙古的战争,噶尔丹取胜后南下侵入漠南蒙古牧地与清朝开战,使北部边疆地区陷入战乱

---

① 《清世祖实录》卷 30,顺治四年正月壬戌,中华书局 1985 年版。

② 《清世祖实录》卷 18,顺治二年闰六月戊申。

③ 祁韵士著、包文汉整理:《清朝藩部要略稿本》卷 9《厄鲁特要略一》,黑龙江教育出版社 1997 年版,第 128 页。

④ 马汝珩、马大正:《厄鲁特蒙古史论集》,青海人民出版社 1984 年版,第 68 页。

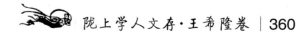

之中。康熙帝三临朔漠，御驾亲征，最终于康熙三十五年（1696年）在漠北昭莫多地方歼灭噶尔丹主力，稳定了北部边疆局势。平定噶尔丹之乱的军事行动虽然在北方蒙古高原上进行，但康熙帝已经开始关注新疆的统一事业。康熙朝中期以后，清朝统一新疆的进程实际上已经拉开了序幕，为其后乾隆朝的大一统奠定了基础。这主要体现在以下三个方面。

首先，康熙皇帝确定与实施了卓有远见且切实可行的边疆民族政策和管理制度，对喀尔喀蒙古和新疆东部的哈密加强了管辖，使得当地民族成为清朝可以依赖的军事力量。在北部，喀尔喀蒙古各部战败，南下投奔清朝，清朝通过赈济安置等措施予以救援。康熙三十年（1691年）五月清朝于多伦举行会盟，在明确内讧的责任后，康熙皇帝保留了喀尔喀三汗汗号，但改革其旧制，废除济农、诺颜等旧号，改授清朝爵位，并推行札萨克旗制，编旗设领，加强了中央政府对喀尔喀蒙古各部的管辖。在西部，清朝对噶尔丹控制下的哈密维吾尔人实行招抚政策并取得了成功。三十五年（1696年），哈密维吾尔人首领额贝都拉率部归附清朝，清朝保留其达尔汉伯克的旧号，授其一等部长，对哈密维吾尔人编旗设领，实行札萨克旗制。①对喀尔喀蒙古各部及哈密维吾尔人救援招抚等项政策的成功实施与实行扎萨克旗制、加强管辖的顺利进行，使得清朝对新疆的实际控扼前防在北面直抵喀尔喀蒙古西部的阿尔泰山一带，西面从河西嘉峪关推进到新疆东部的哈密一带，这有效地控制了准噶尔部东面的门户，遏制了其东进的两条要道。

---

①详见拙作《论哈密达尔汉伯克额贝都拉》，《民族研究》1997年第3期；《哈密达尔汉伯克额贝都拉及其投清之影响》，《"国立"政治大学民族学报》1998年第4期；《新疆哈密维吾尔族中的札萨克旗制》，《西域研究》1997年第1期。

其次，康熙皇帝作出师赵充国屯田平羌的决策，于新疆东部建立军事屯垦基地。早在康熙三十九年（1700 年），康熙帝即"举汉赵充国所奏屯田事，敕所司留意"。①这是康熙帝在边地设置屯田、加强军事基地建设指导思想的重要体现。五十四年（1715 年）初，策妄阿喇布坦遣军犯哈密，清朝决定派出北、西两路大军征讨。康熙帝指出："朕经历军务年久，且曾亲统大兵，出塞征讨，凡行兵机务，靡不周知。今欲用兵，兵非不敷，但虑路远，运饷殊难。"②因此，在大军启程的同时，他派出官员先期在喀尔喀蒙古土谢图汗牧地及河西嘉峪关外察勘地亩，预备设屯。当大军推进至阿尔泰、哈密一带之际，康熙帝随即下令"今岁停止进兵，候种地及一应事务预备完毕，审察两下军情，再行定夺"。③自此开始，清朝在喀尔喀蒙古中部鄂尔斋图呆尔至西部科布多、乌兰固木和嘉峪关以西瓜州、沙州直至哈密、巴里坤一带先后开设了绿营兵屯，由驻军就地生产部分军粮。这些开设屯田的地方遂成为以后清朝进军新疆的军事、经济基地。

最后，康熙皇帝册封噶桑嘉措为达赖喇嘛，驱逐了入据西藏的准噶尔军。噶尔丹败亡后，策妄阿喇布坦乘和硕特汗廷与西藏僧俗上层不和之机，出军杀害和硕特拉藏汗，控制了佛域圣地西藏。④时六世达赖喇嘛仓央嘉措圆寂已久，康熙帝高瞻远瞩，进一步实施尊格鲁派以联络蒙、藏民族的既定政策，及时顺应蒙藏民族的意愿，册封理塘灵童噶桑嘉措为达赖喇嘛，令皇十四子允禵督军入藏。清军护送蒙藏民

①《平定准噶尔方略》前编卷 1，康熙三十九年七月乙未，海南出版社 2000 年版，第 1 册第 30 页。

②《清圣祖实录》卷 263，康熙五十四年四月己丑，中华书局 1985 年版。

③《清圣祖实录》卷 267，康熙五十五年二月壬戌。

④详见拙作《论第巴达孜巴》，《中国藏学》2016 年第 1 期；《灭法与护法——论康熙末年准噶尔部入藏事件》，《青海民族研究》2018 年第 1 期。

族的精神领袖达赖喇嘛噶桑嘉措入藏的军事行动，得到了蒙藏各部的支持与欢迎。入藏清军顺利驱逐了准军，稳定了西藏局势，强化了清朝对西藏的管辖。西藏局势的稳定与尊崇格鲁派政策的继续实施，使得清朝在蒙藏民族中进一步确立了护法的形象并产生了深远的影响，为其后统一新疆准备了条件。

此外，康熙帝还从土谢图汗部旁支贵族中选取策凌、恭格喇布坦等蒙古王公贵族子弟留居京师，内廷教养，妻以公主、宗室女等，使之成为清朝重点培养的新一代蒙古王公。以后，策凌及其子成衮扎布、车布登扎布成为清朝在喀尔喀蒙古得以倚靠的中坚力量。他们与清朝荣辱与共，对清朝忠诚不贰，在雍正、乾隆年间平定准噶尔部、进取新疆的军事行动中发挥了重要的作用。

（二）雍正朝对统一新疆的贡献

雍正朝之际，准噶尔部经策妄阿喇布坦的经营，在噶尔丹策零即位之时业已进入了全盛时期。雍正朝虽仅有十三年时间，但其在清朝完成统一新疆大业的过程中所奠定的基础和作出的贡献却不可低估。

首先，雍正帝进一步推行了切实可行的边疆民族政策。在北部，雍正帝起用并倚重康熙末年的平准战争中即已崭露头角的土谢图汗部旁支贵族策凌，令其与近族亲王达什敦多布等共十九札萨克别为一部，以赛因诺颜为号，称喀尔喀中路，不再隶属于土谢图汗。①自此，赛因诺颜部与土谢图汗部、车臣汗部、札萨克图汗部并列，喀尔喀蒙古遂成为四大部。策凌不负朝廷期望，在雍正九年、十年的漠北鄂登楚勒、光显寺会战中，率部重创准军，扭转战局，成

---

① 祁韵士著、包文汉整理：《清朝藩部要略稿本》卷5《外蒙古喀尔喀部要略三》，第71页。

为喀尔喀蒙古抵御东进准军的中坚力量。①在西部,当清军进入吐鲁番盆地后,地方首领额敏和卓率领维吾尔人助清军屯垦纳粮,多有劳绩。雍正十年(1732年),清军撤出吐鲁番。考虑到维吾尔人畏惧准噶尔部报复欺凌,雍正帝对其采取了保护和安置政策,将额敏和卓为首的近万名维吾尔人迁往安西瓜州,安置于五堡,由官府授予生产、生活资料,令其分地垦种,并封额敏和卓为札萨克辅国公。近万名吐鲁番维吾尔人的内迁,不仅开辟了关西大片荒地,更是削弱了准噶尔部的力量。自此,额敏和卓家族也成为忠于清朝的维吾尔人上层,该家族及其所属的维吾尔人在其后乾隆朝进军新疆的过程中,发挥了重要的作用。②

其次,雍正帝平定了青海和硕特部叛乱,加强了对青海的控制。雍正初年,青海和硕特亲王罗卜藏丹津乘清朝帝位交替、政局不稳之际起兵反清,围攻西宁、河州及关西布隆吉尔驻防清军,并密约策妄阿喇布坦一起发兵,"同扰内地"。③罗卜藏丹津的反清活动使得西北的局势进一步复杂化。刚刚即位的雍正帝当机立断,迅速发兵平叛。清军深入青海草原,及时击败了反叛的和硕特各部。罗卜藏丹津势

---

①详见拙作《赛因诺颜部贵族与清朝——兼论清朝的北方民族政策》,《法国汉学》第12辑,中华书局2007年版。

②详见拙作《清前期吐鲁番维吾尔人迁居瓜州的几个问题》,《兰州大学学报》1989年第4期。

③《附奏探访西宁策妄滋事片》载:"今年春间,罗卜藏丹尽遣人至侧亡家,约伊发兵,同扰内地。侧亡云:小孩子家知道甚么?也不曾经过中国的兵马利害。我因为发兵到哈蜜走了一走,惹得他多少兵马在我周围住着,十来年不肯歇。你要动兵,凭着你罢,等你得了大地方、大城池,到那时候我自有话说,我是不动的了。"故宫文献编辑委员会编:《年羹尧奏折专辑》,"国立"故宫博物院1971年版,上册第50—51页。

穷,遁走伊犁投奔准噶尔部首领策妄阿喇布坦。青海局势恢复稳定之后,清朝制订了《善后事宜十三条》、《防守边口八条》等章程条例,对青海和硕特部落与藏传佛教寺院进一步加强了管辖与治理。①青海局势的稳定和管辖治理的加强,为其后清朝统一新疆提供了有利条件。

最后,雍正帝还提出了统一新疆后在天山北路发展农业,实行直接治理的构想。雍正帝早在藩邸时就关注平准战事,对其有独到的认识。康熙五十四年(1715 年)策妄阿喇布坦进犯哈密时,他就曾向康熙帝提到:"当日天兵诛殛噶尔丹时, 即应将策妄阿喇布坦一同剿灭"。②继位之后, 雍正帝派使臣德新赴俄国参加安娜女皇的加冕典礼,并训令德新告知俄国,"彼准噶尔所居之地,虽与内地相距遥远,今我朝廷将使其地为耕地,变其属下人众为朝廷直接统治之民"。③这一训令不仅表明了清朝统一新疆的决心, 而且明确提出了未来对新疆的统治方式。准噶尔人为游牧民族,要实现变其地为耕地的目标,自然需要移民开垦;而变其属下人众为直接统治之民,则可理解为对新疆各民族实行直接的治理。这一训令表明雍正帝已经有了平定准部之后在新疆推行与内地划一的府县制度的想法, 这显然是具有超前意识的思想。

(三)乾隆朝对统一新疆的贡献

统一新疆的大业是在乾隆朝最终完成的。应该说,当时已经具备

---

①详见拙作《年羹尧〈青海善后事宜十三条〉述论》,《西藏研究》1992 年第 4 期。

②《清圣祖实录》卷 263,康熙五十四年四月乙未。

③《清廷给出使俄国及前往土尔扈特大臣德新与班第等人的训令》,中国第一历史档案馆编:《清代中俄关系档案史料选编》,中华书局 1981 年版,第 1 编下册第 552 页。

了完成统一事业的最佳条件,也出现了完成统一事业的重大契机。

从清朝方面来看,经过康熙、雍正两朝的经营,中央政府加强了对喀尔喀蒙古、西藏、青海等地的控制,特别是在喀尔喀西部科布多和新疆东部哈密一带已经建立起牢固的军事基地,使准噶尔部的东面处于清朝的军事钳制之下。更为重要的是,经过雍正帝对吏治的整饬,对经济的改革,乾隆帝即位后进入全盛时期的清朝吏治清明,国库充盈,军队战斗力强,已经具备了完成统一大业的条件。

在清朝进入全盛时期的同时,准噶尔部却由盛转衰。乾隆十年(1745年)珲台吉噶尔丹策零去世后,准噶尔部上层贵族们为争权夺位而分裂对立,接连不断地内讧。不堪忍受内讧战争和在内讧战争中失利的各部首领,出于各自不同的目的,纷纷率部投奔清朝,寻求保护。这为清朝出军统一新疆提供了千载难逢的机遇。

历史选择了乾隆帝作为清朝统一新疆的最终完成者,而他也不负期许,充分发挥主观能动性,为祖国的统一大业作出了重要贡献。

首先,乾隆帝敏锐地认识到统一新疆的机遇已经到来,并准确地把握了这一契机。乾隆十八年(1753年)冬,杜尔伯特部车凌等率部众三千余户投奔清朝。随着对准噶尔部贵族内讧的情况愈发了解,乾隆皇帝对局势作出了这样的分析与判断:"从前准夷部落准其通贡贸易,原系加恩噶尔丹策零。其后策妄多尔济纳木札勒、喇嘛达尔札继立,因系噶尔丹策零之子孙,是以仍前办理。至达瓦齐篡立,则系伊之仆属矣……况伊部落,数年以来内乱相寻,又与哈萨克为难,此正可乘之机。若失此不图,再阅数年,伊事势稍定,必将故智复萌,然后仓促备御,其劳费必且更倍于今……朕意机不可失,明岁拟欲两路进兵,直抵伊犁,即将车凌等分驻游牧,众建以分其势。此从前数十年未了之局,朕再四思维,有不得不办之势"。①当时,朝中大臣鉴于康熙、雍正年间用兵准噶尔劳师糜饷,故多对出军持不同意见。但乾隆帝高瞻远瞩,力排众议,决策进军,准确地把握了我们统一的多民族国家历史发展的趋势。

其次,乾隆帝抓住时机,颇为成功地利用了投附清朝的卫拉特上层的影响力。乾隆二十年(1755年)初,清军兵分北、西两路,自阿尔泰、哈密进击准噶尔部的政治中心伊犁。针对准噶尔上层内讧,部众离心,已无凝聚力的状况,乾隆帝采取以招抚为主的军事策略,任命来降首领阿睦尔撒纳为定边左副将军,萨拉尔为定边右副将军,分任两路大军前锋将领。阿睦尔撒纳、萨拉尔等人利用其影响力宣谕招抚,准噶尔宰桑、喇嘛纷纷率部众迎降。五月初,阿睦尔撒纳率军渡伊犁河,达瓦齐集众万人退据格登山(今昭苏县境内)。清军阿玉锡等25人夜袭敌营,准军惊溃纷奔,自相践踏,达瓦齐急溃围西奔。此战俘获准军五千余人、大小宰桑数十人及达瓦齐家眷等,缴获军械无数。六月,达瓦齐逃至乌什,被当地伯克霍集斯擒获解送清军,准噶尔部被平定。清军西征数千里,不仅官兵较少伤亡,且成功之迅速也是罕见的。《孙子兵法》云:"夫用兵之法,全国为上,破国次之;全军为上,破军次之……不战而屈人之兵,善之善者也。"②应该说,乾隆帝利用降人带军招抚与进击这样的取胜之例,堪称用兵之上法。

再次,乾隆帝坚定不移地出军平叛,全部统一天山南北。乾隆帝原拟在平定准噶尔部后,留数百官兵驻扎伊犁,"将四卫拉特,封为四汗,俾各管其属"。③但阿睦尔撒纳坚欲自任四部总台吉。当时大军凯

---

① 清高宗实录》卷464,乾隆十九年五月壬午,中华书局1985年版。

② 李零译注:《孙子兵法注译》,《谋攻第三》,巴蜀出版社1991年版,第14页。

③《清高宗实录》卷481,乾隆二十年正月辛卯。

旋,仅五百清军留守伊犁,办理善后。在阿睦尔撒纳煽动之下,各部宰桑、喇嘛蜂起围攻清军,留守官兵全部殉国。阿睦尔撒纳遂入据伊犁,以四卫拉特领袖自居,对抗清朝。①乾隆帝因之不得不再次出军。二十一年(1756年)初,北、西两路清军再次出动,击败叛军,收复伊犁。阿睦尔撒纳先率残部出逃,又趁喀尔喀蒙古地区发生动乱,清军回撤之际,纠集叛军,卷土重来。二十二年(1757年)春,清军第三次出征,步步为营,逼近伊犁,阿睦尔撒纳势穷,逃往哈萨克中帐、俄国。②是年秋,他病死于俄国托博尔斯克。③就在清军进击阿睦尔撒纳之际,被清朝释回的伊斯兰教白山派和卓波罗尼都、霍集占在喀什噶尔、叶尔羌一带聚众反叛,乾隆帝遂决计出军讨伐。二十三年(1758年)春夏之交,清军连克库车、乌什、阿克苏,进围叶尔羌,因孤军深入,被霍集占叛众围困于叶尔羌城外喀喇乌苏地方。二十四年(1759年)春,清军解围,退据阿克苏。春夏之交,乾隆帝调集兵力,整军再进。闰六月中,清军收复喀什噶尔、叶尔羌,乘胜追击,在霍斯库鲁克岭、阿尔楚尔岭、伊西尔库尔淖尔等地接连击溃逃亡叛众。七月中,霍集占、波罗尼都率余众四五百人,逃入巴达克山。④清朝勒兵边境,派使人交涉引渡叛众。在清朝的压力下,巴达克山素勒坦沙处死了霍集占、波罗尼都,并将霍集占首级函送清朝。⑤随后,清朝又派出使人萨里会同素勒坦沙属员,查找波罗尼都尸首。波罗尼都旧属摩罗巴拉特等人供出波罗尼都瘗地,萨里将尸骸掘出,盛匣封固带回。至此,清朝最终完全统一了

---

①伊·亚·兹拉特金著、马曼丽译:《准噶尔汗国史》,商务印书馆1980年版,第422页。

②《平定准噶尔方略》正编卷42,乾隆二十二年七月丙辰,第4册第359页。

③伊·亚·兹拉特金:《准噶尔汗国史》,第433页。

④《清高宗实录》卷595,乾隆二十四年八月庚子。

⑤《平定准噶尔方略》正编卷81,乾隆二十四年十月庚子,第6册第273页。

天山南北，乾隆帝将历代被称之为西域的这一地区改称为新疆，历康、雍、乾三朝近七十年的统一事业取得了全面胜利。

最后，乾隆帝加强了新疆的军政经济建设。通过平定阿睦尔撒纳与大小和卓反叛，乾隆帝深化了对新疆复杂局势的认识。他放弃了原拟分封当地民族首领，"俾各管其属"的治理方式，决定在新疆实行军政管理体制，将新疆分为伊犁、乌鲁木齐、塔尔巴哈台、喀什噶尔四大军政区，设立伊犁将军、乌鲁木齐都统、塔尔巴哈台参赞大臣和喀什噶尔参赞大臣分别管理。伊犁将军直接管理伊犁军政区，同时也是新疆的最高军政长官，总统天山南北。清朝从内地陕甘等省抽调八旗、绿营官兵，从东北抽调锡伯、索伦官兵，从漠南蒙古抽调察哈尔官兵，携眷移驻伊犁、乌鲁木齐军政区，屯垦戍边，称为驻防军；从陕甘和伊犁、乌鲁木齐驻防军中抽调部分官兵，轮班前往喀什噶尔军政区等处屯垦戍边，称为换防军。驻军之地皆大兴屯垦，以供给驻军军粮。同时，清朝不断向天山以北组织移民，凡内地灾民、佃农、商贩、遣犯，愿赴、愿留天山以北屯垦落户者，皆给以生活、生产资料等多方面的支持。在民户与开垦地亩增多之后，清朝又在乌鲁木齐军政区设立了镇迪道、迪化直隶州、镇西府及阜康、宜禾、奇台、昌吉、绥来等县，将道、府、州、县建制推行到新疆东部地区。此外，在哈密、吐鲁番两地，清朝沿袭了新疆统一之前对当地维吾尔人编设佐领，设置札萨克旗，依靠哈密、吐鲁番王公家族管辖当地的札萨克旗管理体制。在其他维吾尔人居住地区，清朝又因地制宜，因俗设治，改革原有的伯克管理制度，对伯克崇以品秩、确定养廉、授以图记、按制任免、实行回避等。各城选任的伯克在参赞大臣、办事大臣的督察下管理各项事务。同时，清朝在天山南北广为设立军台、驿站、卡伦，加强新疆四大军政区之间以及新疆与内地之间的交通联系。这些军政建设不仅为清朝统治新疆奠定了坚实基础，更是新疆社会长期稳定与发展的基石。

总而言之,清朝统一新疆的大业是由康熙、雍正、乾隆三帝共同促成的。他们前赴后继,锲而不舍,都为统一新疆的大业作出了自己的重要贡献。诚如魏源所言:"西北周数万里之版章,圣祖辟之,世宗畬之,高宗获之。"①纵观康、雍、乾三朝统一新疆近七十年的历程,魏源的这一比喻确实是十分精当的。

三、清朝统一新疆的历史意义

清朝继承汉、唐、元诸朝一统新疆的历史传统,改变中原王朝自明中期以后对新疆管辖松弛的状况,打破在西北划嘉峪关而治的局促局面,再度一举统一新疆,将新疆置于中央政府的直接治理之下,具有重要的历史意义,影响极为深远。

首先,清朝再度统一新疆不仅进一步巩固了我国的西北边疆,还促进了新疆社会政治的进步。清朝平定天山南北,再度统一新疆,结束了自明代以后新疆游离于中原王朝直接治理之下的局面。新疆的再度统一使丝绸之路东段的甘肃、新疆连为一体,天山南北政令通达,道路通畅,基本奠定了我国的西北疆域,促进了我们多民族国家的进一步发展。自乾隆朝中期以来,新疆社会进入了新的发展时期,持续至今已历 260 年之久。清朝统一新疆之后,在当地以伊犁将军、乌鲁木齐都统开府,参赞、办事大臣分驻各地,伯克制、扎萨克制、府县制并存,军政合一、因俗设制。这一系列治理制度与政策,促进了新疆各民族社会的发展,加强了新疆与内地的联系。同治年间新疆发生动乱,清朝一度在十来年时间内失去了对新疆的实际控制,并在内忧外患中被迫与俄国签订了《中俄勘分西北界约记》等条约,丧失了不少领土。但在极其艰难的情况下,清朝最终还是出军收复了天山南北,恢复了统一局

---

①魏源:《圣武记》卷 3《雍正两征厄鲁特记》,岳麓书社 2004 年版,第 144 页。

面,将新疆再度纳入中央政府的治理之下。更为关键的是,当时朝野的有识之士们深刻认识到新疆在中国的重要地位与强邻环伺下新疆所处的困境。他们高瞻远瞩,提出了新疆建省的倡议。清朝审时度势,及时进行了行政体制的改革,取消了自西汉以来中原王朝长期在新疆实行的军府体制,于光绪十年(1884年)建立了新疆省,将与内地同一的道、府、州、县制度全面推行到天山南北。新疆建省是自公元327年(晋咸和二年、前凉太元四年)前凉将郡县制度推行到吐鲁番盆地以后,内地郡县制在新疆逐步实行的结果,是新疆社会政治制度发展史上的一大进步,标志着新疆的政治体制与内地完全一体化,中央政令更为通达。客观地说,清朝统一新疆及其后一系列的军政建设,为今天新疆作为祖国的省级区划建制之一,较之以往更为密不可分地与内地联系在一起,奠定了坚实的基础,具有不可估量的重大历史意义。

其次,清朝统一新疆进一步奠定了新疆民族的构成格局。新疆位于丝绸之路的东段,是东西方民族交汇之处,多民族聚居之地。殷墟考古出土的大量和田玉石文物证明,至迟在商代武丁时期,新疆与内地就已有着密切的联系。据《史记》《汉书》等文献中的明确记载,西汉时期出于反击匈奴、开通丝绸之路的需求,已有不少内地军民陆续进入新疆,与当地民族共同从事开发建设事业。至北魏时,吐鲁番盆地更是八城中皆有华人。可见早在两汉时期,内地汉人已经成为新疆的定居民族之一。除此之外,北方游牧民族匈奴、月氏、乌孙、突厥、回鹘、蒙古等也都曾西迁进入新疆,并在当地产生过重大影响。如回鹘西迁融合塔里木盆地的原居民形成了维吾尔族的先民,蒙古族西进后也在新疆维持了较长时段的统治。而在清朝统一新疆之前,天山以南的环塔里木盆地绿洲上主要居住着从事农耕业的维吾尔人,天山以北则主要居住着从事游牧业的卫拉特人,卫拉特准噶尔部统治着天山南北。清朝统一新疆之后,继承了汉、唐、元诸朝治理新疆的传统方式,向新疆移驻军民,大兴屯垦。大批八旗、绿营、锡伯营、察哈尔营、索伦营官兵与陕甘汉、回民人及内地商民进入新疆,与当地各民族共同建设祖国的边疆地区。进入新疆的各族军民携带家眷,落户新疆,屯垦戍边,保家卫国。他们父死子代,兄终弟及,不仅为西北边疆的统一与开发建设作出了重大贡献,也进一步奠定了新疆民族的构成格局。今天,生活在新疆的汉族、回族、满族、蒙古族、锡伯族、达斡尔族等民族,大多与清朝统一新疆以来持续进行的戍边、屯垦活动紧密相关,由此可见清朝统一新疆对新疆民族新格局形成的重要意义。

第三,清朝统一新疆之后兴起的大规模建设,改变了天山南北的经济布局,促进了新疆社会经济的发展,为今天新疆经济的繁荣奠定了基础。新疆地区很早就形成了天山以北以游牧经济为主体、天山以南以农业经济为主体的经济发展格局。因此汉代文献中把天山以北从事游牧、逐水草而居的乌孙等民族聚居区称为"行国",而将天山以南从事农业经济的定居民族聚居区称为"城郭诸国"。南农北牧的这种基本格局一直持续到清代前期,直至清朝统一新疆后,才最终得以改变。乾隆中期以后,随着一批批内地各族军民进入天山以北,为应对当地特殊的自然条件,清朝集中驻军移民,修建了大量的水利灌溉工程,保障了农业生产的发展。如哈密蔡把什湖由榆树沟引水,开渠建闸用工约计 32 万,都是由军营兵丁承担完成。[1]又如移驻伊犁的锡伯营总管图伯特抽调人力,在察布查尔山口开凿渠道,共长二百余里,引伊犁河水灌溉伊犁河以南荒地,取名"察布查尔大渠",意为"粮仓"。在水利事业蓬勃发展的同时,内地先进的生产技术也随移民的进入而运用在天山以北的农作物种植、田间管理等方面。如河西高台县移民在乌鲁木

---

①黄文炜修撰、吴生贵等校注:《重修肃州新志校注》,《西陲纪略·巴里坤》,中华书局 2008 年版,第 600 页。

齐种植的稻米就"颇类吴粳"。①此外,大批驻军、移民、工匠、商贾进入天山以北,也为当地城市的发展奠定了基础。追溯今天乌鲁木齐、巴里坤、阜康、昌吉、晶河、乌苏、伊宁、察布查尔、巩留、新源、昭苏、特克斯、尼勒克、霍城、塔城、额敏、阿勒泰等城市的兴起,即可认识到它们大都与清代军民屯垦、戍边等活动密切相关联。

第四,清朝统一新疆为确保丝绸之路畅通无阻与我国经济的发展提供了重要支撑。自汉、唐直至清代,新疆的统一事业不仅往往与中原王朝控制蒙古高原、青藏高原,实现北方与西北地区的稳定相关联,同时也与保障中西陆路通道——丝绸之路密不可分。随着建设丝绸之路经济带伟大构想的提出,新疆作为我国通往中亚、西亚、南亚次大陆和欧洲的出口,作为亚欧大陆桥的重要干道,交通地位更为凸显。另外,虽然自汉代直至光绪年间左宗棠收复新疆之际,新疆时常被一些朝廷大员视为资源匮乏的"不毛之地"与国库的"漏卮"。但自十八世纪工业革命以来,世界已经进入了新的发展时期,各种新资源、新能源日益为人类生活所依赖。今天,新疆传统的各种优质农产品、畜产品不仅继续丰富着当地与内地人民的生活,其石油、天然气、煤矿、风能、太阳能、其他各类矿产以及我们所尚未能充分认识与利用的资源,也是我国今后很长一段时间内赖以持续发展的重要保障。只有在深入认识新疆对我国当代经济建设、对丝绸之路经济带健康发展重要性的基础上,我们才能够深刻理解清朝统一新疆的重大历史意义。

最后,清朝统一新疆,不仅是中华民族长期整合发展的结果,更是中华民族长期整合发展的明证。作为中华民族的组成部分,满族引领了统一新疆的进程,其他民族如汉、蒙古、维吾尔等也各自在统一进程中发挥了重要作用。更值得我们思考的是,康熙、雍正、乾隆这三

---

①王希隆:《新疆文献四种辑注考述》,甘肃文化出版社1995年版,第176页。

位杰出的满族帝王,都以继承汉、唐大一统的传统而自任,以超迈汉、唐大一统国势、疆域而自豪。他们继承了汉、唐、元诸朝大一统中国的主导思想,重振了汉、唐、元诸朝统一新疆的雄风,再度完成了中原王朝统一新疆的事业,推动了奠定祖国疆域的进程。雍正帝在《大义觉迷录》中批判华夷之别论时指出:"不知本朝之为满洲,犹中国之有籍贯。舜为东夷之人,文王为西夷之人,曾何损于圣德乎?"乾隆帝在《平定准噶尔告成太学碑文》中讥讽前代征伐劳民力,和亲丧国威,他自豪地说:"然此以论汉唐宋明之中夏,而非谓我皇清之中夏也"。①这都表明满族建立的清朝明确本着中国继承论这一主体意识,以秦汉以来大一统中国的继承者自居,为其统一事业超迈前代历朝而骄傲。正是由于对这一点没有清楚的认识,一些国外学者才会错误地认为"收复新疆不是中国统一新疆,而仅仅是一个欧亚大陆中部国家利用中国的官僚体制与经济资源,将尽可能多的欧亚大陆中部地区与中国本土置于其统治之下的一次扩张"。②只有深刻认识清朝统一新疆是自西汉设置西域都护府以来,中华民族长期整合发展的必然结果,我们才能够真正理解我国自古以来就是一个统一的多民族国家的重要理论。诸多少数民族与汉族一道,都为祖国的统一与昌盛,为祖国疆域的奠定与边疆的建设,作出了自己的历史贡献。

(原载《中国边疆史地研究》,2019 年第 1 期)

---

① 钟兴麒等校注:《西域图志校注》卷首 1《天章一》,新疆人民出版社 2002 年版,第 3 页。

② Peter C.Perdue, *China Marches West:the Qing Conquest of Central Eurasia*, Cambridge, Massachusetts:The Belknap Press of Harvard University Press, 2005, p.20.

清前期哈密、吐鲁番
维吾尔人迁居河西西部述论

　　清康熙、雍正、乾隆三朝,是我国疆域基本奠定、统一多民族国家获得空前发展的重要历史阶段。这一时期,清朝继承历代经略新疆、维护丝绸之路通畅的历史传统,在满、汉、蒙古、维吾尔等诸多民族的共同奋斗下,再度完成了统一新疆的大业。康熙、雍正两朝统一新疆的进程中,一些哈密、吐鲁番维吾尔人分三批先后迁居至河西走廊西部的肃州东关、金塔寺及瓜州等处,在当地生活了数十年时间。清朝统一新疆后,他们中的绝大部分返回了故乡。尽管学界已对这些维吾尔人迁居河西西部的背景、原因、过程等问题进行了一定的探讨,①但已有成果较为分散,且对一些重要问题也未能充分涉及。因此,本文拟在已有研究成果的基础上, 充分利用近年来公布的清代档案,系统、深入地探究维吾尔人迁居河西西部的始末,清朝对他们的优遇政策与管理制度, 以及他们在清朝统一新疆及其后巩固新疆统一等方面所发挥的重要影响。研究这一问题,对于展现各民族共同奠定祖国

---

　　①如张羽新:《清代前期吐鲁番维吾尔族移居瓜州始末记》,《新疆大学学报(哲学社会科学版)》1984 年第 1 期;王希隆:《清前期吐鲁番维吾尔人迁居瓜州的几个问题》,《兰州大学学报(社会科学版)》1989 年第 4 期;闫天灵:《明清时期河西走廊的寄住民族、寄住城堡与寄住政策》,《中国边疆史地研究》2009 年第 4 期;邱田:《维吾尔移民内迁与清代河西走廊西部灌溉秩序的演化》,《西北民族论丛》2017 年第 2 期。由于篇幅所限,笔者不再于此一一列举其他相关成果。

疆域的历史场景,铸牢中华民族共同体意识,都有着积极的意义。

一、哈密、吐鲁番维吾尔人迁居河西西部始末

1. 哈密维吾尔人东迁肃州东关

第一批迁居河西的维吾尔人来自哈密。大约在康熙三十七年(1698),哈密札萨克额贝都拉之子协理台吉郭帕伯克率一佐领维吾尔人东迁至肃州,定居在肃州城东关之外。

明清之际,准噶尔部在天山以北兴起。康熙十八年(1679),准噶尔部首领噶尔丹兼并叶尔羌汗国,哈密、吐鲁番及环塔里木盆地的绿洲地带均为其所控制。康熙三十五年(1696)夏,噶尔丹在喀尔喀蒙古地方被清军击溃,哈密地方首领达尔汉伯克额贝都拉接受清朝招抚,举哈密背准投清。额贝都拉率部归附,使清朝的实际控扼前沿推进到新疆东部地区,哈密随之成为清朝统一新疆的前哨重地。康熙三十七年(1698),清朝按照治理蒙古之例,将哈密六城近 2000 户维吾尔人,编设为 13 个佐领(满语牛录、蒙古语苏木),任命额贝都拉为扎萨克、一等部长,其子郭帕伯克、白奇伯克为协理台吉(图萨拉克齐台吉)、二等部长,下设管旗章京、副章京、参领、佐领、骁骑校等员,并颁给红纛,称哈密红旗,直隶理藩院管理。

额贝都拉背准投清,引起了准噶尔部首领策妄阿拉布坦的敌视。为了加强与孤悬嘉峪关外千余里的哈密之间的联系,清朝在正式编设哈密扎萨克旗之前即规定,哈密"有应报闻之事,准十五人乘驿"。①但当时朝廷尚未在嘉峪关外设置驿站,哈密维吾尔人进入嘉峪关之后方可乘驿,颇为不便。因此,额贝都拉主动提出"移我回子,屯于肃州"。清朝同意了额贝都拉的请求,决定令其长子"郭帕白克率一百人,住扎肃

①《亲征平定朔漠方略》卷 46,康熙三十六年十月乙酉。

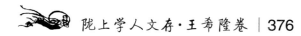
州"。①这批维吾尔人被安置在肃州"东关之外,给与田土,自耕以食"。②
由于清朝将他们别设为一佐领,③故尽管哈密札萨克旗初设时下辖13
个佐领,④但晚清陶保廉在哈密见到的却是亲王所辖"牛录章京十二人,
分其民为十二苏木"。⑤民国时期,林竞在哈密也观察到"回王辖回民共
十二苏木(每一苏木,居民一百五十户,置一长),均为王当差纳税"。⑥可
见,康熙年间编设的哈密13佐领,应包括了肃州的这一佐领。⑦

　　迁居肃州东关外的这一佐领维吾尔人在清朝平定准噶尔部的过
程中发挥了一定作用。如康熙五十四年(1715)清朝大军西出嘉峪关
进驻哈密之后,官兵用粮数额巨大,需从后方转输运往。甘肃巡抚绰
奇奏请"运粮哈密,需用向导"。康熙帝斥责他"办事平常",指出"有一
佐领回子驻扎肃州,何用再以向导奏请"。⑧其后,朝廷令绰奇负责在
嘉峪关至哈密千余里的路途中,设立了12个台站,每站安设250辆
粮车,陆续转运军粮。⑨居住在肃州东关外的这一佐领维吾尔人了解

---

　　①亲征平定朔漠方略》卷46,康熙三十六年十月乙酉。另据《重修肃州新志》
载,这批维吾尔移民共有"五十户"。此处疑为"一百五十户",脱去了"一百"二
字。甘肃省嘉峪关市史志办公室校注:《重修肃州新志校注》,中华书局2008年
版,第309页。

　　②甘肃省嘉峪关市史志办公室校注:《重修肃州新志校注》,第309页。

　　③包文汉整理:《清朝藩部要略稿本》卷15,黑龙江教育出版社1997年版,第
239页。

　　④《钦定大清会典(嘉庆朝)》卷53,文海出版社1990年影印本,第2487页。

　　⑤(清)陶保廉著、刘满点校:《辛卯侍行记》卷6,甘肃人民出版社2002年版,
第371页。

　　⑥林竞:《西北丛编》,文海出版社1975年版,第230页。

　　⑦王希隆:《新疆哈密维吾尔族中的札萨克旗制》,《西域研究》1997年第1期。

　　⑧《清圣祖实录》卷265,康熙五十四年八月乙亥。

　　⑨《清圣祖实录》卷267,康熙五十五年正月辛酉。

嘉峪关至哈密之间的道路及水源情况,他们担任运粮队的向导多年,为清朝统一新疆的大业做出了自己的贡献。

哈密扎萨克旗协理台吉郭帕伯克携眷常驻肃州办事,故其长子额敏即出生并成长于肃州。额敏"及壮始归",①继其父郭帕担任哈密扎萨克。据乾隆初年成书的《重修肃州新志》记载,额敏返回哈密之后,这一佐领维吾尔人依旧居住在当地,且"尚仍旧俗,未改服色"。②但随着河西西部的驻军移民不断增多,经济持续发展,行政建制日益完善,这一佐领哈密维吾尔人的作用也有所下降。尽管乾隆朝统一新疆之后,他们的活动情况不见于记载,但从晚清民国时期哈密扎萨克仅辖12个佐领的事实可以推测,这一佐领维吾尔人很可能没有返回哈密,而是长期生活在肃州,并随着时间的推移,逐渐融入到了当地民众之中。

2. 吐鲁番维吾尔人东迁肃州金塔寺

第二批迁居河西的维吾尔人来自吐鲁番。雍正四年(1726)夏,吐鲁番头目托克托玛木特带领136户、男妇老幼655口维吾尔人东迁至肃州金塔寺地方,最初全部定居于威鲁堡。这是清朝组织下第一批迁居河西西部的吐鲁番维吾尔人,为其后吐鲁番维吾尔人大规模迁居河西西部准备了条件。

康熙末年,策妄阿拉布坦袭击哈密,清准战争再度爆发。康熙五十九年(1720)夏,清军首次进入吐鲁番,击败驻守准军。清军回师后,策妄阿拉布坦强行将吐鲁番人口迁往喀喇沙尔,中途有部分维吾尔人逃回,带头者是有着伯克身份的托克托玛木特。他们聚集于鲁克

①(清)常钧:《敦煌杂钞》卷上《哈密》,兰州古籍书店1990年影印本,第336页。

②甘肃省嘉峪关市史志办公室校注:《重修肃州新志校注》,第309页。

沁,拼死抗击准军并派人赴巴里坤清军大营求援。六十年(1721)夏,清军再度进入吐鲁番盆地,在当地开设屯田。托克托玛木特带领鲁克沁等城维吾尔人助清军守城屯垦,多有劳绩,得到清朝器重,获授副都统职衔。[1]另外,其弟库撒克获授参领品级,[2]其属下的维吾尔人也有 5 名获佐领衔,20 名获骁骑校衔。[3]获授清朝职衔的托克托玛木特等人隶属于吐鲁番驻防清军体制数年之久,增强了对清朝的向心力。

雍正三年(1725),托克托玛木特获知清朝尚无长期驻军吐鲁番的计划后,就曾表达过随清军东迁的愿望。[4] 雍正四年(1726)清准议和,吐鲁番仍归策妄阿拉布坦所有。托克托玛木特等人遂决心离开家乡,随清军东迁内地。据靖逆将军富宁安奏称:"吐鲁番之回子,恐为策妄阿喇布坦扰累,情愿迁入内地者,共六百五十人,应给与马驼帐房等物"。[5]清朝批准了他的奏请,并行咨川陕总督岳钟琪办理相关事务,最终将这批维吾尔人安置在肃州金塔寺所属的威鲁堡居住。

托克托玛木特是鲁克沁地方的伯克,跟随他东迁的维吾尔人共有 136 户,但其中他自己的部属只有 47 户。另外的 89 户则来自皮禅(辟展)地方,首领名伊特格尔和卓。迁居威鲁堡一年多时间后,二部发生械斗,托克托玛木特及其弟库撒克被伊特格尔和卓率众

---

①《川陕总督岳钟琪奏酌议分别安置鲁布钦及皮禅部落回民事宜请旨遵行折》,《雍正朝汉文朱批奏折汇编》,江苏古籍出版社 1989 年版,第 13 册,第 415 页。

②甘肃省嘉峪关市史志办公室校注:《重修肃州新志校注》,第 309 页。

③《川陕总岳钟琪奏请安插内迁土鲁番回民于肃州金塔寺并为筑房赏给器具银两折》,《雍正朝汉文朱批奏折汇编》,第 7 册,第 546 页。

④《和硕怡亲王允祥等奏议从巴里坤吐鲁番等地撤兵事折》,《雍正朝满文朱批奏折全译》,黄山书社 1998 年版,第 1142 页。

⑤《清世宗实录》卷 45,雍正四年五月己丑。

殴毙。①清朝随即按律处决主犯伊特格尔和卓，并将原托克托玛木特部属迁至离威鲁堡十余里的葛里葛什堡居住，任命托克托玛木特长子尼亚斯麻木特为土千户。因尼亚斯麻木特年仅 13 岁，暂由其外祖父谷利麻迈代管部众。仍居于威鲁堡的皮禅维吾尔人则在地方官员的监督下，公推"老成端谨，为众心所悦服"的麻喇木门为首领。②二部分开之后，继续在当地从事农业生产活动，多年相安无事。

有学者根据陶保廉《辛卯侍行记》中"（乾隆）十三年，以前徙肃州金塔之吐鲁番回民并入哈密旗下"的相关记载，③指出这批维吾尔人并没有返回吐鲁番，"而是在哈密住留下来，成了哈密畏兀儿的一部分"。④实际上，这些吐鲁番维吾尔人并未迁往哈密，陶保廉很可能是受到了《皇朝藩部要略》中不完整记载的误导，所以才得出了这一错误的结论。

乾隆十二年（1747），甘肃巡抚黄廷桂因金塔寺"回民人多地少，且或抛弃典卖，不敷养膳"，奏请"于回民原给地亩外附近旷土，令其垦辟，一切俱照旧例安插"。清朝否定了这一建议，决定将这批维吾尔人迁往"土俗素习，安辑较便"的哈密。⑤七月，乾隆帝谕令军机大臣等将金塔寺维吾尔人交哈密贝子玉素卜管辖，并传谕玉素卜知之。⑥《皇

---

①《川陕总督岳钟琪奏报内移肃州土鲁番回民之皮禅部落回目纠众打死总回目情由折》，《雍正朝汉文朱批奏折汇编》，第 12 册，第 389 页。

②《川陕总督岳钟琪奏酌议分别安置鲁布钦及皮禅部落回民事宜请旨遵行折》，《雍正朝汉文朱批奏折汇编》，第 13 册，第 415 页。

③（清）陶保廉著、刘满点校：《辛卯侍行记》卷 6，第 370 页。

④闫天灵：《明清时期河西走廊的寄住民族、寄住城堡与寄住政策》，《中国边疆史地研究》2009 年第 4 期。

⑤《清高宗实录》卷 293，乾隆十二年六月戊子。

⑥《清高宗实录》卷 295，乾隆十二年七月己酉。

朝藩部要略》中所保留的正是乾隆帝的这则上谕,①但其却遗漏了此谕并未执行的后续事实。

黄廷桂接到乾隆帝指示后,随即令甘肃道差员前往维吾尔移民居地宣布朝廷谕旨。然而,乾隆帝的旨意受到了全体维吾尔人的坚决反对。据黄廷桂奏报:

头目及老户、子户各回民佥称,小的们受天朝天高地厚的皇恩,给田地、房屋、器具、籽种、口粮,生的有衣有食,死的有葬有埋,如同内地一般。小的们久已成家立业,就是老户、子户现有家的,既蒙将其闲田地拨给耕种,就可度日。这些田地还够一两辈养活。小的们做皇上的奴才二十多年了,如今忽又迁往哈密,在贝子座下做奴才,小的们宁可死了,断断不去的。如说因地不够,小的们情愿迁往东去,就把小的们分与内地人家使唤,还是皇上好百姓的,奴才是甘心的等语。老幼大小男妇数百人异口同声,并继以哭,各有坚执必不愿迁之情势。随后又有回民并头目数十人仍进肃城,要递呈求免迁往哈密。②

同时,玉素卜接到上谕后也奏称“哈密耕种,全资雪水。如遇雪少之年,不足以资灌溉”,不愿接收这些维吾尔人。有鉴于此,乾隆帝谕令“所有移驻回民之处,此时不必办理”。③十一月,朝廷最终决定令黄廷桂“于金塔寺原圈给回民地界内,查明可垦余地。将无地回民,每户

<hr />

①包文汉整理:《清朝藩部要略稿本》卷15,第248页。此外,较早成书的《钦定外藩蒙古回部王公表传》中对这一事件的记载也与《皇朝藩部要略》大体相同,并不完整。详见包文汉等整理:《蒙古回部王公表传(第一辑)》卷108,内蒙古大学出版社1998年版,第686—687页。

②《甘肃巡抚黄廷桂奏威虏堡回民不愿迁驻哈密缘由》,“国立”故宫博物院:军机处档折件,文献编号001349。

③《清高宗实录》卷300,乾隆十二年十月己巳。

拨给百亩,所需牛具、籽种,照初次安插者,减半给与",①就地解决这些维吾尔人的生计问题。可见,这批金塔寺维吾尔移民并未迁往哈密,《辛卯侍行记》中所谓"以前徙肃州金塔之吐鲁番回民并入哈密旗下"的记载与史实并不相符。

清朝统一新疆后,这批维吾尔移民的人口数已增加一倍有余,所属地亩不敷耕种。而瓜州维吾尔移民先期返回故乡吐鲁番,也对他们产生了一定影响。乾隆二十六年(1761)初,陕甘总督杨应琚呈称:"肃州威鲁堡安插吐鲁番回人,现有二百五十户,一千五十余名口,承种熟地一万五千三百六十余亩,户口日增,地亩有限。伊等闻瓜州回人迁回故土,其年老者亦有思归之意"。他因之奏请"即于本年秋收后,令该千户珈如拉等带领,仍委员照看起程",将这批维吾尔移民迁回吐鲁番,并将"其所遗地亩,招募承种,于内地民生,亦有裨益"。②军机大臣等会议后,批准了杨应琚的意见。不久,杨应琚又与参赞大臣舒赫德会奏:

> 威鲁堡回人拟于八月内,迁居吐鲁番。查附近辟展之里野木齐木等处,现有熟地八千余亩,可以安插耕种。应令千户珈如拉率回众住里野木齐木,百户厄闵和卓率回众住辟展,并请授为五品伯克。其回众共举之玛玛古尔班、呼岱巴尔氏,授为六品副伯克,各居分地,管辖回众。③

千户珈如拉即托克托玛木特之孙,他所率人众就是械斗事件后迁居葛里葛什堡的维吾尔人。百户厄闵和卓,乾隆十八年(1753)由署理陕甘总督尹继善代为奏请承袭,④他所率人众即是居住在威鲁堡的

---

①《清高宗实录》卷 302,乾隆十二年十一月辛卯。

②《清高宗实录》卷 631,乾隆二十六年二月甲午。

③《清高宗实录》卷 640,乾隆二十六年七月辛亥。

④《署理陕甘总督尹继善为题请伊命承袭甘肃肃州属威鲁堡皮禅部落土百户事》,中国第一历史档案馆:内阁全宗,档号 02—01—006—001237—0005。

伊特格尔和卓属部。至此,这批迁居河西肃州金塔寺地方,在当地生活了三十余年的维吾尔人终于返回了故乡吐鲁番。

3. 吐鲁番维吾尔人东迁安西瓜州

第三批迁居河西西部的维吾尔人也来自吐鲁番。雍正十年(1732)十月,他们最终全部到达瓜州时,计有 2337 户、男妇大小 8122 口。① 这是清前期迁居河西西部的三批维吾尔人中人数最多的一批。

此次东迁的领导者,是吐鲁番鲁克沁的额敏和卓,他曾担任过辟展城阿奇木伯克。康熙五十九年(1720),他与两兄迎降清军,后其两兄皆为准噶尔军杀害。康熙六十年(1721)、雍正七年(1729),清军两度进入吐鲁番驻防屯田,都得到了额敏和卓及其所率维吾尔人的支持协助。雍正九年(1731),清朝决定再次弃守吐鲁番。鉴于吐鲁番民众曾拼死抵御准军,"竭诚内向,遂成不得不救济之势",②清朝建议他们跟随清军东撤。不堪忍受准军侵扰抢掠的维吾尔人接受了清朝的建议,③于雍正十年十月十三日,在额敏和卓的带领下随清军东迁。十一月初六日,他们到达哈密塔勒纳沁地方,暂居于此。④

清朝原拟将这批维吾尔人安置于肃州所属王子庄一带,但地方官员认为"肃州之王子庄水泉甚少,可垦之地不敷回民耕种",而"瓜州地土肥饶,水泉滋润,气候亦觉和煦,与回民原住地方风景相似,且现在开

---

①《署陕西总督刘于义奏等奏覆酌减估给回民牛驴羊只数目并分别回目等次情形折》,《雍正朝汉文朱批奏折汇编》,第 25 册,第 491 页。

②《宁远大将军岳钟琪奏覆回民居住地方及官兵不能追缴各实情折》,《雍正朝汉文朱批奏折汇编》,第 21 册,第 929 页。

③《宁远大将军岳钟琪等奏报遵旨料理吐鲁番回民内迁情由折》,《雍正朝汉文朱批奏折汇编》,第 21 册,第 719 页。

④《土鲁番伯克额敏和卓奏请万安并谢官兵护送搬移哈密及赐众回民羊只皮衣折》,《雍正朝汉文朱批奏折汇编》,第 33 册,第 900 页。

垦,可种之地甚为宽阔,足资回民耕牧。由塔尔纳沁迁至瓜州,路不甚远,可免跋涉之劳"。朝廷权衡利弊后,将瓜州确定为安置地。当时,瓜州筑堡建房尚需时日,"回众暂驻塔尔纳沁,计大小九千二百余口,每月需口粮二千三百余石。若俟瓜州筑堡造房,办理齐备之后再行迁移,尚需数月之久。不特运送口粮糜费脚价,即回众一切日用所需,件件昂贵,亦未称便。"①不久,署陕西总督刘于义查明距瓜州仅数十里的安西镇城有空闲兵房数千间,"回民到日即可安置于空房内居住"。②于是,雍正十一年(1733)四月初一日至七月初九日,寄居塔勒纳沁的吐鲁番维吾尔人先后分二十批,迁至安西镇城暂住。③九月二十四日,瓜州土堡及房屋建成,他们再度开始搬迁,至十月十一日全部迁至瓜州。④

　　这批维吾尔移民所居的五座城堡又被称作"回民五堡",其中头堡在安西城西 25 里处,二堡在头堡西南 10 里处,三堡在二堡西北 10 里处,四堡在三堡西北 4 里处,五堡在四堡东北 10 里处。额敏和卓家族带领鲁古庆(鲁克沁)、泗尔堡两部人口居住在头堡,其余各部人口则分别居住于二、三、四、五堡。⑤

　　其实,除瓜州"回民五堡"外,还有部分维吾尔移民居住在距离

---

①《署宁远大将军臣查郎阿等覆商酌妥办吐鲁番回众改移瓜州安插事宜请遵旨行折》,《雍正朝汉文朱批奏折汇编》,第 23 册,第 883 页。

②《署陕西总督刘于义等奏报暂移吐鲁番回民居住安西情由并瓜州屯种筑堡等事折》,《雍正朝汉文朱批奏折汇编》,第 24 册,第 14 页。

③《署陕西总督刘于义等奏酌议瓜州安插回民拨给牛只器具等项事宜折》,《雍正朝汉文朱批奏折汇编》,第 30 册,第 621 页。

④《署陕西总督刘于义等奏报瓜州城堡房屋建造齐全回民陆续迁移居住折》、《署陕西总督刘于义等奏覆查明移至塔尔纳沁回民不服水土致有病故情由折》,《雍正朝汉文朱批奏折汇编》,第 25 册,第 212、428 页。

⑤(清)常钧:《敦煌随笔》卷上《回民五堡》,兰州古籍书店 1990 年影印本,第 381 页。

五堡较远的小湾、踏实等处。清朝共授予这批维吾尔人 8000 石籽种地，其中五堡附近有籽种地 5300 石，小湾、踏实两处有籽种地 2700 石，①占总地亩数的三分之一以上。因此，乾隆三年（1738）七月，额敏和卓提出"耕种小湾、踏实之地，道里往返维艰"，呈请朝廷允许他们"在小湾地方建筑小堡，自行造屋居住"。②随后，川陕总督查郎阿疏言："甘肃小湾地方，雍正十三年赏与移住瓜州之吐鲁番回民耕种，去瓜州住堡，几及百里。请建筑小堡，令其就近安居"，获得朝廷批准。③

尽管据曾任安西兵备道的常钧记载，由于川陕总督尹继善"批令暂缓，再待熟筹"，所以直至乾隆七年（1742），小湾城堡依旧"尚未建筑"。④但由于在当地耕作的维吾尔人客观上难以经常往返于近百里之外的回民五堡，故他们不可避免地需在小湾等处"自行造屋居住"。如曾居住在头堡的阿树儿马特因父母去世且与兄弟不和，就在禀报额敏和卓后，迁至小湾地方居住，有事才返回头堡。⑤考虑到小湾、踏实等处的田亩数量相当可观，且"回民耕牧力作者，趾踵相错矣"，⑥可以认为，无论乾隆七年尹继善丁忧离任后，其继任者是否批准在小湾

①（清）常钧：《敦煌随笔》卷上《回民五堡》，第 381 页。此后，小湾、踏实等处地亩所占比例，大体上与之前保持了一致。如乾隆十二年，五堡附近有籽种地 5300 石，小湾有籽种地 2180 石，踏实有籽种地 520 石，三者合计共有 8000 石。《户部尚书傅恒奏报查核乾隆十二年瓜州回屯收获粮石分数》，"中央"研究院历史语言研究所：内阁大库档案，登录号 020700—001。

②《清高宗实录》卷 73，乾隆三年七月庚辰。

③《清高宗实录》卷 81，乾隆三年十一月甲戌。

④（清）常钧：《敦煌随笔》卷上《小湾》，第 372 页。

⑤《兼陕甘总督署甘肃巡抚瑚宝奏为办理瓜州回民呢杂儿马特脱逃一案兹将该犯供词呈览》，"国立"故宫博物院：军机处档折件，文献编号 003851。

⑥（清）常钧：《敦煌随笔》卷上《小湾》，第 372 页。

地方新筑城堡，有相当数量的维吾尔移民居住在小湾等处都是毋庸置疑的。

这批吐鲁番维吾尔移民在瓜州五堡及小湾、踏实一带生活居住了二十余年。乾隆二十年（1755）春，清朝出军统一新疆，额敏和卓随军西进。他在沿途查看故乡情况后，请黄廷桂代为向乾隆帝呈报了瓜州维吾尔人返回故土的愿望，①获得批准。乾隆二十一年（1756）闰九月初一日至十二日，这些维吾尔移民终于在额敏和卓的带领下，分批从瓜州启程，返回故乡吐鲁番。②

二、清朝对哈密、吐鲁番维吾尔移民的优遇政策与管理制度

1. 清朝对哈密、吐鲁番维吾尔移民的优遇政策

哈密、吐鲁番维吾尔人离开故乡，失去了原有的住房、土地等生活、生产资料。他们到达河西西部的新居地后，清朝对其实行了诸多优遇政策，使之得以正常生活并开展农业生产活动。

关于清朝对移居肃州东关外的一佐领哈密维吾尔人实行优遇政策的情况，目前尚未见有很具体的记载。唯有乾隆初年成书的《重修肃州新志》中记到，这一佐领维吾尔人移居肃州东关外后，清朝"给与田土，自耕以食"。③这条记载虽然简短，但却十分明确，即清朝为这批维吾尔人无偿划拨了耕地，使之自给自足。这批维吾尔人原来就有着军事、行政、生产三位一体的佐领组织，而且，这一佐领维吾尔人最初

---

①《大学士管陕甘总督事黄廷桂奏报查明瓜州回众情愿搬回吐鲁番情形折》，"国立"故宫博物院：宫中档奏折，文献编号 403011403。

②《大学士管陕甘总督事黄廷桂奏为代札萨克公额敏和卓谢恩折》，"国立"故宫博物院：宫中档奏折，文献编号 403012945。

③甘肃省嘉峪关市史志办公室校注：《重修肃州新志校注》，第 309 页。

是由哈密扎萨克的继承人、协理台吉郭帕伯克直接率领的。他们东迁是为了驻扎在肃州，负责沟通哈密扎萨克旗与清朝之间的各方面联系。因此，除了"自耕以食"之外，他们在肃州与哈密之间传递文报、转送物资、兼任清军向导及在哈密与内地的商业贸易等活动中，应该都能获得一定经济收入，以补充自己的生活。

相较于康熙年间东迁肃州东关外的哈密维吾尔人，清朝对雍正年间移居肃州金塔寺一带和安西瓜州等处吐鲁番维吾尔人的经济优遇，则在档案文献中有着十分具体的记载。

肃州金塔寺的维吾尔移民由川陕总督岳钟琪负责安置。他提出的具体安置措施主要包括四点：第一，安置地方当为与吐鲁番自然环境相近，"可垦田地甚多，更宜种植瓜果"的肃州金塔寺一带；第二，应无偿授拨这些维吾尔人地亩及耕畜、农具、籽种等生产资料，"按其户口，每户给以肥美之地一顷，牛二只及籽种、器具"；第三，"仍按月给以口粮，俟成熟之日，停止支给"，保证收获之前，维吾尔移民的粮食供应"充裕足用"；第四，无偿分拨住房，"将托克托麻木特给与住房十二间，库撒克给住房十间，其属下之佐领五员各给住房六间，骁骑校二十员与闲散人等每户各给以住房二间"。①此外，岳钟琪还奏请每户"再给以牛二头，羊或十只、二十只不等，照其人口数目查给，令其畜养孳生"。雍正帝不仅批准此议，更是指出"朕意犹少，不足再添，议赏些银两"。②由此可见，这批吐鲁番维吾尔移民得到了优渥的经济待遇。

①《川陕总督岳钟琪奏请安插内迁土鲁番回民于肃州金塔寺并为筑房赏给器具银两折》，《雍正朝汉文朱批奏折汇编》，第7册，第545—546页。
②《川陕总督岳钟琪奏请酌拨牛羊赏给愿归内地之土鲁蕃回民畜养折》，《雍正朝汉文朱批奏折汇编》，第7册，第688页。

东迁瓜州的众多吐鲁番维吾尔移民同样获得了清朝的优遇。清朝首先向他们无偿提供了"八千石籽种"地,共计四万亩。①这些地亩多是官府雇工修渠开成的熟地。他们居住的五座城堡内有房屋近5000间,也是由地方驻军及雇工无偿为之修建的。清朝不仅向他们无偿分授农具、牲畜、口粮、炊具等各类生产、生活资料,②还鉴于"回民初至瓜州",特派"熟悉水土"的官员与雇募夫役二百余名,指导、协助他们开展农业生产。③据安西兵备道常钧统计,为妥善安置瓜州维吾尔移民,清朝花费了"不啻数百万金"的巨额官帑,④可见他们所受待遇之优厚。

康熙中期哈密归附以后,清朝自内地向河西西部的瓜、沙等地不断移民,充实边地,引水垦田,发展农业。内地移民所耕之地需确定升科年限,届期向国家缴纳赋税。但对东迁河西地区的哈密、吐鲁番维吾尔人,清朝则实行了免收赋税的政策。如前所述,移居肃州东关外的哈密维吾尔人由官府"给与田土,自耕以食",未有收取赋税的规定。移居肃州金塔寺地方的吐鲁番维吾尔人在获授土地、房屋之际,也未有升科的规定。东迁瓜州的近万名吐鲁番维吾尔人同样享有"自耕自食,免纳粮草及一应差徭"的待遇。⑤可见,清朝对这些维吾尔移民实行了长期免收赋税的政策,这种优遇在有清一代是少见的。尽管东迁维吾尔人获得了清朝的诸多优遇,但他们于战乱中背井离乡,在

---

① (清)常钧:《敦煌随笔》卷上《回民五堡》,第 381 页。

②《署陕西总督刘于义奏等奏覆酌减估给回民牛驴羊只数目并分别回目等次情形折》,《雍正朝汉文朱批奏折汇编》,第 25 册,第 491—495 页。

③《署陕西总督刘于义奏请派员并雇募熟谙耕种夫役教导督率迁居瓜州回民耕种折》,《雍正朝汉文朱批奏折汇编》,第 25 册,第 485 页。

④ (清)常钧:《敦煌随笔》卷上《回民五堡》,第 381 页。

⑤ (清)常钧:《敦煌随笔》卷上《回民五堡》,第 381 页。

长期荒芜、水利灌溉系统未能周备①的河西西部地区重立家业也并非易事。因此,当维吾尔移民农业生产歉收时,清朝还会借给他们口粮、籽种等物资,并经常性地对这些借项予以豁免。②

东迁维吾尔人获得的一系列优遇政策,不仅是他们安居河西西部的根本保障,也强化了他们的国家意识与对清朝的向心力。同时,这还对准噶尔部统治下的维吾尔人产生了一定影响,为乾隆中期统一新疆的过程中争取他们的支持,创造了有利条件。

2. 清朝对肃州维吾尔移民的管理制度

随着哈密、吐鲁番维吾尔人迁入清朝直接管辖的河西西部,他们自然也就被纳入了清朝的管理体制之内。但由于民族差异等诸多方面的因素,清朝对维吾尔移民与内地移民的管理制度存在着很大的不同。

迁居肃州东关外的哈密维吾尔人比较特殊,东迁之前他们就已被纳入到理藩院直辖的哈密札萨克旗。此后,尽管居住在远离哈密的肃州东关外,但作为哈密札萨克的 13 佐领之一,他们依旧隶属于哈密札萨克系统。因此,肃州哈密维吾尔移民内佐领、骁骑校、领催等员的任命及审丁、派役等各项事务,均与哈密札萨克旗其他佐领一致,归理藩院与哈密札萨克管理,而与肃州地方官府无涉。甘肃地方官员从该佐领抽调向导或征调力役, 也需经理藩院及哈密札萨克沟通办理。此外,哈密归附清朝之初,理藩院仅"每年委笔帖式一人前往,侦探报院",③管理相对松懈。为改善这一状况,雍正四年(1726),理藩院

①《川陕总督岳钟琪奏请改肃州为直隶州并设州同一员分驻威远(鲁)堡折》,《雍正朝汉文朱批奏折汇编》,第 15 册,第 110 页。

②(清)常钧:《敦煌随笔》卷上《回民五堡》,第 381 页。

③赵云田点校:《乾隆朝内府抄本〈理藩院则例〉》,中国藏学出版社 2006 年版,第 103 页。

增派部郎一员驻哈密,[1]成为常制,强化了朝廷对包括肃州这一佐领在内的哈密札萨克旗的管理。

与哈密维吾尔人不同,迁居至肃州金塔寺的吐鲁番维吾尔人中并未设有佐领建制,而是由甘肃地方官员肃州通判毛凤仪兼管。他们迁居金塔寺威鲁堡一年之后,总督岳钟琪获知其内部存在不安定因素,当即上报朝廷,称"皮禅部落回目伊特格尔和卓户口众多,有不服总回目托克托麻木特之心",并奏请"简派理藩院官一员驻劄威鲁堡,化诲弹压,令回民咸知礼法之后,再交地方官管辖"。然而,朝廷以"土鲁番回民已住居肃州年余,伊等情性,地方官自必知悉。若差部员前去,于事无益"为由,令仍将他们交与地方官约束教诲。[2]但肃州距离威鲁堡有百余里之遥,年近七旬的通判毛凤仪又因忙于接待准噶尔部使人特垒等事务,未能前往威鲁堡视察,遂成放任状态。[3]还需要指出的是,这批吐鲁番维吾尔人原先即分为两部,且敢于抗击准噶尔部的他们本来就有着不甘屈服、"好勇斗狠"的性格特点。到达威鲁堡新居地后,伊特格尔和卓更是自恃部众较多,不把朝廷任命的"总回目"托克托玛木特放在眼中,使两部矛盾日益激化。

雍正六年(1728)双方爆发械斗,"总回目托克托麻木特于四月十四日被皮禅回目伊特格尔和卓等纠领九十余人,各持棍棒,揣殴立毙,并将托克托麻木特之弟库克扯一并打死"。托克托玛木特因抗击准军著有功绩,曾获赏副都统职衔,其弟库撒克也有着参领品级。二人

①(清)常钧:《敦煌杂钞》卷上《哈密》,第336页。

②《川陕总督岳钟琪奏报内移肃州土鲁番回民之皮禅部落回目纠众打死总回目情由折》,《雍正朝汉文朱批奏折汇编》,第12册,第389页。

③《川陕总督岳钟琪奏请恩准肃州通判毛凤仪革职留任折》,《雍正朝汉文朱批奏折汇编》,第13册,第475页。

突然被部属殴毙，自然震惊官府。总督岳钟琪立即令"肃州镇、道确查起衅情由，将凶犯等按名查拿"，由兰州按察司李元英"严审定拟，按律究处，以彰国法"。[1]随后，岳钟琪又令肃州镇总兵纪成斌与甘州府知府李易等前往威鲁堡，传集全体维吾尔人，晓谕他们"除在事罪犯外"，若有"愿回归土鲁番者，将伊等发回。如有遵守法度，情愿留存内地者，准其存留"。据称众人均"感戴圣恩，情愿遵法住居内地，不愿回归土鲁番"。[2]

回疆旧俗，"杀人者多不抵命，量死者强弱，议罚牛羊多寡不等"，[3]这与内地法律制度存在着较大差异。但威鲁堡维吾尔人命案，则被纳入了内地法制管理体系，由甘省司法机构按察使司审讯后将人犯按《大清律》处死。结案之后，岳钟琪又奏请在威鲁堡外盖造营房、衙署，派驻绿营千总一员率兵百名驻扎，以便"不时化导，并于朔望日期传集回民宣讲《圣谕广训》，务宜明白讲解，俾伊等耳聆心喻，相率凛遵，以范身于礼法之中"。[4]这对维吾尔移民了解、敬畏国家法度，增强他们的国家意识起到了促进作用。

特别值得一提的是，雍正七年，岳钟琪指出这些维吾尔移民"安插日久，现居化育之中，即系天朝赤子，且口外道路，伊等素所熟悉"，奏请于其中"挑选年力精壮，熟谙口外道路者三十名，分拨该镇（肃州镇）属标营，以充新募之兵丁之数"。考虑到"不唯伊等乐于入伍食粮，

①《川陕总督岳钟琪奏报内移肃州土鲁番回民之皮禅部落回目纠众打死总回目情由折》，《雍正朝汉文朱批奏折汇编》，第12册，第389页。

②《川陕总督岳钟琪奏酌议分别安置鲁布钦及皮禅部落回民事宜请旨遵行折》，《雍正朝汉文朱批奏折汇编》，第13册，第414页。

③（清）常钧：《敦煌随笔》卷上《回民五堡》，第380页。

④《川陕总督岳钟琪奏酌议分别安置鲁布钦及皮禅部落回民事宜请旨遵行折》，《雍正朝汉文朱批奏折汇编》，第13册，第415页。

而标营亦资差遣行走,与营伍甚属相宜",雍正帝同意了岳钟琪的提议。①不久,这三十名维吾尔人被"分拨于肃州镇标并金塔寺等营入伍,通计五营,每营各派六名"。雍正帝对此事格外关注,特谕岳钟琪"既令入伍食粮,即当切嘱兵弁辈更相亲睦",不可对他们轻蔑歧视。②维吾尔移民被编入绿营领饷食粮,承担军事任务,不仅反映出清朝对他们管辖及治理的强化与深入, 也是他们逐渐融入内地军政管理体系的例证,具有重要的历史意义。

3. 清朝对瓜州维吾尔移民的管理制度

迁居瓜州的吐鲁番维吾尔人计有 2300 余户、8100 余口。尽管他们分别来自十几个不同的部落,户口数也远超肃州维吾尔移民,但清朝却颇为成功地对其实施了治理, 保证了他们留居瓜州期间社会的相对稳定。

这批维吾尔移民抵达瓜州后,分别居住在回民五堡,仍由"各有族众,各有分管办理之事"的原大小头目"照前各自管辖,各自经理"。其中额敏和卓带领鲁谷庆、泗尔堡两城 1017 户、4064 口维吾尔移民居于头堡。③头堡移民占东迁总户数的四成有余,总口数的五成以上,他们应是额敏和卓的旧属或原先就与他存在着密切的联系。换言之,居住在其他各堡的大小头目,并无与额敏和卓分庭抗礼的实力。瓜州维吾尔移民这种分别居住于大小不一的城堡中的格局, 很可能是清朝权衡了其内部情况后确定实施的。此外,尽管额敏和卓家族只是吐

①《宁远大将军岳钟琪奏陈挑选威鲁堡回民年力精壮熟谙口外道路者以充该营新募兵丁事》,"国立"故宫博物院:宫中档奏折,文献编号 402021685。

②《宁远大将军岳钟琪奏查新招入伍之威鲁堡回民分拨于肃州镇标等营再加服习化诲事》,"国立"故宫博物院:宫中档奏折,文献编号 402021688。

③《署宁远大将军查郎阿等奏覆宣谕额敏和绰封为札萨克公并请赏给回民头目职衔折》,《雍正朝汉文朱批奏折汇编》,第 24 册,第 170—171 页。

鲁番社会众多上层家族之一,并非吐鲁番地方最高首领,但该家族较早归附清朝并领导了吐鲁番各城民众的东迁,从而获得了朝廷的信任。故早在额敏和卓率部自吐鲁番启程后不久,雍正帝即已下旨敕封他为扎萨克辅国公,确立了他在这批东迁维吾尔移民中的领导地位。在清朝的倚重下,掌有扎萨克印信的额敏和卓不仅"总领其众,居住头堡",①还曾赴京朝觐观瞻,了解了内地制度,增强了国家意识,为清朝管理这批维吾尔移民发挥了重要作用。

除了高度信任并倚重额敏和卓外,清朝还不断加强瓜州等地的军政建设,为妥善管理这批维吾尔移民提供了制度保障。瓜州原属肃州道管辖,为了适应当地移居近万名吐鲁番人的新形势,雍正十一年(1733),清朝添设了安西兵备道一员,并将原已设立的安西同知移驻瓜州。②同时,雍正帝还特派侍卫来文等人于瓜州营居住,负责"教导回民",并协助管理一应事务。③乾隆元年(1736),清朝派出理藩院官员常驻瓜州,负责管理五堡维吾尔移民。④七年(1742),因瓜州官员"二年一换,为期太速,未能熟悉边情",又改为三年一换。⑤乾隆十九年(1754)出军新疆前夕,清朝"遣官赴瓜州编旗队,置管旗章京,副管旗章京、参佐领、骁骑校各员,如哈密例",⑥正式在瓜州维吾尔移民中推行了扎萨克旗制。

与军政管理体系的发展类似,清朝对吐鲁番维吾尔移民的司法管

---

① (清)常钧:《敦煌随笔》卷上《回民五堡》,第 380 页。

②《清世宗实录》卷 127,雍正十一年正月丁未。

③《署陕西总督刘于义等奏明回民全部搬入瓜州新筑五堡安插折》,《雍正朝汉文朱批奏折汇编》,第 25 册,第 430 页。

④赵云田点校:《乾隆朝内府抄本〈理藩院则例〉》,第 104 页。

⑤《清高宗实录》卷 206,乾隆八年十二月壬戌。

⑥包文汉等整理:《蒙古回部王公表传(第一辑)》卷 110,第 698 页。

辖也经历了不断改良的过程。如前所述,回疆原有杀人不抵命、议罚牛羊的习惯法,与内地法律制度存在很大区别,故安西兵备道常钧称"其回民命盗案件,向无一定章程"。①以往我们根据常钧"凡两造俱系回民案件,应令将人犯交给札萨克公自行经管"的说法,②认为清朝将管理瓜州维吾尔移民的司法权交给了扎萨克公额敏和卓,但实际上这仅是就一般性的案件而言,对命盗、逃亡等重案,札萨克公则无权专擅。

乾隆六年(1741),川陕总督尹继善奏请:"嗣后安西回民一切命盗等案,仿照榆林、宁夏、口外蒙古之例办理。如两造俱系回民,应令札萨克公将人犯拘交办理夷情之部郎查审,径报理藩院完结。若民人与回民交涉之案,则令安西同知会同部郎,审拟详报,均由安西道核审,转移臬司,详情咨题完结",获得朝廷同意。③可见,瓜州维吾尔移民内部的命盗重案,是由理藩院派驻当地的官员审理,札萨克公仅限于拘交人犯。如在乾隆十八年(1753)的瓜州吐鲁番维吾尔人图尔达玛特刺人害命一案中,人犯图尔达玛特最初所刺之人刀伤并不严重,故扎萨克公额敏和卓仅将其作为一般刑事案件处理,"将图尔达玛特鞭一百,交付其所属副千户色米",并未上报驻瓜州理藩院员外郎通保。但十余日后,被刺的维吾尔人米拉西木身亡,案件上升为命案。暂办札萨克事务的苏赉瑯立刻将图尔达玛特拿获并上报通保。通保随即依照理藩院系统的相关法规,判处图尔达玛特斩监候,直接呈报理藩院,并在理藩院与刑部、都察院、大理寺等机构会审核准后执行。④

---

①(清)常钧:《敦煌杂钞》卷上《安西厅》,第 323 页。
②(清)常钧:《敦煌杂钞》卷上《安西厅》,第 324 页。
③《清高宗实录》卷 146,乾隆六年七月甲戌。
④达力扎布:《清代审理哈密和吐鲁番回人案件的两份满文题本译释》,达力扎布主编:《中国边疆民族研究(第七辑)》,中央民族大学出版社 2014 年版,第 92—128 页。

除命盗案件外,对维吾尔移民内发生的逃亡案件,札萨克公也无权处置,而是要由甘肃地方司法机构管理。如乾隆十二年(1747),瓜州头堡回民额敏纠集何见美牙儿一同逃往吐鲁番鲁克沁地方。他们被抓获后,经甘肃按察使顾济美审明,由川陕总督庆复上报军机处核准,"将额敏正法,余犯分别定拟具奏"。①又如乾隆十三年(1748),瓜州维吾尔人呢杂儿马特因娶妻借歇银麦,无力偿还,遂瞒其妻兄,诓骗马匹逃往吐鲁番躲避。他被缉获后,由安西道、甘肃按察使依例审明,经陕甘总督呈报朝廷,②在刑部、都察院、大理寺三司会议核准后,于肃州"即行正法"。③

　　清朝在二十余年的探索与实践中,逐步改进对瓜州维吾尔移民的行政与司法管理,为稳定当地的社会秩序,强化朝廷对他们的统治,提供了重要保障。

三、哈密、吐鲁番维吾尔人东迁河西的影响

　　清代学者魏源在评价清前期统一新疆的大业时说:"西北周数万里之版章,圣祖葘之,世宗畬之,高宗获之。"④他充分肯定了康熙、雍正两朝为统一新疆做出的历史贡献,认为这为乾隆朝统一新疆奠定了坚实的基础。这是十分中肯的评价。可以认为,哈密、吐鲁番维吾尔

---

①《刑部尚书阿克敦奏报原任川陕总督庆复审拟逃走缠头额敏等一案遗漏具奏应归另案从重审结》,"中央"研究院历史语言研究所:内阁大库档案,登录号022789—001。

②《兼陕甘总督署甘肃巡抚瑚宝奏请严办逃回以儆效尤事》,"国立"故宫博物院:军机处档折件,文献编号003767。

③《刑部为头堡回民呢杂儿马特脱逃被获事移会内阁典籍厅》,"中央"研究院历史语言研究所:内阁大库档案,登录号022660—001。

④魏源:《圣武记》卷3《雍正两征厄鲁特记》,岳麓书社2004年版,第144页。

人归附清朝迁居河西地区,是康熙、雍正两朝为统一新疆打下的基础之一,是清前期统一新疆大业的组成部分,对新疆的统一乃至乾隆朝以后新疆的稳定都产生了重要影响。

1. 对清朝统一新疆的影响

河西西部是古代丝绸之路的必经之地。然而自明中期以后,明朝闭嘉峪关自守,弃关西之地。康熙三十六年(1697)哈密归服清朝,但其地孤悬于肃州以西千余里之外,交通联系尚待设立。加强与哈密扎萨克旗的联系,将哈密建为统一新疆的军事基地,遂成为当时清朝急需解决的问题。在这样的历史背景下,哈密一佐领维吾尔人东迁肃州,利用其熟知关西道路、水草的优势,在传送文报,联络沟通,担任出关清军与后勤转输队伍向导等方面发挥了重要作用。雍正末年,东迁瓜州的吐鲁番维吾尔人也以"深知路径险要,可以信得过",被调赴哈密清军大营担任过向导。[1]虽然从事传送文报、担任向导等事务的哈密、吐鲁番维吾尔移民人数相对有限,但他们所发挥的独到作用却产生了重要的影响。

哈密、吐鲁番是准噶尔部获取物力、人力的重要地区。哈密脱离准噶尔部统治,万余维吾尔人归附清朝,使得准噶尔部失去了东部门户。其后,近万名吐鲁番维吾尔人分两批先后东迁河西金塔寺、瓜州,又进一步削弱了准噶尔部的实力。更为重要的是,在明朝闭嘉峪关自守,使得关西千里沃壤"鞠为茂草,无复田畴、井里之遗"的情况下,[2]东迁维吾尔移民为清朝开发河西西部增添了一批重要的有生力量。以关西为例,康熙末年清朝开始移民开发,雍正年间移民开发进入高

---

①《署宁远大将军查郎阿等奏请将达尔扎鄂罗斯二人发来军营使为向导折》,《雍正朝汉文朱批奏折汇编》,第 26 册,第 368 页。

②甘肃省嘉峪关市史志办公室校注:《重修肃州新志校注》,第 539 页。

潮,至乾隆七年(1742),当地从事农业生产的移民共计6500余户。其中来自内地的移民4100余户,来自吐鲁番的移民近2400户,维吾尔移民占关西移民总数的三分之一以上。[①]吐鲁番移民与内地移民共同辛勤劳动,为当地农业与水利事业的发展做出了重要贡献。他们与内地移民及驻军共同充实了沙州、瓜州等关西绿洲,使得清朝的地方军政建制推进到关西一带,[②]从而将肃州与哈密之间连为一体,改变了此前哈密孤悬嘉峪关外千余里的局势。从这一方面来看,维吾尔人东迁河西西部直接支持了清朝统一新疆的大业。

应该指出,第三代哈密扎萨克额敏出生并成长于肃州,吐鲁番扎萨克公额敏和卓也在瓜州生活了二十余年。作为东迁维吾尔人的首领,他们不仅长期在清朝的军政管理体系内生活,与内地军民相处多年,还都曾赴京朝觐,对清朝的强大与管理制度的完备认识深刻。因此,他们的国家意识与对国家的向心力不断强化,产生了强烈的报国情怀。在这样的前提下,哈密扎萨克额敏及其子玉素卜,吐鲁番扎萨克公额敏和卓及其子苏来璊、茂萨等人,都直接参与了清朝统一新疆的军事活动,做出了重要贡献。例如,康熙五十年(1711)额敏返回哈密继任扎萨克旗长不久,准军进犯哈密,他随即率维吾尔旗丁协助清军杀退准军。清朝大军出关后,他又率旗丁在哈密、吐鲁番一带屯垦助军。雍正五年(1727),额敏受封镇国公。两年后他赴京朝觐,又获晋固山贝子。额敏长子玉素卜受其父影响,也以"竭力报效,奋勉急公",受到乾隆帝的器重。[③]又如,乾隆二十年(1755),清军大举西征准噶尔

---

① (清)常钧:《敦煌随笔》卷下《户口田亩总数》,第388—389页。

② 王希隆:《清代关西五卫述论》,《兰州大学学报(社会科学版)》1992年第3期。

③ 包文汉整理:《清朝藩部要略稿本》卷15,第249页。

部，哈密札萨克贝子玉素卜与吐鲁番札萨克公额敏和卓各率本旗旗丁，担任清军向导，沿途宣谕招抚，直抵伊犁。大小和卓反叛后，玉素卜与额敏和卓因熟悉南疆各城情形，被任为参赞大臣，随大军出征，效力军前，屡建战功。统一新疆后，清朝封赏功臣，额敏和卓晋封郡王，玉素卜晋封郡王品级贝勒，二人皆图形于紫光阁，获得了朝廷的高度认可。

2. 对清朝巩固新疆统一局面的影响

深受清朝信任的哈密玉素卜与吐鲁番额敏和卓不仅直接参与了统一新疆的军事行动，也对新疆统一局面的巩固产生了重要影响。清朝统一新疆后，以玉素卜、额敏和卓二人分管喀什噶尔、叶尔羌二城，乾隆帝谕云："有此等旧人在彼，始堪倚任"。①

有清一代，玉素卜家族子孙世守哈密，与国休戚，对清朝忠贞不贰。道光六年（1826），白山派和卓后裔张格尔在南疆作乱，陕甘清军出关讨伐，哈密郡王衔贝勒伯锡尔除"挽运军粮，雇备牛车一千辆"外，还"派伊弟札萨克伯克讷孜尔随同当差，尤为出力"。②在同治年间的新疆动乱中，伯锡尔也全力协助清军守城，并为救援清军筹集粮饷，"力图报效"，"所费甚巨"。哈密回城陷落，伯锡尔拒降被害殉国，清朝特令为他在当地建立专祠，以资表彰纪念。③

较之玉素卜家族，额敏和卓及其子孙为维护新疆统一局面所做出的贡献与牺牲更多，影响力也更大。额敏和卓子伊斯堪达尔、孙玉努斯及迈玛萨伊特等人先后担任喀什噶尔阿奇木伯克，在协助清朝防范白山派和卓后裔作乱、维护喀什噶尔等西四城的稳定方面做出

①《清高宗实录》卷593，乾隆二十四年七月庚午。

②《清宣宗实录》卷114，道光七年二月辛亥。

③《清穆宗实录》卷184、201，同治五年九月丁巳、同治六年四月丙午。

了重大贡献,深受白山派和卓后裔与教徒的仇视。道光六年(1826)张格尔作乱,喀什噶尔城陷落,协助清军坚守城池的迈玛萨伊特、玉努斯堂兄弟二人被白山派教徒棒毙,以身殉国。此外,额敏和卓第三子茂萨、第四子鄂罗木杂布、鄂罗木杂布长子密里克杂特等还曾担任伊犁回屯阿奇木伯克,长期管理伊犁回屯,每年纳粮十万石供给伊犁驻军。尤其是鄂罗木杂布更是曾担任伊犁回屯阿奇木伯克 40 年之久,以"实心效力,奋勉急公",多次受到朝廷的表彰奖励。尽管清朝在新疆有阿奇木伯克不得世袭的规定,但乾、嘉、道三朝,喀什噶尔(叶尔羌)阿奇木伯克与伊犁回屯阿奇木伯克等职务,却出现了由额敏和卓后裔父死子代,兄死弟及的非常规任用情况,①这充分反映出额敏和卓家族对巩固新疆统一局面的重要影响力。

还应指出的是,清朝定鼎北京之后,沿袭了前明与新疆地方政权之间贡使贸易往来的传统。这种贡使贸易往来局限于上层之间的政治交往与下层之间的贸易活动,都是定时定点的短期交往。故直至康熙中期哈密归附之前,清朝对当时环塔里木盆地各绿洲的民族社会状况尚无深层次的了解。②而哈密、吐鲁番维吾尔移民分三批先后迁居至河西西部,长期生活在肃州、瓜州等清朝直接管理的地区,则很大程度上改变了这一局面。在直接管理河西西部维吾尔移民的数十年时间里,清朝对维吾尔人经济、文化、社会等各方面的了解均不断增进,并最终形成了较为深刻的认识。此外,清朝还通过肃州、瓜州的地方军政官员及从京师派出的理藩院官员、侍卫等管理维吾尔移民,

---

①王希隆、马青林:《额敏和卓后裔与清代新疆》,《中国边疆史地研究》2009年 2 期。

②王希隆、杨代成:《清顺康雍三朝对天山以南地方政权与地方势力政策述评——以叶尔羌、哈密、吐鲁番与清朝的互动关系为中心》,《西域研究》2019 年第 1 期。

以定期传集维吾尔人"宣讲《圣谕广训》"等方式,使他们了解与遵行内地礼法,将其政治生活与经济生活纳入朝廷的管理体系,逐渐探索出了比较合理的管理经验与管理制度。这对于乾隆中期清朝统一新疆之后,很快即确定一套对天山以南各城维吾尔人的行政与司法管理制度,有着重要的意义。

总而言之,清前期哈密、吐鲁番维吾尔人迁居河西西部地区,除了为当地的开发建设做出贡献外,也对清朝统一新疆及巩固新疆统一局面产生了积极的影响。这不仅体现出清朝边疆民族政策的切实有效,更是自古以来,我们的统一多民族国家内,各民族共同开发、建设边疆地区,各民族共同促成、维护祖国统一,各民族多元一体、共创中华的历史传统的重要例证。

（原载《民族研究》,2020 年第 1 期）

《陇上学人文存》 已出版书目

第一辑

《马　通卷》马亚萍编选　　《支克坚卷》刘春生编选
《王沂暖卷》张广裕编选　　《刘文英卷》孔　敏编选
《吴文翰卷》杨文德编选　　《段文杰卷》杜琪　赵声良编选
《赵俪生卷》王玉祥编选　　《赵逵夫卷》韩高年编选
《洪毅然卷》李　骅编选　　《颜廷亮卷》巨　虹编选

第二辑

《史苇湘卷》马　德编选　　《齐陈骏卷》买小英编选
《李秉德卷》李瑾瑜编选　　《杨建新卷》杨文炯编选
《金宝祥卷》杨秀清编选　　《郑　文卷》尹占华编选
《黄伯荣卷》马小萍编选　　《郭晋稀卷》赵逵夫编选
《喻博文卷》颜华东编选　　《穆纪光卷》孔　敏编选

第三辑

《刘让言卷》王尚寿编选　　《刘家声卷》何　苑编选
《刘瑞明卷》马步升编选　　《匡　扶卷》张　堡编选
《李鼎文卷》伏俊琏编选　　《林径一卷》颜华东编选
《胡德海卷》张永祥编选　　《彭　铎卷》韩高年编选
《樊锦诗卷》赵声良编选　　《郝苏民卷》马东平编选

第七辑

《常书鸿卷》杜　琪编选　　　《李焰平卷》杨光祖编选
《华　侃卷》看本加编选　　　《刘延寿卷》郝　军编选
《南国农卷》俞树煜编选　　　《王尚寿卷》杨小兰编选
《叶　萌卷》李敬国编选　　　《侯丕勋卷》黄正林　周　松编选
《周述实卷》常红军编选　　　《毕可生卷》沈冯娟　易　林编选

第八辑

《李正宇卷》张先堂编选　　　《武文军卷》韩晓东编选
《汪受宽卷》屈直敏编选　　　《吴福熙卷》周玉秀编选
《蹇长春卷》李天保编选　　　《张崇琛卷》王俊莲编选
《林　立卷》曹陇华编选　　　《刘　敏卷》焦若水编选
《白玉岱卷》王光辉编选　　　《李清凌卷》何玉红编选

第九辑

《李　蔚卷》姚兆余编选　　　《郗慧民卷》戚晓萍编选
《任先行卷》胡　凯编选　　　《何士骥卷》刘再聪编选
《王希隆卷》杨代成编选　　　《李并成卷》巨　虹编选
《范　鹏卷》成兆文编选　　　《包国宪卷》何文盛　王学军编选
《郑炳林卷》赵青山编选　　　《马　德卷》买小英编选